Basler Kochschule

1. Aufl. 1877	
2. Aufl. 1883	
3. Aufl. 1888	
4. Aufl. 1893	
5. Aufl. 1899	bearbeitet von Lydia Faesch-Kussmaul und Wilhelmine Roth-Schneider
6. Aufl. 1903	
7. Aufl. 1908	
8. Aufl. 1912	
9. Aufl. 1920	
10. Aufl. 1925	
11. Aufl. 1935	neu bearbeitet von Lydia Faesch-Kussmaul und Wilhelmine Roth-Schneider
12. Aufl. 1941	
13. Aufl. 1950	
14. Aufl. 1983	vollständig neu bearbeitet von Andreas Morel

Basler Kochschule

Eine leichtfassliche Anleitung zur bürgerlichen und feineren Kochkunst von

Amalie Schneider-Schlöth

Vollständig neu bearbeitet von

Andreas Morel

Friedrich Reinhardt Verlag Basel

Für Gestaltung der Abbildungen und Bildredaktion
verantwortlich: Alexander von Steiger.

Dank
Während der fünf Jahre dauernden Bearbeitung des vorliegen-
den Buches habe ich von sehr vielen freundlichen Menschen
Hilfe und Unterstützung erfahren; sie bedeuteten mir immer
Ermunterung und Ansporn. Besonderer Dank gebührt einer-
seits Rosmary Probst-Ryhiner und Marie-Thérèse Reber-
Devrient, die mir als Versuchsköchinnen zur Seite standen,
andererseits Susanne Burger-Meyer, die das «Sekretariat» mit
Umsicht betreute und sich als Lektorin verdient gemacht,
Stephanie Zellweger-Tanner und Ruth Krüttli-Lüscher, die
sich der mühevollen Durchsicht der Druckfahnen angenom-
men haben. Für besondere Hilfeleistungen fühle ich mich Ueli
Barth, Rose Bösiger, Therese Wollmann und Barbara Wyss
verpflichtet.

Printed in Switzerland
Gesamtherstellung:
Friedrich Reinhardt AG, Basel
© 1983 by Friedrich Reinhardt Verlag, Basel
ISBN 3 7245 0529 9

Inhalt

Vorwort

Die «Basler Kochschule», das «älteste der heute noch beste-
henden schweizerischen Kochbücher», gehört seit über
100 Jahren zum Inventar ungezählter Basler Küchen.
Seit Ende der sechziger Jahre ist die 13. Auflage im Buchhandel
vergriffen, und nicht wenige junge Hausfrauen haben seither
die Zürcher Schwester, «Das Fülscher-Kochbuch», von be-
sorgten Schwiegermüttern in die Ehe mitbekommen, womit
sie – ich billige es den Zürchern durchaus zu – trefflich ange-
leitet und beraten waren. Mir schien die Situation dennoch
nicht befriedigend; zum einen wurde nach der «Basler Kochschule» immer wieder gefragt, zum anderen bestand die Gefahr, dass eine Reihe vorzüglicher Rezepte daraus mit den
Jahren gänzlich in Vergessenheit geraten würde. Eine Neuauf-
lage sollte aber aus verschiedenen Gründen mit einer Neube-
arbeitung verbunden sein: Verlangt wurde nämlich nicht die
Neuedition eines kulturhistorisch bedeutenden Dokumentes
aus dem alten Basel (neugierige Forscher können die Erstauf-
lage jederzeit in der Basler Universitätsbibliothek mit der Signatur HV 256 bestellen), sondern nach einer praktischen
Kochanleitung, die unserer Zeit entspricht und präzise Angaben über Backtemperaturen, Kochdauer, etc. enthält. Die
Veränderungen – sie mögen manche Benützer früherer Auflagen zunächst erschrecken – betreffen demnach nicht (oder
fast nicht) die Rezepte selbst, sondern vor allem deren textli-
che Fassung. Die Koch- und Essgewohnheiten haben sich in
den letzten Jahrzehnten auch in Basel verändert; so sind
Dachs, Fischotter, Murmeltier oder Bär weder in der Natur
noch auf dem Markt ausgesprochen häufig anzutreffen: die
betreffenden Rezepte wurden daher nicht wieder aufgenom-
men. Andere wie Fondue oder Fastenwähen (!) waren nicht
oder nicht mehr bekannt; sie werden jetzt neu eingeführt.
Diese Neulinge lassen sich aber an den Fingern einer Hand
abzählen. Auch in der überarbeiteten Fassung bleiben die
Schwerpunkte früherer Auflagen – etwa die grosse Zahl von
Desserts, Kuchen und Gutzi – spürbar und der Originalcha-
rakter der Rezepte erhalten: man beachte zum Beispiel das
Rezept der Mehlsuppe in der Urfassung einer typischen Fa-
stenspeise. Auch die vorliegende Ausgabe kann somit durchaus als Schöpfung der verehrten Amalie Schneider-Schlöth
gelten.
Wie in den ersten Auflagen sind die «Basler Rezepte» besonders hervorgehoben, diesmal dadurch, dass sie als Ouverture
zu Beginn des Rezeptteils (S. 25 ff.) in einem eigenen Kapitel
zusammengefasst sind. Es wird für viele Basler Köchinnen
Überraschungen bereithalten, denn nicht bei allen Gerichten
ist der Bezug zu Basel heute noch offenbar. Die kleine Sammlung gibt aber auch Hinweise auf Basel als Zentrum einer
Regio-Küche, die einst von Hauspersonal aus dem Markgräflerland wie elsässischen Marktfahrern wesentliche Impulse
empfangen hat.

Basel, im März 1983   Andreas Morel

Einleitung

Die Basler Kochschule ist – wie der Titel sagt – eine «Kochschule» und kein Kochbuch. Anfänger beiderlei Geschlechts finden darin Rat und Anleitung. Das Werk wurde von einer erfahrenen Köchin verfasst und von einem Amateur mit Kocherfahrung bearbeitet. Beiden gemeinsam sind Erkenntnisse, die sie aus der Arbeit mit Kochschülern gewonnen haben. Von diesen will ich einleitend berichten.

Aus der Bibliothek meines Vaters, der in mir die Freude am Kochen geweckt hat, habe ich ein Buch mit dem Titel «L'Aventure est dans votre cuisine»[1] übernommen. Das Buch ist so gescheit geschrieben, wie sein Titel ahnen lässt; er könnte als Motto über den folgenden Bemerkungen stehen, denn mit wenigen Worten ist darin sehr viel über das ausgesagt, was uns in der Küche erwartet: überraschende Resultate bei der Zubereitung der Speisen[2], von den Möglichkeiten, kreativ tätig zu sein, von den unzähligen Variationen bei der Zubereitung der täglichen Mahlzeiten und vom bisweilen von Pannen gesäumten Weg zu einem wirklichen Kunstwerk[3]. Unsere eigenen Erfahrungen sind die wichtigsten Lehrmeister auch beim Kochen. Worte vermögen nur bruchstückhaft das wiederzugeben, worauf bei der Realisierung eines Rezeptes zu achten ist[4], und von Details hängt das Resultat ganz wesentlich ab. Dann differieren natürlich auch die Voraussetzungen von Küche zu Küche ganz erheblich: die Stärke der Heizquelle (Kochplatte/Gasflamme/Backofen) beeinflusst die Garzeit ebenso wie die Beschaffenheit des verwendeten Geschirrs. Und schliesslich spielen Unterschiede bei den Zutaten eine Rolle: etwa die Gemüse je nach Jahreszeit, die Wassermenge, in der wir sie aufs Feuer setzen, und ob dieses Wasser stark kalkhaltig ist, etc. Die in den Rezepten angegebenen Garzeiten sind deshalb als *Richtzeiten* zu verstehen: nur Übung und Erfahrung bringen uns hier weiter.

Ein Wort zur Qualität der Zutaten. Die Verwendung erstklassiger Zutaten[5] ist für uns eine Selbstverständlichkeit; wichtige Entscheidungen werden bereits beim Einkauf getroffen, oft nicht von uns, sondern vom Metzger, vom Traiteur oder vom Fischhändler. Glücklich, wer sich auf sie verlassen kann! Zu bedenken ist, dass – zum Beispiel bei Gemüsen, Früchten oder Kräutern – jede Stunde, die zwischen Ernte und Genuss verstreicht, einen Qualitäts-, einen Geschmacksverlust bringt. Das ist die Erklärung dafür, dass Bananen hierzulande fade, einheimische Erdbeeren importierten vorzuziehen sind, und sogar die im eigenen Garten unter keineswegs optimalen klimatischen Bedingungen gezogene Tomate nicht nur scheinbar von ausserordentlichem Wohlgeschmack ist. Mindestens zwei Kistchen mit Küchenkräutern anzupflanzen, sei deshalb jeder rührigen Köchin hier wärmstens empfohlen.

In einer Basler Kochschule darf im Zusammenhang mit den Zutaten eine Bitte um etwas Grosszügigkeit nicht fehlen. Die in den Rezepten vorgeschriebenen Zutaten sind von den Autoren mit Bedacht zusammengestellt, die Realisierbarkeit der Rezepte ist geprüft und für gut befunden worden. Die Zutaten

---

[1] Marie-Paule Pomaret; Hélène Cingria. – L'Aventure est dans votre cuisine. Paris: Editions Pierre Horay, 1954.

[2] In meinen Kochkursen, wo zwei Sechsergruppen simultan nach dem gleichen Rezept, mit den gleichen Zutaten und unter meiner Anleitung kochen, haben wir die keineswegs negative Feststellung gemacht, dass das Resultat, die gekochten Speisen, nie austauschbar waren, sondern zu differenzierten Variationen eines gemeinsamen Themas geworden waren.

[3] Schwer zu realisierende Rezepte gelingen oft erst im zweiten oder dritten Anlauf. Wie bei den Artisten im Zirkus soll uns ein Misserfolg zu einer möglichst sofortigen Wiederholung veranlassen!

[4] Ich halte deshalb nicht viel von Kochbüchern, in denen alle Eventualitäten und Pannen so ausführlich beschrieben sind, dass eine Realisierung beim Koch scheinbar mediale Fähigkeiten voraussetzt.

[5] Wein mit Korkengoût gehört aus diesem Grund in den Ausguss und nicht in den Küchenschrank, was mit Sparsamkeit nichts, mit Verstand aber sehr viel zu tun hat: der verdorbene (!) Wein soll ja irgendeine Verwendung finden, fast sicher als Geschmacksträger für einen Sud oder eine Sauce, was dem Korkengoût ungeheure Verbreitungsmöglichkeiten brächte.

sind demnach nicht ohne weiteres zu verändern, zu reduzieren: werden Rahm und Butter durch Kaffeerahm und Margarine ersetzt, so wird das vorgesehene Resultat nicht erreicht werden können.

So wichtig wie die Qualität der Zutaten ist der tadellose Zustand der Geräte. Immer wieder habe ich festgestellt, dass in sehr vielen Küchen Herde nicht richtig funktionieren[6], zwar bunt gemusterte, aber ansonsten untaugliche Kasserollen zur Verfügung stehen, nur ein einziges, stumpfes Messer vorhanden ist[7] etc.[8] Die Küche – das sei uns bewusst – ist ein Raum unserer Wohnung, in dem die meisten von uns täglich tätig sind, eine Werkstatt, die sich in einem Zustand befinden sollte, der das Werken darin angenehm und anregend macht.
Zu den Rezeptangaben. Neu gegenüber früheren Auflagen ist die übersichtliche Gliederung der einzelnen Rezepte. Dazu einige Bemerkungen:
Bei den «Portionen» gelten die angegebenen Werte für Esser mit durchschnittlichem Appetit und im Rahmen eines Menus mit drei Gängen (Suppe/Hauptgang/Dessert).
Die Symbole haben folgenden Sinn:

das Rezept kann von einem Anfänger realisiert werden;

etwas Kocherfahrung wäre gut; verlangt etwas Aufmerksamkeit;

gelingt vielleicht erst im zweiten Anlauf; nicht geeignet, um erste Erfahrungen zu sammeln.

Es handelt sich somit um einen Hinweis auf den Schwierigkeitsgrad und nicht auf den zeitlichen Aufwand, der für die Zubereitung erforderlich ist.

ist schnell, in weniger als 30 Minuten servierbereit;

die Zubereitung erfolgt in Etappen über zwei oder mehr Tage verteilt; kann teilweise vorbereitet werden;

das Gericht ist preiswert; die Zutaten kosten 1983 Fr. 10.– und weniger.

Neben der Kochanleitung sind jeweils die im Rezept benötigten Zutaten und die wichtigsten Geräte aufgeführt. Es empfiehlt sich, vor Beginn des Kochprozesses Material und Gerät in Reichweite bereitzulegen; dazu als Selbstverständlichkeit Messer, Kochkellen und Topflappen.
Die Küche hat eine eigene Sprache, die zudem von Region zu Region variieren kann. Zum besseren Verständnis sind die wichtigsten Kochgeräte auf den Seiten 11ff. abgebildet, sind spezielle Fachausdrücke und Bezeichnungen mit Lokalkolorit in einem Glossar (S. 435ff.) erklärt bzw. übersetzt.
Einige in vielen Rezepten wiederkehrende Vorgänge der Kochtechnik werden nachfolgend beschrieben.

[6] Ich empfehle, Backöfen periodisch auf ihre Funktion prüfen zu lassen; in einem Ofen, der die Temperatur nicht konstant erhält, dessen Thermostat nicht einwandfrei funktioniert und daher immer heisser wird, können keine befriedigenden Resultate erzielt werden.
[7] Benötigt werden Messer verschiedener Grössen, vornehmlich solche ohne Sägeschliff, und dazu ein Wetzstahl, an dem man sie abziehen kann.
[8] Ein wichtiger Punkt: Küchenschürzen! Wichtiger als Rüschen und aufgedruckte Rezepte ist, dass sie den grösseren Teil des Körpers bedecken: die Schürze sollte fast bis zum Boden reichen. Männer bevorzugen Schürzen mit langen Bändern, da sie sie nur vorne zuschnüren können!

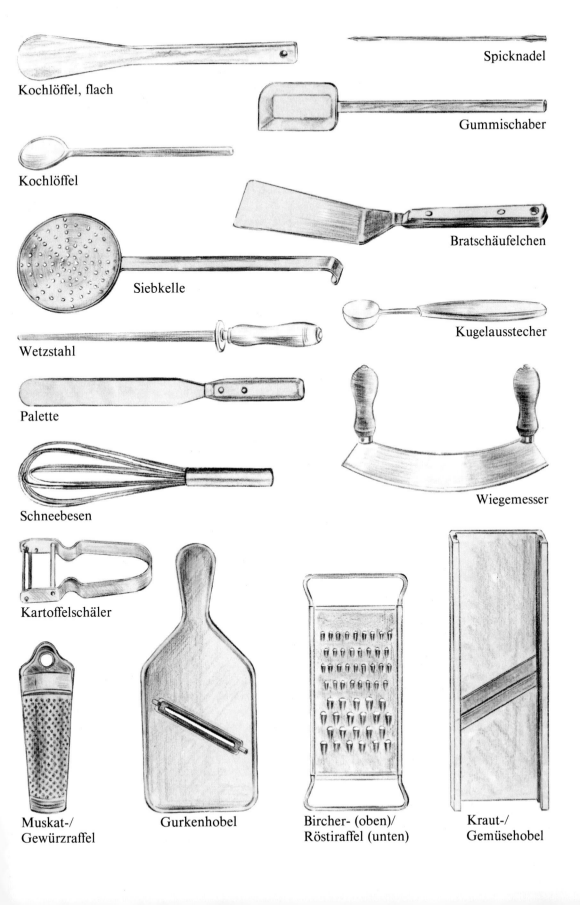

Kochlöffel, flach

Spicknadel

Gummischaber

Kochlöffel

Bratschäufelchen

Siebkelle

Kugelausstecher

Wetzstahl

Palette

Schneebesen

Wiegemesser

Kartoffelschäler

Muskat-/
Gewürzraffel

Gurkenhobel

Bircher- (oben)/
Röstiraffel (unten)

Kraut-/
Gemüsehobel

Sieb

Pfeffermühlen

Mörser

Fruchtpresse

Passevite

Drahtteller

Spritzsack

Becherform

Leckerliausstecher

Pressmodel

Wallholz

Springform

Puddingform

Savarinform

Gugelhopfform

Madeleineform

Wähenblech

Ausstechförmli

Kuchen-/Backblech

Sauteuse

Saucenpfännli

Stielkasserolle

Charlottenform

Bain-marie/Wasserbad

Henkelkasserolle

Omlettenpfanne

Bratpfanne

Auflaufform

Souffléform

Timbaleform

Gusseiserne Kasserolle

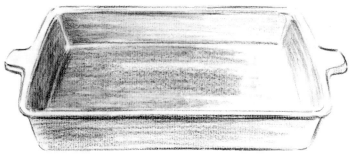

Feuerfeste Gratinform

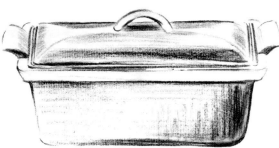

Terrinenform

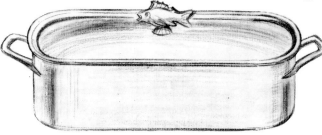

Fischkessel

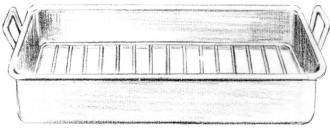

Bräter (mit Gittereinsatz)

Bratblech mit Gittereinsatz

Binden/Legieren:
Eine Flüssigkeit (Suppe, Sauce, Crème, etc.) verdicken und homogenisieren; die verschiedenen Bestandteile zu einer Einheit verbinden; mehr Konsistenz geben;

a) durch Reduktion: Die beste Methode ist die des Reduzierens, weil der Flüssigkeit, die man legieren will, keine den Geschmack ungewollt beeinflussende Stoffe zugesetzt werden. Auf starker Flamme ungedeckt bis zur gewünschten Konsistenz einkochen. Bestandteile, die nicht gekocht werden dürfen (z. B. Ei), dürfen erst nach dem Reduzieren zugefügt werden;

b) mit einem Roux: Siehe Nr. 70;

c) mit Stärkepulver: Stärke in einer Tasse mit etwas kalter Flüssigkeit (Wasser, Bouillon, Sud, Wein, Sherry, etc.) anrühren; in die kochende Suppe oder Sauce geben; mit dem Schneebesen durchschlagen. Bei uns sind vor allem gebräuchlich: Kartoffelmehl (Fécule) und Maisstärke (Maizena);

d) mit Mehlbutter (Beurre manié): Siehe Nr. 63;

e) mit Eigelb: Eigelb mit etwas Rahm verklopfen; von der heissen, zu bindenden Flüssigkeit esslöffelweise in die Eigelb/Rahm-Mischung einschlagen, um sie zu erwärmen; die angerührte Mischung abseits vom Feuer einschlagen; nicht mehr kochen, da sonst das Ei flockig wird;

f) mit Butter: Diese Methode eignet sich besonders für Saucen. Sie ist empfehlenswert, weil aus Geschmacksträgern und frischer Butter eine in Geschmack und Konsistenz ideale Verbindung zustande kommt, die sehr rein ist, das heisst: auf allen unnötigen Ballast verzichtet. Die Herstellung ist nicht schwierig, wenn mit der nötigen Vorsicht ans Werk gegangen wird:
Für 4 Personen: 3 EL konzentrierter Saucenfond (z. B. Fischfond), 80–150 g frische Tafelbutter. Gerät: schweres, emailliertes Saucenpfännli. Die kalte Butter abseits vom Feuer stückchenweise mit dem Schneebesen in den heissen Fond einschlagen, bis sich eine sämige Sauce gebildet hat. Gelegentlich das Pfännchen wieder kurz auf die Herdplatte stellen, damit die Sauce warm bleibt, aber Vorsicht: nicht zu heiss werden und auf keinen Fall zum Kochen kommen lassen; sofort servieren.

Blind backen:
Einen Kuchen- oder Wähenboden unbelegt und ungefüllt backen oder vorbacken. Wird angewendet, wenn Belag oder Füllung nicht oder nur kurz gebacken werden darf. Backform mit ausgewalltem Teig ausfüttern; Teig mit einer Gabel mehrfach einstechen; Alu-Folie auf die Grösse des Backformbodens zuschneiden; mit dürren Weissen Bohnen oder Erbsen, ausgekochten Kirschen- oder Kieselsteinen belegt auf den Teigboden legen, so dass das Teigfutter während des Backens seine Form behält.

Eier teilen:
Eiweiss und Eigelb sauber separieren.
Das Ei mit einem entschlossenen Schlag in der Mitte der Längsseite an einer scharfen Kante (Glas-, Tassenrand) aufschlagen; über einer Tasse die Schale in 2 Hälften auseinanderbrechen; das Eigelb mehrmals von einer Schalenhälfte in die andere gleiten lassen, dabei das Eiweiss vollständig in die Tasse abtropfen lassen. Eiweiss in ein zweites Gefäss geben. Das nächste Ei wieder gleich teilen, etc. Sollte einmal das Eigelb beim Aufschlagen verletzt werden, sich mit dem Eiweiss mischen, so tropft es nicht in das Eiweiss bereits geteilter Eier, denn: Eiweiss lässt sich nur schlagen, wenn kein Tropfen Eigelb darin enthalten ist!

Eiweiss zu Schnee schlagen / Eiweiss steif schlagen:
Problemlos, sofern einige Regeln eingehalten werden:
1. Die Schüssel – sie darf nicht zu klein sein; besonders geeignet ist Chromnickelstahl – muss kalt und absolut fettfrei sein; sie kann mit der Innenseite einer Zitronenhälfte ausgerieben werden.
2. Auch der Schneebesen soll absolut fettfrei sein.
3. Im Eiweiss soll kein Spürchen von Eigelb enthalten sein, es soll kalt sein (vgl. auch oben).
4. Immer eine Prise Salz zugeben.
   Zubereitung: Eiweiss und Salz in die Schüssel geben; mit dem Schneebesen langsam schlagen, bis das Eiweiss schaumig ist. Immer schneller schlagen, bis der Schnee am Besen haftet und sich beim Herausheben Spitzen bilden.
5. Sofort weiterverarbeiten, da der Schnee in kurzer Zeit an Festigkeit verliert und nicht ein zweites Mal steif geschlagen werden kann.
6. Mit einem Gummischaber behutsam unter die übrigen Zutaten ziehen; nicht rühren, da sonst die Luft aus dem Schnee entweicht.
Ich vertrete die (veraltete?) Meinung, optimaler Eierschnee sei nur manuell (mit Hilfe eines Schneebesens) zu gewinnen. Auch mit einem elektrischen Rührwerk lässt sich Eierschnee herstellen; und doch ziehe ich die althergebrachte Methode vor, mit der – wie ich meine – nicht nur im Eiweiss gerührt wird, sondern durch die Vertikalbewegung eine grössere Menge Luft in die Masse gelangt, was in diesem Fall entscheidend ist.

Entfetten:
Überflüssiges Fett aus dem Fond, einer Brühe oder Sauce entfernen.
Schon zu Beginn des Kochprozesses darauf achten, dass nicht zu viel Fettstoffe in die Brühe gelangen: nach dem Anbraten eines Ragouts, zum Beispiel, das Fett abgiessen, *bevor* man mit der Flüssigkeit ablöscht.
Wird die Brühe erst am folgenden Tag verbraucht, so stellt man sie über Nacht in den Eiskasten: das Fett wird sich als kompakter Deckel an der Oberfläche festsetzen und lässt sich mühelos entfernen.

Wird sie sofort weiterverarbeitet, so lassen wir sie, ohne zu rühren, einen Moment abseits vom Feuer stehen, damit sich die Fettstoffe an der Oberfläche sammeln können; mit einem Suppenlöffel den Fettfilm abschöpfen; evtl. letzte Reste von mehrlagigem Küchen- oder Fliesspapier aufsaugen lassen.

Geléeprobe:

Beim Einkochen von Fruchtgelées (Gallerte).
Fruchtsaft und Zucker so stark reduzieren, dass das Geleé nach dem Erkalten fest wird. Die Konzentration ist richtig, wenn:
a) die kochende Lösung in einem breiten Tropfen träge von der Kelle abfällt;
b) etwas auf ein kaltes Tellerchen geschöpfte Lösung innert kurzer Zeit an Konsistenz gewinnt, dickflüssig wird;
c) das Zuckerthermometer 105° anzeigt.

Mandeln/Pistazien schälen:

Mandeln/Pistazien in einer Schüssel mit kochendem Wasser übergiessen; einige Minuten zugedeckt stehen lassen; durch Pressen zwischen Daumen und Zeigefinger aus den Hülsen drücken; trocknen lassen.

Panieren:

Lebensmittel mit einem Überzug aus Mehl, Ei und Paniermehl versehen.
Zuerst in Mehl wenden; überflüssiges Mehl abschütteln; in verklopftes Ei tauchen; etwas abtropfen lassen; in Paniermehl wälzen, bis das Stück vollständig eingehüllt ist; nach Möglichkeit vor dem Weiterverarbeiten im Eiskasten nebeneinandergelegt ruhen lassen, damit die Panierung besser haftet.

Pfannenfertig:

Bei vielen Rezepten mit Fisch, Geflügel und Fleisch angegeben. Der Fisch- oder Geflügelhändler bzw. der Metzger wird diese Vorarbeiten auf Wunsch übernehmen. Wir verstehen darunter
bei Fisch: ausgenommen, geschuppt (bei Fischen, die geschuppt werden müssen), gehäutet (bei Plattfischen wie Sole);
bei Geflügel: gerupft und abgesengt, ausgenommen, Kopf und Füsse entfernt;
bei Fleisch und Wild: sauber pariert (ohne Schwarten und Sehnen, gehäutet).

Schaumig rühren:

Durch Rühren Luft in eine Masse bringen.
Butter oder Butter und Griesszucker oder Eigelb und Griesszucker in einer Schüssel rühren, bis eine luftige, helle Masse entstanden ist: je mehr Luft in den Teig kommt, desto besser wird der Kuchen gelingen. Mehl und (zuletzt) geschlagenes Eiweiss müssen behutsam und schnell unter die luftige Masse gezogen (nicht gerührt) werden; dazu einen Gummischaber benützen.

Wer ein gut muß wil haben
das mach von sibenerlei sachen
du must haben milich, saltz,
vnd schmaltz, zucker, ayer,
vnd mel saffran, die tue So
wirt es gell. Ain mandel muß machen.
Item wildu machen ein mandel muß
So nym ein pfunt mandels, vnd nym
auch vmndu, vnd ob du des nicht
hast, So nym semlein prot das zue
vnd das thue in am wasser, vnd
wall das daraus, vnd das schlach
mit der milich durch ain tuch. So
wirt es klam, wiltu es suß haben
So thue zucker daran, das haist
ain mandel muß. Ain mandel suppen.
Item ain mandel suppen, wiltu die
machen die geet von mandel milich
zue, Nym ain semlein prot das pæ

Ein Köstlich new
Kochbuch Von

allerhand Speiſen / an Gemüſen / Obs / Fleiſch /
Geflügel / Wildpret / Fiſchen vnd Gebachens:

Nicht allein vor Geſunde: ſondern auch vnd fürnemlich vor Krancke /
in allerley Kranckheiten vnd Gebreſten : auch ſchwangere Weiber / Kind-
betterinnen / vnnd alte ſchwache Leute / künſtlich vnd nützlich
zuzurichten vnnd zugebrauchen.

Dergleichen vormals nie in Truck außgangen.

Mit fleiß beſchrieben durch

F. Anna Weckerin/

Weyland Herrn D. Johann Jacob Weckers / des berümb-
ten Medici ſeeligen/nachgelaſſene Wittib.

Amberg.
Bey Michaeln Forſtern.

1600.

Rahm steif schlagen / Schlagrahm:

Rahm in eine nicht zu kleine Schüssel geben; mit dem Schneebesen schnell steif schlagen; das Volumen wird sich dabei
verdoppeln. Rahm und Schüssel sollen gut gekühlt sein; ich
empfehle eine Schüssel aus Chromnickelstahl. Gut verschlossen im Eiskasten einige Stunden haltbar; vor der Weiterverarbeitung kurz durchschlagen. – Dem flüssigen Rahm können
zu Beginn 60–120 g Puder- oder Griesszucker beigefügt werden; das Resultat: Crème Chantilly.

Stürzen:

Pudding (Köpfli), Gallerte (Aspic), Blancmanger, Bavarois
(Bayrische Crème) anrichten.
Mit einem spitzen Messer die Masse dem Rand entlang sorgfältig von der Form lösen. Die Serviceplatte auf die Form
legen; mit einer schnellen Bewegung umkehren (stürzen), so
dass die Form auf die Platte zu stehen kommt. Eventuell Platte
und Form mit einem Ruck abstellen. Form sorgfältig abheben.
Sofort servieren.
Ist die zu stürzende Masse kalt und enthält sie Geliermittel
(natürliches oder Gelatine), die Form zuvor kurz zu ¾ in
warmes Wasser eintauchen. Das Wasser kann heiss sein, die
Dauer des Eintauchens kann 1–2 Minuten dauern, wenn die
Form nicht aus (die Wärme gut leitendem) Metall, sondern aus
Porzellan oder Keramik besteht.
Form nach Angabe im Rezept vor dem Einfüllen der Masse
mit kaltem Wasser ausspülen, mit Griesszucker oder Paniermehl ausstreuen oder gut mit Butter ausstreichen. Eventuell
den Boden der Form mit einem beidseitig eingebutterten Butterbrotpapier belegen.

Tomaten/Pfirsiche häuten:

Ca. 30 Sekunden vollständig in sprudelnd kochendes Wasser
eintauchen; unter fliessend kaltem Wasser abschrecken; Haut
abziehen.

Warm stellen:

Fertig zubereitete Speisen warm zu stellen, schadet ihnen und
sollte daher vermieden werden, es sei denn, sie sollen noch
etwas «durchziehen» oder «ruhen» oder sie müssen einen
Moment auf die Sauce warten, der wir zuvor den letzten Schliff
geben müssen.
Fleischstücke von Rind, Lamm, zartem Wild, die im Kern
blutig oder rosa sein sollen, brauchen ca. 10 Minuten Ruhezeit, weil sie auch zuinnerst warm sein sollen, weil beim sofortigen Anschneiden zu viel Fleischsaft austräte und sie sich
nach einer kurzen Ruhepause überhaupt leichter tranchieren
lassen.
Dieses «Ruhen» ist wesentlicher Teil der Zubereitung. Das
Fleisch soll dabei nicht kalt werden und muss daher warm
gestellt werden.
Möglichkeiten:

1. Grössere Fleischstücke können bei geöffneter Backofentür im abgeschalteten Backofen ruhen.
2. Grössere und kleinere Stücke werden auf ein Kerzenréchaud gestellt und lose mit einem Stück Folie bedeckt. Das Gefäss, welches das Fleisch enthält, soll jedoch nicht hermetisch mit Folie verschlossen werden, sonst verliert das Fleisch zu viel Flüssigkeit, und Dampf, der nirgends abziehen kann, weicht auch die Bratkruste auf. Keinesfalls darf die Wärme des Réchauds zu stark sein, dürfen die Fleischstücke darauf «kochen».
   Um zu vermeiden, dass sie im eigenen Saft «baden», kann man sie auf ein Gitter oder auf einen umgekehrten Suppenteller legen: darunter einen grösseren Teller stellen, der den austretenden Saft auffängt; diesen geben wir zum Schluss in die Sauce.
3. Bei kurzer Wartezeit (etwa bei Geflügelbrüsten) genügt oft ein Stück Folie als lose aufgelegter Deckel zum Warmhalten (ohne Heizquelle).
   Immer ist darauf zu achten, dass Serviceplatten und Teller noch warm sind, wenn Speisen daraufgelegt werden.
   Pürees und Saucen lassen sich im Wasserbad warmhalten.

Wasserbad/Bain-marie:
Feuerbeständiges Gefäss, das in einem zweiten Gefäss steht (oder hängt), in dem sich heisses Wasser (knapp unter dem Siedepunkt gehalten) befindet. Das innere Gefäss dient der Aufnahme von Speisen (Saucen, Pürees), die warmgehalten werden sollen oder – da sie wärmeempfindlich sind und nicht kochen dürfen – schonungsvoll erhitzt (eingedickt) werden müssen. Im Backofen wird das Wasserbad beim Pochieren von Puddings und Terrinen verwendet.

Verwendung auf dem Herd: Dreiteilige (2 Gefässe und 1 Deckel) Bain-maries finden sie im Handel.

a) aus Metall, das die Hitze sehr gut leitet, was zu Vorsicht bei der Verwendung mahnt;
b) aus Pyrex, die problemloser in der Anwendung sind, die aber etwas längere Zubereitungszeit bei einzelnen Saucen voraussetzen.
Eine improvisierte Bain-marie erhält man durch Einsetzen einer Auflaufform aus Pyrex in eine etwas breitere und tiefere Kasserolle aus Metall.

Verwendung im Backofen: Geeignet sind Souffléformen für das Pochieren von Puddings bzw. Bräter für Becherformen und andere Portionenförmchen (z.B. für Crème renversée) bzw. für Terrinen.
Das Wasser kann in das grössere Gefäss heiss eingefüllt werden (Boilerwasser); es soll das innere Gefäss bis zu 3/4 Höhe umgeben. Bei längeren Garzeiten (z.B. bei Terrinen) muss das verdampfte Wasser von Zeit zu Zeit mit heissem Wasser ergänzt werden.

Zitronen- und Orangenschale:
Wichtig ist, dass ungespritzte Früchte verwendet werden; sie
sind im Reformhaus erhältlich;
a) geraffelt: Es braucht dazu unbedingt (!) eine Zitronen- oder
Gewürzraffel, auf der die Schale so fein abgerieben wird, dass
das bittere Weisse nicht mitkommt und die geraffelte Schale
feucht-ölig und weich ist;
b) in Streifen (Julienne): Frucht mit dem Kartoffelschäler so
dünn abschälen, dass das Weisse an der Frucht bleibt; Schale
längs in 1 mm breite Streifen schneiden.

Basler Rezepte

Suppen und Vorspeisen
Fische
Fleisch und Geflügel
Gemüse und Beilagen
Desserts und süsse Gerichte
Bäckerei und Conditorei
Getränke
Eingemachtes

1   Mehlsuppe

Portionen: 4

Zutaten:
35 g ausgelassene Butter
60 g Mehl
1½ l Wasser
Salz
1 TL Kümmelsamen
(fakultativ)

Gerät:
Kasserolle, gross mit Deckel

Zubereitung:
1. Die Hälfte des Mehls in der Butter unter beständigem Rühren auf kleinem Feuer langsam dunkelbraun rösten.
2. Den Rest des Mehls zugeben und 3 Minuten mitrösten.
3. Das Wasser portionenweise zugeben, zuletzt Salz und nach Belieben Kümmel.
4. 1 Stunde zugedeckt leise köcherlen.

2   Falsche Austern

Portionen: 5

Zutaten:
400 g Kalbsmilke
2 Schalotten
40 g Milchbrot
1 EL gehackter Peterli
80 g Butter
¼ Zitrone
½ dl konzentrierte Bouillon
2 EL Madeira
2 EL Paniermehl
30 g Parmesan, gerieben
Salz
1 KL Mehl
Pfeffer aus der Mühle
Sardellenbutter (Nr. 64)
1 Messerspitze Liebigs
Fleischextrakt

Gerät:
Sauteuse
Stielpfännchen
Wiegemesser
Schüssel, klein
5 grosse Muscheln oder 5
feuerfeste Souffléförmchen

Zubereitung:
Am Vortag:
1. Die Kalbsmilke mehrere Stunden in kaltes Wasser legen; das Wasser mehrmals wechseln.
2. Die Milke in stark kochendem, stark gesalzenem Wasser 8 Minuten blanchieren.
3. Die Milke mit kaltem Wasser abschrecken und mit einem Rüstmesser säubern: die kleinen Röhren und die dicken Häute entfernen. Das Fleisch unter ein Holzbrettli legen und beschweren (z. B. mit einer schweren Pfanne).
Am nächsten Tag:
1. Die Kalbsmilke in kleine Würfel schneiden.
2. Schalotten und Peterli fein hacken und in etwas Butter anziehen lassen.
3. Das Milchbrot ohne Ranft fein hacken, zu den Schalotten geben, den Käse dazugeben, dann mit dem Madeira befeuchten, alles gut vermischen und in die Schüssel geben.
4. Wieder etwas Butter in die Sauteuse geben, die Milkenwürfel hineingeben, mit dem Mehl bestäuben und ganz wenig anbräunen lassen. 3–4 EL Bouillon und 1 Messerspitze Fleischextrakt dazugeben. Einige Minuten leicht kochen lassen. Pfeffern und sparsam salzen. Mit etwas Zitronensaft besprengen.
5. Den Backofen auf 220° vorheizen. Milken zu der Käse/Milchbrot-Mischung geben und gut vermischen. Evtl. mit etwas Bouillon befeuchten.
6. Die Muscheln oder Souffléförmchen mit Sardellenbutter ausstreichen, mit der Masse füllen, mit Paniermehl bestreuen, mit Butterflöckli belegen.
7. Im Backofen 10–15 Minuten überbacken.

Bemerkungen:
Diese Vorspeise kann gut am Vortag zubereitet werden.

Variante:
Falsche Austern mit Soles
Anstelle der Milkenwürfel verwendet man in kleine Stück-
chen geschnittene Solefilets (1 Filet pro Person), die man in
Butter sautiert. Nach Wunsch mit wenig Rahm verfeinern.

3

Portionen: 4

Zutaten:
400 g Kalbshirn
20 g Butter
1 EL Peterli, fein gehackt
5 Tranchen Englischbrot
1 Ei
½ Zitrone, Saft
1 Eiweiss
1 KL Paniermehl
Friture
Salz
Pfeffer aus der Mühle

Gerät:
Kasserolle, mittelgross
Schüssel, mittelgross
Wiegemesser
Bratpfanne, klein
Pinsel
Friteuse/Friturepfanne

Hirnischnitten

Zubereitung:
1. Hirn nach Nr. 229 wässern, häuten und 10 Minuten pochieren.
2. Nacheinander Hirn und 1 Tranche Englischbrot mit dem
   Wiegemesser fein hacken.
3. Butter in der Bratpfanne erhitzen; gehacktes Brot, Hirn und
   Peterli zugeben und einige Minuten dämpfen. In der Schüssel mit dem ganzen Ei vermischen; mit etwas Zitronensaft,
   Salz und Pfeffer würzen.
4. Eiweiss in einem Suppenteller kurz durchschlagen.
5. Die restlichen Englischbrottranchen auf der Oberseite mit
   Eiweiss bepinseln; mit der Hirnmasse bestreichen; wieder
   mit Eiweiss bepinseln und mit etwas Paniermehl bestreu-
   en.
6. Friture auf 180° erhitzen.
7. Die Hirnischnitten goldgelb fritieren.

4 Küchenpastetchen

Ergibt: 20–25 Stück

Zutaten:
Zur Farce:
500–700 g gebratenes
oder gesottenes Fleisch
(z. B. Resten von Pot au
feu oder vom Sonntags-
braten)
1 Schwöbli
½ dl Milch
40 g geräucherter Speck
in dünnen Tranchen
1 Zwiebel, fein gehackt
Muskatnuss
Salz
Schwarzer Pfeffer aus der
Mühle
2–3 EL Bouillon oder
Wein
Zum Teig:
500 g Weissmehl
170 g Butter, zimmer-
warm
2 TL Salz
Öl oder Fett zum Fritieren
Mehl zum Auswallen des
Teigs

Gerät:
Schüssel, mittelgross
Schüssel, klein
Fleischwolf
Bratpfanne, klein
Muskatraffel
Wallholz
Ringausstecher, ∅ 8–10 cm
Friteuse/Friturepfanne
ferner:
Alu-Folie

Zubereitung:
1. Schwöbli in der Milch einweichen.
2. Teig zubereiten: Mehl in die grössere Schüssel geben; in die Mitte eine Vertiefung machen, Butter und Salz hineingeben; mit den Händen langsam vermengen, dabei löffelweise kaltes Wasser zugeben (insgesamt ca. 2 dl); kneten bis ein glatter Teig entsteht; einen Klumpen formen, in Folie einpacken und (mindestens) ½ Stunde im Eiskasten ruhen lassen.
3. Farce zubereiten: Fleisch in Würfel schneiden und durch den Fleischwolf treiben; Schwöbli gut ausdrücken, würfeln und ebenfalls durch den Fleischwolf treiben. Speck in dünne Riemchen schneiden, in der Bratpfanne auslassen; Zwiebel dazugeben und gelb rösten. Fleisch, Brot, Speck und gedämpfte Zwiebel in der kleineren Schüssel zu einer Farce durchkneten; wenn nötig, mit etwas Bouillon oder Wein befeuchten; mit Salz, Pfeffer und Muskatnuss würzen.
4. Den Teig dünn auswallen, mit dem Ausstecher (oder einem Wasserglas) runde Scheiben ausstechen; auf jede einen KL Farce geben; den Teigrand dem Rand entlang mit Wasser befeuchten; über dem Fleisch zusammenlegen und gut andrücken.
5. Das Öl auf 190° erhitzen. Die Pastetchen in 6–8 Minuten goldgelb fritieren.
6. Heiss als Apéritifgebäck, mit Salat als Vorspeise oder zu Wein servieren.

Varianten:
a) *Sauersüsse Küchenpastetchen*
Man gibt zu der Fülle 50 g in Essig eingeweichte Rosinen, 40 g Griesszucker und befeuchtet sie (anstatt mit Bouillon/Wein) mit Essig.
b) Küchenpastetchen – auch sauersüsse – können bei 200° im Backofen gebacken werden. Man kann zum Teig dann 200–300 g Butter, aber etwas weniger Wasser nehmen. Vor dem Backen mit Eigelb bepinseln.

5   Sonntagspastetchen

Ergibt: 36 Stück

Zutaten:
Zur Fülle:
  250 g fettes Schweine-
  fleisch, gehackt
  1 Schwöbli
  1 kleine Zwiebel, fein
  gehackt
  1 EL Peterli, fein gehackt
  Salz
  Schwarzer Pfeffer aus der
  Mühle
1 EL Butter
Pastetenteig (Nr. 97)
2 Eier
Mehl zum Auswallen

Gerät:
Schüssel, klein
Bratpfanne, klein
Wiegemesser
Pinsel
Backblech, gross
Ring-Ausstechform, ∅ 5 cm
Ring-Ausstechform,
∅ 6½ cm

Zubereitung:
1. Schwöbli zerpflücken und in etwas Wasser einweichen.
2. Zwiebel in der Bratpfanne in etwas Butter weich dämpfen.
3. Schwöbli gut ausdrücken; mit dem Wiegemesser fein hakken.
4. Schwöbli, Zwiebel, Fleisch und Peterli in der Schüssel mischen; würzen.
5. Backofen auf 220° vorheizen; Backblech einfetten; Eier teilen.
6. Teig mit dem Wallholz auf bemehlter Unterlage messerrückendick auswallen; mit dem kleineren Ausstecher 36 Böden ausstechen.
7. Den übrigen Teig wieder zusammenwirken; etwas dünner auswallen; mit dem grösseren Ausstecher 36 Deckelchen ausstechen.
8. Aus der Fülle 36 Kugeln formen; in die Mitte der Teigböden setzen.
9. Eiweiss kurz durchschlagen; den Rand eines Teigbodens mit etwas Eiweiss bepinseln; Deckel darauf legen und am Rand andrücken, damit der Teig von Boden und Deckel gut verklebt wird. Die andern 35 Pastetchen gleich fertig machen.
10. Mit Eigelb anstreichen; auf das Blech legen.
11. In 15–20 Minuten backen.

6   Zwiebelwähe

Portionen: 4–5

Zutaten:
1 kg Zwiebeln
300 g Blätterteig
150 g Butter
3 Eier
2 dl Rahm
2 dl Milch
Salz
Pfeffer aus der Mühle
Mehl zum Auswallen des
Teiges

Zubereitung:
1. Zwiebeln schälen; in dünne Scheiben schneiden.
2. In zwei Portionen in reichlich Butter glasig dämpfen (je 10–15 Minuten); unterdessen das ausgebutterte Blech mit dem ausgewallten Teig auslegen; den Boden einige Male mit einer Gabel einstechen (damit sich während des Bakkens keine Blasen bilden); in den Eiskasten stellen.
3. Backofen auf 200° vorheizen.
4. Eier, Rahm, Milch und Gewürze in der Schüssel kurz durchschlagen.
5. Die gedämpften Zwiebeln auf dem Teigboden verteilen; den Guss sorgfältig darübergiessen.
6. Im Ofen ca. 30 Minuten backen: die Oberfläche sollte hellbraun sein.

Gerät:
Bratpfanne, gross
Wähenblech, rund ⌀ 30 cm
Schüssel, mittelgross
Schneebesen
Wallholz

7. Aus dem Blech nehmen auf eine runde Platte anrichten; vor dem Servieren 5 Minuten ruhen lassen (was sich auf Konsistenz und Geschmack positiv auswirkt!).

7   Rote Forellen

Portionen: 2 (als Vorspeise)

Zutaten:
2 frisch getötete kleine
Bachforellen, pfannenfertig
20 g Butter, zimmerwarm (1)
½ Zitrone, Saft
1 Schalotte, fein gehackt
50 g Butter, kalt und
in kleine Würfel geschnitten
(2)
1½ dl schwerer Rotwein
(z. B. Roussillon)
15 g Beurre manié (Nr. 63)
Salz
Weisser Pfeffer aus der
Mühle

Gerät:
Gratinform (die Fische soll-
ten gerade nebeneinander
Platz haben
Stielpfanne, klein
ferner:
Alu-Folie

Zubereitung:
1. Backofen auf 200° vorheizen.
2. Form mit der Butter (1) ausstreichen; auf den Boden etwas Salz und Pfeffer streuen; Forellen hineinlegen, mit Zitronensaft beträufeln und ebenfalls mit Salz und Pfeffer bestreuen.
3. Wein in das Pfännchen geben und zum Kochen bringen; die Hälfte davon zu den Forellen geben; Form mit Folie zudecken; in den Backofen stellen, 10–12 Minuten pochieren.
4. Schalotte zu dem restlichen Wein ins Pfännchen geben; auf die Hälfte des Volumens einkochen; vom Feuer nehmen, die kalte Butter (2) stückchenweise einrühren.
5. Forellen auf heisse Teller anrichten und warm stellen.
6. Rotweinsauce mit etwas heissem Fond aus der Gratinform verlängern.
7. Sauce mit Beurre manié zur gewünschten Konsistenz binden; abschmecken; neben die Forellen giessen.

8

Portionen: 6

Zutaten:
1 kg Aal, gehäutet und
ausgenommen
1 Zitrone
8 Lorbeerblätter
8 Rebblätter
2 EL Olivenöl
Salz
Weisser Pfeffer aus der
Mühle
Tomatensauce (Nr. 81/82),
Kapernsauce (Nr. 76a) oder
nur frischgepresster Zitronensaft

Gerät:
Bratblech mit Gittereinsatz
Pinsel
ferner:
Küchenschnur

Aal in Rebblättern

Zubereitung:
1. Backofen auf 250° vorheizen.
2. Den Aal in 8 Stücke schneiden; mit Salz einreiben und mit
   Pfeffer bestreuen.
3. Auf jedes Stück ein Lorbeerblatt und eine Scheibe Zitrone
   legen; in Rebblätter wickeln; zusammenbinden und mit Öl
   bepinseln.
4. Auf dem Rost 12–15 Minuten braten.

Variante:
Anstelle der Rebblätter können die Aalstücke auch in grosse
Salbeiblätter eingepackt werden.

9

Portionen: 5

Zutaten:
5 fingerdicke Scheiben
frischer Lachs
4 mittelgrosse Zwiebeln,
in Ringe geschnitten
100 g Butter
5 EL konzentrierte Bouillon
1–2 Würfel Glace de viande
(Nr. 66; fakultativ)
Salz
Weisser Pfeffer aus der
Mühle

Gerät:
Schüssel, klein
Bratpfanne(n)
ferner:
Küchenpapier

Lachs à la bâloise

Zubereitung:
1. Die Hälfte der Butter in der Pfanne zergehen lassen, die
   Zwiebelringe darin rösten, bis sie weich und schön braun
   sind.
2. Die Zwiebeln herausnehmen und in der Schüssel beiseite
   stellen; die restliche Butter in die Pfanne geben und heiss
   werden lassen.
3. Die Fischtranchen mit Küchenpapier trockentupfen, salzen und pfeffern; auf jeder Seite 3–4 Minuten braten. Wenn
   die Butter zu verbrennen droht, löffelweise Bouillon zugeben.
4. Die Lachstranchen auf die Platte legen und warm stellen;
   evtl. noch etwas Bouillon in die Bratpfanne geben, den
   Bratensatz loskratzen, die Zwiebeln darin aufkochen. Nach
   Belieben die Glace de viande zugeben. Über die Lachstranchen geben.

Bemerkungen:
Achtung! Der Lachs wird trocken, wenn er zu lange auf dem Feuer ist. Man
beginnt mit dem Braten, wenn die Gäste bereits am Tisch sitzen und richtet
an, sobald sich das Fleisch von der Mittelgräte löst.

10

Falscher Salm (Veau saumoné)

☐ ☾

Portionen: 8

Zutaten:
800 g Kalbfleisch (z.B.
Unterstück oder Nuss)
1 TL Salpeter
Salz
Zur Beize:
  1 Zwiebel, mit 5 Gewürznelken besteckt
  1 kleines Lorbeerblatt
  5 Peterlistiele (ohne
  Kraut)
  10 weisse Pfefferkörner
  5 Estragonblätter
  5 Wacholderbeeren
  1,5 dl Weissweinessig
  2 dl trockener Weisswein
Mayonnaise (Nr. 88)
Zur Garnitur:
  Kapern, Cornichons, Sardellenfilets, Zitronen-
  schnitze

Gerät:
Schüssel, mittelgross
Kasserolle, mittelgross mit
Deckel
ferner:
Saranpapier

Zubereitung:
1. Fleisch mit Salpeter und Salz einreiben; in die Schüssel legen.
2. Alle Zutaten zur Beize in der Kasserolle aufkochen; heiss über das Fleisch giessen; erkalten lassen; mit Saranpapier zugedeckt kühl stellen.
3. Fleisch 3 Tage lang beizen; am 2. und 3. Tag einmal wenden.
4. Beize in die Kasserolle geben; mit ½ l Wasser verdünnen; ½ TL Salz zugeben; zum Kochen bringen.
5. Fleisch hineingeben; aufkochen; teilweise zugedeckt ganz leise 60–70 Minuten köcherlen, bis es gar, aber noch fest ist.
6. Mit dem Sud in die Schüssel geben; erkalten lassen.
7. Fleisch in möglichst dünne Tranchen schneiden; paillettenartig in Fischform übereinandergelegt auf eine flache Platte anrichten.
8. Mit Mayonnaise überziehen; mit Kapern, Cornichons, Sardellenfilets und Zitronenschnitzen garnieren.

Variante:
Fleisch vor dem Sieden mit Sardellenfilets spicken.

11   Kalbsbrust

⌂

Portionen: 4

Zutaten:
800 g Kalbsbrust
2 EL Öl
5 Zwiebeln, geschält
Bratengarnitur:
  1 Rüebli
  1 geschälte, mit 2 Ge-
  würznelken besteckte
  Zwiebel
  5 Pfefferkörner
  1 Lorbeerblatt
  1 Stückchen Brotrinde
  einige Peterlistiele (ohne
  Kraut)
1 dl trockener Weisswein
und 1 dl Bouillon (Instant),
gemischt
1 TL Weissmehl
Salz
Pfeffer aus der Mühle
1–2 EL Rahm
Mehlbutter (Nr. 63)

Gerät:
Bräter
Sieb
Stielpfännli

Zubereitung:
1. Backofen auf 250° vorheizen. Fleisch mit Salz und Pfeffer einreiben; mit Mehl bestäuben.
2. Das Öl in den Bräter geben; auf dem Herd erhitzen; Kalbsbrust schnell auf beiden Seiten anbraten; Zwiebeln und Bratengarnitur zugeben; in den Backofen stellen.
3. Nach 20 Minuten die Temperatur des Backofens auf 200° reduzieren; einige EL Wein/Bouillon-Mischung dazugiessen.
4. Unter gelegentlichem Begiessen in 70 Minuten schön weich braten; dabei nach und nach etwas Wein/Bouillon nachgiessen.
5. Fleisch herausnehmen und warm stellen; Jus durch das Sieb in das Pfännli passieren, Gemüse und Bratengarnitur gut ausdrücken; aufkochen, evtl. etwas mit Wein/Bouillon verlängern; Rahm zugeben; nach Wunsch mit etwas Mehlbutter binden.

Variante:
Gefüllte Kalbsbrust
Vom Metzger eine Tasche in das Fleisch schneiden lassen. Die Tasche mit Farce füllen; mit Nadel und Faden zunähen.
Farce 1, mit Schweinefleisch: Siehe Nr. 281
oder
Farce 2, mit Speck, Brot und Ei: 40 g Speck in dünne Tranchen, dann in Riemchen geschnitten; 1 Zwiebel, fein gehackt; 1 Hand voll Spinatblätter, ohne Stiele fein gehackt; 1 Schwöbli, in kaltes Wasser eingeweicht, ausgedrückt und fein gehackt. Speck in einer kleinen Bratpfanne erhitzen; zuerst die Zwiebel dazugeben und glasig dünsten; Spinat und Schwöbli dazugeben und kurz mitdünsten. In einer Schüssel heiss mit dem Ei vermengen. Mit Salz und Pfeffer würzen. Die Tasche in der Kalbsbrust nicht zu satt füllen, da sich die Fülle während des Garens ausdehnt.

12

Kalbfleischvögel

Portionen: 4

Zutaten:
8 kleinere, dünne Kalbs-
plätzli
Zur Fülle:
  40 g Delikatessspeck in
  Tranchen
  1½ Schwöbli
  1 Zwiebel, fein gehackt
  1 Ei, verklopft
  1 EL Peterli, fein gehackt
1 KL Weissmehl
1 Rüebli
1–2 Zwiebeln, geschnitten
½ Lorbeerblatt
1 Salbeiblatt (fakultativ)
1–2 Tassen Bouillon
(Instant)
2 EL Butterfett
Salz
Pfeffer aus der Mühle

Gerät:
Bratkasserolle mit Deckel
Bratpfanne, klein
Wiegemesser
Sieb
ferner:
8 Zahnstocher (Holz) oder
weisse Küchenschnur

Zubereitung:
1. Fülle: Weggli in kaltes Wasser einweichen. – Speck in schmale Riemchen schneiden; in der Bratpfanne erhitzen; Zwiebel zugeben; glasig dünsten. – Weggli gut ausdrücken; mit dem Wiegemesser fein hacken; zu den Zwiebeln und Speckriemchen geben; kurz mitdünsten. – Bratpfanne vom Feuer ziehen; Ei dazugeben; gut mischen; mit Peterli, Salz und Pfeffer würzen.
2. Fülle auf die 8 Plätzli verteilen; glattstreichen; die Plätzli nicht zu satt einrollen; einzeln zubinden bzw. zusammenstecken; Kalbfleischvögel mit etwas Salz und Pfeffer bestreuen.
3. Butterfett in der Kasserolle erhitzen; Vögel hineingeben; rundherum gut anbraten; Zwiebel dazugeben und ebenfalls Farbe annehmen lassen; mit Mehl bestäuben; eine Minute später mit 1 Tasse Bouillon ablöschen; Rüebli, Lorbeer- und Salbeiblatt zugeben; zudecken.
4. Auf dem Herd ganz leise 50 bis 60 Minuten köcherlen; dabei nach 30 Minuten die Vögel umwenden und wenn nötig etwas Bouillon zugeben.
5. Vögel herausnehmen und warm stellen; Jus passieren (sieben); evtl. noch etwas einkochen bzw. verlängern; abschmecken; über die Vögel anrichten.

Varianten:
Die kleine Brotfarce kann durchaus etwas Bereicherung erfahren, z.B. indem man gehackte und gedünstete kräftige Pilze (Totentrompeten, Steinpilze; auch getrocknete eingeweichte) oder anstelle von Ei und Schwöbli 200 g rohes Kalbsbrät daruntermischt. Auch eine Schweinefleischfarce wie bei Rindfleischvögeln (Nr. 18) kann genommen werden.

13 Weissgekochtes Kalbfleisch (Blanquette de Veau)

Portionen: 4

Zutaten:
800 g Kalbfleisch von Brust
oder Schulter, in 3 cm
grosse Würfel geschnitten
Saucengarnitur:
 ½ Lorbeerblatt
 1 kleine Zwiebel mit 2
 Gewürznelken besteckt
 1 Rüebli, geschabt
25 g Butter
25 g Weissmehl
½ dl Rahm
1 Eigelb
1 TL Zitronensaft
Salz
Weisser Pfeffer aus der
Mühle

Gerät:
Kasserolle, mittelgross mit
Deckel
Schaumkelle
Schüssel, mittelgross
Milchkrug (1 l)
Schneebesen
Sieb

Zubereitung:
1. Fleisch und Saucengarnitur in die Kasserolle geben; mit kaltem Wasser knapp bedecken; zum Kochen bringen.
2. Abschäumen; Hitze reduzieren; wenig Salz dazugeben; zu ¾ mit dem Deckel zudecken; 1½ Stunden ganz leise köcherln.
3. Fleischwürfel herausnehmen; in der Schüssel warm stellen.
4. Sud durch das Sieb in den Krug passieren.
5. In der Kasserolle die Butter erhitzen; Mehl zugeben und andüsten, ohne dass es Farbe annehmen darf.
6. Mit der Kalbsbrühe im Krug ablöschen; mit dem Schneebesen gut durchschlagen.
7. Fleisch in die Sauce geben; zugedeckt eine weitere Viertelstunde leise köcherln.
8. Fleischwürfel auf eine Platte anrichten.
9. Eigelb in einer Tasse mit dem Rahm verklopfen.
10. Abseits vom Feuer in die Sauce einrühren.
11. Mit Zitronensaft, Pfeffer und Salz abschmecken; über die Fleischwürfel giessen.

Varianten:
– Ein Teil des Wassers kann durch trockenen Weisswein ersetzt werden;
– der Sauce können zum Schluss 1–2 El Kapern und/oder 200 g sautierte Champignons (Nr. 328) zugegeben werden.

Kalbsfricassée
Die Fleischwürfel in 40 g erhitzter Butter schwenken, ohne dass sie Farbe annehmen; mit 25 g Mehl bestäuben, gut mischen; mit 1 Liter kochendem, leicht gesalzenem Wasser übergiessen; Fortsetzung siehe oben Punkt 2ff.

14

Portionen: 3

Zutaten:
1 Kalbsherz
Zur Fülle:
   100 g gehacktes Kalb-
   fleisch
   40 g in dünne Tranchen
   geschnittener geräucherter
   Speck
   ½ altbackenes Schwöbli
   3 EL Milch
   1 Schalotte
   1 EL gehackter Peterli
   1 kleines Ei
   Salz
   Pfeffer aus der Mühle
   Zitronensaft
   je 1 Prise Muskatnuss,
   Koriander
2 EL Butterfett
1 EL Weissmehl
2 dl Bouillon (Instant)
1 dl trockener Weisswein
1 KL Weissweinessig
Saucengarnitur:
   ½ Lorbeerblatt
   1 ungeschälte, mit einer
   Nelke besteckte Zwiebel
   1 Rüebli
Spickspeck (fakultativ)
Salz
Pfeffer aus der Mühle

Gerät:
Bratkasserolle mit Deckel
Bratpfanne, klein
Wiegemesser
Schüssel, klein
Spicknadel
Sieb
ferner:
Küchenpapier
Nadel und Faden

Gefülltes Kalbsherz

Zubereitung:
1. Schwöbli in der Milch einweichen; Specktranchen quer in Riemchen schneiden; Schalotten fein hacken.
2. Herzkammern aufschneiden; unter fliessend kaltem Wasser gründlich ausspülen; mit Küchenpapier trockentupfen; mit Salz einreiben.
3. Fülle: Speckriemchen in der Bratpfanne erhitzen; Schalotte zugeben; weich dämpfen. Schwöbli ausdrücken, fein hacken; zu der Schalotte in der Bratpfanne geben. Dämpfen, bis die Masse trocken ist. In der Schüssel mit dem Kalbfleisch, dem Peterli, den Gewürzen, wenig Zitronensaft und dem Ei vermischen.
4. Das Herz füllen und zunähen; nach Belieben ringsum spicken; mit Salz und Pfeffer einreiben.
5. Das Butterfett in der Kasserolle erhitzen; das Herz hineingeben und auf allen Seiten anbraten; herausnehmen.
6. Im Anbratfett mit dem Mehl einen blonden Roux (Nr. 70) herstellen; mit Bouillon ablöschen; Wein, Essig und Saucengarnitur dazugeben.
7. Das Herz zugedeckt in 2 Stunden in der Sauce weich dämpfen.
8. Herz tranchieren, anrichten und mit abgeschmeckter Sauce überziehen.

15

Portionen: 2

Zutaten:
1 Kalbsmilke
40 g Spickspeck
4 EL Madeira
1 dl Bouillon (Instant)
2 EL Butter
Salz
Pfeffer aus der Mühle
2 EL Glace de viande
(Nr. 66)

Gerät:
Kasserolle, klein mit Deckel
Gratinform, klein
Spicknadel
Schneebesen

Milke, braisiert

Zubereitung:
1. Milke gemäss Basisrezept (Nr. 237) vorbereiten.
2. Milke mit dem Speck spicken; Backofen auf 220° vorheizen.
3. 1 EL Butter in der Kasserolle heiss machen; Milke salzen, pfeffern und in die Butter geben; auf allen Seiten ganz leicht anbraten.
4. Madeira und die heisse Bouillon zugeben; zudecken und 15 Minuten leicht köcherlen.
5. Die restliche Butter in kleine Würfelchen schneiden und kalt stellen.
6. Milke herausnehmen und in die Gratinform legen.
7. Glace de viande im Milkenjus auflösen; über die Milke giessen.
8. Die Form in den Backofen stellen; unter gelegentlichem Begiessen glasieren.
9. Milke auf einer heissen Platte anrichten.
10. Die kalte Butter mit dem Schneebesen in die kleine Sauce einschlagen; abschmecken und über die Milke giessen.

16

Portionen: 4

Zutaten:
750 g Rindfleisch (Huft oder Nierstück), in kleinfingerdicke Tranchen geschnitten
3 Schalotten, sehr fein gehackt
2 dl trockener Weisswein oder Apfelwein
50 g Butter
Salz
Pfeffer aus der Mühle

Gerät:
Pyrexform, klein und hoch, mit Deckel

Fleischtranchen

Zubereitung:
1. Backofen auf 200° vorheizen.
2. Fleischtranchen quer in je 2 Plätzli schneiden; beidseitig mit wenig Salz und Pfeffer bestreuen.
3. Plätzli übereinander in die Form schichten: Fleisch, etwas gehackte Schalotten, Butterflöckli, Fleisch etc.; Wein darübergiessen.
4. Form zudecken und im Ofen in 1½ Stunden weich dämpfen.

Bemerkungen:
Wichtig für das Gelingen ist die Grösse der Form: sie sollte nicht breit, aber zum Schluss bis oben gefüllt sein. Der Deckel muss gut schliessen, damit kein Dampf entweichen kann.
Als Beilage eignet sich vorzüglich Zwiebelpüree (Nr. 375).

17 Welscher Braten

Portionen: 3–4

Zutaten:
1 kg Rindsbraten
(Hohrücken)
1 EL Butterfett
3 Tranchen Speck
Bratengarnitur:
  1 Zwiebel, geschält und
  mit 2 Gewürznelken
  besteckt
  1 Rüebli, geschabt
  1 Lorbeerblatt
  3 Pfefferkörner
1 dl trockener Weisswein
oder 1 dl Apfelwein
1 Stück Brotrinde
1 KL Weissmehl
1 Schalotte, fein gehackt
1 TL Kochbutter
1 EL Kapern
2 dl Jus de viande (Nr. 65)
oder konzentrierte Bouillon
(Instant)
1 TL Kartoffelmehl
Salz
Pfeffer aus der Mühle

Gerät:
Bratkasserolle
Stielpfännchen
Sieb
ferner:
Alu-Folie

Zubereitung:
1. Backofen auf 250° vorheizen.
2. Auf dem Herd das Butterfett in der Bratkasserolle erhitzen; Fleisch hineingeben und auf allen Seiten bei starker Hitze schön braun anbraten; Speck und Bratengarnitur dazugeben und einige Minuten mitbraten.
3. Fleisch salzen und pfeffern; mit dem Wein und 1 dl Wasser ablöschen; in den Backofen stellen.
4. Nach 10 Minuten Backofentemperatur auf 200° reduzieren; Fleisch mit dem Weissmehl bestäuben; Brotrinde in die Kasserolle geben.
5. In 2 bis 2½ Stunden schön weich braten; den Braten gelegentlich begiessen; einige Male wenden; Flüssigkeit nach Bedarf sparsam mit Wasser ergänzen.
6. Den Braten herausnehmen und in Alu-Folie einpakken.
7. Kasserolle auf den Herd stellen; Jus de viande zugeben; aufkochen.
8. Kartoffelmehl mit etwas kaltem Wasser zu einem glatten Breilein anrühren.
9. Schalotte im Stielpfännchen in der erhitzten Butter weich dämpfen; die Sauce aus der Bratkasserolle durch das Sieb zu den Zwiebeln passieren; aufkochen.
10. Kartoffelmehlbreilein in die Sauce einrühren; aufkochen; abschmecken.
11. Kapern in die Sauce geben; den Braten auspacken; den Saft, der sich in der Folie gesammelt hat, ebenfalls in die Sauce geben.
12. Fleisch aufschneiden; auf eine flache Platte anrichten und mit der heissen Sauce übergiessen.

18

Rindfleischvögel

Portionen: 4

Zutaten:
8 dünne Rindsplätzli (Huft,
Nuss oder Unterstück)
Zur Farce:
  1 Zwiebel, fein geschnitten und in etwas Butter
  gedämpft
  125 g Schweinefleisch,
  fein gehackt
  1 Schwöbli, in Milch
  eingeweicht, ausgedrückt,
  gehackt
  50 g Champignons, fein
  gehackt (fakultativ)
  1 Messerspitze Muskat-
  nuss, frisch gerieben
  (fakultativ)
1 EL Tomatenmark
(fakultativ)
1 EL Mehl
2 dl konzentrierte Bouillon
(Instant)
1 dl schwerer Rotwein
Salz
Schwarzer Pfeffer aus der
Mühle
1–2 EL Rahm (fakultativ)
1½ EL Butterfett

Gerät:
Schüssel, klein
Bratkasserolle
Wiegemesser
ferner:
Küchenschnur oder 8 Zahn-
stocher (Holz)

Zubereitung:
1. Plätzli beidseitig mit Salz und Pfeffer bestreuen.
2. Alle Zutaten zur Farce in der Schüssel vermischen.
3. Mit dem Messer die Farce auf die acht Plätzli streichen;
   Plätzli satt einrollen, zusammenbinden bzw. mit einem
   Zahnstocher zusammenstecken.
4. Vögel leicht mit Mehl bestäuben.
5. In der Kasserolle das Butterfett heiss werden lassen; Vögel
   rundherum schön braun anbraten.
6. Mit dem Wein ablöschen; (nach Belieben) das Tomatenmark beigeben.
7. Zugedeckt 90 bis 120 Minuten leise köcherlen; gelegentlich
   wenden und – nach Bedarf – Bouillon zugeben.
8. (Nach Belieben) Rahm dazugeben, abschmecken.

Basel im 15 November 1864

RECHNUNG

von Gottlieb Schneider, traiteur.

auf der Schmiedenzunft.

1864		über	
br. 5		Zunftessen:	
		80 couverts à fr. 5	400
		Kaffee mit Liqueurs	25
		Zwiebelsuppe	15
		Für Abendgäste	30
		fr. 470	
		Trinkgeld für in die Küche	10
		pr. acquit fr. 480	

Gottlieb Schneider Schlösser

traiteur

19　　Enten-Salmis

Portionen: 2–3

Zutaten:
1 frische, wenn möglich
französische Ente mit den
Innereien
40 g Butterfett
Bratengarnitur:
　1 Rüebli
　1 Zwiebel, mit einer
　Gewürznelke besteckt
　5 Pfefferkörner
　½ Lorbeerblatt
　etwas Knollensellerie
1 dl Weisswein
½ l Bouillon
Zur Sauce:
　¼ l Rotwein
　1 Lorbeerblatt
　2 Schalotten
　einige Pfefferkörner
　¼ l Sauce espagnole
　(Nr. 73)
　½ Zitrone
　1 Stück Zucker
　1 Messerspitze Liebigs
　Fleischextrakt
　Salz
　Schwarzer Pfeffer aus der
　Mühle
Zu den Croûtons:
　Pro Person 1 Tranche
　Englischbrot (nicht zu
　frisch)
　2 EL ausgelassene Butter
　2 Schalotten

Gerät:
Gusseiserne Kasserolle mit
Deckel (I)
Kasserolle mit Deckel (II)
Sieb
1 Schüssel (für die Enten-
stücke)
1 Schüsselchen (für den
Fond)
Bratpfanne

Zubereitung:
Am ersten Tag:
1. Backofen auf 200° vorheizen.
2. Ente innen und aussen salzen und pfeffern.
3. Fett in der Kasserolle (I) heiss werden lassen; die Ente auf dem Herd auf allen Seiten hellbraun anbraten.
4. Das Fett bis auf einen dünnen Film abgiessen; Weisswein, Bratengarnitur, Bouillon zugeben; zudecken und in den Ofen stellen.
5. Fleissig begiessen. Garzeit (je nach Alter, das Fleisch muss sich weich anfassen) 50 bis 70 Minuten. Die letzte Viertelstunde den Deckel entfernen.
6. Die Ente tranchieren, erkalten lassen, über Nacht zugedeckt kalt stellen.
7. Knochen, Gerippe und Innereien (ohne Leber) in der Kasserrolle (II) mit ¼ l Rotwein, dem Fond aus der Kasserolle (I) und der Saucengarnitur zugedeckt langsam eine Stunde kochen. Sieben, kalt stellen; Knochen und Garnitur wegwerfen.

Am zweiten Tag:
1. Die Brühe (7.) entfetten (S. 18/19), mit der Espagnole aufs Feuer geben und (ungedeckt) langsam bis zu sirupartiger Konsistenz einkochen.
2. Unterdessen den Ranft von den Brotscheiben wegschneiden, die Tranchen diagonal halbieren. In der Bratpfanne hellgelb backen. Die Schalotten sehr fein schneiden und in der gleichen Pfanne dämpfen, ohne dass sie Farbe annehmen dürfen. Unterdessen die Leber sehr fein hacken, zu den Schalotten geben und ganz kurz anziehen lassen. Mit Salz und Pfeffer würzen. Mit etwas Jus aus der Kasserolle befeuchten und auf die Schnitten streichen.
3. Die Sauce mit Zitronensaft, Fleischextrakt, dem Stück Zucker, Salz und Pfeffer abschmecken.
4. Die Entenstücke in der Sauce erwärmen (*nicht* kochen). Auf einer flachen Platte anrichten und mit den Croûtons garnieren.

Bemerkungen:
Der Erfolg dieses famosen Gerichtes hängt wesentlich von der Qualität des Geflügels ab. Die Ente sollte frisch (nicht tiefgekühlt) und jung sein, was an den hellgelben Füssen und dem noch weichen Schnabel zu erkennen ist. Gewicht: mindestens 1,8 kg.

20 Gefüllter Kohlkopf

Portionen: 4

Zutaten:
1 Kohlkopf, mittelgross
Schweinefleischfarce
(Nr. 281)
2 l Bouillon (Instant)
Braune Sauce (Nr. 71)
½ Zitrone, Saft

Gerät:
Kasserolle, gross mit Deckel
Siebkelle
Schüssel, klein
ferner:
Serviette, gross
Küchenschnur

Zubereitung:
1. In der Kasserolle reichlich Wasser zum Sieden bringen; Farce nach Nr. 281 zubereiten.
2. Kohlkopf in das siedende Wasser geben; 2–3 Minuten sieden; mit der Siebkelle herausnehmen; unter fliessend kaltem Wasser die äusseren (weichen) Blätter sorgfältig ablösen und am Strunk abbrechen (sie sollten dabei nicht zerreissen). Den Kohlkopf wieder ins siedende Wasser geben; sieden; herausnehmen etc., bis der Kopf zerlegt ist.
3. Serviette im Kohlwasser brühen; herausnehmen; abkühlen lassen. Unterdessen von den grossen äusseren Kohlblättern einen Teil der dicken, harten Mittelrippe wegschneiden.
4. Das Wasser aus der Serviette herauspressen. Die Schüssel glatt mit der feuchten Serviette auslegen.
5. Die ausgelegte Schüssel mit Kohlblättern lückenlos austapezieren. Kohlblätter dünn mit Farce belegen. Eine Lage Kohlblätter, eine Lage Farce usw., bis alles aufgebraucht ist.
6. In der Kasserolle Bouillon zum Sieden bringen.
7. Serviette an den vier Ecken aufnehmen, über dem Kohl zusammenziehen, ein sattes, kohlförmiges Päckchen formen; mit der Schnur fest zubinden.
8. In der Bouillon 1¼ Stunden leise köcherlen.
9. Abtropfen lassen; mit der heissen mit Zitronensaft abgeschmeckten Sauce übergiessen.

Varianten:
Der Kohlkopf kann mit einer beliebigen anderen Fülle farciert werden. Beispiel: 300 g rohes Kalbsbrät, 1 Ei und 75 g fein gehackte gekochte Rindszunge.
Gleich zubereitet wird gefülltes Weisskraut (Kabis).

21 Laubfrösche

Portionen: 4

Zutaten:
20 handgrosse Mangold-
blätter
Zur Fülle:
  400 g gehacktes
  Schweinefleisch
  1 Schwöbli, in Milch eingeweicht, ausgedrückt
  und fein gehackt
  1 kleine Zwiebel, fein
  geschnitten und weich
  gedämpft
  1 EL Peterli, gehackt
  Salz
  Pfeffer aus der Mühle
2 EL Butterfett
1 dl Bouillon

Gerät:
Schüssel, mittelgross
Bräter

Zubereitung:
1. Alle Zutaten zur Fülle gut vermengen; 20 Kugeln formen.
2. Die Mangoldblätter 2–3 Minuten in heisses Wasser legen,
   herausnehmen und einzeln auslegen.
3. Den Backofen auf 200° vorheizen.
4. In jedes Mangoldblatt eine Fleischkugel einpacken.
5. Im Bräter das Fett zergehen lassen; die Laubfrösche nebeneinander hineinlegen; mit Salz bestreuen.
6. Im Ofen 30–40 Minuten braten; dabei von Zeit zu Zeit
   etwas Bouillon zugeben; die Laubfrösche häufig begiessen
   und einmal umwenden.

22

Leberspatzen

Portionen: 4

Zutaten:
350 g Ochsenleber
80 g Ochsennierenfett, ohne
Haut
2 kleine Eier
80 g Toastbrot, ohne Ranft
20 g Weissmehl
1 kleine Zwiebel, fein gewürfelt und in etwas Butter
gedünstet
Salz
Pfeffer aus der Mühle
Bouillon (Instant)
1 EL Schnittlauch, fein
geschnitten
50 g Butter

Gerät:
Fleischwolf
Wiegemesser
Kasserolle, gross
Schüssel, gross
Schaumkelle

Zubereitung:
1. Leber zweimal durch den Fleischwolf treiben; Brot mit dem Wiegemesser sehr fein hacken; Nierenfett mit dem Wiegemesser sehr fein hacken.
2. Kasserolle halb mit Wasser füllen; Bouillonpaste zugeben; zu einer kräftigen Bouillon aufkochen.
3. Leber, Nierenfett, Brot, Mehl, Eier, Zwiebel in der Schüssel zu einem Teig vermischen; mit Salz und Pfeffer würzen.
4. Mit 2 Kaffeelöffeln ein kleines Klösschen formen und in siedende (nicht sprudelnde) Bouillon geben; sollte das Klösschen zerfahren, dem Teig etwas Mehl zugeben.
5. Nach ca. 3 Minuten mit der Schaumkelle herausnehmen; durchschneiden, um zu prüfen, ob das Klösschen gar und nicht mehr blutig ist: die Garzeit entsprechend verlängern oder verkürzen.
6. Vom Teig Klösschen formen und gar ziehen lassen.
7. Gut abtropfen lassen; mit Brauner Butter (Nr. 61) übergossen und mit Schnittlauch bestreut anrichten.

23

Sauersüsse Pastete (warm)

Portionen: 6

Zutaten:
Pastetenteig (Nr. 97) von
250 g Mehl
1 Ei
Zur Fülle:
   750 g gekochtes oder
   gebratenes, nicht zu
   mageres Fleisch
   25 g Korinthen
   25 g Sultaninen
   50 g Griesszucker
   ca. 1½ dl Weiss- oder
   Apfelwein
   ½ dl Wein- oder
   Apfelessig
   ½ Zitrone, Schale
   Salz
   Pfeffer aus der Mühle
   Muskatnuss
Mehl zum Auswallen
Butter für die Backform

Gerät:
Schüssel, mittelgross
Fleischwolf
Zitronenraffel
Muskatraffel
Wallholz
Pinsel
Springform oder rundes
Wähenblech, ∅ ca. 23 cm

Zubereitung:
1. Fleisch würfeln; durch den Fleischwolf (feine Scheibe) treiben.
2. In der Schüssel mit dem Zucker, den Sultaninen und Korinthen vermengen; Essig zugeben, mischen; so viel Wein dazugeben, dass eine feuchte, aber noch zusammenhängende Masse entsteht; mit Zitronenschale, Salz, Pfeffer und Muskatnuss würzen.
3. Backofen auf 190° vorheizen; Springform bzw. Wähenblech mit Butter auspinseln; Ei teilen.
4. Teig im Verhältnis 3:2 teilen; beide Hälften separat auf bemehlter Unterlage auswallen.
5. Mit dem grösseren Teigstück Form oder Blech grosszügig auslegen.
6. Fleischmasse sorgfältig einfüllen, dabei einen 2 cm breiten Rand unbelegt lassen; diesen Rand mit Eiweiss bepinseln.
7. In das kleinere Teigstück 3 runde Öffnungen (Kamine) schneiden; als Deckel über das Fleisch legen; am bestrichenen Rand gut andrücken.
8. Den überlappenden Teil des Teigbodens zu einem Kranz einrollen; Deckel und Rand mit Eigelb anstreichen.
9. In 35–45 Minuten goldgelb backen; heiss servieren.

24 Wurstwecken

Portionen: 6 (12 Stück)

Zutaten:
1 Pfund Blätterteig
Zur Fülle:
  300 g Schweinefleisch,
  gehackt
  1 Schwöbli
  2 Schalotten, fein gehackt
  1 El Peterli, fein gehackt
  Salz
  Pfeffer aus der Mühle
  Muskatnuss
  1 KL Butter
  3 EL Milch
2 Eigelb
Mehl zum Auswallen

Gerät:
Schüssel, mittelgross
Bratpfanne, klein
Wiegemesser
Wallholz
Pinsel
Muskatraffel
Backblech, gross

Zubereitung:
1. Schwöbli in der Milch einweichen; Schalotten in der Bratpfanne in der Butter weich dämpfen.
2. Backofen auf 250° vorheizen.
3. Schwöbli ausdrücken; Milch weggiessen; Schwöbli mit dem Wiegemesser fein hacken; in der Schüssel mit dem Fleisch, den gedämpften Schalotten und dem Peterli vermengen; mit Salz, Pfeffer und einer Prise frisch geriebener Muskatnuss würzen; aus dieser Masse 12 8 cm-lange Würstchen formen.
4. Blätterteig auf wenig Mehl messerrückendick zu einem Rechteck auswallen; mit einem scharfen Messer in 12 8×10 cm grosse Rechtecke schneiden.
5. Auf jedes Rechteck ein Würstchen Farce legen; den Teig darüberschlagen und mit etwas Wasser an den Kanten zusammenkleben.
6. Backblech mit kaltem Wasser abspülen (nicht abtrocknen!); Wecken auf das Blech legen; mit Eigelb bepinseln.
7. In der Mitte des Backofens in ca. 20 Minuten backen; nach 10 Minuten Temperatur auf 200° reduzieren.

25

Portionen: 6

Zutaten:
600 g getrocknete, gelbe
Erbsen
1 Rüebli
1 Zwiebel
1 kleines Lorbeerblatt
20 g Knollensellerie
1 Bouillonwürfel
200 g geräucherter Speck
Salz
Pfeffer aus der Mühle
Muskat
50 g Butter

Gerät:
Kasserolle, mittelgross mit
Deckel
Sieb, gross
Passevite
Muskatraffel
Schneebesen oder Stabmixer

Erbsmus

Zubereitung:
1. Die Erbsen mit heissem Wasser übergiessen und über Nacht stehen lassen.
2. Erbsen im Einweichwasser langsam zum Kochen bringen; zugedeckt ohne zu Rühren 1 Stunde leise kochen lassen.
3. Wasser abgiessen; frisches Wasser (die Erbsen müssen damit knapp bedeckt sein), Rüebli, Zwiebel, Sellerie, Lorbeer, Speck und Bouillonwürfel dazugeben; zum Kochen bringen; ungedeckt so lange kochen, bis die Erbsen weich sind und zerfallen. Nicht anbrennen lassen: evtl. etwas Wasser zugeben!
4. Gemüse, Speck und Lorbeer herausnehmen; Erbsen durchs Passevite treiben; mit Salz, Pfeffer und wenig Muskat würzen. Unter ständigem Rühren zur Konsistenz von Kartoffelstock einkochen.
5. Butter dazugeben und mit dem Schneebesen (oder Stabmixer) aufschlagen.

26

Ergibt: 25 Stück

Zutaten:
25 grosse Salbeiblätter mit
Stiel
Ausbackteig mit Wein
(Nr. 95) oder Brandteig
(Nr. 96)
Friture

Gerät:
Friturpfanne/Friteuse
Schüssel, klein
Schneebesen
Sieb
ferner:
Küchenpapier

Salbeiküchlein

Zubereitung:
1. Teig zubereiten; ½ Stunde ruhen lassen.
2. Salbeiblätter waschen; zwischen Papier trocknen (wichtig!).
3. Friture auf 190° erhitzen.
4. Teig kurz durchrühren; Salbeiblätter einzeln hineintauchen und sofort in die heisse Friture geben; knusprig fritieren.

Bemerkungen:
Original werden die Küchlein mit Zucker bestreut angerichtet; vorzüglich schmecken sie aber auch – ungezuckert – als Beilage zu grilliertem Fleisch.

27

Portionen: 4

Zutaten:
1 kg Kartoffeln, feste Sorte
20 g Weissmehl
20 g Butter
1 kleine Zwiebel, fein
geschnitten
2–3 EL Weissweinessig
½ dl trockener Weisswein
ca. 3 dl Bouillon (Instant)
1 kleines Lorbeerblatt
1 Gewürznelke
Salz

Gerät:
Kasserolle, mittelgross
Schneebesen
Gemüsesieb

Saure Kartoffeln

Zubereitung:
1. Kartoffeln schälen; waschen; in 3 mm dicke Scheiben schneiden; in siedendem Salzwasser halbweich kochen; Wasser abgiessen.
2. In der Kasserolle Butter erhitzen; Zwiebel zugeben und andünsten; Mehl zugeben und so lange mitdünsten, bis es hellbraune Farbe angenommen hat.
3. Unter beständigem Rühren Essig, Wein und zuletzt so viel Bouillon dazugeben, dass eine dünnflüssige Sauce entsteht.
4. Sauce aufkochen, leicht salzen; Lorbeer, Nelke und Kartoffeln hineingeben; unter gelegentlichem sorgfältigem Wenden köcherlen, bis die Kartoffeln weich sind.
5. Lorbeer und Nelke herausnehmen; abschmecken; anrichten.

28

Portionen: 5–6

Zutaten:
7 dl Rahm
250 g Mandeln, geschält
125 g Griesszucker
Bittermandelessenz
12 g Gelatine

Gerät:
Moulinex
Kasserolle, mittelgross
Sieb
Puddingform, 1 l Inhalt

Blancmanger

Zubereitung:
1. Gelatine in kaltem Wasser einweichen.
2. Mandeln fein mahlen; mit dem Zucker und dem Rahm aufs Feuer setzen und unter Rühren langsam zum Sieden bringen.
3. Abseits vom Feuer die Gelatine in der heissen Flüssigkeit auflösen; einige Tropfen Bittermandelessenz zugeben; erkalten lassen.
4. Mandelrahm durch ein Sieb in die mit kaltem Wasser ausgespülte Form passieren.
5. Zum Festwerden einige Stunden in den Eiskasten stellen.
6. Auf eine runde Platte gestürzt anrichten.

29

Gebackener Rahm

Portionen: 4

Zutaten:
½ l Rahm
80 g Mandeln, geschält und
fein gemahlen
5 Eier
40 g Griesszucker
1 Zitrone, Schale
20 g Weissmehl
Friture
Zucker und Zimt zum
Bestreuen
Butter für die Form

Gerät:
Schüssel, mittelgross
Gratinform, gross als Was-
serbad
Souffléform, mittelgross
Pinsel
Zitronenraffel
Friturepfanne/Friteuse
ferner:
Alu-Folie

Zubereitung:
1. Gratinform zu ¾ mit heissem Boilerwasser füllen; in den Backofen stellen; Backofen auf 180° vorheizen; Souffléform mit Butter auspinseln.
2. Rahm, Mandeln, Zucker, Eier und 10 g Mehl in der Schüssel mischen; Zitronenschale dazuraffeln; in die Souffléform füllen.
3. Souffléform in die Gratinplatte stellen (Wasserbad); mit Folie zudecken; stocken lassen (½–¾ Stunde).
4. Völlig erkalten lassen; stürzen; in Stückchen schneiden; Friture auf 180° erhitzen.
5. Die Stückchen im Mehl wenden und in 2–3 Minuten hübsch hellbraun fritieren.
6. Warm, mit Zimt und Zucker bestreut, anrichten.

30

Seidenmus

Portionen: 4

Zutaten:
5 Eier
4 dl Rahm
40 g Zucker
1 TL Vanillezucker
(fakultativ)
1 TL Butter

Gerät:
Flache Gratinform
Pinsel
Schüssel, mittelgross
Schneebesen

Zubereitung:
1. Backofen auf 200° vorheizen; Gratinform mit Butter auspinseln.
2. Eier in der Schüssel kurz mit dem Schneebesen durchschlagen; Rahm, 30 g Zucker und (nach Belieben) Vanillezucker dazurühren.
3. In die Form giessen; ungedeckt im Ofen stocken (festwerden) lassen.
4. Backofentemperatur auf das Maximum erhöhen (Oberhitze); den restlichen Zucker über das Seidenmus streuen; im oberen Teil des Backofens karamelisieren.
5. Heiss servieren.

Ad Perpetuam   Rei Memoriam

Eröffnung
des
NEUERBAUTEN STADTTHEATERS
IN BASEL
20 September 1909

Menu

Potage Windsor	Château de Ripaille 1908
Saumon du Rhin, Sauce Rubens	en Carafe
Pommes nature	Rüdesheimer 1895
Selle de Veau à la Bâloise	
Chaudfroid de Volaille à la Russe	Château Citran 1904
Faisan flanqué de Perdreaux rôtis	
Coeur de Laitue	
Bombe à la Tannhäuser	Heidsieck & Cie.
Dessert	Monopole sec.
Fruits	

31

Portionen: 4

Zutaten:
2 Schwöbli oder 100 g
Milchbrot
1½ dl Milch
100 g Butter
80 g gemahlene Mandeln
80 g Griesszucker
1 Zitrone, Schale
1–2 EL Kirsch
1 Prise Salz
3 Eier
750 g schwarze Kirschen,
entstielt
2 EL Paniermehl
Zum Bestreuen:
    1 EL Puderzucker
    1 TL Zimtpulver
    (fakultativ)

Gerät:
Schüssel, klein
2 Schüsseln, gross
Bratpfanne, klein
Zitronenraffel
Wiegemesser
Gummischaber
Springform, ∅ ca. 20 cm

Kirschpfannkuchen

Zubereitung:
1. Weggli/Brot würfeln; in der kleinen Schüssel mit der Milch übergiessen.
2. Mandeln, Zucker, geraffelte Zitronenschale, Kirsch und Salz in eine grosse Schüssel geben.
3. Weggli/Brot ausdrücken (Milch zurückbehalten), fein hakken; in der Bratpfanne mit 80 g Butter trocken dämpfen.
4. Backofen auf 200° vorheizen; Springform mit der Butter dick ausstreichen und mit Paniermehl ausstreuen.
5. Eier teilen: Eiweiss in die zweite grosse Schüssel geben. Eigelb – eines nach dem andern – mit der Masse verrühren.
6. Milch und Brot mit der Masse verrühren; Kirschen dazugeben.
7. Eiweiss steif schlagen; mit dem Gummischaber locker unter die Masse ziehen.
8. Sofort in die Springform füllen und backen: 40–50 Minuten.
9. Kalt, lauwarm oder warm anrichten; unmittelbar vor dem Servieren mit Puderzucker und Zimtpulver bestreuen.

Variante:
Zwetschgenpfannkuchen
In die Masse werden statt Kirschen Zwetschgen genommen: Früchte halbieren, entsteinen; mit 180 g Griesszucker und 2 EL Kirsch eine halbe Stunde ziehen lassen.

32

Portionen: 6–8

Zutaten:
Blätter-, Mailänder-
(Nr. 100) oder Geriebener
Teig (Nr. 97) von 250 g
Mehl
250 g Mandeln
250 g Griesszucker
5 dl Rahm

Osterfladen

Zubereitung:
1. Schwöbli in Würfel schneiden; in der kleinen Schüssel mit der Milch übergiessen.
2. Mandeln durch die Mandelmühle treiben; Form ausbuttern.
3. Teig auf bemehlter Unterlage auswallen; Boden und Wand der Springform damit auslegen; die Form in den Eiskasten stellen.
4. Backofen auf 190° vorheizen; Eier teilen: Eigelb in die grosse, Eiweiss in die mittelgrosse Schüssel geben, kalt stellen.
5. Zucker zu den Eigelb geben; schaumig rühren.

125 g Rosinen
125 g Korinthen
5 Eier
3 Schwöbli, 2–3 Tage alt
2 dl Milch
Butter für die Form
Mehl zum Auswallen
1 EL Puderzucker zum
Bestäuben

Gerät:
Schüssel, gross
Schüssel, mittelgross
Schüssel, klein
Springform, ∅ 25 cm
Mandelmühle
Fleischwolf oder
Wiegemesser
Wallholz
Gummischaber

6. Weggli ausdrücken; durch den Wolf treiben oder mit dem Wiegemesser fein hacken.
7. Weggli, Mandeln, Rosinen, Korinthen und Rahm abwechslungsweise in Portionen mit der Eier/Zucker-Mischung vermengen.
8. Eiweiss steif schlagen; mit dem Gummischaber sorgfältig unter die Masse ziehen.
9. In die ausgelegte Form füllen; 60–70 Minuten backen; der Fladen soll zuinnerst noch feucht sein.
10. Kalt, mit Puderzucker bestäubt, anrichten.

33 Mandelherz

Portionen: 5

Zutaten:
½ dl Rahm
300 g Mandeln
200 g Griesszucker
½ Zitrone, Schale
5 Eier
Butter für die Form
Mehl zum Ausstäuben der
Form
1 KL Griesszucker zum
Bestreuen

Gerät:
Mandelmühle
1 Backform (Herz) à 1,2 l
Inhalt
Zitronenraffel
Schüssel, gross
Schüssel, mittelgross
Schneebesen
Pinsel
Gummischaber

Zubereitung:
1. Mandeln schälen; zweimal durch die Mandelmühle treiben.
2. Eier teilen: Eigelb zu den Mandeln in die grössere Schüssel, Eiweiss in die kleinere Schüssel, kalt stellen; Backform einfetten und mit Mehl ausstäuben; Backofen auf 200° vorheizen.
3. Zucker, Mandeln, Eigelb, die fein geraffelte Zitronenschale und Rahm zu einer schaumigen Masse rühren.
4. Eiweiss steif schlagen; mit dem Gummischaber sorgfältig unter die Masse ziehen.
5. Sofort in die Form einfüllen, mit Zucker bestreuen und in 30 bis 40 Minuten durchbacken.

Variante:
Das völlig erkaltete Mandelherz horizontal durchschneiden und mit Buttercrème (Nr. 542) füllen.

34

Änisbrötli

Zutaten:
500 g Mehl
500 g Griesszucker
4 Eier
2 EL Änissamen
2 EL Kirsch
1 kleine Messerspitze
Backpulver
Mehl zum Auswallen und
zum Bestreuen der Bleche

Gerät:
Schüssel, gross
Wallholz
Änisbrötchenmodel
(Pressmodel)
Backbleche, rechteckig,
gross
ferner:
Butterbrotpapier

Zubereitung:
1. Eier, Zucker, Änis und Backpulver 30 Minuten rühren.
2. Kirsch dazugeben und – in Portionen – das Mehl; wirken, bis der Teig gut zusammenhält.
3. Auf bemehlter Unterlage knapp 1 cm dick auswallen; Model aufdrücken, ausschneiden, auf die bemehlten Bleche legen.
4. Die Backbleche mit Butterbrotpapier zudecken; in einem warmen Raum mindestens 24 Stunden ruhen lassen.
5. Den Backofen auf 140° vorheizen.
6. Backofen auf Unterhitze umstellen; Butterbrotpapier entfernen; die Änisbrötchen ganz leicht mit Mehl überstäuben. 20–25 Minuten backen.

Bemerkungen:
Die Änisbrötchen sollten auf der Oberseite schön weiss bleiben und Füsschen haben.

35

Änisschnitten

Zutaten:
250 g Griesszucker
6 Eier
1–2 EL Änissamen
250 g Weissmehl
Butter für Form und Blech

Gerät:
Cakeform, gross (30 cm)
Schüssel, gross
Schüssel, mittelgross
Schneebesen
Backblech, rechteckig

Zubereitung:
1. Die Eier teilen: Eigelb in die grosse Schüssel, Eiweiss in die kleinere, kalt stellen.
2. Eigelb und Zucker mit dem Schneebesen 15 Minuten schlagen; Änis dazugeben.
3. Eiweiss zu steifem Schnee schlagen.
4. Backofen auf 150° vorheizen; Cakeform ausbuttern, Wände und Boden mit Mehl ausstäuben.
5. Abwechslungsweise Eiweiss und Mehl (portionenweise) unter die schaumige Eier/Zucker-Mischung ziehen.
6. In die Form einfüllen und in 30–40 Minuten gelb bakken.
7. Am folgenden Tag in kleinfingerdicke Tranchen schneiden, nebeneinander auf das Blech legen und bei starker Oberhitze kurz bähen.

36

Zutaten:
250 g Butter (Anken),
zimmerwarm
125 g Puderzucker
4 Eigelb
375 g Weissmehl

Gerät:
Schüssel, gross
Sieb
Backblech, gross

Anken-S

Zubereitung:
1. Butter in der Schüssel schaumig rühren.
2. Abwechslungsweise Eigelb dazugeben bzw. Puderzucker dazusieben und einrühren.
3. Unter Rühren das Mehl dazusieben und einrühren.
4. Schnell zu einem homogenen Teig zusammenkneten; 1 Stunde zugedeckt kalt stellen.
5. Backofen auf 180° vorheizen.
6. Aus dem Teig kleine S formen: aus ca. 15 g Teig eine zweifingerlange Rolle drehen und S-förmig biegen; auf das nicht eingefettete Backblech legen.
7. In ca. 15 Minuten hellgelb backen.

Bemerkungen:
Für die Verwendung der im Rezept nicht benötigten Eiweiss siehe z. B. Nr. 37, 534.

37

Zutaten:
500 g Griesszucker
4 Eiweiss
500 g Mandeln, ungeschält
100 g bittere Schokolade
Zimt: 2 Prisen
Nelkenpulver: 1 Prise
Zucker zum Auswallen und Ausstechen
Butter für die Bleche

Gerät:
Mandelmühle
Schüssel, klein
Ausstechförmli
Backbleche, gross
Schüssel, gross
Wallholz

Brunsli

Zubereitung:
1. Eiweiss in der kleinen Schüssel mit einer Gabel leicht schlagen.
2. Die Mandeln durch die Mandelmühle treiben.
3. Die Schokolade ebenfalls mit Hilfe der Mandelmühle reiben.
4. Mandeln, Schokolade, Gewürze und Zucker in der Schüssel vermischen; in der Mitte eine Vertiefung machen und das Eiweiss hineingeben.
5. Mit den Händen schnell zu einem festen Teig verarbeiten.
6. ½ Stunde kalt stellen.
7. Den Backofen auf 120° vorheizen.
8. Den Teig auf Zucker kleinfingerdick auswallen; mit Blechförmli, die man wiederholt in Zucker eintaucht, ausstechen.
9. Auf dem leicht eingefetteten Backblech im Ofen 15 Minuten trocknen lassen.

Bemerkungen:
Mahlen Sie die Mandeln immer selbst zu Hause; sie sind dann nicht trocken und auch weniger regelmässig gemahlen. – Bittere Schokolade enthält keinen Zucker und ist unverarbeitet nicht geniessbar; nicht zu verwechseln mit Schokoladen mit den Bezeichnungen «zartbitter», «edelbitter», etc. – Ich verzichte meist auf Zimt und Nelkenpulver. – Zur Verwendung der übrigbleibenden Eigelb siehe z. B. Nr. 36, 405, 409.

38

Basler Leckerli

Portionen: 16 Dutzend à
250 g

Zutaten:
1¼ kg Schweizer Bienenho-
nig, mindestens 1 Jahr alt
1 kg Griesszucker
750 g geschälte Mandeln
185 g Orangeat
185 g Zitronat
60 g Zimtpulver
¼ Muskatnuss (fakultativ)
1 Zitrone, ungespritzt
1 dl Kirsch
1¾ kg Weissmehl
Mehl zum Auswallen und
zum Bestreuen der Bleche
Zur Glasur:
    500 g Zucker

Gerät:
Kasserolle, gross
Zitronenraffel
Schüssel, gross
Wallholz
Leckerliausstecher
Backbleche, gross und
rechteckig
Stielpfännchen
Pinsel
Stabiler Kochlöffel,
50–60 cm lang

Zubereitung:
1. Die Mandeln nicht zu fein hacken; Orangeat und Zitronat
   sehr fein hacken; Zitronenschale an der Zitronenraffel abreiben.
2. Honig und Zucker aufkochen; Mandeln und Gewürze dazugeben; Hitze reduzieren; nach und nach das Mehl einrühren, zuletzt den Kirsch.
3. Ohne Unterbrechung auf sehr schwachem Feuer ¼ Stunde
   rühren.
4. Teig auf Mehl ca. 0,6 cm dick auswallen; mit dem Leckerliausstecher ausstechen oder mit dem Messer in 4×6,5 cm
   grosse Rechtecke schneiden; die Leckerli dicht aneinander
   auf die gut bemehlten Bleche legen. Über Nacht an einem
   warmen Ort ruhen lassen.
5. Den Backofen auf 250° vorheizen. Die Leckerli – ein Blech
   nach dem andern – hellbraun backen (ca. 15 Minuten); auf
   dem Blech abkühlen lassen.
6. Glasur: Den Zucker mit 4 dl Wasser zum starken Faden
   (Nr. 537) kochen; mit einem starken Pinsel schnell (damit
   die Zuckerlösung nicht hart wird) die Leckerli glasieren.
   Glasur trocknen lassen.
7. Den Leckerlikuchen aus dem Blech nehmen, in einzelne
   Leckerli brechen; das Mehl gründlich von der Rückseite
   abpinseln; Leckerli sofort in einer Blechbüchse versorgen.

Bemerkungen:
Rühren und Kneten des Leckerliteigs sind anstrengend; es empfiehlt sich, die
Leckerliproduktion im Freundeskreis statfinden zu lassen: 6 Männerarme
sind ideal, zwei halten die Pfanne fest, die anderen Paare wechseln beim
Rühren ab. – Das Hacken von Mandeln, Orangeat und Zitronat kann die
Moulinex besorgen, aber aufpassen, dass die Mandeln nicht zu fein werden, da
sonst die Leckerli zuwenig porös werden. – Wenn die Glasur nicht weiss wird,
so ist die Zuckerlösung zu wenig konzentriert; evtl. ein zweites Mal glasieren. –
Die Leckerli sollten auf keinen Fall weich, sondern elastisch zäh bis hart
sein.

39

Christbrötchen

Zutaten:
1 Pfund Mandeln
320 g Griesszucker
1 KL Zimtpulver
1 EL Kirsch
2 Eiweiss

Gerät:
Mandelmühle
Schüssel, gross
Schüssel, klein
Schneebesen
Backblech, gross
ferner:
Backpapier (Blechrein)

Zubereitung:
1. Die Mandeln mit dem Zucker durch die Mandelmühle treiben; mit Zimt und Kirsch mischen.
2. Backofen auf 120° vorheizen; Blech mit Backpapier auslegen.
3. Eiweiss zu steifem Schnee schlagen.
4. Eiweiss mit den übrigen Zutaten mischen; mit einem Löffelchen kleine Häufchen auf das Blech setzen und formen.
5. Ca. 20 Minuten im Backofen trocknen lassen.

Bemerkungen:
Zur Verwendung der im Rezept nicht benötigten Eigelb siehe z.B. Nr. 55.

40

Croquandeau

Zutaten:
250 g Mandeln
250 g Griesszucker
1 TL Zitronensaft
2 EL geschmacksneutrales
Speiseöl
Eiweissglasur (Nr. 540;
fakultativ)

Gerät:
Schwere Kasserolle,
mittelgross
Wiegemesser
Backblech, gross; bzw.
Marmorplatte
Pinsel

Zubereitung:
1. Mandeln schälen; mit einem Tuch trockenreiben; mit dem Wiegemesser mittelfein hacken.
2. Backblech bzw. Marmorplatte mit Öl bepinseln.
3. Zucker, Zitronensaft und 1 EL Wasser in die Kasserolle geben; bei nicht zu starker Hitze zu einem flüssigen, hellbraunen Sirup rösten.
4. Mandeln zugeben; durchrühren.
5. Masse auf die geölte Unterlage schütten; solange sie noch warm und biegsam ist, mit Hilfe von zwei eingeölten Messern Würstchen formen.
6. Erkalten lassen; nach Wunsch glasieren.

41 Croquants

Zutaten:
250 g Mehl
250 g Mandeln
300 g Griesszucker
1 Zitrone, Schale
2 EL Kirsch
3 Eier
Salz
Butter für das Blech
2 Eigelb zum Bestreichen

Gerät:
Wiegemesser
Schüssel, gross
Zitronenraffel
Backbleche, gross
Pinsel

Zubereitung:
1. Mandeln mittelfein hacken.
2. Mehl, 1 Prise Salz, Zucker, Kirsch und Mandeln mischen; Zitronenschale dazureiben; mit den Eiern zu einem festen Teig wirken.
3. Den Teig zu drei Rollen formen; in kleine Rädchen schneiden und diese zu kleinfingerlangen Stengelchen formen.
4. Backofen auf 200° vorheizen. Backbleche einfetten. Die Croquants mit Eigelb bestreichen.
5. In 20 Minuten hellgelb backen.

Variante:
Dem Teig 8 g Zimtpulver beigeben.

42 Mandelzwiebäckchen

Ergibt: ca. 25 Stück

Zutaten:
200 g Griesszucker
3 Eier
1 Zitrone, Schale
125 g Mandeln, grob gehackt
30 g Orangeat und Zitronat, fein gehackt
ca. 160 g Weissmehl
Butter für das Blech
1 Eigelb

Gerät:
Schüssel, gross
Schneebesen
Zitronenraffel
Wiegemesser
Pinsel
Backblech, gross

Zubereitung:
1. Zucker, 3 Eier und geraffelte Zitronenschale mit dem Schneebesen schaumig rühren.
2. Backofen auf 220° vorheizen; Backblech einfetten.
3. Mandeln, Orangeat und Zitronat und so viel Mehl in die Eier/Zucker-Mischung einarbeiten, dass sich der Teig zu einem Klumpen formen lässt.
4. Teig zu einer Rolle von ca. 6 cm ∅ formen; auf das Blech legen; mit Eigelb bepinseln; 30–40 Minuten backen.
5. Am nächsten Tag in kleinfingerdicke Tranchen aufschneiden; diese nebeneinander auf das eingefettete Backblech legen und bei starker Oberhitze kurz bähen.

43 Harte Zuckerbrötchen

Zutaten:
5 Eier
500 g Griesszucker
400 g Weissmehl
1 Zitrone, Schale
2 EL Griesszucker zum
Bestreuen
Butter für das Blech
Mehl zum Bestäuben des
Blechs

Gerät:
Schüssel, gross
Zitronenraffel
Schneebesen
Spritzsack mit glatter Tülle
Backblech, gross

Zubereitung:
1. Blech einfetten und mit Mehl bestäuben.
2. In der Schüssel Eier, Zucker und geraffelte Zitronenschale mit dem Schneebesen schaumig rühren.
3. Mehl portionenweise einrühren.
4. Teig in den Spritzsack füllen; runde, talergrosse Häufchen nicht zu dicht auf das Blech spritzen; leicht mit Zucker bestreuen.
5. Über Nacht bei Zimmertemperatur trocknen lassen.
6. Bei 150° in 15–20 Minuten hellgelb backen.

44 Haselnussleckerli

Ergibt: 40–50 Stück

Zutaten:
500 g Haselnüsse
400 g Griesszucker
1 KL Zimtpulver
1–2 EL Kirsch
3 Eiweiss
Zucker zum Auswallen
Butter für die Bleche
Zur Glasur:
    150 g Puderzucker

Gerät:
Schüssel, gross
Mandelmühle
Wallholz
Backbleche, gross
Leckerliausstecher
Stielpfännchen
Pinsel
Drahtteller

Zubereitung:
1. Haselnüsse und Zucker zweimal durch die Mandelmühle treiben; Backbleche einfetten.
2. Eiweiss in einem Suppenteller mit einer Gabel kurz durchschlagen.
3. Nuss/Zucker-Mischung in der Schüssel mit dem Zimt vermischen; mit Eiweiss und Kirsch befeuchten; schnell zu einem Teig zusammenwirken.
4. Auf Zucker kleinfingerdick auswallen; Leckerli ausstechen; einige Stunden trocknen lassen.
5. Backofen auf 120° vorheizen.
6. Leckerli 30 bis 40 Minuten im Backofen trocknen: sie sollen im Kern weich bleiben.
7. Puderzucker mit 1½ dl kaltem Wasser verrühren; im Stielpfännchen zum schwachen Faden kochen (Nr. 537); die heissen Leckerli mit der heissen Zuckerlösung bepinseln.
8. Auf Drahttellern auskühlen lassen.

Bemerkungen:
Zur Verwendung der im Rezept nicht benötigten Eigelb siehe z. B. Nr. 347.

Varianten:
a) Statt 500 g Haselnüsse je 250 g Mandeln und Haselnüsse nehmen.
b) In den Teig 50 g in der Mandelmühle fein gemahlene schwarze Schokolade verarbeiten.

45

Zutaten:
6 Eiweiss
500 g Griesszucker
1 EL Zitronensaft
500 g Mandeln
Butter für das Blech
Mehl zum Bestäuben des
Blechs

Gerät:
Schüssel, gross
Schneebesen
Gummischaber
Backblech, gross
Mandelmühle

Makrönchen

Zubereitung:
1. Backofen auf 120° vorheizen; Backblech einfetten und mit Mehl bestäuben.
2. Eiweiss steif schlagen.
3. Mandeln mit dem Zucker zweimal durch die Mandelmühle treiben.
4. Mandeln sorgfältig mit dem geschlagenen Eiweiss vermischen; den Zitronensaft dazumischen.
5. Mit 2 Kaffeelöffelchen Häufchen auf das Blech setzen.
6. In ca. 20 Minuten hellgelb backen.

Bemerkungen:
Zur Verwendung der im Rezept nicht benötigten Eigelb siehe z.B. Nr. 405, 406, 432, 490, 549.

46

Zutaten:
1 kg Quitten, vorzugsweise
Birnquitten
ca. 700 g Griesszucker

Gerät:
Küchentuch
Kasserolle, gross
Passevite
Sieb
Schüssel, gross
3–4 tiefe Teller
(Suppenteller)
ferner:
Butterbrotpapier

Quittenpaste

Zubereitung:
1. Quitten mit dem Tuch gründlich abreiben; mit der Schale in mehrere Stücke schneiden.
2. In der Kasserolle knapp mit Wasser bedecken und langsam sehr weich kochen. Nicht zudecken: Die Flüssigkeit soll teilweise einkochen.
3. Portionenweise durch das Passevite treiben; dann durch das Sieb streichen.
4. Das Mark wägen und mit gleichviel Zucker vermengen.
5. Unter beständigem Rühren dick einkochen: Die Masse soll sich träge und kompakt vom Kochlöffel lösen.
6. In die Teller verteilen; nach dem völligen Erkalten mit Papier zudecken und an einem trockenen Ort aufbewahren.
7. Zum Gebrauch ausstechen oder beliebig zuschneiden; nach Wunsch in Puder- oder Hagelzucker wälzen.

47

Ergibt: ca. 12 Stück

Zutaten:
7 g Presshefe
1,5–2 dl Rahm
250 g Weissmehl
Salz
150 g ausgelassene Butter
Grobes Salz
Kümmelsamen

Gerät:
Schüssel, mittelgross
Sieb
Bratpfanne

Hefeküchlein mit Kümmel

Zubereitung:
1. Hefeteig nach dem Grundrezept (Nr. 98) zubereiten: Hefe zerbröckeln; in einer Tasse mit einem KL Mehl und etwas leicht erwärmtem Rahm verrühren; aufgehen lassen.
2. Den Rahm (bis auf einen Rest, den man zurückbehält, falls der Teig zu zäh würde) in die Schüssel giessen; eine gute Prise Salz und nach und nach das Mehl unter Rühren dazusieben; zu einem glatten Teig kneten.
3. Das aufgegangene Vorteiglein schnell einarbeiten; zugedeckt aufgehen lassen.
4. Mit einem Löffel von dem leicht aufgegangenen Teig ca. 30 g schwere Küchlein abstechen; mit bemehlten Fingern so auseinanderziehen, dass jedes Küchlein in der Mitte eine Vertiefung bekommt.
5. Butter in der Bratpfanne heiss werden lassen; Küchlein (4–5 auf einmal) hineingeben; beidseitig gelb backen.
6. Herausnehmen; abtropfen lassen; in die Vertiefung etwas grobes Salz und einige Kümmelsamen geben.
7. Lauwarm oder kalt zu Bier servieren.

48

Ergibt: 60 Stück

Zutaten:
100 g Butter, zimmerwarm
200–250 g Griesszucker
1 Zitrone, Schale
2 EL Kirsch
4 Eier
500 g Weissmehl
1 Prise Salz
Friture

Gerät:
Schüssel, gross
Zitronenraffel
Friturepfanne/Friteuse

Schenkeli

Zubereitung:
1. Butter schaumig rühren.
2. Zucker, geraffelte Zitronenschale und Salz, dann ein Ei nach dem anderen zufügen und während 20 Minuten rühren.
3. Zuerst Kirsch, dann das Mehl dazurühren. Die Schüssel zudecken und in den Kühlschrank stellen.
4. Friture auf 180° erhitzen.
5. Frühestens nach einer Stunde, spätestens am nächsten Tag den Teig in 8 gleich schwere Portionen teilen; unter den Händen nacheinander zu kleinfingerdicken Würstchen rollen; in ca. 6 cm lange Stücke schneiden.
6. Die Schenkeli in 5–6 Minuten hellbraun fritieren.
7. Kalt servieren.

Variante:
Dem Teig mit dem Zucker 100 g geschälte, fein gemahlene Mandeln beigeben.

Künstlerschmaus im Legrandischen Haus, Blumenrain
1790.

Rud. Huber. Sc: 1790.

R. Huber, Kunstschreiner   J. J. Boston-Vischer   D. Burckhardt-Stähelin   Leonh. Burckhardt   Diebold   Dienast   Grooth, Maler   Pfarrer Mieg   Chr. Burckhardt-Grög   Basler Künstler

49 Strüblein

Zutaten:
40 g Butter
160 g Weissmehl
4–5 Eier
40 g Griesszucker
1 Prise Salz
Zitrone, Schale
Friture
Puderzucker zum Bestreuen

Gerät:
Kasserolle, mittelgross
Schüssel, mittelgross
Zitronenraffel
Trichter
Friteuse/Friturepfanne

Zubereitung:
1. In der Kasserolle Butter auf schwachem Feuer zergehen lassen; Mehl, Salz und Zucker dazugeben; verrühren; 3 dl kaltes Wasser zugeben; unter Rühren zu einem dicken Teig kochen; die Zitronenschale dazuraffeln.
2. Friture auf 190° erhitzen.
3. Teig in die Schüssel geben; die Eier – eines nach dem andern – darunterrühren: es soll ein ziemlich dickflüssiger Teig entstehen (evtl. noch ein Ei oder einige EL Rahm dazurühren).
4. Den Teig durch den Trichter in die Friture fliessen lassen; dabei mit dem Trichter schneckenförmige Bewegungen machen. Backzeit: 2–3 Minuten.
5. Warm oder kalt, mit Puderzucker bestäubt anrichten.

50 Hufeisen

Ergibt: ca. 25 Stück

Zutaten:
500 g Blätterteig
150 g Mandeln
150 g Griesszucker
1 Zitrone, Schale
2 Eier
30 g Weissmehl
1 Eigelb zum Anstreichen
Mehl zum Auswallen
80 g Hagelzucker

Gerät:
Schüssel, mittelgross
Zitronenraffel
Mandelmühle
Wallholz
Backblech, gross
Pinsel

Zubereitung:
1. Mandeln schälen und mit dem Griesszucker zweimal durch die Mandelmühle treiben; in der Schüssel mit der geraffelten Zitronenschale, den Eiern und dem Mehl verarbeiten.
2. Backofen auf 220° vorheizen.
3. Teig auf leicht bemehlter Unterlage messerrückendick auswallen; mit einem scharfen Messer (siehe Bemerkungen) in Rechtecke von 5×20 cm schneiden.
4. Die Teigstücke in der Mitte – es soll ein Rand von ca. 1,5 cm Breite frei bleiben – mit etwas Mandelfülle belegen.
5. Teigstücke in der Längsrichtung zusammenlegen, die Ränder andrücken; auf der Oberseite mit Eigelb bestreichen und mit Hagelzucker bestreuen.
6. Backblech mit kaltem Wasser abspülen; Teigrollen in Hufeisenform biegen und auf das nasse Blech legen.
7. In den Backofen stellen; nach 8 Minuten Backzeit Ofentemperatur auf 180° reduzieren; in 10–12 Minuten fertigbacken.

Bemerkungen:
Damit die Hufeisen schön und gleichmässig aufgehen, sind bei der Verarbeitung des Teiges einige Regeln einzuhalten: Die Schnittflächen der Teigrechtecke müssen scharf geschnitten und sauber sein (Eigelb!) Die Fülle muss sich im Innern – und nur dort – befinden. Beim Bestreichen mit Eigelb ist äusserste Sorgfalt am Platz. Teigreste nicht zusammenkneten, sondern aufeinanderlegen, damit die Teigblätter (Lagen) erhalten bleiben.

51 Ofenküchlein

Ergibt: 20 Stück

Zutaten:
90 g Butter
200 g Weissmehl
40 g Griesszucker
1 dl Wasser
1 dl Milch
4–6 Eier
1 Prise Salz
Butter für das Backblech
Mehl zum Bestäuben des
Blechs

Gerät:
Kasserolle, mittelgross
Backblech, gross
Schüssel, mittelgross
Spritzsack

Zubereitung:
1. Wasser, Milch, Salz, Zucker, Butter in der Kasserolle zum Kochen bringen; Mehl im Sturz dazugeben.
2. Hitze reduzieren; so lange in der Masse rühren, bis sich der Teig vom Rand der Kasserolle löst, den Teig in die Schüssel geben.
3. Backofen auf 180° vorheizen; Blech einfetten und leicht mit Mehl bestäuben.
4. Eier einzeln in den Teig einrühren: der Teig sollte mittelfest (Spritzsack!) sein; je nachdem ein Ei mehr oder weniger nehmen.
5. Mit dem Spritzsack runde, 1½ cm hohe Häufchen von ca. 6 cm Durchmesser nicht zu dicht nebeneinander auf das Blech spritzen.
6. In 20–30 Minuten backen; dabei den Backofen in der ersten Viertelstunde keinesfalls öffnen!

Varianten:
a) Ofenküchlein mit süsser Füllung
Die gebackenen Küchlein abkühlen lassen. Horizontal aufschneiden und füllen, z.B. mit leicht gesüsstem Schlagrahm (S. 22) oder mit Buttercrème (Nr. 542).
b) Ofenküchlein mit salziger Füllung
Beim Teig den Zucker weglassen. – 250 g Rahmquark mit Salz und Pfeffer würzen und nach Belieben aromatisieren: mit Currypulver, fein geschnittenem Schnittlauch, fein gehackten Sardellenfilets, Schabzieger etc.

52

Portionen: 4–5
(15–20 Stück)

Zutaten:
Zum Teig:
　250 g Weissmehl
　1 Ei
　30 g Butter
　1 dl Milch
　10 g Hefe
　30 g Griesszucker
　¹/₂ TL Griesszucker
Zum Backen:
　4 dl Milch
　80 g Griesszucker
　80 g Butter

Gerät:
2 Bratkasserollen mit
Deckel
Schüssel, gross

Dampfnudeln

Zubereitung:
1. Hefeteig nach dem Grundrezept (Nr. 98) zubereiten und aufgehen lassen.
2. Mit einem Esslöffel vom Teig 40 g schwere Kugeln abstechen; auf bemehlter Unterlage nochmals etwas aufgehen lassen (ca. ¹/₂ Stunde).
3. Je 40 g Butter in jeder Kasserolle zergehen lassen; je 40 g Zucker zugeben; bei mässiger Hitze hellbraun rösten.
4. Dampfnudeln nebeneinander in die Kasserollen legen; je 2 dl Milch dazugiessen; Kasserolle *sofort* zudecken.
5. Auf dem Herd bei kleinerer Flamme zugedeckt backen, bis die Flüssigkeit zu ³/₄ eingekocht ist (25–30 Minuten); während 20 Minuten den Deckel keinesfalls öffnen.
6. Heiss mit kalter Vanillecrème (Nr. 411/412) anrichten.

53

Ergibt: ca. 16 Stück

Zutaten:
400 g Weissmehl
1 TL Salz
1 TL Malzpulver
25 g Hefe
ca. 2¹/₂ dl Milch
150 g Butter
2 Eigelb
1 EL Kümmelsamen

Fastenwähen

Zubereitung:
1. Mehl in die Schüssel geben; im Zentrum eine Vertiefung bilden; in diese Mulde Salz, Malz und die mit ganz wenig handwarmer Milch zu einem Breilein angerührte Hefe geben; mit den Fingern mit etwas Mehl mischen; zugedeckt aufgehen lassen.
2. Das Vorteiglein mit dem Mehl vermischen; mit der handwarmen Milch zu einem glatten Teig verarbeiten; den Teig gut durchkneten.
3. Butter zerfliessen lassen; etwas abkühlen lassen; handwarm in den Teig einarbeiten.
4. Im Eiskasten eine Stunde zugedeckt kühl stellen.
5. Aus dem Teig 16 ovale Laibchen formen; wieder kühl stellen.

Gerät:
Schüssel, gross
Stielpfännchen
Fastenwähenstempel
Pinsel

6. Nach ca. einer Stunde, wenn der Teig etwas Konsistenz gewonnen hat, die Laibchen zwischen den bemehlten Handflächen etwas flach drücken; den Stempel eindrük-ken, so dass im Zentrum jedes Laibchens vier Einschnitte entstehen.
7. Backofen auf 200° vorheizen.
8. Die Laibchen vorsichtig horizontal auseinanderziehen: anstelle der Einschnitte sollen 4 Löcher entstehen; allenfalls mit den Fingern etwas nachformen.
9. Mit Eigelb bepinseln und mit etwas Kümmel bestreuen; im heissen Backofen in 20–25 Minuten goldbraun backen.

Bemerkungen:
Ist kein Fastenwähenstempel bei der Hand, so können die vier Einschnitte mit einem scharfen Messer ausgeführt werden. – Malzpulver ist im Reformhaus erhältlich.

54

Gipfeli

Zutaten:
750 g Weissmehl
250 g Butter
3 dl Milch
20 g Hefe
Salz
2 Eigelb zum Anstreichen
Butter für das Blech
Mehl zum Auswallen

Gerät:
Schüssel, gross
Stielpfännchen
Wallholz
Pinsel
Backblech, gross

Zubereitung:
1. Nach Nr. 98 einen Hefeteig zubereiten: mit 1 dl lauwarmer Milch, der zerbröckelten Hefe und 2 EL Mehl ein Vorteiglein anrühren. – Das restliche Mehl, Salz, Milch, die zerlassene aber nicht heisse Butter in der Schüssel mischen und zu einem glatten Teig kneten. – Das aufgegangene Vorteiglein rasch einarbeiten. – An einem warmen Ort zugedeckt gehen lassen.
2. Backofen auf 200° vorheizen; Blech mit Butter bepinseln.
3. Teig auf bemehlter Unterlage knapp ½ cm dick auswallen; in Quadrate oder gleichschenklige Dreiecke von 12 cm Seitenlänge schneiden; von einer Ecke aus einrollen und zu Gipfeli biegen; mit Eigelb bepinseln.
4. Auf dem Blech im Ofen 20–30 Minuten schön braun bakken.

Variante:
Mandelgipfeli
100 g fein gemahlene, geschälte Mandeln mit 100 g Griesszukker, dem Saft und der fein geraffelten Schale einer Zitrone vermengen. Mit dieser Fülle die ausgewallten und zugeschnittenen Teigstücke vor dem Einrollen bestreichen.

55

Zutaten:
500 g Mehl
½ TL Salz
100 g Griesszucker
150 g Butter
2 Eigelb
30 g Hefe
150 g Korinthen
3 dl Milch
30–40 g geschälte Mandeln
1 TL Butter zum
Ausstreichen der Form
1 EL Puderzucker (zum
Bestreuen)

Gerät:
Gugelhopfform ⌀ 25 cm
Schüssel, gross
Schüssel, klein
Pinsel
Stielpfännli

Hefegugelhopf

Zubereitung:
1. Die Butter im Pfännli bei schwacher Hitze flüssig machen.
2. Mehl und Salz in der grossen Schüssel vermengen.
3. Die flüssige Butter in die kleine Schüssel giessen, die Milch dazugiessen, die Eigelb einrühren.
4. Hefe zerbröckeln und in die Butter/Milch/Eier-Mischung geben, dann den Zucker dazugeben und mit einer Holzkelle dem Mehl beifügen.
5. Zuerst mit der Kelle, dann mit den Händen kneten und klopfen, bis sich der Teig von der Schüssel löst.
6. Die Korinthen einarbeiten.
7. Die Form mit Butter auspinseln und mit den ganzen Mandeln auslegen.
8. Den Teig einfüllen und an einem warmen (ideal sind etwa 30°), von Zugwind geschützten Ort aufgehen lassen: Die Form sollte am Schluss ⅔ gefüllt sein.
9. Den Gugelhopf im vorgeheizten Backofen (200°) in 35–45 Minuten backen.
10. Herausnehmen, nach 5 Minuten stürzen und sofort mit Puderzucker bestreuen.

Bemerkungen:
Bei Verwendung von Trockenhefe löst man diese nach der aufgedruckten Vorschrift auf und gibt sie in die Butter/Milch/Eier-Masse. – Zur Verwendung der im Rezept nicht benötigten Eiweiss siehe z. B. Nr. 39, 531, 543.

56

Ergibt: 4 Flaschen

Zutaten:
2 Flaschen erstklassiger,
trockener Weisswein
2 Flaschen Roussillon (rot)
oder guter Bordeaux (rot)
250 g Griesszucker
15 g Zimtstengel
4 Gewürznelken

Gerät:
Kasserolle, gross
Schüssel, gross
Trichter
ferner:
etwas Tüll

Hypokras

Zubereitung:
1. Weisswein, Zucker und die in Tüll eingebundenen Gewürze aufkochen: rühren, bis der Zucker ganz aufgelöst ist.
2. Den heissen Weisswein in der Schüssel mit dem Rotwein mischen, erkalten lassen.
3. Tüllsäcklein herausnehmen; in Flaschen abfüllen; verkorken. 14 Tage ruhen lassen.

57

Ergibt: ca. 1 l

Zutaten:
20 g grüne Baumnüsse
(im Juni, um Johanni,
gepflückt)
1 l Marc oder Eau de Vie
de Vin
1½ dl Kirsch
1 g Zimtpulver
2 Gewürznelken
250 g Griesszucker

Gerät:
1 gut verschliessbares Glas,
1½ l Inhalt
Filter und Filterpapier
Schüssel, mittelgross
Trichter
1 Literflasche

Nusswasser

Zubereitung:
1. Die geviertelten Nüsse mit dem Marc, dem Kirsch und den Gewürzen in das Glas füllen; Glas gut verschliessen und an die Sonne stellen.
2. Das Glas zweimal pro Woche schütteln.
3. Nach einigen (6–8) Wochen die Nüsse herausnehmen; die Flüssigkeit – sie hat inzwischen eine braune Farbe bekommen – in die Schüssel filtrieren.
4. Nusswasser und Zucker rühren, bis der Zucker ganz aufgelöst ist.
5. Das Nusswasser sorgfältig – der Bodensatz soll in der Schüssel zurückbleiben – in die Flasche filtrieren.

58

Zutaten:
2 kg Quitten, vorzugsweise
Birnquitten
Griesszucker
½ Zitrone, Saft

Gerät:
Kasserolle, gross mit Deckel
Schüssel, gross
Litermass
Schaumkelle
Gläser mit Schraub-
verschluss
ferner:
Küchenschnur
Küchentuch
Passiertuch

Quittenschnitze

Zubereitung:
1. Quitten mit dem Küchentuch abreiben; schälen, vierteln, Kernhaus herausschneiden.
2. Kernhäuser und Schalen in 2½ l Wasser zugedeckt ohne Rühren weich kochen.
3. Quittenviertel quer in sehr dünne Schnitze schneiden; mit kaltem Wasser bedecken, Zitronensaft zugeben.
4. Einen Stuhl umgekehrt (Beine nach oben) auf den Küchentisch stellen; zwischen die Beine das zuvor nass gemachte Passiertuch hineinhängen und an allen 4 Stuhlbeinen festbinden; Schüssel unter das Tuch stellen.
5. Brühe (2) durch das Passiertuch seien (nicht auspressen!). Flüssigkeit zurück in die Kasserolle schütten; Quittenschnitze abtropfen und dazugeben; zugedeckt weich kochen (sie dürfen nicht zerfallen).
6. Schnitze herausnehmen; Saft abmessen: pro Liter 1 kg Zucker dazugeben; unter gelegentlichem Abschäumen ½ Stunde köcherlen.
7. Geleeprobe machen (siehe S.19).
8. Schnitze dazugeben; in die vorgewärmten Gläser einfüllen.

59

Zutaten:
1 Pfund Hagebuttenmark
1 Pfund Griesszucker

Gerät:
Kasserolle, mittelgross
Gläser mit Schraub-
verschluss

Buttenmost

Zubereitung:
1. Fruchtmark und Zucker in die Kasserolle geben; unter beständigem Rühren langsam zum Kochen bringen.
2. Auf kleiner Flamme und unter beständigem Rühren 10 Minuten köcherlen.
3. Heiss in die vorgewärmten Gläser füllen; Gläser sofort verschliessen.

60

Zutaten:
2 kg Quitten, vorzugsweise
Birnquitten
ca. 1,5 kg Griesszucker

Gerät:
Schüssel, gross
Kasserolle, gross
Haarsieb
Gläser mit Schraub-
verschluss
ferner:
Küchentuch

Quittenkonfitüre

Zubereitung:
1. Quitten mit dem Tuch fest abreiben; mit der Schale in Stücke schneiden; in der Kasserolle knapp mit Wasser bedecken und langsam weich kochen.
2. Durch das Haarsieb streichen.
3. Fruchtmark wägen; mit dem gleichen Quantum (oder etwas weniger) Zucker vermischen.
4. Aufkochen lassen und unter Rühren so lange einkochen, bis die Marmelade dick vom Löffel fällt.
5. Heiss in vorgewärmte Gläser einfüllen; Gläser sofort verschliessen.

Grundlagen

61 Braune Butter (Beurre noisette)

Zutaten:
60 g Butter
1 EL Zitronensaft

Gerät:
Schwere Stielkasserolle

Zubereitung:
1. Die Butter bei mittlerer Hitze erhitzen bis sie schön haselnussbraune Farbe angenommen hat.
2. In eine heisse Saucière den Zitronensaft geben und die Butter darüber anrichten.

62 Kräuterbutter (Beurre maître d'hôtel)

Ergibt: 100 g

Zutaten:
100 g Tafelbutter,
zimmerwarm
½ Zitrone, Saft
Salz
Pfeffer, frisch gemahlen
1 EL gehackter Peterli

Zubereitung:
Alle Zutaten gut miteinander vermengen; einige Stunden kalt stellen.

63 Mehlbutter (Beurre manié)

Zutaten:
75 g Tafelbutter,
zimmerwarm
100 g Weissmehl

Zubereitung:
Mehl und Butter vermischen; kalt stellen.

Verwendung:
Zum Binden von Saucen: Beurre manié stückchenweise in die heisse Flüssigkeit einrühren; nicht kochen.

64

Zutaten:
50 g Butter
4 Sardellenfilets

Gerät:
Mörser
Sieb, klein

Sardellenbutter

Zubereitung:
1. Sardellen in einer Tasse mit kaltem Wasser bedecken und 15 Minuten wässern.
2. Sardellen abtropfen; im Mörser pürieren.
3. In einer Tasse mit der Butter vermischen.
4. Durch das Sieb streichen.
5. Kalt stellen.

Bemerkungen:
Findet z.B. Verwendung als Brotaufstrich und zur Aromatisierung von Saucen.

65

Zutaten:
4 kg Kalbsknochen
1 kg Zwiebeln, grob gewürfelt
100–150 g Tomatenmark
30 g Peterli (nur Stiele)
2 Peterliwurzeln, geschält und in Scheiben geschnitten

Gerät:
Kasserolle, sehr gross
Kasserolle, mittelgross
Backblech, rechteckig
Schaumkelle
Sieb, gross

Jus de viande

Zubereitung:
1. Backofen auf 220° vorheizen; Knochen auf dem Backblech verteilen; im Backofen (ohne Fett!) braun braten.
2. Zwiebeln und Tomatenmark unter die Knochen mischen und mitrösten, bis die Zwiebeln Farbe angenommen haben.
3. Knochen, Zwiebeln und Tomatenmark mit 10 l kaltem Wasser in die grosse Kasserolle geben, 5–6 Stunden langsam kochen lassen; von Zeit zu Zeit Schaum und Fett abschöpfen.
4. Die Brühe in die kleinere Kasserolle sieben; Peterlistiele und Peterliwurzeln dazugeben; 1 Stunde leicht kochen lassen.
5. Sieben, abkühlen lassen, entfetten.

Bemerkungen:
Siehe auch Glace de viande (Nr. 66).

66

Zutaten:
Jus de viande (Nr. 65)

Gerät:
Stielkasserolle, mittelgross

Glace de viande

Zubereitung:
Die nach Nr. 65 gewonnene Knochenbrühe langsam einkochen lassen, bis sie sirupartige Konsistenz hat; dies ist erreicht, wenn die Flüssigkeit auf einen Liter reduziert ist.

Weiterverwendung:
siehe z. B. Nr. 72

Bemerkungen:
Glace de viande konnte bis Ende der fünfziger Jahre in Basler Comestiblegeschäften fertig gekauft werden. Heute müssen wir sie selbst herstellen, was mit etwas Aufwand verbunden ist, der sich aber in jedem Fall lohnt. Ist doch die soignierte Küche an der Qualität ihrer Saucen erkennbar und Glace de viande die existenzielle Grundlage für viele Saucen. Die Zubereitung ist nicht schwierig, eher umständlich. Da die angegebene Masse als Basis für mehrere Saucen-Gerichte reicht, empfehle ich, die Glace nach dem Erkalten in Kunststoffbehälter für Eiswürfel abzufüllen, tiefzukühlen und dann zur weiteren Lagerung in Tiefkühlschalen zu versorgen. Die Zugabe eines einzigen Würfels Glace de viande kann die Qualität einer Speise entscheidend verbessern: Ausprobieren und selbst urteilen, ob sich das Unternehmen nicht gelohnt hat!

67

Ergibt: ca. 2½ l

Zutaten:
½ l trockener Weisswein
2½ l Wasser
250 g Zwiebeln, gewürfelt
30 g Peterliwurzeln oder
Peterlistiele (ohne Kraut)
25 g Salz
½ Lorbeerblatt
1 Zweiglein Thymian
5 g weisse Pfefferkörner

Gerät:
Kasserolle, gross mit Deckel
Schaumkelle
Sieb

Court-bouillon

Zubereitung:
1. Alle Zutaten mit Ausnahme der Pfefferkörner in der Kasserolle zum Kochen bringen; zugedeckt 20 Minuten köcherlen.
2. Abschäumen; Pfefferkörner dazugeben; weitere 10 Minuten zugedeckt köcherlen.
3. Sieben.

68

Ergibt: ca. 1 l

Zutaten:
3 Pfund Gräten und
Abschnitte von nicht zu
fettem Meerfisch (Sole,
Limande, Carrelet, Turbot,
etc.)
100 g Zwiebeln, in Scheiben
geschnitten
100 g Champignons,
halbiert
30 g Peterliwurzeln oder
Peterlistiele (ohne Kraut)
½ Lorbeerblatt
1 Zweiglein Thymian
½ Flasche (3½ dl) guter,
trockener Weisswein
1 TL Zitronensaft
6 weisse Pfefferkörner
10 g Butter

Gerät:
Kasserolle, gross mit Deckel
Schaumkelle

Fischfond (Fumet de poisson)

Zubereitung:
1. Butter in der Kasserolle heiss werden lassen; Zwiebeln andünsten; Champignons, Peterli, Lorbeer und Thymian dazugeben und kurz mitdünsten.
2. Fischabschnitte und -gräten dazugeben, Wein und 7 dl kaltes Wasser dazugeben; aufkochen; abschäumen.
3. Zugedeckt 20 Minuten köcherlen.
4. Zitronensaft und Pfefferkörner zugeben; weitere 10 Minuten zugedeckt köcherlen.
5. Sieben.

Bemerkungen:
Fischfond kann auf Vorrat hergestellt und (zum Beispiel im Eiswürfelfach) tiefgekühlt werden.

69

Ergibt: ca. ½ l

Zutaten:
50 g Sellerie
50 g Schalotten
1 Rüebli
1 Peterliwurzel
2 Lorbeerblätter
1 Zweiglein Thymian
1 Blättchen Basilikum
5 Wacholderbeeren
1 Gewürznelke
1 Pfund Wildknochen oder
Wildvoressen
2 dl schwerer französischer
Rotwein
10 g Butter
1 KL Olivenöl

Gerät:
Backblech
Kasserolle, mittelgross mit
Deckel
Schaumkelle

Wildfond/Wildfumet

Zubereitung:
1. Backofen auf 220° vorheizen.
2. Wildfleisch bzw. -knochen auf das Blech geben; im Backofen (ohne Fett!) schön braun braten.
3. In der Kasserolle die geschnittenen Gemüse mit den Gewürzen in der heissen Butter/Öl-Mischung braun rösten.
4. Den Inhalt des Backblechs in die Kasserolle geben; mit dem Wein den Fond vom Blech lösen; ebenfalls in die Kasserolle geben; 1½ dl Wasser dazugeben; auf kleiner Flamme köcherlen, bis keine Flüssigkeit mehr vorhanden ist (d. h.: alle Flüssigkeit verdampft ist).
5. ½ l kaltes Wasser zugeben; aufkochen; abschäumen; zugedeckt auf kleiner Flamme 2–3 Stunden köcherlen.
6. Sieben; erkalten lassen; entfetten.

70

Zutaten:
Butter
Mehl
Flüssigkeit

Gerät:
Kasserolle
Schneebesen
Sieb

Roux (Mehlschwitze)

Zubereitung:
1. Auf kleiner Flamme Butter zergehen lassen.
2. Kasserolle vom Feuer ziehen; die gleiche Menge Mehl hineingeben (im Sturz, d. h. auf ein Mal und nicht etappenweise); mischen.
3. Kasserolle wieder aufs Feuer setzen; die Mischung aufschäumen lassen.
4. Drei Varianten: wenn man die Mehl/Butter-Mischung nicht Farbe annehmen lässt, wird man einen *Roux blanc* erhalten; lässt man sie goldgelbe Farbe annehmen, wird man einen *Roux blond* erhalten; lässt man sie mahagonibraune Farbe annehmen, so wird man einen *Roux brun* erhalten.
5. Im gewünschten Moment in einem Guss die kalte Flüssigkeit dazugiessen; mit dem Schneebesen durchschlagen; mindestens 5 Minuten köcherlen; sieben.

Bemerkungen:
Ein heisser Roux muss immer mit einer kalten Flüssigkeit abgelöscht werden; ist die Flüssigkeit heiss (was zuweilen nicht zu umgehen ist), muss man den Roux handwarm abkühlen lassen.

71

Ergibt: 3 dl

Zutaten:
25 g Mehl
½ TL Zucker
25 g Butter oder Butterfett
1 Schalotte, klein
geschnitten
½ l kräftige Rindsbouillon
(frisch oder Instant)
15 g magerer Speck, fein
gewürfelt
½ dl Rotwein
Liebigs Fleischextrakt
Salz
Pfeffer aus der Mühle
1 EL trockener Madeira

Gerät:
Kleine schwere Stielkasse-
rolle mit Deckel
Sieb

Einfache braune Sauce

Zubereitung:
1. Mehl und Zucker in der Butter hellbraun rösten; Schalotte, Speckwürfelchen zugeben und mitrösten, bis alles eine schön braune Farbe hat.
2. Mit der Bouillon ablöschen, Rotwein zugeben; 30 Minuten ¾ zugedeckt leise köcherlen.
3. Sieben; wieder zurück in die Pfanne geben, Madeira und 1 TL Fleischextrakt zugeben und auf 3 dl einkochen; salzen und pfeffern.
4. Vor dem Anrichten mit einem Stückchen frischer Butter verfeinern.

Varianten:
a) Braune Kapernsauce
1½ EL möglichst kleine Kapern in der fertigen Sauce auf-kochen.
b) Braune Cornichonssauce
2 EL fein gehackte Cornichons in der fertigen Sauce auf-kochen.
c) Braune Olivensauce
70 g grüne Oliven entkernen, grob hacken und mit der fertigen Sauce aufkochen.
d) Braune Senfsauce
1 EL Senf in die fertige Sauce einrühren.

72

Portionen: 4

Zutaten:
3 dl Glace de viande
(Nr. 66)
1 kleines Büchslein
schwarze Trüffeln
1 dl erstklassiger roter
Bordeaux
Liebigs Fleischextrakt
1 EL Portwein (fakultativ)
Salz
Pfeffer
20 g Butter

Gerät:
Kleine schwere Stielkasse-
rolle
Schneebesen

Trüffelsauce

Zubereitung:
1. Glace de viande und Bordeaux mit dem Fleischextrakt aufkochen und um ¼ einkochen lassen.
2. Portwein und Trüffeljus zugeben; abschmecken.
3. Trüffeln nicht zu fein hacken.
4. Die Sauce vom Feuer nehmen; die Butter mit dem Schnee-besen einschlagen; Trüffeln dazugeben; sorgfältig erwär-men, aber nicht mehr kochen.

73

Zutaten:
60 g Butter oder Schweineschmalz oder Gänseschmalz
40 g Weissmehl
1 Lorbeerblatt
einige Peterlistiele
1 Zwiebel, ungeschält und
mit 1 Gewürznelke besteckt
1 KL Tomatenmark
1 Stückchen Sellerie,
geschält und klein gewürfelt
1 Stückchen weisser Lauch,
in Rädchen geschnitten
1 Rüebli, geschabt und
klein gewürfelt
1½ dl Wein
1¼ l Bouillon (Instant) oder
(besser) Jus de viande
(Nr. 65)
½ Zitrone, Saft
Salz,
Pfeffer aus der Mühle

Gerät:
Kasserolle, gross mit Deckel
Schaumkelle
Sieb

Sauce Espagnole

Zubereitung:
1. Butter oder Schmalz in der Kasserolle schmelzen lassen;
   auf schwachem Feuer die geschnittenen Gemüse (Sellerie,
   Lauch und Rüebli), Peterlistiele, Lorbeerblatt und Zwiebel
   darin leicht Farbe annehmen lassen.
2. Mehl dazugeben; kurz mitdämpfen.
3. Wein und Bouillon bzw. Jus dazugeben; gut mischen;
   Tomatenmark einrühren; sparsam salzen und pfeffern;
   Zitronensaft zugeben.
4. Mindestens 2 Stunden teilweise zugedeckt ganz leise köcherlen; gelegentlich abschäumen.
5. Sieben; abschmecken.

Variante:
Madeirasauce
In die fertige Sauce 3–4 EL Madeira und ½ TL Liebigs
Fleischextrakt einrühren.

74

Ergibt: 3dl

Zutaten:
3 dl Béchamelsauce (Nr. 75)
3 EL Rahm
1 TL Zitronensaft

Gerät:
Kasserolle, klein

Rahmsauce

Zubereitung:
1. Béchamel unter Rühren aufkochen.
2. 2 EL Rahm zugeben; 1 Minute unter Rühren köcherlen.
3. Abseits vom Feuer den Zitronensaft und dann den restlichen Rahm dazugeben.

75

Ergibt: ½ Liter

Zutaten:
35 g Butter
30 g Mehl
6 dl Milch
1 kleine Zwiebel, gespickt
mit 1 Nelke
Salz
1 Prise Muskatnuss, frisch
geraffelt

Gerät:
Stielkasserolle, klein mit
Deckel
Sieb
Schneebesen

Béchamelsauce

Zubereitung:
1. Butter schmelzen lassen; Mehl zugeben und bei schwacher Hitze ca. 5 Minuten schwitzen, aber nicht Farbe annehmen lassen.
2. Die kalte Milch unter beständigem Rühren einlaufen lassen; die bestckte Zwiebel hineinlegen; aufkochen.
3. Hitze reduzieren und 15 Minuten halb zugedeckt köcherlen. Gelegentlich rühren, damit die Sauce nicht ansitzt!
4. Abschmecken und durch das Sieb passieren.

Varianten:
a) Meerrettichsauce
Nur 5½ dl Milch zur Béchamelsauce nehmen; vor dem Anrichten 2 EL geschälten, frisch geriebenen Meerrettich und ½ dl Rahm dazugeben.
b) Käsesauce (Sauce Mornay)
2 EL Rahm mit einem Eigelb verrühren und – abseits vom Feuer – mit der fertigen Béchamel verrühren. 20 g fein geriebenen Sbrinz oder Parmesan dazugeben; nicht lange rühren und nicht mehr kochen.
c) Krebssauce (Sauce Nantua)
Die fertige Béchamelsauce zurück in die Kasserolle geben; mit 1 dl Rahm vermischen; aufkochen und 10 Minuten ungedeckt köcherlen (die Sauce wird dabei wieder auf die ursprünglichen 5 dl reduziert). Abseits vom Feuer 50 g Krebsbutter (Konserve) einrühren, 50 g Krevetten dazugeben, mit einer Messerspitze Cayennepfeffer abschmecken.

76

Ergibt: 5 dl

Zutaten:
30 g Butter
30 g Weissmehl
2½ dl Milch
2½ dl Brühe: Bouillon
(frisch oder Instant),
Gemüsebrühe, Sud oder
Fischfond (Nr. 68)

Süssbuttersauce

Zubereitung:
1. 30 g Butter in der Kasserolle schmelzen; Mehl zugeben und bei gelinder Hitze dämpfen: Es darf auf keinen Fall Farbe annehmen!
2. Kasserolle vom Feuer ziehen; mit der kalten Milch und der kalten Brühe unter kräftigem Schlagen mit dem Schneebesen ablöschen.
3. ¾ zudecken und 15 Minuten leise köcherlen.
4. Würzen; unmittelbar vor dem Anrichten – abseits vom Feuer – 10–50 g Butter einrühren (nach Wunsch auch die Crème double, das kurz durchgeschlagene Eigelb und etwas Zitronensaft); durch das Sieb passiert anrichten.

10–50 g Butter
2 EL Crème double
(fakultativ)
1 Eigelb (fakultativ)
einige Tropfen Zitronensaft
(fakultativ)
Salz
Weisser Pfeffer aus der
Mühle

Gerät:
Kleine schwere Stielkasserolle mit Deckel
Schneebesen
Sieb

Bemerkungen:
Wird das Gericht, zu dem die Sauce bestimmt ist, z.B. Fisch, Hirn oder Kalbfleisch, in einem Sud gekocht, so verwendet man zum Ablöschen der Mehlschwitze vom betreffenden Sud, der zuvor reduziert (das heisst: eingekocht, was ihn schmackhafter macht) werden muss. – Für feine Fischsaucen lohnt es sich, aus Fischabschnitten eine kräftige Brühe als Saucengrundlage herzustellen (vgl. Nr. 68).
Wenn Speisen in der Sauce fertiggekocht werden sollen, dann darf Pt. 4 der Zubereitung erst ganz zum Schluss erfolgen!

Varianten:
a) Weisse Kapernsauce
Der fertigen Sauce 2–3 EL feine Kapern einrühren.
b) Sardellensauce
Der fertigen, aber noch nicht abgeschmeckten Sauce werden einige Stückchen geschnittene Sardellen, etwas Sardellenbutter (Nr. 64), 2 TL Zitronensaft und 1 TL gehackter Peterli zugegeben.
c) Kräutersauce
In die fertige Sauce nach Belieben 1–2 EL frische, fein gehackte Kräuter (Schnittlauch, Peterli, Kerbel, Estragon, Majoran, Thymian, etc.; eine Sorte oder verschiedene gemischt) und 1–2 TL Zitronensaft einrühren.

77

Portionen: 2–3

Zutaten:
1 Schalotte
1 dl guter trockener
Weisswein
1 dl Fischfond (Nr. 68)
2 Eigelb
½ dl Rahm
100 g Butter, in Würfel
geschnitten und eiskalt
Salz
Weisser Pfeffer aus der
Mühle

Gerät:
Stielpfanne, klein
Schneebesen
Sieb
Bain-marie

Weissweinsauce

Zubereitung:
1. Schalotte schälen und fein schneiden; mit dem Weisswein und dem Fischfond aufs Feuer geben und langsam kochen bis nur noch ½ dl Flüssigkeit übrig ist; sieben, die Schalotten gut ausdrücken.
2. Eigelb und Rahm verrühren; mit dem reduzierten Fond mischen und unter Rühren im Wasserbad erhitzen, bis eine sämige Sauce entsteht.
3. Die Butter – einen Würfel nach dem andern – mit dem Schneebesen einschlagen. Nicht kochen!
4. Abschmecken.

78

Portionen: 4–5

Zutaten:
½ dl erstklassiger Weiss-
weinessig
2 EL Schalotten, sehr fein
gehackt
200 g ganz frische Tafelbutter, hart aber nicht eiskalt
Salz
Weisser Pfeffer aus der
Mühle
1 TL Zitronensaft

Gerät:
Saucenpfännli
Schneebesen
Sieb, klein

Beurre blanc

Zubereitung:
1. Essig und Schalotten mit ¾ dl kaltem Wasser in das Pfännchen geben; bei mittlerer Hitze zum Kochen bringen; Hitze
   etwas reduzieren: auf kleiner Flamme bis auf 2 EL Flüssigkeit einkochen.
2. Sieben; Schalotten gut auspressen; die Flüssigkeit (2 EL)
   zurück in das Pfännchen geben.
3. Butter in kleine Würfel schneiden; mit dem Schneebesen –
   ein Stückchen nach dem anderen – in die Reduktion einschlagen. Gelegentlich das Pfännchen wieder kurz auf die
   Feuerstelle setzen, aber Vorsicht: nicht zu heiss werden
   und auf keinen Fall zum Kochen kommen lassen.
4. Mit Salz, Pfeffer und Zitronensaft würzen, dabei immer mit
   dem Schneebesen schlagen; sofort servieren.

Bemerkungen:
Eine Sauce der ganz grossen Küche, die ausgezeichnet zu einem pochierten
Fisch passt. – Wichtig für das Gelingen ist neben dem aufmerksamen Beob-
achten der Temperatur das Pfännchen: ich verwende ein schweres, guss-
eisernes, das aussen und innen emailliert ist.

79

Ergibt: 3 dl

Zutaten:
3 Eigelb, zimmerwarm
1 EL kaltes Wasser
200–250 g Butter, ganz kalt
1 TL Zitronensaft
Salz
Pfeffer
Cayennepfeffer

Gerät:
Bain-marie
Schneebesen

Hollandaise

Zubereitung:
1. Den unteren Teil der Bain-marie mit Wasser aufs Feuer
   setzen.
2. Im oberen Teil Eigelb und Wasser verrühren.
3. Butter in kleine Stücke schneiden.
4. Wenn das Wasser heiss ist, aber noch nicht kocht, Bain-
   marie zusammensetzen; unter ununterbrochenem Schlagen mit dem Schneebesen die Butter stückchenweise in die
   Eigelb hineinschlagen. Die Wassertemperatur unter Kontrolle halten: das Wasser soll nicht zum Kochen kommen.
5. Wenn die Butter aufgebraucht ist, ist die Sauce cremig; mit
   Zitronensaft, Salz und Cayennepfeffer würzen und sogleich
   auftragen.

Variante:
Sauce mousseline
Unter die fertige Hollandaise 1 dl steif geschlagenen Rahm
mischen.

Bemerkungen:
Anstelle von 1 EL Wasser kann sehr gut durch langes Kochen auf 1 EL redu-
zierter und erkalteter Fond – von Fisch- oder Spargelsud – genommen werden.

80

Portionen: 4

Zutaten:
1 kg reife Tomaten
1 EL Olivenöl
1 Knoblauchzinken
Salz
Pfeffer aus der Mühle

Gerät:
Kasserolle, klein
Bratkasserolle
Schüssel, mittelgross

Tomatencoulis

Zubereitung:
1. In der kleinen Kasserolle Wasser zum Kochen bringen.
2. Tomaten häuten (S. 22), Stielansatz entfernen.
3. Öl in der Bratkasserolle erhitzen; Tomaten halbieren und dazugeben; Knoblauchzinken dazugeben; salzen und pfeffern.
4. Ungedeckt zum Kochen bringen; auf kleinem Feuer bis zur gewünschten Konsistenz einkochen (1–1¹/₂ Stunden); dabei von Zeit zu Zeit umrühren.
5. Knoblauch herausnehmen; abschmecken.

81

Zutaten:
1¹/₂ kg vollreife Tomaten
200 g Speck, in dünne
Tranchen und dann in
Riemchen geschnitten
3 grosse Zwiebeln, fein
gehackt
2 EL Peterli, gehackt
2 EL Olivenöl
2 Würfel Zucker
Salz
Pfeffer aus der Mühle
2 EL Crème double
(fakultativ)

Gerät:
Kasserolle, mittelgross (1)
Schwere Stielkasserolle,
mittelgross mit Deckel (2)
Mixer oder Moulinex
Sieb

Tomatensauce 1 aus frischen Tomaten

Zubereitung:
1. Tomaten häuten (S. 22), Stielansatz entfernen.
2. Tomaten in Achtel schneiden; die Kerne entfernen und wegwerfen; das Tomatenfleisch in die Kasserolle (1) geben und zu einem dicken Brei einkochen.
3. In der Kasserolle (2) das Öl erhitzen; Speck, Zwiebeln, Peterli zugeben und langsam während 20 Minuten dämpfen.
4. Den Inhalt beider Kasserollen pürieren (Mixer/Moulinex); in die schwere Kasserolle zurückgeben und mit dem Zucker 45 Minuten, teilweise zugedeckt, langsam kochen lassen; abschmecken; sieben.
5. Nach Wunsch mit 1–2 EL Wasser verlängern und/oder mit Crème double verfeinern.

82

Ergibt: 4 dl

Zutaten:
25 g geräucherter Speck,
in dünne Riemchen
geschnitten
1 kleine Zwiebel, gewürfelt
20 g weisser Lauch, fein
geschnitten
20 g Knollensellerie, klein
gewürfelt
1 kleiner Zweig Thymian
½ Lorbeerblatt
1 kleiner Knoblauchzinken
1 gehäufter KL Weissmehl
1 Würfelzucker
Salz
Pfeffer aus der Mühle
20 g Butter
1 KL Olivenöl
200 g Tomatenmark

Gerät:
Kasserolle, mittelgross mit
Deckel

Tomatensauce 2 aus Tomatenmark (Konserve)

Zubereitung:
1. Öl in der Kasserolle erhitzen; Speck, Zwiebel, Lauch und Sellerie zugeben und andünsten.
2. Mit dem Mehl bestäuben; 5 Minuten unter Wenden rösten.
3. Tomatenmark zugeben und kurz mitrösten.
4. 4 dl kaltes Wasser dazugiessen, umrühren; Lorbeer, Thymian, Knoblauch und Zucker dazugeben; sparsam mit Salz und Pfeffer würzen.
5. Aufkochen; ¾ zugedeckt 1 Stunde auf kleiner Flamme kochen.
6. Sieben; die frische Butter einrühren.

Varianten:
Anstelle des Wassers teilweise Jus de viande oder kräftige Rindsbouillon verwenden.

83

Ergibt: 4 dl

Zutaten:
2,5 dl Wasser
60 g Griesszucker
1 dl Rum

Gerät:
Stielpfännchen

Punschsauce (Sauce au rhum)

Zubereitung:
Alle Zutaten miteinander aufkochen.

84

Ergibt: ½ l

Zutaten:
4 dl Rotwein
100 g Griesszucker
1 Zimtstengelchen
1 Gewürznelke
1 Zitrone, Schale
60 g Korinthen (fakultativ)
15–20 g Kartoffelmehl
(Fécule)

Gerät:
Kasserolle, mittelgross
Zitronenraffel

Rotweinsauce (süss)

Zubereitung:
1. In einer Tasse das Kartoffelmehl mit 2–3 EL Wein zu einem Breilein rühren.
2. 2 dl Wasser, Zucker, Zimt, Nelke, geraffelte Zitronenschale und Korinthen in der Kasserolle einige Minuten köcherlen.
3. Zimt und Nelke herausnehmen.
3. Wein dazugeben; vors Kochen bringen.
5. Mehlbreilein dazugeben und unter Rühren aufkochen.

85

Zutaten:
2 EL Essig
4 EL Öl
2 harte Eier (Nr. 152)
1 EL fein geschnittene
Kräuter (Schnittlauch,
Estragon oder Peterli)
1 EL fein gehackte Kapern
(fakultativ)
2–3 Sardellenfilets, würfelig
geschnitten
Salz
Pfeffer

Gerät:
Sieb, klein
Wiegemesser
Schüssel, klein

Eiersauce

Zubereitung:
1. Eier schälen, längs halbieren, das Eigelb herausnehmen und durch das Sieb in die Schüssel passieren.
2. Das Eiweiss hacken, mit den Kräutern und Sardellen in die Schüssel geben.
3. Essig, dann Öl einrühren; abschmecken.

86

Portionen: 4

Zutaten:
2 hart gekochte Eier
(12 Minuten nach Nr. 152)
$\frac{1}{2}$ TL Senf
1 TL Weissweinessig
2 dl Öl
1 EL fein gehackte Kapern
und Gewürzgurken
1 TL gehackter Estragon
1 TL gehackter Peterli
Salz

Gerät:
Schüssel, klein
Schneebesen
Sieb, klein

Gribiche-Sauce

Zubereitung:
1. Die Eigelb mit Hilfe eines Kaffeelöffels durch das Sieb in die Schüssel streichen.
2. Senf und Essig dazurühren; salzen.
3. Das Öl ganz langsam – im Faden – einlaufen lassen; dabei ununterbrochen mit dem Schneebesen kräftig rühren.
4. Kapern, Gurken, Estragon und Peterli dazurühren; abschmecken.

Bemerkungen:
Die Eiweiss werden nicht verwendet.

87

Portionen: 2–3

Zutaten:
$\frac{1}{2}$ Meerrettich

Gerät:
Raffel, fein

Meerrettich

Zubereitung:
Meerrettich schälen; sofort reiben; z. B. zu heissen Würstchen servieren.

Varianten:
a) mit Rahm
3–4 EL geriebenen Meerrettich mit 1 dl steif geschlagenem Rahm vermengen. Zum Beispiel zu kaltem Braten servieren.
b) mit Joghurt
3–4 EL geriebenen Meerrettich mit $\frac{3}{4}$ Glas Joghurt, 1 TL Senf, Salz und Pfeffer verrühren. Zum Beispiel zu aufgeschnittenem Siedfleisch servieren.

88

Portionen: 6

Zutaten:
3 Eigelb
½ l Öl
Salz
Pfeffer
1 schwacher EL erst-
klassiger Wein-Essig oder
Zitronensaft

Gerät:
Schüssel, klein
Schneebesen, klein

Mayonnaise

Zubereitung:
1. Die Eigelb mit der Hälfte des Essigs (oder Zitronensafts), Salz und Pfeffer vermischen.
2. Das Öl ganz langsam – im Faden – einlaufen lassen; dabei ununterbrochen kräftig mit dem Schneebesen rühren. Wenn die Sauce dick geworden ist, den Rest des Essigs (oder Zitronensafts) zufügen und unter kräftigem Weiterrühren den Rest des Öls einlaufen lassen.
3. 1 EL siedendes Wasser unter die Sauce rühren.

Bemerkungen:
Darauf achten, dass die Eier schön geteilt sind und nur Dotter zur Verwendung kommt. – Das Öl muss zimmerwarm sein. – Geronnene Mayonnaise wiederherstellen: 1 EL kochendes Wasser in eine saubere Schüssel geben und die geronnene Mayonnaise tropfenweise einrühren.

Varianten:
a) Mayonnaise zum Überziehen von Fisch oder Fleisch
Unmittelbar vor der Verwendung 6 g aufgelöste Gelatine einrühren: 3 Blatt Gelatine 5 Minuten in viel kaltem Wasser einweichen; herausnehmen, leicht ausdrücken, mit 2–3 EL heissem Wasser auflösen (evtl. im Wasserbad, S. 23) und sieben.
b) Tartaresauce
In die fertige Mayonnaise werden 1–2 TL scharfer Dijonsenf und 1 EL fein gehackter Peterli eingerührt, 1 EL fein geschnittener Schnittlauch und 1 EL kleine Kapern (fakultativ) beigefügt.
c) Rémoulade
In die Tartaresauce (b) werden eingerührt: 1 EL fein gehackte Cornichons, 1 KL gehackter Estragon, 1 KL gehackter Kerbel, 1–2 im Mörser zerstossene Sardellenfilets.

89

Zutaten:
1 Teil Essig
3 Teile Öl
2 Teile Kräuter (Schnittlauch, Peterli, Estragon)
Salz
Pfeffer, frisch gemahlen

Vinaigrette

Zubereitung:
Alle Zutaten gut verrühren.

90

Portionen: 4

Zutaten:
6 Eier
100 g Johannisbeergelée
2 EL Senf
Cayennepfeffer
Salz

Gerät:
Kasserolle, mittelgross
Siebkelle
Sieb
Tasse

Johannisbeersauce

Zubereitung:
1. Eier nach Nr. 152 hart kochen (12 Minuten); erkalten lassen.
2. Eier halbieren; mit Hilfe eines Löffelchens Eigelb herausnehmen; durch ein Sieb in die Tasse streichen.
3. Gelée ebenfalls durch das Sieb zu den Eigelb passieren.
4. Senf zugeben; alles zu einer dickflüssigen Sauce verrühren; mit Salz und Cayennepfeffer abschmecken.

Bemerkungen:
Als Begleitung zu Wildbraten; vgl. Nr. 292. – Die Eiweiss werden im Rezept nicht verwendet.

91

Zutaten:
250 g Beeren (Himbeeren, Erdbeeren etc.)
½ Zitrone, Saft
80 g Puderzucker

Gerät:
Mixer
Sieb

Saucen von frischen Früchten

Zubereitung:
Alle Zutaten in den Mixer geben und pürieren; durch ein Sieb streichen. Mit Zimmertemperatur servieren.

92

Saucen von Konfitüre

Zubereitung:
Marmelade (z. B. Buttenmost) mit Zitronensaft und Kirsch oder Zitronensaft und Wein auf die gewünschte Konsistenz verlängern. Heiss oder kalt servieren.
Konfitüren mit ganzen oder zerkleinerten Früchten zuerst im Mixer pürieren und durch ein feines Sieb streichen.

93

Saucen von tiefgekühlten Früchten

Zubereitung:
Früchte (z. B. Heidelbeeren) auftauen lassen; den Saft durch
ein Sieb in eine Schüssel ablaufen lassen. Joghurt in den Mixer
geben, abgetropfte Beeren und Crème double dazugeben und
mixen; nach Bedarf mehr Früchte zugeben oder mit Fruchtsaft
verdünnen. Mit Zimmertemperatur servieren.

94

Weinschaumsauce

Portionen: 2–3

Zutaten:
2 dl trockener Weisswein
3 EL Madeira
100 g Griesszucker
2 Eier

Gerät:
Bain-marie
Schneebesen

Zubereitung:
1. Den unteren Teil der Bain-marie mit Wasser aufs Feuer
   setzen.
2. Im oberen Teil alle Zutaten vermischen.
3. Wenn das Wasser heiss ist, aber noch nicht kocht, Bain-
   marie zusammensetzen; unter ununterbrochenem Schlagen mit dem Schneebesen eine dickliche Sauce herstellen.
   Die Wassertemperatur unter Kontrolle halten: das Wasser
   soll nicht zum Kochen kommen.
4. Wenn die Sauce heiss und dicklich ist, sofort anrichten oder
   den oberen Teil der Bain-marie aus dem Wasser nehmen,
   die Sauce kalt schlagen.

95

Ausbackteig mit Wein

Zutaten:
180 g Weissmehl
1 KL Öl
2 dl trockener Weisswein
1 Eiweiss
1 Prise Salz

Gerät:
Schüssel, mittelgross
Schüssel, klein
Schneebesen
Gummischaber

Zubereitung:
1. Salz und Mehl in die grössere Schüssel geben; unter ständigem Rühren mit einem Kochlöffel mit dem Wein zu
   einem dickflüssigen Teig anrühren; Öl einrühren.
2. 30 Minuten ruhen lassen.
3. Eiweiss zu festem Schnee schlagen; mit dem Gummischaber leicht unter den Teig ziehen.
4. Sofort weiterverwenden.

Bemerkungen:
Bei langem Rühren wird der Teig zäh!

96

Zutaten:
20 g Butter
50 g Weissmehl
2 dl Wasser oder Milch
3 Eier
½ EL Kirsch (fakultativ)
1 Prise Salz
1 EL Griesszucker (wenn erforderlich)

Gerät:
Kasserolle, mittelgross
Schüssel, mittelgross

Brand- oder Brühteig (Pâte à choux)

Zubereitung:
1. Milch oder Wasser mit Salz, Zucker und Butter aufkochen.
2. Mehl in die siedende Flüssigkeit geben; unter beständigem Rühren mit einer Holzkelle köcherlen, bis die Masse glatt ist und sich von der Pfanne löst.
3. Den Teig in die Schüssel geben und etwas abkühlen lassen.
4. Den Kirsch und ein Ei nach dem anderen einrühren.

Bemerkungen:
Der Teig sollte nicht kalt gestellt und muss am gleichen Tag weiterverarbeitet werden.

97

Portionen: z.B. für 3 runde Bleche mit 24 cm Durchmesser oder 1 rechteckiges Blech, 42 × 30 cm oder 13 runde Förmli mit 8–9 cm Durchmesser

Zutaten:
500 g Weissmehl
250 g Butter, in Stückchen
2 TL Salz
1 EL Essig
ca. 2 dl kaltes Wasser
ferner:
Alu-Folie

Gerät:
Schüssel, gross

Geriebener oder Pastetenteig

Zubereitung:
1. Mehl und Salz in die Schüssel geben; die Butter stückchenweise mit dem Mehl zwischen den Fingern verreiben.
2. Essig und – in Etappen – Wasser zugeben; rasch zu einem glatten Teig wirken.
3. In Alu-Folie eingepackt (mindestens) ½ Stunde im Eiskasten ruhen lassen.

Bemerkungen:
Achtung! Langes Kneten ergibt einen zähen Teig.

Variante:
Auf ein Pfund Mehl kann bis zu 375 g Butter genommen werden; die Wassermenge muss aber verringert werden, da der Teig sonst zu nass und zu weich wird.

98 Hefeteig (Allgemeine Bemerkungen)

Das Gelingen eines Hefegebäcks hängt von wenigen Grundsätzen ab, die problemlos einzuhalten sind:
Alle Zutaten sollen mindestens Zimmertemperatur haben; ideales Klima für die Wirksamkeit der Hefe sind 30°; werden zu heisse Zutaten – etwa zu stark erwärmte Milch – mit der Hefe vermischt, so wird sie abgetötet und die Arbeit beginnt – mit neuer Hefe – von vorne.
Will man den Teig langsam – etwa über Nacht – aufgehen lassen, so stellen wir ihn in einen kühlen Raum; will man schneller zum Ziel gelangen, so lassen wir ihn an gelinder Wärme und ohne Zug – zum Beispiel in der Küche – aufgehen, was keine volle Stunde beansprucht. Der Teig ist genügend aufgegangen, wenn er sein Volumen verdoppelt hat; ist der Teig genug aufgegangen, der Ofen aber zum Backen noch nicht bereit, lässt man den Teig an der Kühle warten, um das «Überhaben» zu verhüten. Zum Backen den Ofen auf 180°–200° vorheizen; die Backofentür während der ersten 30 Minuten nicht öffnen.

Grundrezept:
1. Hefe zerbröckeln; mit lauwarmer Flüssigkeit verrühren; mit wenig Mehl zu einem dickflüssigen Teiglein mischen; an gelinder Wärme aufgehen lassen.
2. Mehl, Salz, Zucker in einer grossen Schüssel mischen; geschmolzene Butter, verklopfte Eier und lauwarme Milch zugeben und mischen.
3. Den Teig bearbeiten und klopfen, bis er ganz glatt ist und sich von der Schüssel löst.
4. Das Vorteiglein, das jetzt Bläschen zeigen wird, beigeben und alles rasch tüchtig untereinandermengen, was sehr rasch vor sich gehen soll.
5. Zugedeckt an gelinder Wärme – jedoch nicht direkt auf einer Heizquelle – auf das Doppelte aufgehen lassen.

99

Zutaten:
185 g ungeschälte,
gemahlene Mandeln
185 g Griesszucker
10 g Zimtpulver
375 g Weissmehl
250 g Butter, zimmerwarm
2 Eier
30 g bittere Schokolade
(fakultativ), fein gerieben

Gerät:
Schüssel, gross
ferner:
Alu-Folie

Linzerteig

Zubereitung:
1. Butter und Zucker schaumig rühren.
2. Eier, Schokolade, Mandeln und Zimt dazurühren.
3. Mit dem Mehl zu einem Teig zusammenwirken.
4. In Alu-Folie einpacken und mindestens ½ Stunde kühl stellen.

100

Ergibt: Teig für 4 runde
Wähenbleche, ⌀ 22,5 cm

Zutaten:
500 g Weissmehl
1 Prise Salz
200–250 g Griesszucker
250 g Butter, zimmerwarm
1 Eigelb
2 Eier
1 Zitrone, Schale

Gerät:
Schüssel, gross
Zitronenraffel
ferner:
Alu-Folie

Mailänderteig

Zubereitung:
1. Zucker und Butter in der Schüssel schaumig rühren.
2. Eigelb und Eier – eines nach dem andern – einrühren, ebenfalls Salz und geraffelte Zitronenschale.
3. Mehl dazugeben und schnell zu einem Teig kneten.
4. In Alu-Folie einpacken und 2 Stunden im Eiskasten kalt stellen.

Bemerkungen:
Geeignet für süsse Wähen, Osterfladen (Nr. 32), Mailänderli (Nr. 526) etc.

101

Zutaten:
200 g Weissmehl
100 g Griesszucker
100 g Mandeln, geschält
oder ungeschält gemahlen
120 g Butter, zimmerwarm
1 Ei
10–15 g Zimt (fakultativ)

Gerät:
Schüssel, gross
ferner:
Alu-Folie

Mandelteig

Zubereitung:
1. In der Schüssel Butter, Zucker und Zimt verrühren.
2. Ei und Mandeln einrühren.
3. Mehl einarbeiten.
4. Eine Kugel formen und (mindestens) ½ Stunde kalt stellen.

Bemerkungen:
Auf Zucker auswallen.

102

Zutaten:
300 g Weissmehl
1 Messerspitze Backpulver
1 Prise Salz
1 Ei
½ dl Sonnenblumenöl
½ dl Milch

Gerät:
Schüssel, gross
Tasse
Schneebesen
ferner:
Alu-Folie

Mürbeteig mit Öl

Zubereitung:
1. Mehl, Backpulver und Salz in der Schüssel vermischen.
2. Ei in der Tasse kräftig schlagen; Öl und Milch zugeben; gut mischen.
3. Flüssigkeit zum Mehl geben; alles gut, aber schnell verarbeiten.
4. Mindestens ½ Stunde in Alu-Folie eingepackt im Eiskasten ruhen lassen.

103

Zutaten:
250 g Weissmehl
125 g Butter, in Stückchen
60 g Griesszucker
2 kleine Eigelb
2–3 EL Weisswein, Apfel-
wein oder Wasser
1 Prise Salz
Abgeriebene Schale einer
Zitrone (fakultativ)

Gerät:
Schüssel, gross
ferner:
Alu-Folie

Mürbeteig zu Obst- und anderen süssen Kuchen und Wähen

Zubereitung:
1. Mehl, Zucker, Salz und Zitronenschale in die Schüssel geben; die Butter mit den Händen einarbeiten.
2. Nacheinander Eigelb und Flüssigkeit einarbeiten. Kurz durchkneten.
3. Eine Kugel formen, in Alu-Folie einpacken und im Eiskasten mindestens 1 Stunde ruhen lassen.

Bemerkungen:
Auf Zucker auswallen.

104

Portionen: 6–8

Zutaten:
500 g Weissmehl
5 Eier
1½ EL Olivenöl
Wasser
1 KL Salz
Mehl zum Auswallen

Gerät:
Schüssel, mittelgross
Küchentuch

Nudelteig

Zubereitung:
1. Mehl kegelförmig auf die Arbeitsfläche häufen; in der Mitte eine Vertiefung machen.
2. In die Vertiefung Eier, Salz und Öl geben; mit einer Gabel Eier und Öl schlagen, dabei nach und nach das Mehl dazunehmen.
3. Mit den Händen während 20 Minuten kneten, drücken, rollen, bis der Teig ganz elastisch ist; dabei zu Beginn noch einige Tropfen kaltes Wasser beifügen, sollte der Teig zu wenig feucht sein (Grösse der Eier).
4. Teig zu einem Kloss formen; in der Schüssel, mit dem angefeuchteten Küchentuch zugedeckt, 20 Minuten bis 2 Stunden ruhen lassen.
5. Teig in faustgrosse Stücke teilen; auf bemehlter Unterlage nacheinander papierdünn auswallen; mit Mehl bestäuben, lose zusammenrollen und in gleichmässig schmale oder weniger schmale Streifen schneiden.
6. Aufrollen und nach Nr. 107c, 397, 398 weiterverarbeiten oder in einem Küchentuch eingeschlagen bis zum nächsten Tag in den Eiskasten legen.

Bemerkungen:
Sollen die Nudeln nicht sofort gebraucht werden, so gibt man kein Salz in den Teig. Nudeln schneiden, zum Trocknen auf ein bemehltes Tuch ausbreiten; in gut verschliessbarer Büchse lagern.

Fleischbrühen und Suppen

105

Portionen: 4

Zutaten:
1 Suppenhuhn
Hühnerklein von
2–3 Tieren (fakultativ)
1 Rüebli
Salz

Gerät:
Kasserolle, gross mit Deckel
Sieb

Hühnerbouillon

Zubereitung:
1. Das Huhn mit den Knochen in kleine Stücke schneiden; mit dem Hühnerklein in die Kasserolle geben und mit 2 l kaltem Wasser bedecken.
2. Langsam zum Kochen bringen, Salz und Rüebli dazugeben; zudecken; Hitze reduzieren; 2–3 Stunden leise köcherlen.
3. Sieben, wieder in die Kasserolle zurückgiessen und – ungedeckt – bis zur gewünschten Konzentration einkochen lassen.
4. Entfetten (S. 18/19), abschmecken und servieren.

·Bemerkungen:
Vgl. auch Suppeneinlagen Nr. 107.

106

Portionen: 4

Zutaten:
800 g Rindfleisch
(z. B. Brustspitz, Schenkel, Brustbein)
150 g Rindsknochen, gehackt
30 g Rindsleber
1 Zwiebel, ungeschält und mit 1 Nelke besteckt
1 kleines Rüebli
150 g Knollensellerie
1 Lauchstengel, weisser Teil
1 TL Salz

Gerät:
Kasserolle, gross mit Deckel
Sieb

Rindsbouillon

Zubereitung:
1. Knochen, Leber und Gemüse mit 2½ Liter kaltem Wasser langsam zum Kochen bringen.
2. Salz und Fleisch hineingeben und wieder zum Kochen bringen; teilweise zugedeckt bei mässiger Hitze 2–2½ Stunden köcherlen.
3. Fleisch herausnehmen; Fleischbrühe sieben, entfetten (S. 18/19), abschmecken und servieren.

Bemerkungen:
In Basel – wie anderswo – bildet die Fleischbrühe die Ouvertüre zum Suppenfleisch (siehe Pot-au-feu, Nr. 255), einstmals die klassische Platte am samstäglichen Mittagstisch. Bouillons – mit oder ohne Einlage (siehe Nr. 107), kalt oder warm serviert – sind aber auch bei festlichen Mahlzeiten begehrte Station innerhalb eines mehrgängigen Menüs. Es empfiehlt sich dann, sie am Vortag zuzubereiten: sie lässt sich kalt leicht entfetten, da sich das Fett an der Oberfläche sammelt und fest wird; man kann sie auch weiterverarbeiten zu einer Consommé (siehe unten).
Zur Verwendung des gekochten Rindfleisches siehe z. B. Nr. 256, 262, 265.

Variante:
Consommé
300 g mageres, gehacktes Rindfleisch mit 50 g in Scheiben geschnittenem Lauch, etwas Kerbel und 1 Eiweiss vermengen. 1 l entfettete Bouillon in eine Kasserolle geben, die Rindfleisch/Eiweiss-Masse hineinrühren; unter beständigem Rühren zum Kochen bringen. Bei schwacher Hitze 1 Stunde köcherlen lassen, wobei sich Fleisch und Eiweiss an der Oberfläche sammeln. Sorgfältig durch ein Tuch passieren.

107 **Einlagen zu Fleischbrühen**

Portionen: 4

a) Geröstete Brotwürfelchen
Von 4–5 knapp zentimeterdicken Tranchen Englisch- oder Toastbrot ohne Ranft gleichmässige Würfelchen schneiden, mit 50–70 g Butter in der Bratpfanne bei eher kleiner Hitze unter beständigem Wenden goldgelb rösten. Separat servieren.

b) Gebähtes Brot
60 g altbackenes Halbweissbrot in möglichst dünne Scheibchen schneiden; auf einem Backblech im Backofen bähen, bis sie schön knusprig sind. In die Teller verteilen, Bouillon darübergiessen, mit etwas gehacktem Peterli oder fein geschnittenem Schnittlauch bestreuen.

c) Nudeln
Nudelteig Nr. 104 von 100 g Mehl und einem Ei (reicht für 2×4 Personen) papierdünn auswallen; aufrollen und in ganz feine Streifen schneiden. In der Brühe al dente kochen (5–10 Minuten).

d) Flädli (Consommé Célestine)
Aus 30 g Mehl, 1 dl Milch, 1 Ei, 1 Prise Salz einen dünnen Omelettenteig (Nr. 158) schlagen, ½ Stunde ruhen lassen. Einige möglichst dünne Omeletten backen, aufrollen und in ganz feine Streifen schneiden. Mit heisser Brühe übergiessen und servieren.

e) Julienne (Consommé à la julienne)
70 g Rüebli, 30 g weisse Rüben, das Weisse von 1 Lauch, 70 g Kopfsalat, 70 g Weisskraut (ohne Rippen) in zündholzförmige Stäbchen schneiden; mit 10 g Butter andünsten, einige EL Bouillon zugeben und bei kleiner Flamme zugedeckt ziemlich weich dünsten. In der Bouillon aufkochen und servieren.

f) Eierstich (Consommé à la royale)
2 Eier gut verklopfen; mit 1½ dl heisser Bouillon vermischen; mit Salz und Pfeffer würzen. In einer kleinen ausgebutterten feuerfesten Form im Wasserbad ca. 30 Minuten pochieren. Temperatur des Bachofens: 130° (das Wasser muss direkt unter dem Siedepunkt gehalten werden). Mit einer Stricknadel Festigkeit des Eierstichs prüfen: Bleibt die Nadel trocken, ist der Garprozess abgeschlossen. Auskühlen lassen; in Würfelchen schneiden oder mit Förmchen ausstechen. Beim Anrichten in die heissen Tassen oder Teller geben.

g) Griessklösschen
1½ dl Milch mit 20 g Butter und etwas Salz aufkochen; 40 g Griess langsam einrühren; langsam kochen, bis der Brei sich

von der Pfanne löst; etwas abkühlen lassen, mit dem verklopften Ei vermengen. Mit einem Löffelchen kleine Klösschen abstechen und 4–6 Minuten in der leise kochenden Bouillon pochieren. Sofort servieren.
Variante: Dem Klösschenteig 1 EL fein geschnittene frische Kräuter zufügen.

h) Schaumklösschen (Baumwollsuppe)

30 g Butter schaumig rühren, mit 1 Ei verrühren; 40 g Weissmehl dazusieben; eine Prise Salz und 1 EL kalte Milch beigeben und glattrühren. An der Kühle ruhen lassen. Mit dem Spritzsack kleine Knöpflein in die köcherlende Bouillon spritzen. 4–5 Minuten schwach kochen lassen. Mit gehacktem Peterli oder fein geschnittenem Schnittlauch auftragen.

i) Markklösschen

50 g Ochsenmark auslassen (schmelzen; im Backofen oder bei schwachem Feuer in einem Pfännchen), sieben, abkühlen lassen. 1 Schwöbli oder 50 g Toastbroat ohne Ranft mit dem Wiegemesser ganz fein hacken. Das Mark schaumig rühren; mit dem Weggli, einem verklopften Ei, etwas Salz, etwas frisch geriebener Muskatnuss (fakultativ) und 1 TL fein gehacktem Peterli (fakultativ) vermengen. Kalt stellen. Mit bemehlten Fingern haselnussgrosse Klösschen formen; in schwach kochendem Salzwasser 6–7 Minuten pochieren.
Bemerkungen: Zuerst eine Kochprobe machen; zerfahren die Klösschen im Wasser, muss 1 EL Paniermehl in den Teig gewirkt werden.

k) Hirnklösschen

30 g Butter schaumig rühren; mit einem halben Kalbshirn (gehäutet nach Nr. 229 und gehackt), 40 g Toastbrot (ohne Ranft in Milch eingeweicht, gut ausgedrückt und fein gehackt) und einem verklopften Ei vermengen. Mit Salz und frisch gemahlenem Pfeffer würzen. Mit einem Löffelchen kleine Klösschen abstechen und in schwach siedender Bouillon während 5–6 Minuten kochen. Sofort anrichten.

l) Leberklösschen

1 fein gehackte Schalotte in 20 g Butter andämpfen; 40 g ohne Ranft in Milch eingeweichtes, fest ausgedrücktes und fein gewiegtes Toastbrot dazugeben und mitdünsten. In einer Schüssel mit 60 g sehr fein gehackter Kalbs- oder Geflügelleber, 1 Ei, Salz und frisch gemahlenem Pfeffer vermischen; ½ Stunde ruhen lassen. Mit einem Kaffeelöffel Klösschen abstechen, in schwach kochendes Salzwasser geben; herausnehmen, wenn die Klösschen an die Oberfläche steigen. Sofort mit der Bouillon übergiessen und servieren.

m) Ravioli

Zubereitung siehe Nr. 136; 150 g für 4 Personen.

108

Portionen: 4

Zutaten:
400 g Blumenkohl
50 g Weissmehl
40 g Butter
$^1/_2$ dl Rahm
1 l Bouillon
1$^1/_2$ dl Milch
Salz

Gerät:
Kasserolle, mittelgross mit
Deckel
Sieb
Schüssel, mittelgross

Blumenkohlsuppe (Crème Dubarry)

Zubereitung:
1. Den Blumenkohl waschen, in Röschen zerpflücken und in kochendem Salzwasser 5 Minuten blanchieren.
2. Mehl in der Butter kurz dämpfen, mit der Bouillon ablöschen, den blanchierten Blumenkohl beigeben und eine halbe Stunde leise köcherln.
3. Durch das Sieb streichen; mit Milch und Rahm aufkochen; abschmecken und servieren.

109

Portionen: 4

Zutaten:
80 g getrocknete gelbe
Erbsen
1 Zwiebel
40 g Butter
1–2 Bouillonwürfel
100 g Speck (fakultativ)
Geröstete Brotwürfelchen
(Nr. 107a)

Gerät:
Kasserolle, mittelgross mit
Deckel
Passevite
Schüssel, mittelgross

Erbsensuppe

Zubereitung:
1. Erbsen über Nacht in reichlich Wasser einweichen.
2. Die eingeweichten Erbsen mit 1$^1/_2$ l frischem (ungesalzenem) Wasser, der geschälten Zwiebel, der Butter und (wenn erwünscht) dem Speck zwei Stunden kochen.
3. Speck herausnehmen; Schwarte wegschneiden; Fleisch in Riemchen schneiden.
4. Suppe durchs Passevite in die Schüssel passieren; mit dem geschnittenen Speck, den Bouillonwürfeln in die Kasserolle zurückgeben; aufkochen; abschmecken; mit Brotwürfelchen servieren.

BUHLER'S BIERGARTEN

BASEL

HALLEN   "MÜNCHENER KINDL"   HALLEN

BUHLER'S BIERGARTEN
Sternengasse N° 18 Telephon N° 688
in der Nähe des Centralbahnplatzes. Eingang
Aeschenvorstadt & Elisabethenstr.

FILIALE
der alten Bayerischen Bierhalle
Steinenvorstadt N° 1 Telephon N° 510

Ausschank v. vorzüglichem Münchener

Exportbier (Franziskanerbräu)
& Pilsener Bier, &
vorzügliche Weine.

Regelmässige
CONCERT-TAGE.
DIENSTAG & FREITAG
Beleuchtung durch 600
Gasflammen.
Reichhaltige Speisekarte.
SPEISEN A LA CARTE.
zu jeder Tageszeit
Münchener Küche.
MITTAGS CAFÉ
Geöffnet vom 1 Mai bis 1 October.

GENERAL-ANSICHT

BUFFET   STAMMHAUS.   MUSICK PAVILLON

110

Portionen: 4

Zutaten:
2 Rüebli
½ kleines Kohlköpfli ohne
die äusseren zähen Blätter
1 Rübkohl
1 Zwiebel
1 Kopfsalatherz
1 Lauchstengel
1 Stück Knollensellerie
1 Peterliwurzel
1 kleiner Blumenkohl
nach Jahreszeit ferner:
    grüne Erbsen, ausgemacht
    Spargelspitzen
    junge, zarte Bohnen
1½ l kräftige Bouillon
(Instant)
20 g Butter
Salz
Pfeffer aus der Mühle
Geröstete Brotwürfelchen
(Nr. 107a)

Gerät:
Kasserolle, gross mit Deckel

Gemüsesuppe

Zubereitung:
1. Gemüse gründlich waschen; Rüebli schaben, Rübkohl,
   Zwiebel, Sellerie und Peterliwurzel schälen und in kleine
   Würfel schneiden; vom Lauch die dunkelgrünen Teile
   weg-, die weissen und gelben in Ringe schneiden; Kohlköpfli und Salatherz grob hacken.
2. Das Gemüse mit Ausnahme des Blumenkohls in der Butter
   dämpfen; nach 8–10 Minuten die Bouillon zugeben; auf
   schwachem Feuer zugedeckt eine Stunde kochen.
3. Den Blumenkohl in kleine Röschen zerpflücken, in die
   Suppe geben und weitere 10 Minuten kochen.
4. Abschmecken und mit gerösteten Brotwürfelchen auftragen.

111

Portionen: 4

Zutaten:
50 g Hafergrütze oder
Haferflocken
40 g Butter
1½ l Bouillon (Instant)
Salz

Gerät:
Kasserolle, mittelgross

Geröstete Hafersuppe

Zubereitung:
1. Grütze oder Flocken in 30 g Butter langsam hellgelb rösten.
2. Mit der Bouillon ablöschen; eine halbe Stunde auf schwachem Feuer kochen.
3. Die restliche Butter zugeben, abschmecken.

112

Portionen: 6

Zutaten:
75 g Gerste
25 g Butterfett
2 l Bouillon (Instant)
200 g Knollensellerie
Salz
Peterli, gehackt

Gerät:
Kasserolle, gross mit Deckel

Gerstensuppe

Zubereitung:
1. Fett in der Kasserolle heiss werden lassen; Gerste hineingeben und bei mittelstarker Hitze kurz anrösten.
2. Mit der Bouillon ablöschen.
3. Sellerie schälen, in kleine Würfel schneiden und in die Suppe geben.
4. Teilweise zugedeckt 1½ bis 2 Stunden leicht kochen lassen.
5. Abschmecken und mit dem Peterli anrichten.

Bemerkungen:
Die Bündner Gerstensuppe, die eine ganze Mahlzeit darstellt, ist in ihrer Zusammensetzung ungleich vielfältiger: Zum Sellerie kommen Zwiebeln, Rüebli und Lauch; mit der Bouillon werden ein Kalbsfuss und ein Stück geräuchertes oder luftgetrocknetes Fleisch beigegeben.

Variante:
Man kann die Suppe vor dem Auftragen mit einem Eigelb legieren (S. 17).

113

Portionen: 4

Zutaten:
50 g feinster Weizengriess
1½ l Bouillon (Instant)
½ dl Rahm
Salz

Gerät:
Kasserolle, gross mit Deckel
Schneebesen

Griessuppe

Zubereitung:
1. Bouillon zum Kochen bringen.
2. Griess unter kräftigem Schlagen mit dem Schneebesen in die kochende Bouillon rieseln lassen.
3. Teilweise zugedeckt ½ Stunde leise kochen lassen.
4. Rahm zugeben; abschmecken.

Varianten:
a) Den Griess mit 25 g Butter hellbraun rösten und dann mit der Bouillon ablöschen. ½ Stunde kochen lassen.
b) Den Griess mit einem Eigelb gut vermischen, auf ein Backblech verteilen und im schwach geheizten Backofen ca. 20 Minuten lang austrocknen lassen. Mit den Fingern zerreiben und wie im Grundrezept in die kochende Bouillon geben.

114

Portionen: 4–5

Zutaten:
150 g Kalbshirn
1 Zitrone
30 g Butter
30 g Weissmehl
1–2 Eigelb
geröstete Brotwürfelchen
(Nr. 107a)
1½ l Bouillon
Salz
Pfeffer aus der Mühle

Gerät:
Kasserolle, mittelgross
Sieb

Hirnsuppe

Zubereitung:
1. Hirn nach Nr. 229 wässern, häuten und 5 Minuten pochieren; mit Hilfe eines Löffels durch das Sieb passieren.
2. Das Hirnpüree mit einigen Löffeln Bouillon verrühren.
3. Butter in der Kasserolle schmelzen; Mehl dazugeben und kurz dämpfen, ohne dass es Farbe annimmt.
4. Mit der restlichen Bouillon ablöschen; 15 Minuten kochen lassen.
5. Hitze reduzieren; das Hirnpüree zugeben und unter ständigem Rühren bis ans, aber nicht zum Kochen bringen.
6. Mit dem (den) Eigelb legieren (S. 17).
7. Abschmecken und anrichten. Geröstete Brotwürfelchen separat servieren.

115

Portionen: 4

Zutaten:
350 g Kartoffeln, geschält und gewürfelt
1 Lauchstengel, nur das Gelbe, fein geschnitten
1 Stückchen Knollensellerie, geschält und fein geraffelt
1 Rüebli, geschabt und fein geraffelt
1 kleine Tomate, geschält und zerrissen
20 g Fett
1½ l Wasser
1 Bouillonwürfel (fakultativ)
Salz
1 EL feingehackter Peterli oder Majoran

Gerät:
Kasserolle, gross
Passevite, Sieb oder
Kartoffelstössel

Kartoffelsuppe

Zubereitung:
1. Lauch, Sellerie und Rüebli im Fett andämpfen; Kartoffeln zugeben und 4–5 Minuten weiter dämpfen.
2. Das Wasser dazugeben, ebenfalls die Tomate, den Bouillonwürfel (nach Wunsch) und etwas Salz; ½ Stunde leise kochen.
3. Wenn die Kartoffeln ganz weich sind, durchs Passevite treiben, durch das Sieb streichen oder mit dem Stössel zerdrücken.
4. Aufkochen, abschmecken und mit den Kräutern würzen.

116

Portionen: 4

Zutaten:
40 g Butter
40 g Weissmehl
1 kleine Zwiebel, fein
geschnitten
300 g geschälte, klein
gewürfelte Kartoffeln
1 EL gehackter Peterli
Salz
Pfeffer
1 Bouillonwürfel (fakultativ)
1½ l Wasser

Gerät:
Henkelkasserolle, mittel-
gross mit Deckel

Braune Kartoffelsuppe

Zubereitung:
1. Das Mehl in der Butter langsam mittelbraun rösten; Zwiebel dazugeben und 2–3 Minuten mitrösten.
2. Mit dem Wasser ablöschen; Kartoffeln und nach Belieben
   den Bouillonwürfel zugeben.
3. ½ Stunde halb zugedeckt köcherln.
4. Mit Salz und Pfeffer würzen, Peterli zugeben und servieren.

Variante:
10 Minuten vor Ende des Kochprozesses 40 g geriebenen
Sbrinz einrühren.

117

Portionen: 4

Zutaten:
2 Lauchstengel
1 mittelgrosse Kartoffel
25 g Weissmehl
25 g Butter
40 g Sbrinz
Salz

Gerät:
Kasserolle, mittelgross
mit Deckel
Bircherraffel

Lauchsuppe

Zubereitung:
1. Lauch waschen und in sehr feine Rädchen schneiden; Kartoffel schälen und würfeln.
2. Butter flüssig werden lassen; Mehl, Lauch und Kartoffeln
   dazugeben und dünsten.
3. 1¼ l Wasser und etwas Salz zugeben; zugedeckt leise kochen lassen.
4. Nach 45 Minuten den frisch geriebenen Sbrinz einrühren;
   in 15 Minuten fertigkochen.

118

Portionen: 4

Zutaten:
30 g Weissmehl
1 Ei
1½ l Bouillon
Salz
Peterli und/oder Schnitt-
lauch

Gerät:
Kasserolle, mittelgross
Sieb

Luft- oder Einlaufsuppe

Zubereitung:
1. Die Bouillon aufs Feuer setzen.
2. Das Ei in einem Suppenteller mit einer Gabel verklopfen.
3. Die Kräuter fein schneiden.
4. Das Mehl in das verklopfte Ei einrühren, salzen.
5. Das Teiglein (4) von hoch oben durch das Sieb in die sprudelnde Bouillon einlaufen lassen.
6. Aufkochen und mit den Kräutern anrichten.

119

Portionen: 4

Zutaten:
30 g Butter
30 g Weissmehl
1 Eigelb
½ dl Rahm
1 Suppenhuhn, pfannen-
fertig
Salz

Gerät:
Kasserolle, gross mit Deckel
Schaumkelle
Schüssel, gross
Schneebesen

Königinsuppe

Zubereitung:
1. Suppenhuhn in die Kasserolle geben; so viel kaltes Wasser
   dazugeben, dass das Huhn davon bedeckt ist; 1 TL Salz
   zugeben; aufs Feuer setzen und langsam zum Kochen
   bringen.
2. Gründlich abschäumen; zu ¾ zudecken, auf kleiner
   Flamme zwei Stunden köcherlen.
3. Das Huhn mit der Brühe in die Schüssel geben; völlig
   erkalten lassen.
4. Das Fett, das sich an der Oberfläche der Brühe gesammelt
   hat, sorgfältig abschöpfen und wegwerfen.
5. Das Huhn aus der Brühe nehmen; Haut abziehen und
   wegwerfen; Bruststücke loslösen und in Würfel schneiden; das restliche Huhn in Folie einpacken und zu anderer
   Verwendung kühl stellen.
6. Butter in der Kasserolle zergehen lassen; Mehl zugeben:
   eine helle Mehlschwitze (Nr. 70) herstellen.
7. Mit 1 l Hühnerbrühe ablöschen; mit dem Schneebesen
   kräftig durchschlagen; zum Kochen bringen; ¾ zugedeckt
   20 Minuten leise köcherlen.
8. In einer Tasse Eigelb und Rahm kurz durchschlagen.
9. Kasserolle vom Feuer ziehen; Eigelb/Rahm-Mischung
   unter kräftigem Schlagen der Suppe dazugiessen.
10. Abschmecken; nicht mehr kochen.
11. Das gewürfelte Fleisch in der Suppe erwärmen; anrich-
    ten.

Bemerkungen:
Aus dem nicht verwendeten Hühnerfleisch kann – zusammen mit Apfelstück-
chen, Nusskernen und Mayonnaise (Nr. 88) – ein Salätchen zubereitet werden; auf Salatblätter anrichten und mit Tomatenachteln garnieren.

Mehlsuppe (Siehe Nr. 1)

120 Ochsenschwanzsuppe

Portionen: 4

Zutaten:
5 3–4 cm lange Stücke
Ochsenschwanz
30 g fette Schinken-
abschnitte
1 Zwiebel, mit 1 Gewürz-
nelke besteckt
1 Rüebli
1 Lauchstengel
1 Stückchen Knollensellerie
1 Lorbeerblatt
6 Pfefferkörner
1 TL Salz
1 Messerspitze Cayenne-
pfeffer
2 EL Madeira
1 dl Rotwein
50 g Butter
60 g Weissmehl
½ Bouillonwürfel (Rind)
2 Messerspitzen Liebigs
Fleischextrakt

Gerät:
Kasserolle, gross
Schüssel, gross
Sieb
ferner:
Küchenpapier

Zubereitung:
1. Die Ochsenschwanzstücke werden gebrüht, d.h. mit kochendem Wasser übergossen.
2. Die Schinkenabschnitte heiss werden lassen; die abgetrockneten Schwanzstücke mit den Gemüsen, dem Lorbeerblatt
   und den Pfefferkörnern darin anbraten.
3. Mit 3 l Wasser ablöschen; Bouillonwürfel und Salz zugeben und 3–5 Stunden teilweise zugedeckt kochen lassen:
   Das Fleisch muss sich leicht von den Knochen lösen.
4. In die Schüssel sieben; die Suppe kühl stellen; das Fleisch
   von den Knochen lösen und in kleine Stückchen schneiden.
5. Die Brühe entfetten (S.18/19).
6. Das Mehl in der Butter langsam schön braun rösten; mit
   ½ Glas kaltem Wasser und dann mit der Brühe (ca. 1½ l)
   ablöschen. 1 Stunde teilweise zugedeckt kochen lassen.
7. Die Fleischstückchen, Madeira, Rotwein, Cayennepfeffer
   und Fleischextrakt zugeben; abschmecken.

121

Portionen: 4

Zutaten:
40 g Butter
1 grosse Sellerieknolle
60 g Weissmehl
1 1/2 l Wasser
2 dl Rahm
1–2 Eigelb
Salz
Pfeffer
1 Bouillonwürfel

Gerät:
Kasserolle, mittelgross
mit Deckel

Selleriesuppe

Zubereitung:
1. Sellerie schälen und in kleine Würfel schneiden; in der Butter andünsten.
2. Mehl dazugeben und weiter dünsten bis es hellgelb geworden ist; mit Wasser ablöschen.
3. Bouillonwürfel und 1 1/2 dl Rahm zugeben; schwach salzen; 40 Minuten schwach kochen lassen.
4. Das oder die Eigelb mit dem Restchen Rahm in der Suppenschüssel verklopfen; die Suppe darüberschütten; abschmecken.

Variante:
Die Suppe kann zum Schluss (vor dem Legieren mit dem Eigelb) durch ein Sieb passiert werden; dazu geröstete Brotwürfelchen (Nr. 107a) servieren.

122

Portionen: 4

Zutaten:
30 g Butter
40 g Weissmehl
1 1/2 l Hühnerbouillon
1 Pfund Spargeln
1 dl Rahm
Salz

Gerät:
Kasserolle, mittelgross
mit Deckel
Mixer oder Passevite
Sieb
Schüssel, mittelgross

Spargelsuppe

Zubereitung:
1. Spargeln schälen und in der Bouillon weich kochen.
2. Die Spitzen 2 cm lang abschneiden und beiseite stellen; die übrigen Spargelteile (mit Mixer oder Passevite) pürieren; das Püree durch das Sieb in die Bouillon streichen.
3. Mehl mit der Butter dämpfen, mit der Bouillon/Spargel-Mischung ablöschen; 1/2 Stunde leise köcherlen.
4. Spargelköpfe und Rahm beigeben, abschmecken, aufkochen und servieren.

123

Portionen: 4

Zutaten:
20 g Butter
20 g Weissmehl
1 kleine, feingeschnittene
Zwiebel
200 g gewaschener, junger
Spinat (ohne Stiele)
1½ l Wasser
Salz
1 Eigelb und/oder 2 EL
Rahm

Gerät:
Kasserolle, mittelgross
mit Deckel
Wiegemesser

Spinatsuppe

Zubereitung:
1. Spinat mit dem Wiegemesser fein hacken.
2. Butter in der Kasserolle aufschäumen lassen; Mehl dazugeben und zwei Minuten schwitzen, ohne dass es Farbe annimmt; Zwiebel dazugeben, wieder zwei Minuten dämpfen; den Spinat zugeben und einige Minuten mitdämpfen.
3. Das Wasser und 1 TL Salz zugeben und zugedeckt eine halbe Stunde schwach kochen lassen.
4. In der Suppenschüssel ein Eigelb verquirlen, nach Wunsch mit dem Rahm vermischen.
5. Die Suppe abschmecken und in der Suppenschüssel zu Tische tragen.

Varianten:
Im Frühjahr anstelle des Spinats junge Brennessel- oder Löwenzahnblätter nehmen.

124

Portionen: 4

Zutaten:
40 g Weissmehl
25 g Butter
1 kleine Zwiebel, fein
geschnitten
2 mittelgrosse Tomaten,
geschält
1 gehäufter EL Tomaten-
püree
1¼ l Wasser
2 EL saurer Rahm
Salz
1 Messerspitze Liebigs
Fleischextrakt (fakultativ)

Gerät:
Kasserolle, mittelgross
mit Deckel
Sieb

Tomatensuppe

Zubereitung:
1. Butter aufschäumen lassen, Zwiebel und Mehl dazugeben; gelb rösten.
2. Mit dem Wasser ablöschen; salzen.
3. Nach dem Aufkochen Tomaten und Tomatenpüree dazugeben; zugedeckt ¾ Stunden kochen.
4. Durch ein Sieb passieren, abschmecken und mit dem sauren Rahm und etwas Fleischextrakt verfeinern.

125

Portionen: 4

Zutaten:
1 Kalbsfuss
50 g nicht zu weich
gekochte, 3 cm lang
geschnittene Makkaroni
2 EL Madeira
35 g ausgelassene Butter
35 g Weissmehl
1 ¾ l Bouillon
Salz
Pfeffer

Gerät:
Kasserolle, mittelgross
mit Deckel

Windsorsuppe

Zubereitung:
1. Den Kalbsfuss in der Bouillon zugedeckt in 3 Stunden weich kochen; Kalbsfuss und Brühe abkühlen lassen.
2. Das Mehl in der Butter gleichmässig hellbraun rösten, mit der Brühe, in welcher der Kalbsfuss weich gekocht wurde, ablöschen; ¾ Stunden leise kochen lassen.
3. Die Knochen und Knorpel des Kalbsfusses auslösen und wegwerfen; die verbleibenden Teile in dünne Riemchen schneiden und mit den Teigwaren in der Suppe erwärmen.
4. Abschmecken, Madeira zugeben und servieren.

126

Portionen: 4

Zutaten:
35 g Butter
1 EL Olivenöl
300 g Zwiebeln, fein
geschnitten
1 TL Salz
40 g Weissmehl
1 ½ l Bouillon (Instant)
Pfeffer

Gerät:
Kasserolle, mittelgross
mit Deckel

Zwiebelsuppe

Zubereitung:
1. Butter und Öl heiss werden lassen; Zwiebeln hineingeben und bei mässiger Hitze 20–30 Minuten unter gelegentlichem Rühren schön braun rösten.
2. Mehl darüber stäuben und 2–3 Minuten mitrösten.
3. Mit der Bouillon ablöschen; halb zugedeckt eine halbe Stunde leise köcherlen.
4. Abschmecken und mit gerösteten Brotwürfelchen (Nr. 107a) servieren.

Vorspeisen, Eier- und Käsegerichte

Kalte Vorspeisen
Warme Vorspeisen
Eiergerichte
Käsegerichte

127

Portionen: 2–3

Zutaten:
400 g pochierter Fisch ohne
Haut und Gräten (Steinbutt,
Schellfisch, Kabeljau)
4 Sardellenfilets
1 Kopfsalat
1 hartes Ei (Nr. 152)
5 grüne Oliven (fakultativ)
1 EL feine Kapern
(fakultativ)
Mayonnaise (Nr. 88)
1 EL guter Wein- oder
Sherryessig

Fischmayonnaise

Zubereitung:
1. Eine flache runde Platte mit gelben Blättern von Kopfsalat,
   die man mit Essig besprengt hat, auslegen.
2. Den zerpflückten Fisch, in der Mitte erhöht, auf dem Salat
   anrichten; mit Mayonnaise überziehen.
3. Mit Kapern, entsteinten Oliven, längs halbierten Sardellen
   und dem geviertelten Ei garnieren.

Bemerkungen:
Dieses Gericht lässt sich sehr gut mit übriggebliebenem pochiertem Fisch
anrichten.

128

Portionen: 4

Zutaten:
1 Hummer à ca. 750 g, vom
Traiteur gekocht
Mayonnaise (Nr. 88)
1 Lattich
2 harte Eier (Nr. 152)
4 Sardellenfilets
1 EL feine Kapern

Gerät:
Küchenschere
Hammer

Hummermayonnaise

Zubereitung:
1. Die inneren Blätter des gewaschenen Lattichs in feine
   Riemchen schneiden; damit eine flache runde Platte fin-
   gerdick belegen.
2. Den erkalteten Hummerschwanz aus dem Panzer lösen:
   zuerst auf der unteren (dünneren) Seite mit der Schere der
   Länge nach aufschneiden, dann mit beiden Händen aufbre-
   chen. Die Hummerscheren mit dem Hammer aufschlagen;
   das Fleisch sorgfältig auslösen.
3. Hummerschwanz quer in feine Medaillons schneiden; auf
   dem Lattichbett anrichten.
4. Medaillons mit Mayonnaise überziehen; mit Eierscheiben,
   dem Fleisch der Hummerscheren, Sardellenfilets und Kapern garnieren.

Bemerkungen:
Diese Vorspeise kann sehr gut in Gläsern oder auf kleinen Tellern angerichtet
werden.

129

Portionen: 2

Zutaten:
250 g kalter pochierter
Fisch, ohne Haut und
Gräten
1 Kopfsalat (die zarten
inneren Blätter)
150 g Mayonnaise (Nr. 88)
1–2 KL feingeschnittene
Kräuter (Kerbel, Estragon,
Peterli)
1–2 KL feine Kapern
1 KL Essig
2 KL Öl
Salz
Zur Garnitur:
  Sardellenfilets

Fischsalat

Zubereitung:
1. Die gewaschenen, gut abgetropften Salatblätter auf 2 Teller
   oder eine flache Platte legen; mit Essig und Öl besprengen,
   mit etwas Salz bestreuen.
2. Den zerpflückten Fisch kegelförmig auf den Salatblättern
   anrichten.
3. Mayonnaise mit den Kräutern und den Kapern mischen;
   über den Fisch verteilen.
4. Mit Sardellenfilets garnieren.

Bemerkungen:
Ideale Verwendung für Reste von pochiertem Fisch, z. B. Lachs (Nr. 186).

Varianten:
Eine fein gescheibelte gekochte Kartoffel unter den Fisch verteilen. – 1 TL Senf mit der Mayonnaise verrühren.

130

Portionen: 6

Zutaten:
3 hart gekochte Eier
(12 Minuten nach Nr. 152)
Sulzepulver (ca. 12,5 g)
½ dl trockener Sherry
100 g Roquefortkäse
1 dl Rahm

Gerät:
Sieb, klein
Schüssel, klein
Schüssel, mittelgross
Schneebesen
Gummischaber
Massgefäss
4 Becherformen
à 1 dl Inhalt

Gesulzte Roqueforteier

Zubereitung:
1. Nach Angabe auf der Packung mit Wasser und Sherry im
   Verhältnis ¾ zu ¼ 2 dl Sulze anmachen.
2. 1 dl der flüssigen Sulze abmessen und im Massgefäss in den
   Eiskasten stellen; die restliche Sulze in die Becherformen
   verteilen; die Formen in den Eiskasten stellen.
3. Den Käse mit Hilfe eines Stössels oder Esslöffels durch das
   Sieb in die kleine Schüssel passieren.
4. Den Rahm in der grösseren Schüssel steif schlagen.
5. Den geschlagenen Rahm mit Hilfe des Gummischabers
   sorgfältig mit dem Käse vermischen; die erkaltete, aber
   noch nicht steife Gallerte aus dem Massgefäss langsam
   dazurühren.
6. Eier schälen, abspülen; halbieren.
7. Auf die erstarrte Sulze in den Becherformen je eine Eihälfte
   legen, die Schnittfläche nach unten; die Roquefortmasse in
   die Formen verteilen, die Formen auf den Tisch klopfen,
   damit sich die Masse gut setzt.
8. Die Becherformen zum Erstarren mindestens 90 Minuten
   in den Eiskasten stellen.
9. Zum Anrichten die Förmchen in warmes Wasser tauchen,
   den Inhalt auf Teller stürzen; nach Belieben garnieren.

131

Portionen: 4

Zutaten:
1 kg Kartoffeln,
festkochende Sorte,
nach Nr. 331 geschwellt
4–6 Matjesfilets
1–2 Äpfel, säuerliche Sorte
25 g feine Kapern
1 Zwiebel, fein gewürfelt
Mayonnaise (Nr. 88) von
2 Eigelb
1–2 EL Weissweinessig
Salz

Gerät:
Schüssel, gross

Heringssalat mit Kartoffeln

Zubereitung:
1. Essig und Mayonnaise mit der Zwiebel, den Kapern und etwas Salz in der Schüssel vermengen.
2. Äpfel schälen, Kernhaus entfernen; in kleine Würfelchen schneiden; in die Sauce geben.
3. Matjesfilets quer in kleinfingerdicke Riemchen schneiden; in die Sauce geben.
4. Die völlig erkalteten Kartoffeln schälen und in 2 mm dicke Scheiben schneiden; sorgfältig mit den übrigen Zutaten vermengen.
5. Zugedeckt 2–3 Stunden ziehen lassen.

132

Portionen: 3–4

Zutaten:
80 g Rüebli, geschabt
80 g Kartoffeln, geschält
80 g Knollensellerie,
geschält
80 g ausgekernte (evtl.
tiefgekühlte) Erbsli
1–2 fleischige Tomaten
1 kleiner Apfel (fakultativ)
1–2 Sardellenfilets
(fakultativ)
1 Gewürzgurke
6–8 Oliven, entsteint
1 KL Peterli, fein gehackt
Mayonnaise (Nr. 88) von
1 Eigelb
Salz
1 Zitrone, Saft

Gerät:
Schüssel, gross
2 Kasserollen, klein

Italienischer Salat

Zubereitung:
1. Rüebli, Kartoffeln und Sellerie in kleine, gleich grosse Würfel schneiden; separat in wenig Salzwasser weich kochen.
2. Tomate(n) 30 Sekunden in kochendes Wasser geben, unter fliessend kaltem Wasser abschrecken; Haut abziehen, Kerne und wässrige Teile entfernen; Fleisch ebenfalls klein würfeln.
3. Apfel schälen, Kernhaus entfernen, würfeln.
4. Erbsli blanchieren; mit dem übrigen Gemüse und dem Apfel in der grossen Schüssel mischen; mit Zitronensaft beträufeln; erkalten lassen.
5. Sardellenfilets in feine Riemchen schneiden; Oliven grob hacken; Gewürzgurke fein hacken; alles mit dem Peterli und der Mayonnaise in der kleinen Schüssel vermengen.
6. Die gewürzte Mayonnaise sorgfältig mit dem Salat vermischen.

Bemerkungen:
Ein zeitaufwendiges Gericht, und doch: der Aufwand lohnt sich, und das Resultat hat nur mehr wenig mit dem zu tun, was uns gewöhnlich unter der Bezeichnung «Italienischer Salat» vorgesetzt wird.

133

Portionen: 3–4

Zutaten:
500 g Ochsenmaul, fein
geschnitten
1 kleine Zwiebel
1 EL Senf
2–3 Cornichons
1 KL Kapern
1 hartes Ei (Nr. 152)
1 EL Essig
3–4 EL Öl
Salz
Pfeffer

Gerät:
Schüssel, gross

Ochsenmaulsalat

Zubereitung:
1. Mit Essig, Öl, Salz, Pfeffer und Senf eine Salatsauce rühren.
2. In die Sauce geben: die fein geschnittenen Cornichons, die Kapern, das feingehackte harte Ei und die fein geschnittene Zwiebel.
3. Die Ochsenmaulscheiben in Riemchen schneiden und mit der Sauce anmachen.
4. Mindestens 15 Minuten ziehen lassen.

134

Ergibt: 12 Tranchen

Zutaten:
600 g Pastetenteig (Nr. 97)
250 g Kalbsplätzli
1 dl trockener Weisswein
1–2 EL Weissweinessig
500 g gehacktes Schweine-
fleisch
375 g Spickspeck
1 Büchschen schwarze
Trüffeln
3 Schalotten
4 Eigelb
3 EL Madeira
20 g Butter
Salz
Pfeffer aus der Mühle
Mehl zum Auswallen
Sulzpulver für ½ l Gallerte

Kalte Pastete

Zubereitung:
1. Tag
Alles Fett von den Kalbsplätzli wegschneiden; das Fleisch in die Schüssel legen, mit Wein und Essig übergiessen; Schüssel zudecken.

2. Tag
1. Schalotten schälen, fein hacken; in der Bratpfanne mit wenig Butter dämpfen. Unterdessen die Kalbsplätzli abtropfen lassen; Marinade weggiessen. Die gedämpften Schalotten in die Schüssel geben.
2. Trüffeln schälen. Schalen hacken und zu den Schalotten in die Schüssel geben.
3. Spickspeck in längliche Riemchen schneiden; ²/₃ davon mit dem gehackten Schweinefleisch durch die feinste Scheibe des Fleischwolfs drehen; in die Schüssel geben.
4. Farce mit den Händen durcharbeiten; Trüffeljus (aus dem Büchschen), 3 Eigelb, Madeira zugeben; alles gut mischen; nicht zu zaghaft mit Salz und Pfeffer würzen.
5. Backform ausbuttern. ²/₃ des Teiges auf bemehlter Unterlage zu einem ½ cm dicken Rechteck auswallen; die Form so ausfüttern, dass der Teig den Rand auf allen vier Seiten 1 cm überlappt; die Ecken der Form sollen gut ausgepolstert sein.

Gerät:
Pasteten- oder Cakeform,
24 × 10 cm
Schüssel, mittelgross
Bratpfanne, klein
Fleischwolf
Pinsel
Wallholz
Ausstechförmli
Kuchengitter
ferner:
Halbkarton
Alu-Folie

6. Die Hälfte der Farce einfüllen; Spickspeckriemchen und die in Scheiben geschnittenen Trüffel leicht hineindrükken; Kalbfleischplätzli salzen und pfeffern, darüber verteilen; die restliche Farce einfüllen; wieder Spickspeckriemchen und Trüffelscheiben in die Farce einbetten.

7. Den restlichen Teig ½ cm dick zum Deckel auswallen; in der Mittelachse mit einer Ausstechform 2 kleine Kaminöffnungen ausstechen; auf die Pastetenfülle legen.

8. Den Rand des Teigdeckels mit Wasser anstreichen; die überlappenden Teile der Teigwände einrollen und mit dem Deckel zusammendrücken.

9. Backofen auf 220° vorheizen.

10. Teigreste sehr dünn auswallen; mit Ausstechformen Ornamente ausstechen und damit die Pastete dekorieren; aus Halbkarton zwei Kamine formen und in die Öffnungen des Deckels stecken; den Teigdeckel 2× mit Eigelb bestreichen.

11. Auf der untersten Rille des Backofens 50–75 Minuten backen; nach 15 Minuten die Backofentemperatur auf 180° reduzieren; sollte der Teig dennoch zu dunkel werden, mit Alu-Folie abdecken. Die Pastete ist fertiggebakken, wenn der aufsteigende Saft (mit einer Spicknadel durch die Kaminöffnung stechen!) ganz klar ist.

3. Tag

1. Sulzpulver nach Anleitung auf der Packung auflösen; abkühlen lassen.

2. Die erkaltete Pastete sorgfältig aus der Form nehmen und auf das Kuchengitter stellen; die Kartonkamine entfernen; die Gallerte, kurz bevor sie zu gelieren beginnt, sorgfältig durch die Kaminöffnungen einfüllen. Dabei kontrollieren, dass nirgends Flüssigkeit entweichen kann; allfällige Bruchstellen in der Teigkruste mit ungebackenem Teig verkleben, welchen man nach dem Stocken der Gallerte wieder entfernt.

3. Für 24 Stunden kalt stellen.

Varianten:
Farce: Beimischung von Schinkenwürfelchen, Stäbchen von geräucherter, gekochter Rindszunge, ganze Cornichons, Pistachekerne, etc.
Einlage: Anstelle der gebeizten Kalbsplätzli können ausgebeinte und gehäutete Stücke einer fetten Poularde genommen werden; man bestreut sie mit Salz und Pfeffer und bestreicht sie (nach Wunsch) beidseitig mit Mousse de Foie Gras (Konserve).

135 **Wildterrine**

Portionen: 6–12
(12 Tranchen)

Zutaten:
1 Hasenrücken
1 dl Cognac
2 EL Öl
50 g Hühnerleber, von den
Sehnen befreit
250 g Wildfleisch, ohne
Sehnen, Haut und Fett, in
kleinfingerlange Riemchen
geschnitten
250 g mageres Schweine-
fleisch, in kleinfingerlange
Riemchen geschnitten.
500 g fetter, ungeräucherter
Speck
50 g Pistazienkerne
250 g Spickspeck, vom
Metzger in dünne Tranchen
geschnitten
2 kleine Eier
4 zerstossene Wacholder-
beeren
etwas geraffelte Orangen-
schale
Salz
Pfeffer aus der Mühle
1 Lorbeerblatt
1 Zweiglein Thymian

Gerät:
Flache Gratinform, klein
Bratpfanne
Schüssel, mittelgross
Fleischwolf
Terrineform aus emaillier-
tem Gusseisen, 9×25 cm,
7 cm hoch, mit Deckel
Bräter als Wasserbad
ferner:
Alu-Folie

Zubereitung:
1. Tag
1. Hasenrücken in die Gratinform legen; mit dem Cognac beträufeln; mit Folie zudecken; 24 Stunden marinieren, dabei von Zeit zu Zeit mit dem Cognac übergiessen.
2. Bratpfanne (leer) auf dem Herd sehr heiss werden lassen; 1 EL Öl hineingeben und ebenfalls heiss werden lassen; Hühnerleber zugeben; ganz kurz auf starkem Feuer unter beständigem Wenden anbraten; herausnehmen und in die Schüssel geben.
3. Einen weiteren EL Öl in der Bratpfanne erhitzen; Wild- und Schweinefleisch dazugeben und auf starkem Feuer unter beständigem Wenden 2 Minuten anbraten; heraus- nehmen; in die Schüssel zu den Lebern geben; erkalten lassen.
4. Das Pfund Speck wie das Wildfleisch in Stäbchen schnei- den; zum anderen Fleisch in die Schüssel geben; Schüssel mit Folie zudecken und in den Eiskasten stellen.

2. Tag
1. Den Fleischwolf in das Tiefkühlabteil des Eiskastens legen; die Pistazienkerne schälen (S. 19).
2. Wände und Boden der Terrineform mit den Spickspeck- tranchen auslegen, und zwar so, dass sie den Rand der Form auf allen Seiten etwa 3 cm überlappen.
3. Das Fleisch von den Knochen des Hasenrückens lösen; Marinade nicht weggiessen!
4. Backofen auf 250° vorheizen; den Bräter zur Hälfte mit heissem Boilerwasser füllen und in den Backofen stel- len.
5. Fleischwolf aus dem Gefrierfach nehmen; Speck, Fleisch- stäbchen und Hühnerleber durch den eiskalten Fleisch- wolf treiben (zwischendurch evtl. die Scheibe zwei- bis dreimal von Sehnen befreien).
6. In der grossen Schüssel schnell mit den Eiern, der Mari- nade, den Pistaches, den Wacholderbeeren und der Oran- genschale vermischen; nicht zu zaghaft mit Salz und Pfef- fer würzen.
7. Den Boden der ausgelegten Terrine mit einer 2 cm dicken Lage Farce belegen; das Fleisch vom Hasenrücken, in Längsrichtung aneinandergestossen, darauflegen; die rest- liche Farce einfüllen; gut andrücken, zuletzt die Form einige Male heftig abstellen, damit sich die Füllung setzt.
8. Die überlappenden Enden der Specktranchen über der Füllung zusammenschlagen; Lorbeerblatt und Thymian- zweig darauflegen; mit dem Deckel schliessen.

9. In das Wasserbad im Backofen stellen; in 60–70 Minuten garen, dabei folgendes beachten: Das Wasser des Wasserbades verdampft und muss daher (mit heissem Wasser!) ergänzt werden. Es soll nicht zum Kochen kommen: Wenn kleine Bläschen aufzusteigen beginnen, muss die Temperatur des Backofens auf 180° reduziert werden. Nach 60 Minuten den Deckel abnehmen und mit einer Spick- oder Stricknadel in die Fleischmasse stechen: ist der heraustretende Saft klar und das ausgetretene Fett hell, so ist die Terrine fertig.

10. Terrine aus dem Wasserbad herausnehmen; bei Zimmertemperatur abkühlen lassen, bis sie nur noch lauwarm ist. Mit einem Brettchen und zwei Gewichten den Terrine-Inhalt beschweren. Völlig erkalten lassen; 8 Stunden in den Eiskasten stellen.

3. Tag
In der Form in Tranchen aufschneiden; anrichten.

Bemerkungen:
Der Fleischwolf muss gekühlt werden, damit das Eiweiss des Fleisches sich während des Durchdrehens nicht erwärmt und gerinnt. Dies hätte zur Folge, dass die Masse griesig würde. Aus diesem Grund muss auch das Fleisch bis unmittelbar vor der Verarbeitung im Eiskasten gelagert werden.
Die Zerkleinerung des Fleisches ist noch müheloser mit einer Küchenmaschine. Nachteil: Der Elektromotor erwärmt sich schnell; daher immer in kleinen Portionen pürieren und stets die Temperatur von Maschine und pürierter Masse prüfen.

Küchenpastetchen (Siehe Nr. 4)

Sonntagspastetchen (Siehe Nr. 5)

136 Ravioli

Portionen: 6

Zutaten:
Nudelteig (Nr. 104) von
300 g Mehl und 3 Eiern
300 g Fleischreste (Huhn,
Wild, Braten)
100 g Rohschinken
50 g Mortadella
100 g Ricotta
1 Ei
30 g Parmesan, frisch
gerieben
1 EL Peterli, fein gehackt
Salz
Pfeffer aus der Mühle
Muskatnuss, frisch geraffelt
Mehl zum Auswallen
Geriebener Parmesan
Braune Butter (Nr. 61) oder
Tomatencoulis (Nr. 80) oder
Tomatensauce (Nr. 81/82)

Gerät:
Wiegemesser
Schüssel, klein
Passevite mit feinstem
Einsatz
Wallholz
Kasserolle, gross
Siebkelle

Zubereitung:
1. Fleisch, Schinken und Mortadella fein hacken; in die Schüssel geben.
2. Ricotta durch das Passevite treiben; mit dem Fleisch vermischen; Parmesan, Peterli und Ei zugeben; gut mischen; mit Salz, Pfeffer und wenig Muskatnuss abschmecken.
3. Teig auf bemehlter Unterlage auswallen; mit einem Glas runde Plätzchen ausstechen; in die Mitte ein Kügelchen oder Häufchen Fülle geben; Teigrand ringsum mit Wasser befeuchten; Teig halbkreisförmig über die Fülle schlagen; Rand sorgfältig, aber fest andrücken.
4. Ravioli in sehr viel siedendes Salzwasser gleiten lassen; mit einem Kochlöffel behutsam rühren, damit sich die Teigtäschchen voneinander lösen und auch nicht am Pfannenboden ankleben.
5. 5–8 Minuten leise köcherlen; dabei einmal umwenden.
6. Mit der Siebkelle herausnehmen, gut abtropfen lassen. Mit Butter, Parmesan, Coulis oder Tomatensauce anrichten.

Bemerkungen:
Die Zutaten zur Fülle (Fleisch-, Käsesorten, Pilze, Gemüse etc.) können beliebig variiert werden; sie soll auf keinen Fall zu feucht sein; evtl. mit Paniermehl eindicken.
Die hier beschriebene Form Ravioli heisst in Italien Agnolotti; Ravioli müssten eigentlich quadratische Form haben, was bei der Zubereitung auch den Vorteil hat, dass durch das Ausstechen keine Teigreste übrigbleiben: es werden zwei längliche Teigbahnen ausgewallt; auf die eine wird im Abstand von 5 cm die zu Kügelchen geformte Füllung gelegt, die andere Teigbahn darübergelegt, in den Zwischenräumen angedrückt; mit dem Teigrädchen in Vierecke schneiden. Einfacher ist es, einzelne kleine Teigvierecke zuzuschneiden, einzeln mit Fülle zu belegen und ein zweites Teigviereck darüberzukleben.
Kauft man fertige Ravioli, so rechnet man pro Person 125 g (als Vorspeise) bzw. 200 g (als Hauptgang).

Varianten:
Ravioli au gratin
Eine flache Gratinform ausbuttern; zuunterst einen dünnen Film Tomatensauce, darauf eine dünne Lage gekochter Ravioli, 1 EL geriebener Parmesan, Tomatensauce 81/82 etc.; zuoberst Käse und Butterflöckli; bei starker Oberhitze im oberen Teil des Backofens gratinieren.
Andere Art
Die Tomatensauce wird weggelassen und nur geriebener Käse (oder kleine Riemchen Gorgonzola!) zwischen die Ravioli gegeben. Zuletzt mit Rahm übergiessen und in den heissen Backofen stellen, bis der Käse zerlaufen und die obersten Ravioli lichtgelb sind.

137

Portionen: 6 (Vorspeise)

Zutaten:
500 g Blätterteig
1 Eigelb
2 EL Mehl zum Auswallen

Gerät:
Wallholz
Runde Platte, Ø 18–20 cm
Pinsel
Backblech, gross

Vol-au-vent

Zubereitung:
1. Teig auf bemehlter Unterlage gleichmässig zu einem Rund von 18–20 cm Durchmesser und 2–2¹/₂ cm Dicke auswallen; auf das ungefettete, mit kaltem Wasser abgespülte Backblech legen.
2. Die Platte verkehrt darauflegen; mit einem Messer den darunter hervorstehenden Teigrand scharf abschneiden, so dass ein schönes Rund entsteht.
3. Mit einem scharfen Messer und einer Kartonschablone oder mit einer scharfkantigen runden Ausstechform von ca. 16 cm Durchmesser in der Mitte des Teigs den Deckel durch knapp 1 cm tiefes Einschneiden markieren.
4. Den Rand mit dem Messer kreuzweise einritzen; mit Eigelb bepinseln, ebenso den zukünftigen Deckel in der Mitte. Achtung: das Eigelb darf auf keinen Fall mit den Schnittkanten in Berührung kommen, da die Pastete sonst nicht regelmässig aufgeht!
5. Das Blech mit der Pastete in den Eiskasten stellen; unterdessen den Backofen auf 220° vorheizen; ein kleines feuerfestes Geschirr mit Wasser in den Ofen stellen.
6. In 35 bis 45 Minuten backen; während der ersten 20 Minuten die Backofentür auf keinen Fall öffnen; nach 20 Minuten Backzeit die Temperatur des Ofens auf 175° reduzieren.
7. Die gebackene Pastete aus dem Ofen nehmen; 5 Minuten ruhen lassen; den Deckel mit dem Messer abheben; mit einer Gabel den innen noch ungebackenen Teig sorgfältig herausheben.

Bemerkungen:
Die Pastete kann gut einige Stunden im voraus gebacken werden; sie wird dann vor dem Füllen wieder heiss gemacht. – Ohne Zweifel bildet eine mit sorgfältig zubereitetem Ragout gefüllte Vol-au-vent-Pastete einen effektvollen Auftakt zu einem festlichen Essen. Andererseits belastet Blätterteig den Magen und sollte nur in kleinen Quantitäten verzehrt werden. Schnellere, einfachere und zeitgemässe Variante: Anstelle des Pastetenhauses Blätterteig 4 mm dick auswallen, im Durchmesser 7 cm rund ausstechen, mit Eigelb anstreichen, backen, aufschneiden, den unteren Teil als Sockel benützen und grosszügig mit Ragout bedecken, mit dem oberen Teil bekrönen.

E.E. ZUNFT

ZUM
Schlüssel.
Aschermittwoch 1898
Menu.

Consommé Royal, Hors d'oeuvres

Boeuf bouilli, sauce raifort.

Choucroûte aux petits salés

Purée de pois garni de saucisses

Saumon du Rhin froid sce. Remolade

Salmi de Canards à la Perigord

Vol-au-vent à la Toulouse

Poularde de Bresse rôti

Salade

Pouding Cabinet sauce Savayon

Dessert,

Café, Liqueurs

Souper.

Filet de Boeuf sce. Madère

Cochon de lait

Jambon et Langue à la Gelée,

Salade Jtalienne.

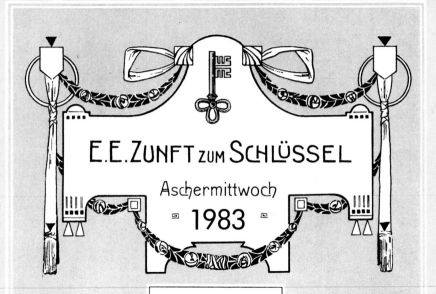

E.E. ZUNFT ZUM SCHLÜSSEL

Aschermittwoch

1983

MENU

DÉJEUNER

Filets de sole
aux écrevisses
Choucroute garnie traditionnelle
«Zunftplatte»
Purée Victoria
Tarte aux pommes
Crème fouéttée
Café - Gleesli
B'haltis

SOUPER

Potage à la bâloise
Viandes froides assorties
Salade Parmentier
Salade verte
Fromage
Café

Mâcon - Village A.C.
1979

138

Portionen: 4

Zutaten:
150 g Milken-Ragout
(Nr. 238)
1 kleine Büchse Quenelles
de volaille
150 g Kalbsfilet
100 g Morcheln
1 EL Öl
1 Zwiebel, fein geschnitten
1 Rüebli, fein gewürfelt
1 EL Mehl
½ l kräftige Bouillon, kalt
1 Peterliwurzel, 1 kleines
Lorbeerblatt, 1 Zweiglein
Thymian (zusammen-
gebunden)
1 EL frische Butter
1 KL Tomatenpüree
1 EL Butterfett
3 EL Madeira
1 Würfel Glace de viande
(Nr. 66) oder 2 Messerspitzen Liebigs Fleischextrakt
Salz
Schwarzer Pfeffer aus der
Mühle

Gerät:
Stielkasserolle, mittelgross
mit Deckel
Bratpfanne, mittelgross
Sieb

Füllungen für Vol-au-vent und andere warme Pasteten

a) Braunes Ragout

Zubereitung:

A. Sauce:
1. Zwiebel und Rüebli im heiss gemachten Öl gelb braten;
   Mehl zugeben und unter ständigem Rühren bei nicht zu
   grosser Flamme dunkel rösten.
2. Bouillon zugeben; glattrühren.
3. Peterliwurzel, Lorbeer, Thymian und Tomatenpüree zugeben; auf kleiner Flamme zugedeckt eine halbe Stunde
   köcherlen.

B. Kalbsfilet:
1. Fleisch in kleine Würfel schneiden; Bratpfanne (leer) auf
   dem Herd heiss werden lassen; 1 EL Butterfett hineingeben
   und erhitzen; Fleischwürfel in 2–3 Minuten scharf anbraten; herausnehmen und beiseite stellen.
2. Fett abgiessen; Madeira zugeben und (auf dem Feuer) Bratensatz lösen; in die Sauce (A) giessen.

C. Pilze:
1. In mehrmals gewechseltem Wasser waschen; an den Stielen
   prüfen, ob aller Sand entfernt ist; gut abtropfen.
2. In wenig Butter 3–4 Minuten dämpfen; mit Salz und Pfeffer würzen.

D. Anrichten:
1. Sauce (A) sieben; wieder aufs Feuer setzen.
2. Glace bzw. Fleischextrakt einrühren; vorsichtig salzen.
3. Die abgetropften (evtl. einmal durchgeschnittenen) Quenelles, die Kalbfleischwürfel samt dem ausgetretenen
   Fleischsaft, die Milken und zuletzt die Morcheln in der
   Sauce wärmen. Vor dem Servieren Sauce nochmals abschmecken und – wenn es die Konsistenz erfordert – mit
   wenig Bouillon, Rotwein oder Madeira verlängern.

Portionen: 4

Zutaten:
350–450 g Kalbsmilken
Salz
Süssbuttersauce (Nr. 76)

Gerät:
Kasserolle, klein

b) Milken-Ragout

Zubereitung:
siehe Nr. 238

Portionen: 4–6

Zutaten:
1,25 dl Béchamelsauce
(Nr. 75)
1,25 dl Milch
1,25 dl Rahm
24 ausgelöste Scampi-
schwänze
1 EL Butter
1 EL Olivenöl
1–2 EL Krebsbutter
(Konserve)
12 ganze frikassierte Champignons de Paris (Nr. 328)
2 Pouletbrüstchen
3 dl Hühnerbouillon
Salz
Weisser Pfeffer aus der
Mühle

Gerät:
1 Kasserolle, mittelgross
1 Kasserolle, klein mit
Deckel
Bratpfanne mit Deckel
Schüssel, klein
Siebkelle

c) Krebsragout

Zubereitung:
1. In der kleinen Kasserolle die Bouillon aufkochen; Poulet-brüstchen von Haut und Knochen befreien; in die Bouillon legen und zugedeckt knapp unter dem Siedepunkt 10 Minuten pochieren.
2. Butter und Olivenöl in der Bratpfanne erhitzen; Scampi hineingeben und in 2 Minuten sautieren; Pfanne vom Feuer ziehen; zugedeckt 1 Minute ziehen lassen.
3. In der grösseren Kasserolle Béchamel, Milch und Rahm aufkochen.
4. Pouletbrüste in mundgerechte Würfel schneiden; in die Schüssel geben.
5. Scampi (ohne Fond) ebenfalls in die Schüssel geben.
6. Scampifond in die heisse Sauce geben; abseits vom Feuer die Krebsbutter einrühren; nicht mehr kochen; abschmecken.
7. Champignons, Pouletwürfel und Scampi in der Sauce heiss machen, ohne dass die Sauce zum Kochen kommen darf.
8. Mit der Siebkelle in die heisse Pastete einfüllen; 2 EL Sauce darübergeben; restliche Sauce separat anrichten.

Portionen: 4–6

Zutaten:
2 Kalbsbratwürste,
ungeschwellt
250 g Kalbskopf, nach
Nr. 232 gekocht, in Würfelchen geschnitten
30 g Butter
30 g Weissmehl
3½ dl kräftige Bouillon
½ dl trockener Weisswein
Salz
Weisser Pfeffer aus der
Mühle

Gerät:
Stielkasserolle, mittelgross
mit Deckel
Schneebesen

d) Brätkügeli mit Kalbskopf

Zubereitung:
1. Bouillon zum Kochen bringen; das Wurstbrät portionen-weise aus dem Darm direkt in die siedende Bouillon pressen: Brätkügeli wie Kalbskopfwürfel sollten höchstens 1½ cm Durchmesser haben; zudecken und 5 Minuten ziehen lassen.
2. Fleischkügeli herausnehmen; Bouillon abkühlen lassen.
3. Butter heiss werden lassen, Mehl einrühren; 2–3 Minuten dämpfen, ohne dass das Mehl Farbe bekommt.
4. Die kalte Bouillon und den Wein zugeben; mit dem Schneebesen glattschlagen; 10 Minuten köcherlen.
5. Brätkügeli und Kalbskopf in der Sauce heiss machen.

Portionen: 4

Zutaten:
600 g nach Nr. 165 pochier-
ter festfleischiger Meerfisch
(Turbot, Sole, Baudroie)
100 g gekochte Crevetten
50 g kleine ganz frikassierte
Champignons de Paris
(Nr. 328)
Weisswein- (Nr. 77) oder
Rahmsauce (Nr. 74)

e) Fischragout

Zubereitung:
Das ausgelöste, in mundgerechte Stücke geschnittene Fisch-
fleisch, die Crevetten und die Champignons heiss in die heisse
Pastete einfüllen, mit 3 EL heisser Sauce übergiessen; restliche
Sauce separat servieren.

139

Pilzwähe

Portionen: 4–5

Zutaten:
300 g Geriebener Teig
(Nr. 97) oder Blätterteig
750 g Champignons de Paris
50 g Butter
2 EL Schalotten, fein
gehackt
1 Zitrone, Saft
1 EL Peterli, fein gehackt
1 TL Estragon, fein gehackt
½ dl trockener Weisswein
1 KL Weissmehl
Salz
Pfeffer aus der Mühle
Mehl zum Auswallen des
Teigs
Butter für das Blech

Gerät:
Wähenblech, rund ⌀
ca. 25 cm
Wallholz
Bratpfanne
Schüssel, klein
ferner:
Alu Folie
dürre Erbsen oder saubere
Kieselsteine

Zubereitung:
1. Blech ausbuttern; mit dem auf bemehlter Unterlage ausgewallten Teig auslegen; den Teigboden mit einer Gabel
einige Male einstechen; Backofen auf 250° vorheizen.
2. Das untere, erdige Ende der Champignons abschneiden
und wegwerfen; die Champignons waschen und – je nach
ihrer Grösse bzw. nach Wunsch – halbieren, vierteln oder
in Lamellen schneiden; in die Schüssel geben und mit Zitronensaft beträufeln.
3. Den Teigboden mit Alu-Folie auslegen; Erbsen oder Kieselsteine darauflegen; im Backofen 20 Minuten backen.
4. Unterdessen die Butter in der Bratpfanne heiss werden lassen; Schalotten zugeben und langsam glasig dünsten.
5. Champignons dazugeben; ungedeckt bei starker Flamme
dämpfen; mindestens ein Teil des Wassers soll verdampfen.
6. Mehl darüberstreuen; mischen; Wein dazugeben; so lange
weiterköcherln, bis die Masse nicht mehr wässrig, aber
noch nicht klebrig ist; Kräuter dazugeben; abschmek-
ken.
7. Wähenboden aus dem Ofen nehmen; Folie und Gewichte
entfernen; den Teigboden mit den sautierten Champignons
füllen und sofort servieren.

Zwiebelwähe (Siehe Nr. 6)

Falsche Austern (Siehe Nr. 2)

140

Portionen: 4 (als Vorspeise; 4×3 Kroketten à 25 g)

Zutaten:
300 g pochierter oder gebratener Fisch, ohne Haut und Gräten
1 Zwiebel, fein gehackt
20 g Speckwürfelchen
1 Schwöbli
2 Eier
1 Zitrone, Schale
1 EL Peterli, fein gehackt
40 g Paniermehl
Salz
Pfeffer aus der Mühle
Butterfett oder Öl
Sardellen- (Nr. 76b) oder
Tomatensauce (Nr. 81/82)

Gerät:
Wiegemesser
Zitronenraffel
Schüssel
Bratpfanne

Fischkroketten

Zubereitung:
1. Schwöbli fein hacken; Fisch fein hacken.
2. Speckwürfelchen in der Bratpfanne erhitzen, bis alles Fett ausgelassen ist; Speck herausnehmen; Zwiebel in der Bratpfanne weich dämpfen.
3. Fisch, Weggli, gedämpfte Zwiebel, 1 Ei, Zitronenschale, Peterli, Salz und Pfeffer in der Schüssel vermengen und zu einem homogenen Teig zusammenkneten.
4. 12 Kroketten à 25 g formen.
5. Kroketten zuerst in verklopftem Ei, dann in Paniermehl wenden.
6. In heissem Butterfett oder Öl in der Bratpfanne hübsch braun backen.
7. Die heisse Sauce separat anrichten.

Bemerkungen:
Dieses Gericht lässt sich sehr gut mit Resten eines Fischgerichtes vom Vortag zubereiten.

141

Portionen: 2 (Vorspeise)

Zutaten:
140 g Resten von pochier-
tem oder gebratenem Fisch
(ohne Haut und Gräten)
60 g geschwellte Kartoffeln
(Nr. 331) oder Resten von
Salzkartoffeln
15 g Butter, zimmerwarm
1 Eigelb
1 KL fein gehackte Kräuter
(Peterli, Basilikum)
^{1}/$_2$ Zitrone, Schale
Salz
Weisser Pfeffer
Butterfett
Sardellen- (Nr. 76b) oder
Kapern- (Nr. 76a) oder
Olivensauce (Nr. 71c)

Gerät:
Bratpfanne
Passevite
Schüssel, klein

Fischküchlein

Zubereitung:
1. Fischfleisch in kleine Stücklein zerpflücken.
2. Kartoffeln durchs Passevite treiben; mit Butter, Eigelb und den Gewürzen vermischen.
3. Kartoffelmasse mit dem Fisch vermengen; abschmecken. Vier 1^1/$_2$ cm dicke Küchlein formen.
4. In heissem Fett halbschwimmend hellbraun backen.

142

Portionen: 4

Zutaten:
500 g Kalbfleisch
120 g Ochsennierenfett
oder Speck
2 Schwöbli, in heissem
Wasser eingeweicht
1 Eigelb
1 EL Peterli, fein gehackt
Salz
Pfeffer aus der Mühle
Butterfett
Tomatensauce (Nr. 81/82)

Gerät:
Bratpfanne
Fleischwolf
Schüssel, mittelgross

Kalbfleischkroketten

Zubereitung:
1. Fleisch, Ochsennierenfett oder Speck und ausgedrücktes Brot grob würfeln; zweimal durch den Fleischwolf drehen.
2. In der Schüssel mit dem Eigelb, dem Peterli und dem Gewürz vermischen; mit den Händen bearbeiten, bis eine homogene Masse entstanden ist, die sich von der Schüssel löst.
3. Kleine Kroketten formen; in heissem Fett braten; Tomatensauce separat dazu servieren.

Hirnischnitten (Siehe Nr. 3)

143

Portionen: 4–6
(als Vorspeise)

Zutaten:
1 Kalbshirn
80 g Toastbrot, ohne Ranft
50 g Butter
3 Eier
½ Zitrone, Saft
1½ EL Paniermehl
Butter zum Ausstreichen
der Form
1 EL Peterli, fein gehackt
Geriebene Muskatnuss
Salz
Schwarzer Pfeffer aus der
Mühle
Kräutersauce (Nr. 76c)

Gerät:
2 Schüsseln, mittelgross
Wiegemesser
Soufflé form als
Wasserbad
Glatte Puddingform mit
Deckel, 9 dl Inhalt
Pinsel
Schneebesen
Gummischaber

Hirnpudding

Zubereitung:
1. Hirn in kaltes Wasser legen.
2. Brot mit dem Wiegemesser fein wiegen.
3. Hirn häuten (Nr. 229); mit dem Wiegemesser fein wiegen; mit dem Brot vermischen.
4. Butter schaumig rühren (S.19); zu der Hirn/Brot-Masse geben.
5. Backofen auf 180° vorheizen. Souffléform halb mit Boilerwasser füllen und in den Ofen stellen.
6. Eier teilen (S. 18); die Eigelb einzeln unter die Masse rühren; dann Peterli und Zitronensaft.
7. Mit Salz, Pfeffer und etwas Muskatnuss abschmecken.
8. Eiweiss zu steifem Schnee schlagen; sorgfältig mit dem Gummischaber unter die Masse ziehen.
9. Puddingform ausbuttern; Boden und Wand mit Paniermehl bestäuben; Masse einfüllen; Form mit dem Deckel verschliessen. Ins Wasserbad stellen.
10. Im Wasserbad in 1 Stunde garen; nach ½ Stunde das Wasser in der Bain-marie mit kochendem Wasser ergänzen. – Durch Einstechen mit einer Spicknadel Gare prüfen: Es soll nichts von der Masse daran haften bleiben.
11. Aus dem Wasserbad nehmen; 2–3 Minuten ruhen lassen; in eine halbtiefe Platte stürzen; mit der Sauce übergiessen.

144

Portionen: 4

Zutaten:
2 Eier
1,25 dl Rahm
1,25 dl Milch
100 g Spinat
30 g Butter
Salz
Pfeffer aus der Mühle
Muskatnuss
1 EL fein geriebener Käse
(fakultativ)

Gerät:
Kasserolle, mittelgross
Schüssel, mittelgross
Schneebesen
Muskatraffel
4 Souffléförmchen,
je 1,5 dl Inhalt
Flache Gratinform
als Wasserbad
Sieb

Spinatköpfchen

Zubereitung:
1. Gratinform zu ³/₄ mit heissem Wasser füllen; in den Backofen stellen; Backofen auf 180° vorheizen.
2. Souffléförmchen dick ausbuttern.
3. Die Kasserolle zur Hälfte mit Wasser füllen; 1 KL Salz zugeben; zum Kochen bringen.
4. Spinat gründlich waschen; dicke Stiele wegschneiden.
5. Spinat ins kochende Salzwasser geben; aufkochen lassen; ins Sieb giessen und abtropfen lassen.
6. In der Kasserolle 20 g Butter heiss werden lassen; den Spinat darin 5 Minuten dämpfen.
7. Die Eier in die Schüssel schlagen; Milch, Rahm und (nach Wunsch) Käse zugeben; mit dem Schneebesen kurz durchschlagen; mit Salz, Pfeffer und wenig frisch geriebener Muskatnuss abschmecken.
8. Spinat und Eimasse vermischen; in die Souffléförmchen einfüllen.
9. Die Souffléförmchen ins Wasserbad stellen; evtl. heisses Wasser ergänzen: die Förmchen sollten zu ³/₄ im Wasser stehen. Garzeit: 25 Minuten.
10. Zum Anrichten aus den Förmchen stürzen.

Bemerkungen:
Originelle «kleine» Vorspeise, aber auch geeignet als Beilage zu einem Hauptgang mit Fleisch.

145

Portionen: 4–5
(als Vorspeise)

Zutaten:
400 g Spinat
4 Eier
30 g Butter
1 gestrichener EL Mehl
2 EL Rahm
Salz
Pfeffer aus der Mühle
1 Prise geriebene Muskatnuss (fakultativ)
Madeirasauce (Nr. 73a)

Spinatpudding

Zubereitung:
1. Spinat mehrmals gründlich waschen; Stiele entfernen; sehr gut abtropfen lassen.
2. 30 g Butter in der Kasserolle heiss werden lassen; den Spinat beigeben und unter gelegentlichem Wenden dämpfen; die Blätter sollen nur gerade zusammenfallen, was nicht mehr als 3–4 Minuten dauert.
3. Spinat herausnehmen, etwas ausdrücken; mit dem Wiegemesser fein hacken.
4. Zurück in die Pfanne geben und wieder heiss werden lassen; Mehl einrühren; kurz anziehen lassen; Rahm zugeben; in 2 Minuten trocken dämpfen; vom Feuer nehmen und abkühlen lassen.
5. Puddingform ausbuttern; Butterbrotpapier in der Grösse des Formbodens ausschneiden, einbuttern und in die Form legen.

Gerät:
Hohe Kasserolle mit Deckel
Puddingform mit Deckel,
¾ l Inhalt
Wiegemesser
ferner:
Butterbrotpapier

6. Die Eier – eines nach dem anderen – in die Spinatmasse einarbeiten; abschmecken; in die Form einfüllen.
7. Puddingform schliessen, in die Kasserolle stellen; mit heissem Wasser bis auf ¾ Höhe der Puddingform auffüllen; zudecken. 60 Minuten im Wasserbad garen; dabei darauf achten, dass das Wasser nicht zum Sprudeln kommt.
8. Form herausnehmen, Deckel abnehmen; durch Einstechen mit der Spicknadel prüfen, ob der Pudding gar ist (es soll nichts von der Spinatmasse daran haften bleiben).
9. Form in kaltes Wasser tauchen; Pudding sorgfältig stürzen; sofort servieren.

Bemerkungen:
Der Spinat sollte vor dem Dämpfen möglichst trocken sein; eine Salatschleuder kann auch hier hilfreich sein.

146   Artischocken

Portionen: 2

Zutaten:
2 mittelgrosse Artischocken
1 TL Zitronensaft
Salz
Sauce (siehe unten)

Gerät:
Kasserolle, gross mit Deckel

Zubereitung:
1. In der Kasserolle reichlich Wasser zum Sieden bringen.
2. Artischocken waschen; die äusseren beiden Reihen Blätter entfernen, den Stiel möglichst kurz abschneiden.
3. Das kochende Wasser salzen; Artischocken hineingeben; Zitronensaft zugeben; ¾ zudecken und 40–50 Minuten leicht kochen lassen: die Blätter sollen sich leicht abziehen lassen.
4. Gut abtropfen lassen; heiss, lauwarm oder kalt mit einer passenden Sauce servieren.

Bemerkungen:
Zu kalten und lauwarmen Artischocken passen Vinaigrette (Nr. 89), Eiersauce (Nr. 85) oder Rémoulade (Nr. 88c), zu heiss angerichteten Beurre noisette (Nr. 61), Hollandaise (Nr. 79) oder Sauce mousseline (Nr. 79a).

Variante:
Gefüllte Artischockenböden
Für diese elegante Vorspeise werden pro Person die Böden von zwei grossen Artischocken benötigt. Nach dem Kochen werden die Artischocken entblättert, der Flaum auf dem Boden entfernt, die Fäden mit einer Pinzette aus der Unterseite des Bodens herausgezupft, die Böden in etwas Bouillon erhitzt und mit Pilzragout, Zwiebelpüree (Nr. 375), Stachisgemüse (Nr. 368) gefüllt oder in den Böden Spargelköpfe gratiniert (Nr. 366b).

147

Portionen: 3

Zutaten:
6 kleine oder 3 mittelgrosse
Zucchini
500 g Champignons de Paris
2 EL gehackter Peterli
½ dl Rahm
2–3 EL Bouillon
50 g Butter
Salz
Schwarzer Pfeffer aus der
Mühle

Gerät:
Bratpfanne
Feuerfeste Form
Kasserolle, gross

Gefüllte Zucchini

Zubereitung:
1. Zucchini in kochendem Salzwasser 5–10 Minuten (je nach Grösse) blanchieren.
2. Champignons waschen; grob hacken; ohne Butter in der Bratpfanne aufs Feuer setzen; erst wenn alle Flüssigkeit verdampft ist, 30 g Butter zugeben; nach 2–3 Minuten Rahm zugeben und etwas eindicken lassen; Peterli zugeben, kräftig mit Salz und Pfeffer würzen; beiseite stellen.
3. Backofen auf 200° vorheizen.
4. Den Boden der Gratinform dick ausbuttern.
5. Von den Zucchini oben in der Längsrichtung eine Kappe wegschneiden; die Zucchini mit Hilfe eines spitzen Löffelchens sorgfältig aushöhlen.
6. Champignonsmasse in die Zucchini einfüllen; in die Gratinform geben; Bouillon dazugeben; 15 Minuten zugedeckt im Ofen schmoren.

148

Portionen: 1

Zutaten:
1–2 Eier
1 EL Essig

Gerät:
Kasserolle, klein

Weiche Eier (Œufs à la coque)

Zubereitung:
1. In der Kasserolle Wasser und Essig zum Kochen bringen.
2. Eier waschen; mit einem Löffel sorgfältig in das kochende Wasser geben; überflüssiges Wasser abgiessen: die Eier sollten gerade bedeckt sein.
3. Auf kleinem Feuer ungedeckt köcherlen: die Eier sollen genau 4 Minuten im Wasser sein.

Bemerkungen:
Die Eier nicht direkt aus dem Eiskasten ins kochende Wasser geben, weil die Schale dann aufspringt; der Essig soll dies ebenfalls verhindern. Kocht man eine grössere Zahl Eier, dann verlängert sich die Garzeit: sie benötigen ebenfalls 4 Minuten, aber erst vom Moment an gerechnet, da das Wasser wieder kocht; mit Vorteil gibt man mehrere Eier in einem Sieb in die Kasserolle.

Variante:
Pflaumenweiche Eier (Œufs mollets)
Kochzeit 5 Minuten; die Eier sofort kalt abspülen und schälen. Kalt oder warm mit einer Sauce servieren.

Bemerkungen:
Wie überall sind die angegebenen Kochzeiten als *Richt*zeiten zu interpretieren; sie gelten für Eier von 60 g Rohgewicht.

149 Verlorene Eier (Œufs pochés)

Portionen: 1

Zutaten:
1–2 ganz frische Eier
Weissweinessig

Gerät:
Kasserolle, flach und breit
Tasse, klein
Siebkelle

Zubereitung:
1. In der Kasserolle 9 Teile Wasser und 1 Teil Essig zum Kochen bringen; nicht salzen.
2. Ein Ei in die Tasse aufschlagen; die Tasse möglichst nahe an das leise siedende Essigwasser halten und das Ei sorgfältig hineingleiten lassen.
3. Nach drei Minuten das Ei sorgfältig (!) mit der Siebkelle herausheben und abtropfen lassen.

Bemerkungen:
Wenn die Eier nicht ganz frisch sind, das Essigwasser Salz enthält oder zu stark sprudelt, dann zerläuft das Eiweiss. Nie mehr als 3 Eier zusammen in die Kasserolle geben. Fertiggekochte Eier können in einer Schüssel mit warmem Wasser warm gehalten werden. Fertiggekochte Eier zum Abkühlen auf eine angefeuchtete Serviette legen.

Varianten:
a) kalt
z.B. mit Mayonnaise (Nr. 88)
auf Artischockenböden
– Kressesalat
– Tomatenscheiben
– Kopfsalatblättern
in Aspic
Garnitur: z.B. Sardellenfilets

b) warm
z.B. mit Käse- (Nr. 75b), Tomaten- (Nr. 81/82), Weisswein- (Nr. 77), Sardellen- (Nr. 76b), Krebs- (Nr. 75c) oder einer anderen Sauce
auf in Butter knusprig gebratenen Weissbrotscheiben oder gehacktem Spinat etc.

150 Stierenaugen (Œufs au plat)

Portionen: 1

Zutaten:
2–3 Eier
10 g Butter
Salz
Schwarzer Pfeffer aus der Mühle

Gerät:
Bratpfanne, klein
mit Deckel
1 Tasse

Zubereitung:
1. Butter in die Pfanne geben; heiss werden lassen.
2. 1 Ei sorgfältig in die Tasse schlagen, sorgfältig in die Butter gleiten lassen; mit den anderen Eiern gleich verfahren.
3. Auf schwachem Feuer 1 Minute braten; dann für 1 Minute zudecken; die Eier sind fertig, wenn das Eiweiss gestockt, das Eigelb noch flüssig ist.
4. Durch Schräghalten der Pfanne auf einen heissen Teller gleiten lassen; die Eigelb pfeffern, Eiweiss salzen.

Bemerkungen:
Es gibt Unterschiede in der Zubereitung, die geschmacklich unterschiedliche Resultate zur Folge haben: Wer das Eiweiss leicht gebräunt wünscht, lässt die Butter zu Beginn recht heiss werden; in feuerfesten Porzellanformen (Eierpfännli) bleibt das Eiweiss eher weiss, weich und feucht. – Nie zu viele Eier auf einmal zubereiten; in einer Bratpfanne von 23 cm Ø haben 5 Eier Platz.

151

Portionen: 2

Zutaten:
4 Eier
4 EL Rahm (Milch)
10 g Butter
Salz
Pfeffer aus der Mühle

Gerät:
Bratpfanne
Schüssel, klein
Schneebesen

Rühreier (Œufs brouillés)

Zubereitung:
1. Butter in der Bratpfanne zergehen lassen.
2. Unterdessen die ganzen Eier mit dem Rahm und den Gewürzen in der Schüssel mit dem Schneebesen *kurz* verklopfen.
3. Die Eimasse in die Pfanne geben und bei eher schwacher als mittlerer Hitze unter ständigem Rühren und Schaben mit einer Gabel eindicken.
4. Sofort anrichten und servieren.

Bemerkungen:
Das Rührei darf nicht zu lange auf dem Feuer bleiben, da es sonst trocken wird und auch seinen charakteristischen Geschmack einbüsst. – Ich vermenge gewöhnlich das fertige Rührei mit einem verklopften, rohen Eigelb.

Varianten:
a) mit Schinken
Man lässt 50–80 g fein geschnittenen oder gehackten gekochten Schinken in der heissen Butter anziehen, bevor man die Eimasse hineingibt.
b) mit Käse
Man nimmt etwas mehr Rahm (Milch) und gibt 50–75 g geriebenen Sbrinz in die rohe Masse.

152

Ergibt: 6 harte Eier

Zutaten:
6 Eier
1 EL Essig
1 EL Salz

Gerät:
Kasserolle, mittelgross
Siebkelle

Harte Eier (Œufs durs)

Zubereitung:
1. In der Kasserolle Wasser, Essig und Salz zum Kochen bringen.
2. Eier eines nach dem andern sorgfältig mit einem Löffel oder in einem Sieb in das kochende Wasser geben; überflüssiges Wasser abgiessen: die Eier sollten gerade bedeckt sein.
3. Auf kleinem Feuer ungedeckt köcherlen: nach 8 Minuten ist der Kern des Eigelbs noch flüssig, nach 10 Minuten gerade fest, nach 12 Minuten ganz hart.
4. Eier herausnehmen und unter fliessend kaltem Wasser abschrecken.

Bemerkungen:
Die Eier nicht direkt vom Eiskasten ins kochende Wasser geben, da die Schale dann aufspringt; Essig und Salz sollen dasselbe verhindern. Lassen sich die gekochten Eier schlecht schälen, so sind sie entweder zu frisch (1–2 Tage alt) oder nach dem Kochen zu kurz mit kaltem Wasser abgeschreckt worden.

153

Portionen: 5

Zutaten:
10 Eier
3–4 dl Tomaten- (Nr. 81/82)
oder Sardellensauce
(Nr. 76b)

Gerät:
Kasserolle, gross
Siebkelle
Gratinform, gross

Hartgekochte Eier mit Sauce

Zubereitung:
1. Die Gratinform auf dem Réchaud, im Backofen oder in heissem Wasser erhitzen.
2. Die Eier nach Nr. 152 hart kochen, unter fliessend kaltem Wasser abschrecken, schälen.
3. Die Eier längs halbieren und nebeneinander in die heisse Gratinform legen; mit der heissen Sauce übergiessen.

Bemerkungen:
Werden bereits vorrätige harte Eier verwendet, so werden sie geschält, in Scheiben geschnitten und paillettenartig gestaffelt in die Form gelegt. Die Sauce, welche man nicht knapp bemessen darf, darübergeben; die Form einige Minuten zugedeckt erwärmen, ohne dass die Sauce zum Kochen kommt.

154

Portionen: 4

Zutaten:
4 hart gekochte Eier
(12 Minuten nach Nr. 152)
30 g fein gehackter Schinken, Geflügel-, Wildbret-
oder Fischreste
4 schöne grosse Salatblätter
Gribiche-Sauce (Nr. 86)

Gerät:
Dressiersack

Russische Eier

Zubereitung:
1. Eier schälen, abspülen und längs halbieren.
2. Die Eigelb sorgfältig herausnehmen und damit die Gribiche-Sauce (Nr. 86) herstellen.
3. Die Hälfte dieser Sauce mit dem gehackten Fleisch vermengen; mit dem Dressiersack bergartig in die Eiweisshälften spritzen.
4. Auf den Salatblättern, mit der restlichen Sauce garniert, auf Tellern anrichten.

155

Portionen: 4

Zutaten:
4 Eier
4–6 EL Schinken oder
gekochte Rindszunge oder
Bratenreste, sehr fein
gehackt
40 g Butter
30 g Käse, frisch gerieben
Salz
Schwarzer Pfeffer aus der
Mühle

Gerät:
4 Becher- oder Soufflé-
förmchen à 0,1 l Inhalt
Pinsel
Gratinform als Wasserbad
Schüssel, klein
Schneebesen

Peru-Eier

Zubereitung:
1. Backofen auf 180° vorheizen; Gratinform 4 cm hoch mit heissem Wasser füllen, in den Backofen stellen.
2. Förmchen mit Butter auspinseln.
3. 1 Ei in die Schüssel schlagen; salzen und pfeffern; kurz mit dem Schneebesen durchschlagen; in eines der Förmchen einfüllen; die anderen Eier gleich verarbeiten.
4. Das gehackte Fleisch in die Förmchen verteilen, dann den Käse und zuletzt die in Flöckchen geschnittene Butter.
5. Ins Wasserbad stellen und in 10–12 Minuten stocken lassen.
6. Auf Teller (als Vorspeise) oder (als Beilage) auf eine Platte gestürzt anrichten.

Bemerkungen:
Vor dem Stürzen mit einer Spick- oder Stricknadel prüfen, ob die Masse ganz gestockt ist. Die Garzeit kann nicht genau angegeben werden, weil Material (Pyrex, Porzellan, Keramik, Metall) und Durchmesser der Förmchen unterschiedliche Voraussetzungen bringen.

156

Portionen: 1

Zutaten:
3 Eier
15–20 g Butter
Salz

Gerät:
Bratpfanne (Omelettpfanne)
Suppenteller

Französische Omelette

Zubereitung:
1. Eier in einem Suppenteller mit einer Gabel kurz, aber kräftig durchschlagen; mit etwas Salz würzen.
2. Auf Mittelhitze 10 g Butter erhitzen; die geschlagenen Eier in die Bratpfanne geben.
3. Eimasse mit der Gabel durchrühren (vorzugsweise vom Rand in Richtung Zentrum der Pfanne), bis sie fest zu werden beginnt (!).
4. Bratpfanne am Stiel anheben; die Omelette von der Stielseite nach der Mitte mit der Gabel zusammenrollen; durch Schräghalten der Pfanne auf einen heissen Teller gleiten lassen.
5. Die Oberfläche der Omelette mit einem an die Gabel gesteckten Stückchen Butter zum Glänzen bringen.

Bemerkungen:

Bei zu langem Schlagen wird die Eimasse zu dünnflüssig und hält beim Backen nicht richtig zusammen. – Wichtig ist die richtige Pfanne, eine Stielpfanne, die wegen der Gefahr des Ansitzens niemals gewaschen, sondern nur mit Papier ausgerieben werden darf, und nur für Omeletten – französische und andere – in Gebrauch genommen wird. – Die fertige Omelette sollte innen weich und saftig, aussen nicht oder nur ganz wenig gebräunt sein. Es ist dies eine Frage der Temperatur und der Erfahrung des Kochs. – Französische Omeletten lassen sich aus 2–5 Eiern herstellen; wird eine grössere Portion benötigt, so müssen 2 und mehr Omeletten zubereitet werden. Bei 5 Eiern sollte die Pfanne einen Durchmesser von 16 cm haben.

Varianten:

1. Salzige Französische Omeletten

Auf die eine Hälfte der fast fertigen Omelette werden 1–2 Löffel heisser Fülle gegeben und die andere Hälfte darübergeschlagen; als Füllung eignen sich: kleingeschnittene Ragouts (Nr. 138a), geschnetzelte Leber (Nr. 235), sautierte Pilze (Nr. 328), ziemlich trocken gedämpfte Tomaten (Nr. 370), fein geschnittene, gedämpfte Peperoni, etc.

Direkt in die Eiermasse gibt man fein gehackte Kräuter (Peterli, Schnittlauch, Kerbel, Estragon...), nicht zu fein geraffelten Gruyère (50 g auf 5 Eier), in kleine Vierecke geschnittene dünne Scheiben von gekochtem Schinken, weich gekochte, noch heisse Spargelspitzen, etc.

2. Süsse Französische Omeletten

a) mit Himbeersauce

In einer kleinen Stielpfanne mit Teflonbelag kleine, dünne Portionenomeletten herstellen; auf Teller anrichten und heisse Himbeersauce (Nr. 91) darum herumgiessen. Der Eimasse kann zu Beginn auf Wunsch Puderzucker beigegeben werden (1 EL auf 5 Eier).

b) mit Rum

Die Omelette auf eine heisse Gratinplatte anrichten, reichlich mit Puderzucker bestäuben und direkt unter dem Grill karamelisieren; mit heiss gemachtem Rum übergiessen und flambieren.

c) mit Konfitüre

Auf die Omelette vor dem Zusammenfalten zuvor erwärmte, evtl. mit etwas Eau de vie (Kirsch, Framboise, Abricot...) verrührte Konfitüre geben; zusammenfalten und mit Puderzucker bestäubt anrichten.

157

Portionen: 4 (ca. 18 Stück)

Zutaten:
200 g Weissmehl
3 Eier
2 dl Wasser
4 dl Milch
Salz
Butterfett oder Öl zum
Backen

Gerät:
Schüssel, mittelgross
Schneebesen
Bratpfanne (Omelettpfanne)

Omeletten (Deutsche Omeletten)

Zubereitung:
1. Mehl in die Schüssel geben; Wasser unter Rühren dazugeben, dann die Hälfte der Milch, die Eier und ½ KL Salz; den Teig glattrühren: er sollte ziemlich dünnflüssig sein; evtl. noch etwas Milch zugeben; mindestens ½ Stunde zugedeckt ruhen lassen.
2. Teig noch einmal durchschlagen; evtl. nochmals mit Milch verdünnen.
3. In der Bratpfanne möglichst wenig Fett erhitzen; nur gerade so viel Teig hineingeben, dass sich beim Hin- und Herschwenken der Bratpfanne ein gleichmässig dünner Teigfilm bildet.
4. Ist die Unterseite hellbraun, die Omelette umkehren und auf der anderen Seite hellbraun backen.
5. Auf diese Weise dünne Omeletten backen, bis aller Teig aufgebraucht ist.

Bemerkungen:
Die Milchmenge kann nicht genau angegeben werden, weil die benötigte Flüssigkeit von der Qualität des Mehls abhängt. – Die fertigen Omeletten aufeinanderlegen und mit Alu-Folie zugedeckt bis zur weiteren Verwendung warm stellen.

Varianten:
Das Verhältnis Wasser/Milch kann beliebig variiert werden; Omeletten mit mehr Wasser als Milch werden knusprig.
Anstelle von nur Wasser und Milch können dem Teig zugeben werden: 2–3 EL süsser oder saurer Rahm, 1–2 EL Weisswein, 1–2 EL Öl.
Weitere Zutaten in den Teig: geriebener Käse, fein geschnittene Kräuter oder Spinat, etc. Siehe auch: Flädlein (Nr. 158).
Restenverwendung: Nr. 312, 107d.

158

Portionen: 4

Zutaten:
50 g Weissmehl
1–1,25 dl Milch
5 Eier
Salz
Ausgelassene Butter
Frische Butter
1,6 dl Rahm

Omeletten (Flädlein)

Zubereitung:
1. 40 g Mehl in die grössere Schüssel geben; mit einem Drittel der Milch anrühren; 4 Eier einzeln dazurühren; mit der restlichen Milch zu einem glatten, ziemlich dünnen Teig verarbeiten; sparsam salzen.
2. Mit möglichst wenig ausgelassener Butter möglichst dünne Flädlein backen (siehe Nr. 157).
3. Backofen auf 220° vorheizen.
4. Flädlein zusammenrollen; nebeneinander, dann übereinander in eine mit reichlich frischer Butter ausgestrichenen Gratinform legen.

Gerät:
Schüssel, mittelgross
Schneebesen
Bratpfanne (Omelettpfanne)
Gratinform mit Deckel
Schüssel, klein

5. In der kleinen Schüssel 10 g Mehl mit 2 EL Rahm glattrühren; 1 Ei dazugeben, mischen; den restlichen Rahm zugeben, mischen; über die Flädlein giessen.
6. Gratinform zudecken (evtl. zusätzlich mit Alu-Folie, damit sie gut verschlossen ist) und 15–20 Minuten in den Ofen stellen.
7. Mit einer Salatplatte servieren.

Varianten:

a) mit Spinatfüllung
Vor dem Zusammenrollen werden die Flädlein mit folgender Fülle bestrichen:
500 g Spinat waschen, kurz in Salzwasser blanchieren (nur so lange, bis die Blätter zusammenfallen), gut abtropfen, mit dem Wiegemesser fein hacken. Eine fein gehackte Schalotte in 15 g Butter anschwitzen; Spinat zugeben, 1 KL Mehl darüberstreuen, verrühren; einige EL Bouillon oder Rahm dazugeben und so lange dämpfen, bis ein streichfähiges Püree entstanden ist; mit Salz und Pfeffer würzen.

b) mit Fleischfüllung
Vor dem Zusammenrollen werden die Flädlein messerrückendick mit folgender Fülle belegt:
Resten von gutem gebratenem Fleisch (Geflügel, Kalbsbraten, Kalbsniere etc.) fein hacken. ½ Schwöbli in Wasser einweichen. 1 fein geschnittene Schalotte und 1 EL fein gehackter Peterli in einem nussgrossen Stück Butter dämpfen. Schwöbli gut ausdrücken; mit der Schalotte und dem Fleisch in eine Schüssel geben, mit Salz, Pfeffer, etwas Muskatnuss würzen und mit einem starken Kochlöffel bearbeiten, bis man kein Brot mehr sieht.

c) mit süsser Mandelfüllung
Vor dem Zusammenrollen werden die Flädlein mit folgender Fülle bestrichen:
80 g fein gemahlene Mandeln, 1 Eigelb, abgeriebene Schale einer Zitrone mit dem Schneebesen schaumig rühren; das Eiweiss steif schlagen und sorgfältig darunterziehen. – In die Gratinform legen, mit 2½ dl Rahm übergiessen und zugedeckt so lange in den heissen Backofen stellen, bis beinahe alle Flüssigkeit aufgesogen ist.

d) andere Dessertflädlein
Man kann die Flädlein auch mit dick eingekochtem Apfelmus, mit einer Mischung von Apfelmus und gemahlenen Mandeln bzw. Nüssen, mit Konfitüre oder flüssig gemachter Schokolade bestreichen...

159

Portionen: ca. 16 Stück,
⌀ 7,5 cm

Zutaten:
Geriebener Teig (Nr. 97)
von 250 g Mehl oder 375 g
Blätterteig vom Konditor
150 g frisch geriebener Käse
(z. B. Emmentaler und
Gruyère, gemischt)
3 dl Rahm
3 Eier
15 g Maizena
Butter zum Auspinseln der
Förmchen (bei Verwendung
von Geriebenem Teig)
Mehl zum Auswallen des
Teiges
Salz
Pfeffer aus der Mühle

Gerät:
Schüssel, mittelgross
Wallholz
Blech- oder Alu-Förmchen
Pinsel

Käsepastetchen

Zubereitung:
1. Backofen auf 225° vorheizen: Unterhitze stärker als Oberhitze bzw. Pastetchen in der unteren Hälfte des Ofens backen.
2. Wenn Geriebener Teig verwendet wird: Förmchen mit Butter auspinseln; bei Blätterteig: Förmchen mit kaltem Wasser ausspülen.
3. Teig auf bemehlter Unterlage messerrückendick auswallen; die Förmchen damit auslegen; Teigboden mehrmals mit einer Gabel stupfen.
4. Käse, Maizena, Salz, Pfeffer in der Schüssel vermengen; Eier darunterrühren; mit dem Rahm vermengen.
5. Füllung auf die Förmchen verteilen; in 15 bis 20 Minuten backen.
6. Sofort servieren.

160

Portionen: 3–4

Zutaten:
Hefeteig (Nr. 98) von 250 g
Mehl, 35 g Schweine-
schmalz oder 3 EL Olivenöl,
10 g Hefe, Wasser (6–8 EL)
und Salz oder Geriebener
Teig (Nr. 97) von 200 g
Mehl
2 Büchsen geschälte Tomaten (Pelati)
300 g Mozzarella
4 EL geriebener Parmesan
4 EL Olivenöl

Pizza

Zubereitung:
1. Pelati in der Längsrichtung halbieren; im Sieb abtropfen lassen.
2. Teig auf bemehlter Unterlage 3 mm dick auswallen; Bleche einfetten und damit auslegen; Teigboden mehrfach mit einer Gabel einstechen; Backofen auf 250° vorheizen.
3. Pelati auf die Teigböden verteilen; mit dem Rücken eines Löffels flachdrücken; mit Oregano, Basilikum und Pfeffer bestreuen.
4. Mozzarella in dünne Scheiben schneiden; auf die Tomaten verteilen; Parmesan darüberstreuen.
5. Wenig Salz darüberstreuen; Pfeffer darübermahlen; mit dem Olivenöl beträufeln.
6. Im unteren Teil des Backofens 20–30 Minuten backen: der Teig soll leicht braun, die Füllung dampfend heiss, der Käse geschmolzen sein.
7. Heiss mit einem Salat servieren.

½ TL Oregano, zerrieben
1 EL Basilikum, gehackt
Salz
Schwarzer Pfeffer aus der
Mühle
Olivenöl für das Blech
Mehl zum Auswallen des
Teiges

Gerät:
2 Kuchenbleche, ⌀ 27 cm
Wallholz
Sieb

Varianten:
Pizza ist ein Gericht für kreative Köche: die Variationsmög-
lichkeiten sind enorm; obligatorisch sind einzig die Toma-
ten.
Vorschläge für Zutaten (einzeln oder überlegt kombiniert):
Krevetten, Sardellenfilets, Peperonistreifen, Streifen von ge-
kochten Artischockenböden oder Pilzen, Streifen von gekoch-
tem Schinken oder Rohschinken, Salami, Coppa, Mortadella,
Mortadella di fegato, Kapern, schwarze und grüne Oliven, etc.
Ist Mozzarella nicht erhältlich, kann statt dessen Fontina oder
Bel paese verwendet werden.

161

Käsewähe

Portionen: 4–6

Zutaten:
350 g Geriebener Teig
(Nr. 97)
125 g Schweizerkäse
(z.B. Emmentaler und
Gruyère, gemischt)
1 TL Maizena
2 Eier
2 dl Rahm
2 dl Milch
wenig Salz (hängt vom Käse
ab!)
Mehl zum Auswallen des
Teiges
Butter für das Blech

Gerät:
Wähenblech, rund ⌀ 25 cm
Raffel, mittelfein
Schüssel, mittelgross
Schneebesen
Wallholz

Zubereitung:
1. Backofen auf 225° vorheizen; Blech ausbuttern und mit
   dem nicht zu dünn ausgewallten Teig auslegen.
2. Maizena, Eier, Milch, Rahm und Salz in der Schüssel kurz
   durchschlagen.
3. Den Boden des Teiges mit einer Gabel einige Male einstechen; den Käse raffeln und darauf verteilen; Eiermilch
   darübergiessen; sofort in den heissen Backofen stellen.
4. 25–30 Minuten bei 225° backen.
5. Aus dem Blech nehmen und auf eine runde Platte anrichten; heiss servieren.

162

Portionen: 4

Zutaten:
500 g Käse: Gruyère
und/oder Emmentaler
und/oder Sbrinz
½ Gewürzgurke, fein
gewürfelt (fakultativ)
1 EL Schnittlauch, fein
geschnitten
1 Zwiebel, fein gewürfelt
(fakultativ)
Für die Sauce:
  3 EL Essig
  1 KL Senf
  4–5 EL Öl
  Pfeffer aus der Mühle
  Salz

Gerät:
Schüssel, gross
Gurkenhobel oder
Röstiraffel

Käsesalat

Zubereitung:
1. Essig, Salz, Pfeffer und Senf in der Schüssel verrühren; das Öl zugeben und durch schwungvolles Rühren zu einer Emulsion vermischen.
2. Gewürzgurke, Schnittlauch und Zwiebel in die Sauce geben.
3. Käse fein schneiden, hobeln oder grob raffeln; mit der Sauce anmachen.

Bemerkungen:
Die Sauce kann verlängert bzw. variiert werden durch Zugabe von Joghurt, Rahm, Halbrahm, Mayonnaise, Curry oder Majoran, Estragon, etc.
Als Beilage geschwellte Kartoffeln oder frisches Brot servieren.

163

Portionen: 4

Zutaten:
50 g Butter
40 g Weissmehl
3 dl Milch
100 g fein geriebener Käse
(Sbrinz, Emmentaler)
4 Eier
Wenig Salz

Käsesoufflé

Zubereitung:
1. Backofen auf 220° vorheizen; Souffléform mit wenig Butter auspinseln.
2. Butter in der Kaserolle zergehen lassen; Mehl und Salz zugeben; schwitzen lassen, ohne dass die Schwitze Farbe annimmt.
3. Milch zugeben, auf kleinem Feuer zu einem glatten Brei rühren.
4. Den Brei in die grössere Schüssel geben; einige Minuten akühlen; Käse dazugeben und verrühren; Eigelb dazugeben und verrühren.

Gerät:
Souffléform
Pinsel
Kasserolle, mittelgross
Schneebesen
Schüssel, gross
Schüssel, mittelgross
(für die Eiweiss)
Gummischaber

5. Eiweiss in der anderen Schüssel sehr steif schlagen; mit dem Gummischaber sorgfältig unter die Masse ziehen; in die Souffléform einfüllen (sie darf nur ³/₄ gefüllt werden, da sich das Volumen im heissen Backofen vergrössert!).
6. Sofort in den Backofen stellen; nach 15–20 Minuten sollte das Soufflé fertig gebacken sein und muss dann sofort serviert werden.

Bemerkungen:
Das fertige Soufflé sollte im Kern noch leicht flüssig sein.

164 Fondue

Portionen: 4

Zutaten:
1 Knoblauchzinken
300 g Emmentaler, fein geraffelt oder gerieben
300 g Gruyère, fein geraffelt oder gerieben
3 dl trockener Weisswein
1 KL Zitronensaft
3 EL Kirsch
2 KL Maizena
Pfeffer aus der Mühle
Muskatnuss
1 kg Brot, halbweiss

Gerät:
Fonduecaquelon
Muskatraffel
Spirituskocher mit regulierbarer Flamme
ferner:
Spiritus für den Kocher

Zubereitung:
1. Brot in 1¹/₂ cm dicke Tranchen, die Tranchen in quadratische Würfel schneiden.
2. Caquelon mit dem geschälten Knoblauchzinken ausreiben.
3. Spirituskocher auf dem Esstisch bereitstellen; anzünden.
4. Käse, Zitronensaft und Wein in das Caquelon geben; bei starker Hitze auf dem Herd unter beständigem Rühren aufkochen.
5. Maizena mit Kirsch anrühren; in das Fondue einrühren.
6. Sobald der Käse ganz aufgelöst ist und das Fondue sämig ist, mit Pfeffer und geraffelter Muskatnuss würzen; auf den Spirituskocher stellen.
7. Brot an die Gabel stecken, in dem Fondue rühren, beim Geniessen die Zunge nicht verbrennen.

Bemerkungen:
Das Fondue soll während des Essens immer ganz leise köcherlen.

Fische, Frösche und Schalentiere

Süsswasserfische
Meerfische
Frösche
Schalentiere

165 Pochierter Fisch

Unter Pochieren verstehen wir das Garziehen knapp unter dem Siedepunkt in so viel Flüssigkeit, dass der Fisch gerade davon bedeckt ist.

Grosse Fische werden in die lauwarme Flüssigkeit (Court-bouillon, Nr. 67) gelegt, welche dann langsam bis knapp unter den Siedepunkt erhitzt wird. Die Garflüssigkeit soll in keinem Moment wirklich kochen. Ganze Fische unter 1 kg Gewicht wie auch Fischtranchen oder -filets werden mit siedender Flüssigkeit (Court-bouillon, Nr. 67 oder Fumet de poisson, Nr. 68) übergossen oder in die siedende Flüssigkeit gelegt, das Kochgeschirr wird, kurz bevor der Siedepunkt wieder erreicht ist, vom Feuer gezogen, worauf man den Fisch zugedeckt garziehen lässt.

166 Gebackene Fischfilets

Portionen: 4

Zutaten:
800 g Fischfilets
1 Zitrone, Saft
2 EL Weissmehl
1 Ei
100 g Paniermehl
Salz
Weisser Pfeffer aus der Mühle
Öl oder Fett zum Fritieren

Gerät:
Friteuse oder Friturepfanne
ferner:
Küchenpapier

Zubereitung:
1. Filets mit Zitronensaft beträufeln und 1 Stunde ziehen lassen.
2. Öl auf 180° erhitzen; Filets abtropfen, mit Salz und Pfeffer würzen; leicht mehlen (überflüssiges Mehl abschütteln), durch das verklopfte Ei ziehen und im Paniermehl wenden.
3. In der Friture – je nach Dicke der Filets – 2–5 Minuten backen.

Bemerkungen:
Grosse Filets können nach dem Marinieren in Streifen geschnitten werden. – Mehlen, durch einen Teig ziehen oder Panieren immer erst im letzten Moment. – Nie zu viele Filets auf einmal in die Friture geben.

Varianten:
a) gemehlt und gebacken
Zubereitung wie Hecht (Nr. 177). Backzeit je nach Dicke der Filets 1–7 Minuten.
b) im Teig gebacken
Zubereitung wie Egli (Nr. 169). Backzeit je nach Dicke der Filets 2–7 Minuten.

Aal in Rebblättern (Siehe Nr. 8)

167

Portionen: 2 (als Hauptgang), 4 (als Vorspeise)

Zutaten:
4 Aeschen à 180–200 g,
pfannenfertig
70 g Butter
2 EL Weissmehl
1 EL gehackter Peterli
1/2 Zitrone, Saft
1 dl trockener Weisswein
Salz
Weisser Pfeffer aus der
Mühle
1 Zweiglein Thymian

Gerät:
Bratpfanne mit Deckel

Aesche (Ombre)

Zubereitung:
1. In einem tiefen Teller Mehl mit Salz und Pfeffer würzen.
2. Aeschen innen salzen und im Mehl wenden; schütteln,
   damit alles nicht haftende Mehl abfällt.
3. 50 g Butter heiss werden lassen; Äschen auf beiden Seiten
   schön braun braten (je 2 Minuten).
4. Hitze reduzieren; mit dem Wein ablöschen, mit Zitronensaft beträufeln, Peterli und Thymian zugeben, zugedeckt
   5–6 Minuten dämpfen.
5. Die Äschen herausnehmen und warm stellen; abseits vom
   Feuer 20 g Butter in den Fond einrühren; abschmecken.

Bemerkungen:
Der sehr feine Fisch kann auch wie Forelle blau (Nr. 175) zubereitet werden.

168

Portionen: 2–3

Zutaten:
1 Barsch à 750 g, pfannenfertig
40 g Butter
1 1/2 dl trockener Weisswein
1/2 Zitrone, Saft
Zur Sauce:
   1 dl Süssbuttersauce
   (Nr. 76)
   10 g Butter
   2 fein geschnittene
   Schalotten
   100 g gehackte Cham-
   pignons de Paris
   2 EL fein geschnittene
   Kräuter (z. B. Estragon
   oder Peterli)
Salz
Weisser Pfeffer aus der
Mühle

Barsch (Perche), gedämpft

Zubereitung:
1. Backofen auf 180° vorheizen; Gratinform mit der Hälfte
   der Butter ausstreichen, Wein zugiessen, in den Backofen
   stellen.
2. Im Abstand von 2 cm die Haut des Barsches schräg einschneiden; den Fisch aussen mit der restlichen Butter einstreichen, innen und aussen mit Salz, Pfeffer und Zitronensaft würzen.
3. Wenn der Wein in der Gratinform warm ist, den Fisch
   hineinlegen; mit Alu-Folie zudecken.
4. Die Champignons in die Kasserolle geben und ohne Zugabe von Butter oder Flüssigkeit langsam erhitzen: sie werden sofort Wasser ziehen.
5. Wenn das Champignonwasser verdampft ist, Butter und
   Schalotten zugeben; dünsten, bis die Schalotten weich
   sind.
6. Wenn der Fisch gar ist (nach 20–25 Minuten), Gratinform
   aus dem Backofen nehmen: Flüssigkeit zu der Champi-
   gnons/Schalotten-Mischung in die Kasserolle geben; auf
   starkem Feuer etwas einkochen lassen; unterdessen den
   Fisch zugedeckt warmhalten.
7. Süssbuttersauce zu den Champignons in der Kasserolle
   geben, aufkochen; Kräuter zugeben; evtl. nachwürzen.
8. Barsch auf eine heisse Platte anrichten; die obere Haut
   abziehen; die heisse Sauce darübergiessen.

Gerät:
Gratinform in der Grösse
des Fisches
Kasserolle, klein
ferner:
Alu-Folie

Variante:
Anstelle von Barsch einen anderen Fisch, z. B. Zander nehmen.

169

Portionen: 4 (als Vorspeise)

Zutaten:
16 kleine Eglifilets
2 Zitronen, Saft
2 EL Mehl
Ausbackteig mit Wein
(Nr. 95)
Öl oder Fett zum Backen
Salz
Weisser Pfeffer aus der
Mühle
Beilage:
    Tartaresauce (Nr. 88b)
    oder Rémoulade (Nr. 88c)

Gerät:
Friturepfanne / Friteuse
2 Schüsseln, klein
Schneebesen

Egli (Perche), gebackene Filets

Zubereitung:
1. Die Fischfilets mit Salz, Pfeffer und Zitronensaft würzen
   und in einer Schüssel aufeinandergelegt eine halbe Stunde
   marinieren.
2. Friture auf 170° erhitzen.
3. Den Ausbackteig gut durchschlagen; Filets einzeln mit
   Mehl bestäuben, durch den Ausbackteig ziehen und sofort
   2–3 Minuten fritieren.
4. Mit Zitronenvierteln garniert servieren; Sauce separat anrichten.

170

Portionen: 4–5

Zutaten:
800 g kleine Eglifilets
50 g Weissmehl
2 Zitronen, Saft
Butterfett
Salz
Weisser Pfeffer aus der
Mühle

Gerät:
Bratpfanne

Egli (Perche), gebratene Filets

Zubereitung:
1. Die Filets mit Salz, Pfeffer und Zitronensaft würzen; mit
   Mehl bestäuben.
2. In heissem Butterfett in 3–4 Minuten goldbraun braten.
3. Auf einer heissen Platte mit Zitronenvierteln anrichten.

Varianten:
a) Filets würzen, mehlen und in verklopftem Ei wenden.
Bemerkungen: zur Abwechslung 2 EL fein geriebenen Parmesan im Ei verrühren.
b) Filets würzen, durch Milch ziehen und im Mehl wenden.

171

Portionen: 4

Zutaten:
600 g Eglifilets
3 Schalotten, fein gehackt
2 dl trockener Weisswein
1 dl Doppelrahm
100 g kalte Butter
2 EL fein gehackte frische
Kräuter (Estragon, Peterli,
Kerbel, Schnittlauch)
1 Zitrone, Saft
Salz
Weisser Pfeffer aus der
Mühle

Gerät:
Kasserolle, gross
Schneebesen

Egli (Perche), pochierte Filets

Zubereitung:
1. Die Filets mit Salz, Pfeffer und Zitronensaft würzen.
2. Schalotten in 20 g Butter glasig dünsten; mit dem Wein ablöschen; aufkochen.
3. Filets in den siedenden Wein geben; 4–5 Minuten ziehen (nicht kochen!) lassen.
4. Filets herausnehmen und warm stellen.
5. Den Wein in der Kasserolle bei lebhaftem Feuer auf das halbe Volumen einkochen; zuerst den Rahm, dann – abseits vom Feuer – die restliche Butter mit dem Schneebesen einschlagen; die Kräuter einrühren.
6. Über die Filets anrichten.

172

Portionen: 4

Zutaten:
4 Felchen à 250 g,
pfannenfertig
1 Zitrone, Saft
2 Schalotten, fein gehackt
50 g Butter
2 dl trockener Weisswein
50 g Champignons de Paris,
fein gehackt
Salz
Weisser Pfeffer aus der
Mühle
Kräutersauce (Nr. 76c), aber
von 2 dl (statt 2½ dl) Brühe

Gerät:
Feuerfeste Form, gross
Stielpfännchen
Sieb, klein
ferner:
Alu-Folie

Felchen (Féra) aux fines herbes

Zubereitung:
1. Backofen auf 180° vorheizen.
2. Auf jeder Seite 3 schräge Einschnitte in die Haut der Felchen machen; die Fische innen und aussen salzen und pfeffern.
3. Gratinform mit Butter ausstreichen; Schalotten und Champignons auf dem Boden der Form verteilen; die Fische darauflegen; sie müssen nebeneinander Platz haben.
4. Felchen mit Zitronensaft beträufeln; Weisswein in die Form eingiessen; auf dem Herd bis zum Siedepunkt erhitzen.
5. Mit Folie gedeckt, im Backofen ca. 15 Minuten pochieren.
6. Felchen herausnehmen und warm stellen; Fond durch das Sieb in die Stielpfanne passieren, die Gemüse gut ausdrücken.
7. Den gesiebten Fond auf ½ dl einkochen; in die heisse Kräutersauce einrühren; à part servieren.

173

Portionen: 4

Zutaten:
4 Felchen à 250 g,
pfannenfertig
Zum Sud:
  2½ l Wasser
  ½ dl Weinessig
  2 Rüebli (gescheibelt)
  4 Peterlistiele
  2 Zwiebeln (gescheibelt)
  1 Zweiglein Thymian
  1 kleines Lorbeerblatt
  20 g Salz
Sauce:
  z.B. Hollandaise (Nr. 79)
  oder Kapernsauce
  (Nr. 76a)

Gerät:
Fischkessel oder grosse
Bratkasserolle mit Deckel

Felchen (Féra), pochiert

Zubereitung:
Wie Schleie (Nr. 191); 15–20 Minuten ziehen lassen.

174

Portionen: 2 (Hauptgang)
oder 4 (Vorspeise)

Zutaten:
4 Forellen à 200 g,
pfannenfertig
2 dl Milch
2 EL Weissmehl
1 EL gehackter Peterli
1 Zitrone, Saft
Salz
Weisser Pfeffer aus der
Mühle
Butterfett
60 g frische Butter

Gerät:
Bratpfanne, gross

Forellen, gebraten

Zubereitung:
1. In einem tiefen Teller das Mehl mit Salz und Pfeffer würzen.
2. Forellen im Innern salzen; durch die Milch ziehen, im Mehl wenden; gut schütteln, damit nur ein Hauch von Mehl an den Fischen haften bleibt.
3. Butterfett heiss werden lassen; die Forellen auf jeder Seite in 3–4 Minuten schön braun braten.
4. Forellen auf einer warmen Platte anrichten.
5. Butterfett abgiessen; die frische Butter in die Bratpfanne geben und heiss werden lassen.
6. Zitronensaft über die Forellen träufeln; Peterli darüberstreuen und mit der heissen Butter übergiessen.

Prosit Neujahr!

Hunger ist der beste Koch.

31. décembre 1876.

Menu.

Potage

Côtelettes à la Provençale

Petits pois

Canards sauvages aux olives

Dindes truffées

Salades

Mayonnaise aux homards

Compote

Glaces

Dessert

Lith. E. Hindermann.

ZUR ZOSSE

19. III.   1895.

MENU

Potage à la Normande

Saumon truffé à la Chambord
Gigot de Présalé à la Gothard

Salmis de Bécasses à la Périgueux
Fonds d'Artichauts à la Barigoule
Parfait de foie gras en Aspic

Punch à la Romaine

Chapons truffés rôtis
Salade de Laitue
Langoustes manchés en Belle Vue

Timbale parisienne
Sujet de Glace
Dessert assorti
Pièce montée
B'haltis

Lichtdruck v. Gebr. Bossert Basel

Rote Forellen (Siehe Nr. 7)

175

Portionen: 3 (als Hauptgang), 6 (als Vorspeise)

Zutaten:
6 Bachforellen à 180 g,
pfannenfertig
Zum Sud:
  2 l Wasser
  2 dl Essig
  4 dl Weisswein
  50 g Rüebli (gescheibelt)
  50 g Zwiebeln
  (gescheibelt)
  ½ Lorbeerblatt
  4 Peterlistiele oder
  2 Peterliwurzeln
  1 Stückchen Zitronen-
  schale (ohne die weisse
  Haut)
  25 g Salz
1 dl Weinessig
Sauce:
  Beurre noisette (Nr. 61)
  oder Beurre maître
  d'hôtel (Nr. 62), warm
  oder Hollandaise
  (Nr. 79)
2 Zitronen, in Viertel
geschnitten
Salzkartoffeln (Nr. 332)

Gerät:
Fischkessel

Forellen, blau

Zubereitung:
1. Den Sud im Fischkessel 20 Minuten zugedeckt kochen lassen. – In der Zwischenzeit die Sauce vorbereiten.
2. Die Forellen auf beiden Seiten mit dem Essig beträufeln; in
   den kochenden Sud geben; beim ersten Aufwallen die
   Pfanne vom Feuer ziehen; die Forellen zugedeckt 8 Minuten ziehen lassen.
3. Auf einer Serviette angerichtet sofort servieren.

Bemerkungen:
Die Forellen sollen möglichst kurze Zeit vor der Zubereitung (höchstens 1½
Stunden vorher) getötet und ausgenommen werden. Sie sollen aussen nicht
gewaschen werden, weil der auf der Haut vorhandene Schleim in Verbindung
mit dem Essig die blaue Farbe bildet.
Garzeit für eine Forelle von 500 g: 13 Minuten.

176

Portionen: 3–4

Zutaten:
1 Hecht, ca. 1,2 kg schwer
(pfannenfertig)
Zum Sud:
2½ l Wasser
½ dl Weissweinessig
2 Rüebli, gescheibelt
2 Zwiebeln, geschält und
gescheibelt
4 Peterlistiele
1 Zweiglein Thymian
1 kleines Lorbeerblatt
20 Salz
Sauce:
z.B. Süssbutter- (Nr. 76)
oder Kapern- (Nr. 76a)
oder Sardellensauce
(Nr. 76b)

Gerät:
Fischkessel

Hecht (Brochet), blau

Zubereitung:
Wie Lachsforelle (Nr. 188); 15–20 Minuten ziehen lassen.

177

Portionen: 2

Zutaten:
6 daumendicke Tranchen
Hecht, geschuppt
1½ Zitronen
4 EL Weissmehl
Salz
Weisser Pfeffer aus der
Mühle
Öl oder Fett zum Backen
Mayonnaise (Nr. 88) oder
Tartaresauce (Nr. 88b) oder
Rémoulade (Nr. 88c)

Gerät:
Friturepfanne/Friteuse
ferner:
Plastiksäckchen

Hecht (Brochet), gebacken

Zubereitung:
1. Friture auf 170° erhitzen.
2. Hechttranchen mit dem Saft der halben Zitrone beträufeln.
3. Mehl in den Plastiksack geben; kräftig mit Salz und Pfeffer würzen; die Hechttranchen einzeln in den Sack geben, kräftig schütteln; herausnehmen; überflüssiges Mehl abschütteln.
4. In 5–6 Minuten knusprig backen.
5. Mit Zitronenvierteln anrichten und sofort servieren.

178

Portionen: 4–6

Zutaten:
1 Hecht à 1,5 kg,
ausgenommen und gehäutet
150 g Spickspeck
10 Sardellenfilets
1 Zitrone, Saft
2 EL Weinessig
2 dl Madeira
2–3 dl Bouillon
1 EL Kapern
50 g Butterfett
Mehlbutter (Nr. 63)
Salz
Weisser Pfeffer aus der
Mühle

Gerät:
Bräter oder feuerfeste Form
(für den in Halbmondform
gebogenen Hecht)
Spicknadel
ferner:
Alu-Folie

Hecht (Brochet), gespickt und gebrater

Zubereitung:
1. Backofen auf 200° vorheizen.
2. Hecht abwechselnd mit Sardellenfilets und feinen Speckriemchen auf beiden Seiten spicken.
3. Den Boden des Bratgeschirrs mit dem Butterfett bestreichen; den Hecht – innen und aussen gesalzen und gepfeffert
   – hineinlegen, mit Zitronensaft beträufeln.
4. Im Backofen 25–30 Minuten unter fleissigem Begiessen
   braten; dabei dem Fond löffelweise Essig, Madeira und
   (heisse) Bouillon zugeben; den Fisch – sollte er zu schnell
   braun werden – mit Alu-Folie bedecken.
5. Hecht herausnehmen und warm stellen; den Fond noch
   etwas mit Madeira und Bouillon verlängern, mit den Kapern aufkochen und – abseits vom Feuer mit Mehlbutter
   binden.
6. Sauce und Fisch getrennt servieren.

179

Portionen: 3–4

Zutaten:
1 Hecht à 1,2 kg,
pfannenfertig
Bratengarnitur:
   1 Zwiebel
   1 Rüebli
   1 Gewürznelke
   1 Lorbeerblatt
   einige Peterlistiele
100 g Butter
3–4 Sardellenfilets

Hecht (Brochet), gedämpft

Zubereitung:
1. Backofen auf 220° vorheizen.
2. Backblech mit 25 g Butter bestreichen; darauf verteilen:
   das fein geschnittene Gemüse, Nelke, Lorbeerblatt, Peterlistiele und die mit einer Gabel zerdrückten Sardellenfilets;
   in den Backofen stellen.
3. Hecht innen und aussen mit Salz und Pfeffer einreiben, mit
   Zitronensaft beträufeln.
4. Wenn das Gemüse etwas Farbe angenommen hat, den
   Fisch auf das Blech legen, mit 25 g Butterflöckli belegen;
   den Wein auf das Blech giessen.
5. Unter gelegentlichem Begiessen 25–30 Minuten dämpfen.
6. Fisch auf eine heisse Platte anrichten, mit Folie zudekken.

1 Zitrone, Saft
5–6 dl trockener Weisswein
Salz
Weisser Pfeffer aus der
Mühle

Gerät:
Backblech, gross
Saucenpfännli
Schneebesen
Sieb
ferner:
Alu-Folie

7. Bratensaft in das Saucenpfännli sieben; Gemüse gut ausdrücken; auf starkem Feuer auf das Volumen von 2 EL einkochen lassen (Geduld!).
8. Abseits vom Feuer die kalte Butter mit dem Schneebesen stückchenweise einrühren; noch einmal erwärmen, aber nicht mehr kochen.
9. Fisch und Sauce separat servieren.

180

Portionen: 4–5

Zutaten:
1 Karpfen à 1,5 kg,
ausgenommen aber nicht
geschuppt
Zum Sud:
   1 Zwiebel
   1 Rüebli
   5 cm Lauchstengel
   3 Peterlistiele (ohne
   Kraut)
   2 dl trockener Weisswein
   Salz
2 dl Weissweinessig
Sardellensauce (Nr. 76b)
oder Vinaigrette (Nr. 89)
Zur Garnitur:
   Zitronenviertel
   Peterli

Gerät:
Fischkessel oder Bräter
Kleine Stielpfanne

Karpfen (Carpe), blau

Zubereitung:
1. Die Zutaten zum Sud mit 2 l kaltem Wasser im Fischkessel aufs Feuer setzen; aufkochen; 30 Minuten zugedeckt köcherlen; abkühlen lassen.
2. Den Karpfen auf eine Platte legen; den Essig im Stielpfännchen erhitzen und über den Fisch giessen; 10 Minuten ziehen lassen.
3. Den Fisch in den warmen Sud legen; Essig aus der Platte dazugiessen; zum Siedepunkt erhitzen; zugedeckt 25 Minuten ziehen lassen.

Bemerkungen:
Soll der Fisch kalt serviert werden, so nimmt man ihn nach dem Pochieren aus dem Sud, lässt den Sud völlig erkalten und legt den Karpfen bis zum Gebrauch wieder hinein. Statt Vinaigrette (Nr. 89) kann Mayonnaise (Nr. 88) dazu serviert werden.

181

Portionen: 5–6

Zutaten:
1 Karpfen à 1,8 bis 2 kg,
pfannenfertig
Zur Fülle:
  Milchner, Rogen und
  Leber des Fisches
  30 g Sardellenfilets
  1 EL ganz fein gehackte
  Schalotten
  1 EL gehackter Peterli
  80 g fein gehacktes Eng-
  lischbrot (ohne Ranft)
  Pfeffer
  Muskatnuss
  Nelkenpulver
2 EL Butterfett
20 g Butter
1 dl trockener Weisswein
Salz
Weisser Pfeffer aus der
Mühle
Sardellensauce (Nr. 76b)

Gerät:
Bräter
Schüssel, klein
Muskatraffel
ferner:
Nadel und Faden

Gefüllter Karpfen, gebraten

Zubereitung:
1. Backofen auf 200° vorheizen; den Boden der Bräters mit
   dem Butterfett ausstreichen.
2. Milchner, Rogen und Leber in Stückchen schneiden; Sardellenfilets mit einer Gabel zerdrücken (pürieren).
3. Alle Zutaten zur Fülle in der Schüssel vermengen; sparsam
   mit geraffelter Muskatnuss, noch sparsamer mit Nelkenpulver, grosszügiger mit Pfeffer würzen.
4. Karpfen füllen; Öffnung zunähen; den Fisch aussen salzen;
   in den Bräter legen; mit Butterflöckli belegen; in den Backofen schieben.
5. 50–60 Minuten unter gelegentlichem Begiessen braten,
   dabei den Fond löffelweise mit Weisswein ergänzen.
6. Sardellensauce (Nr. 76b) zubereiten.
7. Karpfen auf eine heisse Platte anrichten; Fond aus dem
   Bräter entfetten und in die Sauce geben. Fisch und Sauce
   getrennt servieren.

182

Portionen: 3

Zutaten:
1 Karpfen à 1 kg,
pfannenfertig

Karpfen (Carpe), gebacken

Zubereitung:
1. Schwanz und Kopf des Karpfens wegschneiden; den Fisch
   der Mittelgräte entlang (horizontal) in zwei Hälften schneiden; Gräte entfernen; jede Hälfte in drei etwa gleich grosse
   Stücke schneiden.
2. Friture auf 160° vorheizen. Fischstücke salzen, pfeffern und
   mit Zitronensaft beträufeln.

1 Zitrone, Saft
30 g Weissmehl
Salz
Weisser Pfeffer aus der
Mühle
Friture
Mayonnaise (Nr. 88)

Gerät:
Friturepfanne/Friteuse

3. In Mehl wenden und – immer 2–3 Stücke auf einmal –
   während 4–5 Minuten vorbacken; herausnehmen.
4. Frituretemperatur auf 220° erhöhen.
5. Die Fischtranchen goldgelb backen.

Varianten:
Fischstücke würzen und in verklopftem Ei wenden. – Fischstücke würzen und panieren (S. 19). Backen wie oben.

183

Portionen: 4–5

Zutaten:
1 Karpfen à 1,5 kg,
pfannenfertig
2 Rüebli
3 Zwiebeln
2 Stengel von Stangen-
sellerie
100 g Butter
½ l guter, nicht zu herber
französischer Rotwein
Salz
Pfeffer aus der Mühle

Gerät:
Bräter mit Deckel
Bratpfanne, klein
Sieb
Kasserolle, klein
Schneebesen

Karpfen (Carpe), rot

Zubereitung:
1. Backofen auf 220° vorheizen. Gemüse rüsten, waschen und
   fein schneiden. Den Boden des Bräters mit 25 g Butter ausstreichen. Karpfen innen und aussen mit Salz und Pfeffer
   würzen.
2. In der Bratpfanne 25 g Butter erhitzen; Gemüse zugeben;
   10 Minuten auf schwacher Flamme dünsten; auf dem Boden des Bräters verteilen; Fisch darauflegen. Die restliche
   Butter in kleine Würfel schneiden und kalt stellen.
3. Den Rotwein und 2 dl Wasser in die Kasserolle geben und
   auf dem Herd bis zum Siedepunkt erhitzen; in den Bräter
   giessen, zudecken, in den Backofen stellen.
4. Nach 40 Minuten den Fisch herausnehmen und warm stellen. Pochierflüssigkeit durch das Sieb in die Kasserolle
   passieren; auf lebhafter Flamme auf die Hälfte des Volumens reduzieren.
5. Abseits vom Feuer die kalte Butter stückchenweise einschlagen; mit Salz und Pfeffer abschmecken; über den
   Karpfen anrichten.

Bemerkungen:
Wer eine stark gebundene Sauce wünscht, nimmt anstelle der Butter Mehlbutter (Nr. 63) in der Schlussphase.

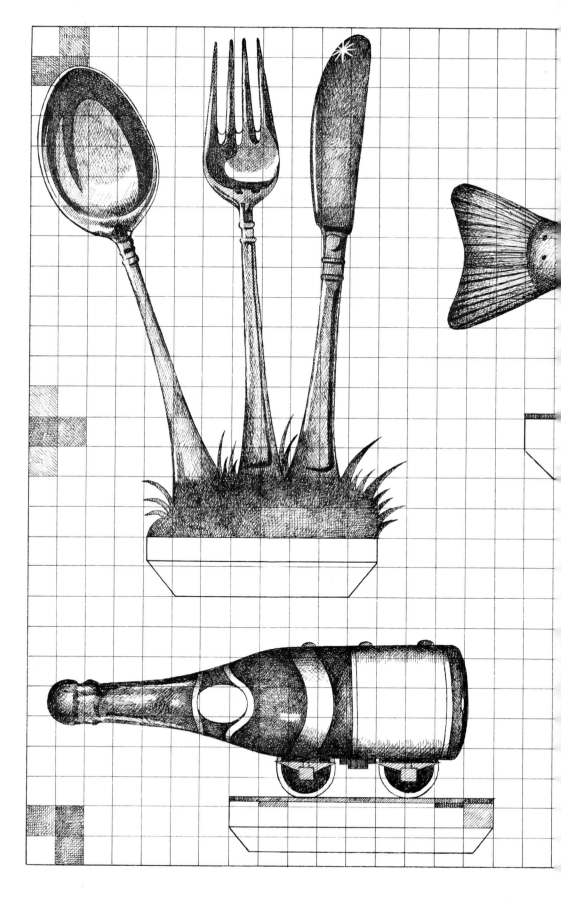

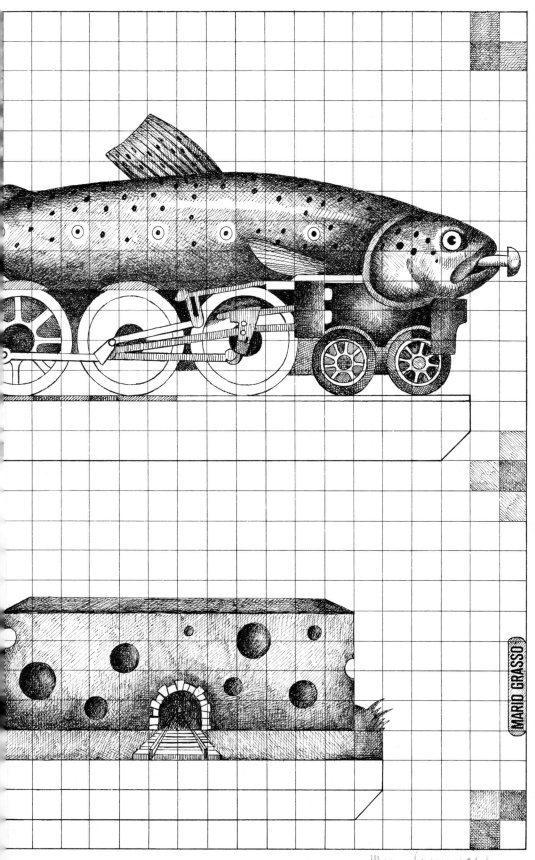

MARIO GRASSO

Mario Grasso 1981

184

Portionen: 10–12
(als Vorspeise)

Zutaten:
1 ganzer Lachs, ca. 2 kg
schwer
Court-bouillon (Nr. 67)
Eiersauce (Nr. 85) oder
Tartaresauce (Nr. 88b) oder
Mayonnaise (Nr. 88)
Garnitur:
halbierte gefüllte Oliven,
Radieschenscheiben,
Krevetten
Beilagen:
z.B. Russische Eier
(Nr. 154), mit Italieni-
schem Salat (Nr. 132) ge-
füllte Artischockenböden
oder kleine Tomaten

Lachs (Salm), kalt

Zubereitung:
1. Den Fisch am Vortag nach Nr. 186 45–50 Minuten pochieren und im Sud vollständig auskühlen lassen.
2. Ganz oder teilweise enthäuten; z.B. auf einem Kressebett
anrichten; nach Belieben mit Mayonnaise (Nr. 88) überziehen oder auch nur garnieren.
3. Beilagen um den Fisch arrangieren; Sauce separat servieren.

Bemerkungen:
Die beschriebene Variante eignet sich als festliches Entrée oder zu einem
kalten Buffet. – Man kann auch Reste von pochiertem Lachs (ohne Haut und
Gräten) auf Salatblättern anrichten und mit der Sauce nappieren.

Lachs à la bâloise (Siehe Nr. 9)

185

Portionen: 4

Zutaten:
4 Tranchen Lachs à 200 g
50 g Butter oder Butterfett
Salz
Beurre maître d'hôtel
(Nr. 62)
1 Zitrone

Gerät:
Bratpfanne, gross
ferner:
Küchenpapier

Lachskoteletten, gebraten

Zubereitung:
1. Butter in der Bratpfanne heiss werden lassen; Temperatur
reduzieren.
2. Lachstranchen beidseitig mit Papier trockentupfen; salzen;
in der heissen Butter auf jeder Seite 4–5 Minuten braten.
Garprobe: Die Mittelgräte soll sich vom Fleisch lösen; das
Lachsfleisch sollte in der Mitte nur noch blassrosa sein (mit
spitzem Messer prüfen!).
3. Mit Beurre maître d'hôtel und Zitronenvierteln anrichten.

186

Portionen: 5–6

Zutaten:
1,5 kg frischer Lachs,
pfannenfertig
Zum Sud:
  ½ l Weisswein
  250 g Zwiebeln
  30 g Peterliwurzeln
  (oder Peterlistiele)
  25 g Salz
  ½ Lorbeerblatt
  1 Zweiglein Thymian
  5 g weisse Pfefferkörner
Sauce:
  z. B. Hollandaise (Nr. 79)
  oder Sauce mousseline
  (Nr. 79a) oder Süssbuttersauce (Nr. 76) oder
  Braune Butter (Nr. 61)
  oder Kapernsauce
  (Nr. 76a)

Gerät:
Fischkessel oder grosse
Bratkasserolle mit Deckel

Lachs (Salm), pochiert

Zubereitung:
1. Court-bouillon nach Nr. 67 zubereiten; erkalten lassen.
2. Die Court-bouillon in den Fischkessel geben; Lachs hineinlegen; wenn nötig noch etwas kaltes Wasser zugeben,
   damit der Fisch gut mit Flüssigkeit bedeckt ist.
3. Langsam zum Kochen bringen; bevor die Court-bouillon
   zu sprudeln beginnt, Hitze reduzieren, Pfanne zudecken
   und (vom Siedepunkt gerechnet) 30–35 Minuten ziehen
   lassen.

Variante:
Pro Person 1 fingerdicke Tranche Lachs in die siedende Court-
bouillon (Nr. 67) legen; zudecken und – ohne dass die Flüssigkeit zum Sprudeln kommt – 8–10 Minuten ziehen lassen.

187

Portionen: 6 (als Vorspeise),
3 (als Hauptgang)

Zutaten:
6 Lachsschnitzel à 140 g
2 EL Öl
Salz
Weisser Pfeffer aus der
Mühle
Süssbuttersauce (Nr. 76)
oder (noch besser) Weiss-
weinsauce (Nr. 77)
2 EL fein geschnittener
Schnittlauch (fakultativ)

Gerät:
Grosses Backblech
Pinsel

Lachsschnitzel, gebraten

Zubereitung:
1. Backofen auf 250° vorheizen (Oberhitze).
2. Backblech mit Öl bepinseln; mit Salz und Pfeffer bestreu-
   en.
3. Lachsschnitzel auf das Blech legen; mit Salz und Pfeffer
   bestreuen.
4. Im Backofen 4–5 Minuten braten, dabei einmal sorgfältig
   wenden.
5. Schnittlauch in die heisse Sauce einrühren; Sauce separat
   anrichten.

Bemerkungen:
Die Lachsschnitzel beim Fischhändler vorbestellen. Aus dem Lachsfilet werden quer 1 cm dicke Scheiben geschnitten.

188

Portionen: 3–4

Zutaten:
1 Lachsforelle à 1,2 kg,
pfannenfertig
Zum Sud:
  ½ l Weisswein
  250 g Zwiebeln
  30 g Peterliwurzeln
  (oder Peterlistiele)
  25 g Salz
  ½ Lorbeerblatt
  1 Zweiglein Thymian,
  5 g weisse Pfefferkörner
Sauce:
  z.B. Weissweinsauce
  (Nr. 77) oder Weissweinsauce mit feingehacktem
  frischem Estragon oder
  Hollandaise (Nr. 79) oder
  Sauce mousseline
  (Nr. 79a)

Gerät:
Fischkessel oder grosse
Bratkasserolle mit Deckel

Lachsforelle (Truite saumonée)

Zubereitung:
1. Court-bouillon nach Nr. 67 zubereiten; abkühlen lassen.
2. Court-bouillon in den Fischkessel geben; die Lachsforelle hineinlegen, sie sollte mit Flüssigkeit bedeckt sein; allenfalls etwas Wasser dazugeben.
3. Langsam zum Kochen bringen; nach dem ersten Aufwallen Hitze sofort reduzieren, Pfanne zudecken; Forelle in 25–30 Minuten gar ziehen lassen.
4. Unterdessen die Sauce zubereiten.

Variante:
Statt Lachsforelle eine Seeforelle nehmen.

189

Portionen: 3–4

Zutaten:
1 Zander à 1 kg,
pfannenfertig
1 Zitrone, Saft

Zander (Sandat, Sandre), gebraten

Zubereitung:
1. Backofen auf 220° vorheizen.
2. Zander auf jeder Seite quer 3–4 mal einschneiden; innen und aussen salzen und pfeffern und mit Zitronensaft beträufeln.
3. Speckscheiben auf den Boden des Bräters legen; die Gemüse darüberstreuen; Zander darauflegen; den Fisch mit Butterflöckli belegen.

1 Zwiebel, fein geschnitten
1 Rüebli, fein gewürfelt
50 g Butter
100 g Speck in dünnen
Tranchen
1 dl trockener Weisswein
1 EL Weissweinessig
Salz
Weisser Pfeffer aus der
Mühle

Gerät:
Bratkasserolle oder
Backblech
Sieb

4. Im Ofen 25–30 Minuten lang braten; gelegentlich mit dem Bratenfond begiessen; nach 15 Minuten Bratenfond zuerst mit Essig, dann (löffelweise) mit dem Wein ergänzen.
5. Zander auf einer vorgewärmten Platte anrichten; den Fond durch das Sieb darüberpassieren.

Variante:
Zanderfilets
Pro Person ein 200 g schweres Filet würzen und in der Bratpfanne auf dem Herd auf jeder Seite in Butterfett 4–5 Minuten braten. Herausnehmen; das Fett abgiessen; etwas Butter zugeben; heiss werden lassen; gehackten Peterli einschwenken; über den Filets anrichten.

190

Portionen: 3–4

Zutaten:
1 Zander à 1,2 kg,
pfannenfertig
Zum Sud:
   ½ l Weisswein
   250 g Zwiebeln
   30 g Peterliwurzeln
   (oder -stiele)
   25 g Salz
   ½ Lorbeerblatt
   1 Zweiglein Thymian
   5 g weisse Pfefferkörner
Hollandaise (Nr. 79) oder
Sauce mousseline (Nr. 79a)
oder eine andere feine Sauce

Gerät:
Fischkessel oder grosse Kasserolle mit Deckel

Zander (Sandat, Sandre), pochiert

Zubereitung:
Wie Lachsforelle (Nr. 188); 25–30 Minuten ziehen lassen.

191

Portionen: 2

Zutaten:
2 Schleien à 200–250 g,
pfannenfertig
Zum Sud:
  2½ l Wasser
  ½ dl Weinessig
  2 Rüebli (gescheibelt)
  2 Zwiebeln (gescheibelt)
  4 Peterlistiele
  1 Zweiglein Thymian
  1 kleines Lorbeerblatt
  20 g Salz
Sauce:
  z.B. flüssige Butter oder
  Weissweinsauce (Nr. 77)
  oder Kapernsauce
  (Nr. 76a) oder Hollan-
  daise (Nr. 79) mit feingehacktem Dill

Gerät:
Fischkessel oder grosse
Bratkasserolle mit Deckel

Schleie (Tanche), pochiert

Zubereitung:
1. Den Sud, im Fischkessel zugedeckt, 20 Minuten köcherlen.
2. Schleien in den kochenden Sud geben; wieder zum Kochen
   bringen, Hitze reduzieren; zugedeckt unter dem Siedpunkt
   12–15 Minuten ziehen lassen.
3. Auf einer Serviette anrichten; Sauce separat servieren.

192

Portionen: 5

Zutaten:
1,2 kg Kabeljau
2 EL Weissweinessig
2 Zitronen
Salz
Sauce:
    z.B. Braune Butter
    (Nr. 61) oder Kräuter-
    (Nr. 76c) oder Süssbutter-
    (Nr. 76) oder Kapern-
    sauce (Nr. 76a)

Gerät:
Fischkessel oder grosse
Bratkasserolle mit Deckel

Kabeljau (Cabillaud, Morue fraîche), im Sud

Zubereitung:
1. Fisch in kaltem, mit Essig gesäuertem und leicht gesalzenem Wasser langsam zum Kochen bringen.
2. Flamme reduzieren; knapp unter dem Siedepunkt in 25 Minuten gar ziehen lassen.
3. Auf einer Serviette anrichten; mit Zitronenvierteln umgeben; Sauce separat servieren.

Bemerkungen:
Gleiche Zubereitung für Dorsch und Schellfisch.

Variante:
Cabillaud à la bâloise
Siehe Nr. 9 (Lachs à la bâloise)

193

Portionen: 4

Zutaten:
4 Makrelen à 250 g,
pfannenfertig
3 EL Olivenöl
½ Zitrone, Saft
Salz
Weisser Pfeffer aus der
Mühle
Beilage:
    80 g flüssig gemachte, mit
    dem Saft einer Zitrone
    aromatisierte Butter oder
    Kräuterbutter (Nr. 62).

Gerät:
Grill oder Grillpfanne
Platte zum Marinieren der
Fische
Pinsel

Makrelen (Maquereaux), grilliert

Zubereitung:
1. Die Haut der Fische auf jeder Seite zwei- bis dreimal einschneiden; Fische innen und aussen mit Salz und Pfeffer würzen.
2. Fische in die Platte legen, mit Zitronensaft und dem Olivenöl übergiessen; mindestens 20 Minuten ziehen lassen.
3. Grill vorheizen; Fische auf den Grill legen; auf jeder Seite 7–8 Minuten grillieren; dabei gelegentlich mit der Marinade bepinseln.

Bemerkungen:
Auf die gleiche Art können andere Fische grilliert werden, z.B. Rouget (Rotbarbe), Sole (Seezunge).

194

Portionen: 2

Zutaten:
2 mittelgrosse Merlans,
pfannenfertig
2 dl Milch
2 EL Weissmehl
Salz
Weisser Pfeffer aus der
Mühle
1 Zitrone
Kräuterbutter (Nr. 62)
3 EL Butterfett
1 Büschel gebackener
Peterli (Nr. 354), fakultativ

Gerät:
Bratpfanne

Merlan (Wittling)

Zubereitung:
1. 1 TL Salz in die Milch einrühren.
2. Die Fische durch die Milch ziehen; im Mehl drehen; gut abklopfen, damit nur eine dünne Schicht Mehl haften bleibt.
3. Butterfett heiss werden lassen; die Fische halbschwimmend in 4–5 Minuten backen.
4. Mit Zitronenvierteln, Kräuterbutter und gebackenem Peterli anrichten.

195

Portionen: 3–4

Zutaten:
1 kg Raie
1 dl Weissweinessig
1 Zwiebel
1 Lorbeerblatt
1 EL Kapern, fein
1 EL Peterli, gehackt
1 EL Salz
1 Zitrone, Saft
Beurre noisette (Nr. 61) von
120 g Butter

Gerät:
Fischkessel oder grosse
Kasserolle
Stielpfännchen
ferner:
1 Serviette

Raie (Rochen) an brauner Butter

Zubereitung:
1. 2–3 l Wasser, Salz, Essig, Lorbeerblatt und Zwiebel mit dem Raie aufs Feuer setzen; langsam bis vors Kochen bringen; 20 Minuten unter dem Siedepunkt ziehen lassen.
2. Fisch herausnehmen, abtropfen lassen, Haut abziehen; in die Serviette einschlagen.
3. Braune Butter zubereiten (Nr. 61).
4. Raie auf einer Platte anrichten; mit Zitronensaft beträufeln; Kapern und Peterli darüberstreuen; die braune Butter darübergiessen und sofort servieren.

196

Portionen: 4 (als Vorspeise)

Zutaten:
4 Rougets à 150 g
1 Zitrone
Salz
Weisser Pfeffer aus der
Mühle
1 dl Olivenöl
3 EL Weissmehl
Kräuterbutter (Nr. 62)

Gerät:
Grill oder Grillpfanne
Pinsel

Rouget (Rotbarbe), grilliert

Zubereitung:
1. Rougets mit Salz und Pfeffer würzen, im Mehl wenden, das überflüssige Mehl abschütteln, ins Olivenöl tauchen.
2. Auf den heissen Grill legen; auf jeder Seite 3–4 Minuten grillieren, dabei mehrfach mit Öl bestreichen.
3. Mit Zitronenvierteln anrichten; Kräuterbutter separat servieren.

197

Portionen: 2

Zutaten:
4 grosse Solefilets
2 EL trockener Weisswein
2 EL trockener Sherry
½ dl Fischfond (Nr. 68)
50 g Butter
10 frische Estragonblätter,
grob geschnitten
Salz
Weisser Pfeffer aus der
Mühle
½ Zitrone, Saft
1 Schalotte, fein geschnitten
1 dl Rahm

Gerät:
Niedere Kasserolle (in der
die Filets nebeneinander
Platz haben) mit passendem
Deckel
Stielpfännchen
Sieb, klein
Schneebesen

Solefilets an Buttersauce

Zubereitung:
1. Solefilets mit Zitronensaft beträufeln; mit Salz und Pfeffer würzen.
2. Schalotte in der grossen Kasserolle in 30 g Butter anschwitzen lassen, ohne dass sie Farbe annehmen; mit Wein, Sherry und Fond ablöschen; aufkochen.
3. Fischfilets nebeneinander hineinlegen; Kasserolle zudekken; ohne zu kochen, auf kleinster Flamme 5–6 Minuten ziehen lassen.
4. Filets herausnehmen, warm stellen; Fond durch das Sieb in die kleine Kasserolle passieren.
5. Fond auf lebhaftem Feuer bis auf 2 EL Volumen einkochen; Rahm zugeben und bis zu sirupartiger Konsistenz einkochen.
6. Abseits vom Feuer mit dem Schneebesen die restliche Butter in die Sauce schlagen; Estragon einrühren; nicht mehr kochen.
7. Fischfilets in der heissen Sauce anrichten.

198

Portionen: 2

Zutaten:
1 grosser Sole, pfannenfertig
3 Schalotten, fein gehackt
60 g Butter
2 EL Peterli, fein gehackt
1 Zitrone, Saft
1 dl trockener Weisswein
125 g Champignons de Paris, grob gehackt
25 g Paniermehl
Salz
Weisser Pfeffer aus der Mühle

Gerät:
Gratinform in der Grösse des Fisches
Bratpfanne

Sole (Seezunge) au gratin

Zubereitung:
1. Backofen auf 200° vorheizen; Gatinform mit etwas Butter ausstreichen und in den Backofen stellen.
2. 20 g Butter in der Bratpfanne erhitzen; Schalotten hineingeben und einige Minuten dämpfen, ohne dass sie Farbe annehmen.
3. Weisswein in die Bratpfanne zu den Schalotten giessen; aufkochen.
4. Die heisse Gratinform aus dem Backofen nehmen; den Inhalt der Bratpfanne hineingeben; den mit Salz und Pfeffer gewürzten Fisch hineinlegen und mit Zitronensaft beträufeln.
5. Champignons und Peterli über den Fisch verteilen; Paniermehl darüberstreuen; die restliche Butter in Flöckli darauflegen.
6. 10–15 Minuten in den Backofen stellen; falls die Oberfläche des Soles zu wenig knusprig geworden ist, kurz unter den heissen Grill schieben.

199

Portionen: 4

Zutaten:
2 grosse Soles, filetiert
Gräte und Abschnitte der Fische
3 Schalotten, gehackt
70 g Butter
½ dl trockener Weisswein
100 g Champignons de Paris
2 Zweiglein Peterli
30 g Sardellenfilets
½ Zitrone, Saft
1 dl Rahm
Salz
Weisser Pfeffer aus der Mühle

Gerät:
Niedere, breite Kasserolle mit Deckel
Bratpfanne, klein

Solefilets, gefüllt

Zubereitung:
1. Fischfond zubereiten: in der Kasserolle 1 gehackte Schalotte in etwas Butter andämpfen, ohne dass sie Farbe annimmt; mit 2 dl Wasser und dem Weisswein ablöschen; die Stiele der Champignons und die Peterlistiele (ohne das Kraut), Fischgräte und -abschnitte zugeben; zugedeckt ½ Stunde köcherlen.
2. Fülle zubereiten: Die Spitzen der Solefilets abschneiden; mit dem Wiegemesser fein wiegen; Sardellenfilets ebenfalls fein wiegen; beides mischen. In der Bratpfanne die restlichen Schalotten in 25 g Butter weich dämpfen, ohne dass sie Farbe annehmen. Champignonköpfe und Peterlikraut fein wiegen; zu den Schalotten geben; mit Zitronensaft beträufeln; mit Salz und Pfeffer würzen; so lange dämpfen, bis alle Flüssigkeit verdampft ist; abkühlen lassen.
3. Fischfilets auf einer Seite salzen und pfeffern; auf der anderen Seite mit Fülle bestreichen; so einrollen, dass die Fülle nach innen kommt; einzeln in Butterbrotpapier einpakken.
4. Fischfond sieben; die Fischpäckchen nebeneinander in die Kasserolle legen: die acht Päckchen sollen dicht gedrängt den Boden völlig ausfüllen.
5. Den heissen Fischfond über die Päckchen giessen; auf dem Feuer bis knapp vor den Siedepunkt erhitzen; zugedeckt am Siedepunkt 7–8 Minuten ziehen lassen.

Wiegemesser
Sieb
Schneebesen
ferner:
Butterbrotpapier

6. Fischpäckchen herausnehmen und warm stellen; Fond auf lebhaftem Feuer bis auf das Volumen von 3 EL einkochen; Rahm zugeben und zu sirupartiger Konsistenz einkochen.
7. Abseits vom Feuer mit dem Schneebesen 30 g Butter in die Sauce einschlagen; nicht mehr kochen.
8. Fischröllchen auspacken; mit der Sauce übergossen anrichten.

200

Portionen: 3

Zutaten:
6 grosse Solefilets
4 Schalotten, fein gehackt
25 g Butter
1 Zitrone, Saft
2 dl trockener Weisswein
Salz
Weisser Pfeffer aus der Mühle
Weissweinsauce (Nr. 77)

Gerät:
Flache Kasserolle mit Deckel

Sole (Seezunge) au vin blanc

Zubereitung:
1. Den Boden der Kasserolle mit der Butter ausstreichen; Schalotten auf dem Boden verteilen.
2. Solefilets beidseitig mit Zitronensaft beträufeln; mit Salz und Pfeffer würzen; einmal quer falten und in die Kasserolle legen; Wein dazugeben.
3. Bis zum Siedepunkt erhitzen; zudecken und 5–6 Minuten ziehen lassen.
4. Filets herausnehmen und warm stellen; mit dem Fond die Weissweinsauce herstellen.
5. Solefilets mit der Sauce anrichten.

201

Portionen: 3

Zutaten:
6 grosse Solefilets
1 EL Milch
2 Eier
150 g Paniermehl
Salz
Weisser Pfeffer aus der Mühle
Butterfett
2 Zitronen

Gerät:
2 Bratpfannen

Solefilets, gebacken

Zubereitung:
1. Die Eier mit der Milch in einem Suppenteller mit einer Gabel kurz durchschlagen.
2. Solefilets mit Salz und Pfeffer würzen, panieren: durch das Ei ziehen und im Paniermehl wenden.
3. Butterfett in den Bratpfannen heiss werden lassen; die Filets (nebeneinander) auf jeder Seite ca. 3 Minuten halb schwimmend backen.
4. Mit Zitronenvierteln anrichten.

202

Portionen: 5–6

Zutaten:
1,5 kg Stör, gehäutet
100 g Spickspeck in dünnen
Tranchen
1 Zitrone, Saft
1 Zwiebel
1 Rüebli
1 kleines Lorbeerblatt
1–2 EL Butterfett
2 dl Bouillon
Salz
Weisser Pfeffer aus der
Mühle

Gerät:
Bräter oder flache Gratinform
ferner:
Küchenschnur

Stör (Esturgeon), gebraten

Zubereitung:
1. Backofen auf 200° vorheizen.
2. Fisch mit Zitronensaft beträufeln; salzen und pfeffern; in
   die Specktranchen einwickeln; zusammenbinden.
3. Butterfett im Kochgeschirr heiss werden lassen; Fisch,
   Zwiebel, Rüebli, Lorbeerblatt hineingeben; ungedeckt in
   den Backofen stellen.
4. 45 Minuten braten; dabei gelegentlich begiessen; den Fond
   löffelweise mit der Bouillon verlängern.

203

Portionen: 4

Zutaten:
4 Tranchen Steinbutt à
350 g
1½ dl Milch
1 Zitrone, Saft
2 l Wasser
20 g Salz
Hollandaise (Nr. 79)

Gerät:
Fischkessel
ferner:
Serviette

Turbot (Steinbutt), pochiert

Zubereitung:
1. Den Sud aus Wasser, Milch, Zitronensaft und Salz zum
   Kochen bringen.
2. Die Fischtranchen nebeneinander auf den Einsatz des
   Fischkessels legen; den Einsatz in den siedenden Sud ab-
   senken; 20 Minuten pochieren, ohne dass der Sud richtig
   zum Kochen kommt.
3. Die Tranchen herausnehmen, abtropfen und auf der Serviette anrichten. Sauce getrennt servieren.

Variante:
Heilbutt (Flétan), pochiert
Zubereitung in Tranchen wie Steinbutt.

204

Portionen: 2

Zutaten:
24 Froschschenkel
50 g Butter
Salz
Weisser Pfeffer aus der
Mühle
1 EL Peterli, fein gehackt
½ Zitrone, Saft

Gerät:
Bratpfanne

Froschschenkel, sautiert

Zubereitung:
1. Butter in der Bratpfanne erhitzen.
2. Froschschenkel hineingeben; 4–5 Minuten unter beständigem Wenden sautieren; salzen und pfeffern.
3. Mit Zitronensaft beträufelt und mit Peterli bestreut anrichten.

205

Portionen: 3

Zutaten:
24 Froschschenkel
30 g Butter
1 Schalotte, fein gehackt
½ Knoblauchzinken, fein
gehackt
1 dl trockener Weisswein
Mehlbutter (Nr. 63)
2–3 EL Rahm
Salz
Weisser Pfeffer aus der
Mühle

Gerät:
Bratpfanne

Froschschenkel au vin blanc

Zubereitung:
1. Die Hälfte der Butter in der Bratpfanne erhitzen; Schalotte hineingeben; weich dünsten.
2. Restliche Butter zugeben und heiss werden lassen; Froschschenkel und Knoblauch dazugeben; mit Salz und Pfeffer würzen; 4 Minuten sautieren, ohne dass Fleisch und Gemüse Farbe annehmen.
3. Froschschenkel herausnehmen und warm stellen; Weisswein in die Bratpfanne geben; auf starker Flamme etwas einkochen lassen.
4. Pfanne vom Feuer ziehen; Mehlbutter in Stückchen einrühren, bis die Sauce gebunden ist. Rahm einrühren; abschmecken.
5. Froschschenkel in der Sauce erhitzen (nicht kochen!).

206

Portionen: 3

Zutaten:
24 Froschschenkel
Zur Marinade:
  1 Zitrone, Saft
  2 EL Olivenöl
  1 Knoblauchzinken,
  zerdrückt (fakultativ)
  Salz
Ausbackteig mit Wein
(Nr. 95)
Zur Garnitur:
  Gebackener Peterli
  (Nr. 354)
Friture

Gerät:
Friteuse/Friturepfanne
ferner:
Küchenpapier

Froschschenkel, gebacken

Zubereitung:
1. Alle Zutaten zur Marinade in einer flachen Platte mischen;
   Froschschenkel hineingeben; 30 Minuten marinieren, dabei gelegentlich mit der Marinade übergiessen.
2. Friture auf 170° erhitzen.
3. Froschschenkel mit Papier trockentupfen; durch den Ausbackteig ziehen; sofort ausbacken. Backzeit: 3–4 Minuten
4. Mit gebackenem Peterli garnieren.

Variante:
Panierte Froschschenkel
Die marinierten Froschschenkel trockentupfen, dünn mit
Mehl bestäuben; zuerst durch verklopftes Ei ziehen, dann in
Paniermehl wälzen. Ausbacken.

207

Portionen: 3

Zutaten:
24 lebende Flusskrebse
50 g Zwiebeln, fein gehackt
50 g Schalotten, fein
gehackt
50 g Rüebli, geschabt und
fein gehackt
50 g Knollensellerie,
geschält und fein gehackt
1 kleines Lorbeerblatt
1 kleines Zweiglein
Thymian
1 l erstklassiger trockener
Weisswein
Salz
16 Pfefferkörner

Gerät:
Kasserolle, gross mit Deckel
Sieb

Flusskrebse, gekocht

Zubereitung:
1. Gemüse und Gewürze in der Kasserolle mit dem Wein ungedeckt bis auf die Hälfte des Volumens einkochen.
2. Die (lebenden) Krebse in die kräftig sprudelnde Court-bouillon geben; zugedeckt 10–12 Minuten kochen.
3. Krebse in einer tiefen Schüssel anrichten; die Court-bouillon darübersieben (die Gemüse gut ausdrücken); sofort servieren.

208

Zutaten:
1 Languste à 1,2 kg (siehe unten «Bemerkungen»)
1 dl Gallerte (Instant)
2 schwarze Trüffeln
100 g Kressesalat
Zur Garnitur:
  Russische Eier (Nr. 154), mit Italienischem Salat (Nr. 132) gefüllte Artischockenböden oder Tomaten, etc.
Mayonnaise (Nr. 88)

Gerät:
Kuchengitter
Pinsel

Languste, kalt

Zubereitung:
1. Das Gallertepulver mit Weisswein nach Angabe auf der Packung auflösen.
2. Den ausgelösten Langustenschwanz in gut $1/2$ cm dicke Medaillons schneiden. Die Medaillons auf das Gitter legen, je mit einer dünnen Scheibe Trüffel belegen und mit der (erkalteten) Gallerte bepinseln.
3. Die Kresse auf einer ovalen Platte verteilen; den Langustenkörper in die Mitte setzen; mit Tomaten, Eiern und Artischockenböden umgeben.
4. Die Medaillons in einer Reihe schuppenartig auf Rücken und Schwanz der Languste anordnen. – Mayonnaise separat servieren.

Bemerkungen:
Die Languste beim Traiteur gekocht vorbestellen, wobei darauf hinzuweisen ist, dass die Languste kalt serviert (sie soll im Sud erkalten) und mit dem Körper des Tiers angerichtet wird; er wird dann Sorge tragen, dass der Panzer beim Auslösen des Schwanzfleisches nicht zerbricht.

209

Portionen: 5

Zutaten:
1 Büchse Schnecken à
60 Stück
60 Schneckenhäuschen
125 g Sardellenfilets, sehr
fein gehackt
100 g Champignons, sehr
fein gehackt
10 Schalotten, sehr fein
gehackt
3 EL Peterli, gehackt
250 g Butter
1 Schwöbli, sehr fein
gehackt
2 dl Madeira
2 EL Schneckenfond
(aus der Büchse)
3 EL Braune Sauce (Nr. 71)
4–5 EL Paniermehl
Salz
Schwarzer Pfeffer aus der
Mühle

Gerät:
5 Schneckenpfännchen
Bratpfanne

Schnecken

Zubereitung:
1. 150 g Butter heiss werden lassen; die Schalotten darin auf
   kleiner Flamme weich dämpfen.
2. Sardellenfilets und Champignons zugeben und 2–3 Minuten dämpfen; Peterli zugeben und eine weitere Minute
   dämpfen.
3. Schwöbli, braune Sauce, Madeira zugeben und unter ständigem Rühren zu einer dicklichen Masse einkochen; mit
   Salz und Pfeffer würzen.
4. Wenn die Fülle kalt geworden ist, in jedes Schneckenhäuschen etwas Fülle, eine Schnecke und wieder etwas Fülle
   geben.
5. Jedes Schneckenhäuschen mit etwas Butter verschliessen
   und mit wenig Paniermehl bestreuen.
6. Im Backofen (180°) erhitzen, aber keinesfalls zum Kochen
   bringen (6–7 Minuten).

Bemerkungen:
Schnecken in Büchsen mit den dazugehörigen Häuschen sind in Traiteurge-
schäften erhältlich. – Das Sammeln von frei lebenden Schnecken ist in einzelnen Kantonen verboten!

Fleisch, Geflügel und Wildbret

210

Portionen: 1

Zutaten:
1 Ziegenleber (ca. 200 g)
1 EL Weisswein
Salz
Pfeffer aus der Mühle
1 EL ausgelassene Butter
1 kleines Stückchen frische
Butter

Gerät:
Bratpfanne

Geschnetzelte Gitzileber

Zubereitung:
1. Leber von Hand in Blättchen schneiden.
2. Bratpfanne (leer) heiss werden lassen; ausgelassene Butter hineingeben und heiss werden lassen; Leber dazugeben; unter beständigem Wenden braten, bis die Blättchen an keiner Stelle mehr roh sind.
3. Wein dazugeben; mit Salz und Pfeffer würzen.
4. Abseits vom Feuer die frische Butter einrühren und sofort anrichten.

Bemerkungen:
Die Leber darf auf keinen Fall zu lang auf dem Feuer bleiben, da sie sonst trocken und hart wird; erst zum Schluss würzen!

Varianten:
Statt Weisswein Marsala oder Madeira oder Weinessig nehmen.

211

Portionen: 4–5

Zutaten:
1 kg Gitzifleisch vom
Vorderviertel, in Würfel
geschnitten
Zum Sud:
  ½ Lorbeerblatt
  1 kleine Zwiebel mit 2
  Gewürznelken besteckt
  1 Rüebli, geschabt
Senf
Weissmehl zum Panieren
Paniermehl
2 Eier
Öl zum Fritieren
Salz

Gerät:
Kasserolle, gross
Siebkelle
Friturepfanne/Friteuse
Pinsel
ferner:
Küchenpapier

Gebackenes Gitzi

Zubereitung:
1. Fleisch und Sudgarnitur in die Kasserolle geben; mit kochendem Wasser bedecken; leicht salzen; 1 Stunde leicht köcherln.
2. Fleisch herausnehmen; abtropfen; abkühlen lassen.
3. Friture auf 170° erhitzen.
4. Fleischstücke mit Senf bepinseln; panieren: zuerst im Mehl, dann im verklopften Ei, dann im Paniermehl wenden; nebeneinander zum Fritieren bereitlegen.
5. 3–5 Minuten (je nach Grösse der Fleischwürfel) fritieren.
6. Mit Küchenpapier abtupfen; anrichten.

212

Portionen: 3–4

Zutaten:
1,2 kg Gitzi vom Hinterteil
2 EL Butterfett oder Olivenöl
2 Zwiebeln, grob gehackt
2 Rüebli, geschabt und
gewürfelt
1 Zweiglein frischer
Rosmarin
Salz
Pfeffer aus der Mühle
2 dl heisse Bouillon
½ TL Kartoffelmehl (fakultativ)
3 EL Weisswein oder Sherry
oder Noilly Prat (fakultativ)
3 EL Rahm oder Jus de vi-
ande (fakultativ)

Gerät:
Bratblech mit Gittereinsatz

Gebratenes Gitzi

Zubereitung:
1. Backofen auf 250° vorheizen.
2. Gemüse und Kräuter auf das Bratblech geben; Gitter einsetzen; in den Backofen stellen.
3. Fleisch mit Salz und Pfeffer einreiben; wenn die Backofentemperatur 250° erreicht hat, das Fleisch auf das Bratblech-
   gitter legen und mit Öl bzw. dem flüssiggemachten Butterfett übergiessen.
4. Wenn Fleisch und Gemüse Farbe angenommen haben, die
   Ofentemperatur auf 200° reduzieren, von Zeit zu Zeit löffelweise Bouillon zugeben; das Fleisch gelegentlich begiessen. Bratzeit: 70 Minuten.
5. Bratenfond entfetten; nach Wunsch mit etwas in wenig
   Weisswein, Sherry oder Noilly Prat aufgelöstem Kartoffelmehl binden; mit Rahm oder Jus (Nr. 65) verlängern.

213

Portionen: 4

Zutaten:
1 kg Kalbsbraten
(Nierstück, Laffe, Nuss)
5 Kalbsknochen
40 g Butterfett
1 Zwiebel, mit 1 Gewürz-
nelke besteckt
1 Lorbeerblatt
1 Rüebli
1 dl trockener Weisswein
Salz
Pfeffer aus der Mühle

Gerät:
Bratkasserolle

Kalbsbraten

Zubereitung:
1. Backofen auf 220° vorheizen.
2. Fleisch mit Salz und Pfeffer einreiben.
3. Auf dem Herd das Butterfett in der Kasserolle erhitzen;
   Fleisch hineingeben und bei kräftiger Hitze auf allen Seiten
   anbraten; Knochen, Gemüse und Lorbeer dazugeben; in
   den Backofen stellen; alle 10 Minuten mit dem Bratenfond
   in der Kasserolle begiessen.
4. Nach 20 Minuten Backofentemperatur auf 180° reduzieren; Wein dazugiessen.
5. Unter gelegentlichem Begiessen schön weich braten; wenn
   nötig etwas heisses Wasser zugeben: die Bratengarnitur soll
   nicht anbrennen und es muss immer genügend Flüssigkeit
   zum Begiessen vorhanden sein. Bratzeit total: 75 Minuten.
6. Fleisch tranchieren; mit dem Bratensaft übergiessen.

Bemerkungen:
Wer ein Fleischthermometer benützt, steckt es nach dem Anbraten in das
Fleisch. Der Braten ist fertig, wenn das Thermometer 75° anzeigt. – Wer gerne
mehr Sauce wünscht, gibt zuletzt einige EL Jus de viande (Nr. 65) in den
Bratenfond; nach Wunsch mit etwas Mehlbutter (Nr. 63) binden.

214

Portionen: 6

Zutaten:
1½ kg Kalbsnierstück mit
1 Kalbsniere,
vom Metzger eingerollt und
zusammengebunden
5 Kalbsknochen
1 Zwiebel, mit 1 Gewürz-
nelke besteckt
1 Lorbeerblatt
1 kleines Rüebli
50 g Butterfett
3–4 dl Bouillon
Salz
Pfeffer aus der Mühle

Gerät:
Bratkasserolle oder Bräter

Kalbsnierenbraten

Zubereitung:
Siehe Nr. 213; Bratzeit: 75–90 Minuten

Bemerkungen:
Der Bratenfond kann mit etwas Wein oder Bouillon verlängert, mit etwas Jus de viande (Nr. 65) oder Liebigs Fleischextrakt und 1–2 EL Crème double bereichert, mit 1 TL mit kaltem Wasser angerührtem Kartoffelmehl gebunden und durch Einrühren (ganz zuletzt, neben dem Feuer) von 10 g frischer Butter verfeinert werden.

215

Portionen: 5

Zutaten:
3 Pfund Kalbscarré
1 TL Weissmehl
50 g Butterfett
1 Rüebli
1 Zwiebel
1 Peterliwurzel
¼ Zitrone
3 dl Bouillon oder 2½ dl
Bouillon und ½ dl Wein
1 EL mittelscharfer Senf
1 dl Rahm
Salz
Schwarzer Pfeffer aus der
Mühle

Gerät:
Bräter
Pinsel

Kalbscarré

Zubereitung:
1. Backofen auf 220° vorheizen; Bräter mit 25 g Butterfett hineinstellen.
2. Kalbsbraten mit dem restlichen Butterfett einstreichen; mit Salz und Pfeffer würzen; mit etwas Mehl bestäuben; in den heissen Bräter legen (Knochen nach unten); Bratengarnitur und Zitrone dazulegen.
3. Wenn das Gemüse Farbe angenommen hat, Bouillon und Wein dazugiessen; unter gelegentlichem Begiessen braten.
4. Nach 1½ Stunden den Braten mit dem Senf einstreichen; mit dem Rahm übergiessen; weitere 30 Minuten unter fleissigem Begiessen braten.

Variante:
Das Carré vor dem Braten vom Metzger spicken lassen.

Bemerkungen:
Das Tranchieren ist weniger schwierig, als es zunächst scheint: Wenn der Rückenkamm entfernt ist (was der Metzger auf Verlangen gerne besorgen wird), kann zwischen den Rippenknochen durchgeschnitten werden: Wir erhalten einzelne Kalbskoteletts. Andernfalls schneiden wir (wie beim Schweinsklavier) dem Strählknochen und – ohne neu anzusetzen – den Rippenknochen entlang. Das Fleisch in Tranchen schneiden und auf dem Knochen wieder zusammensetzen.

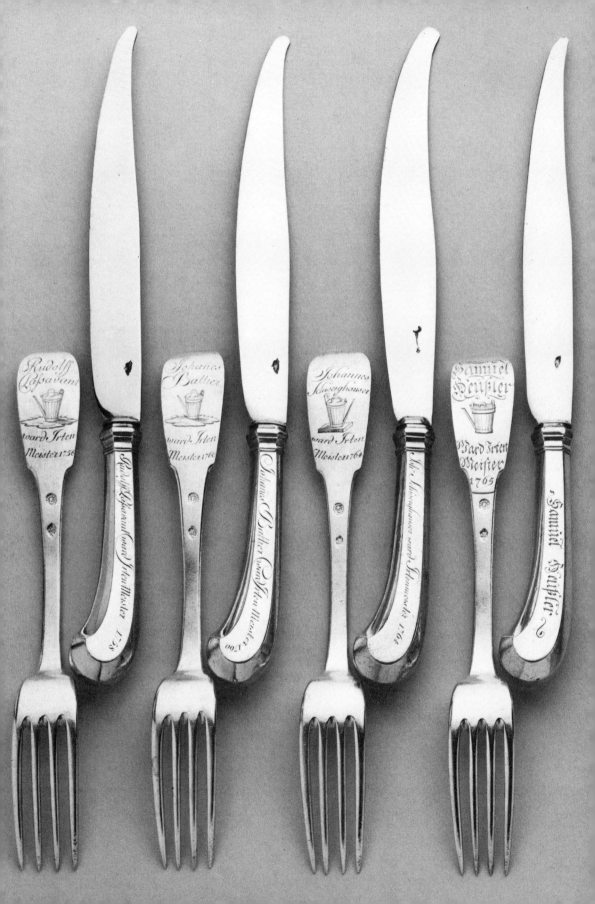

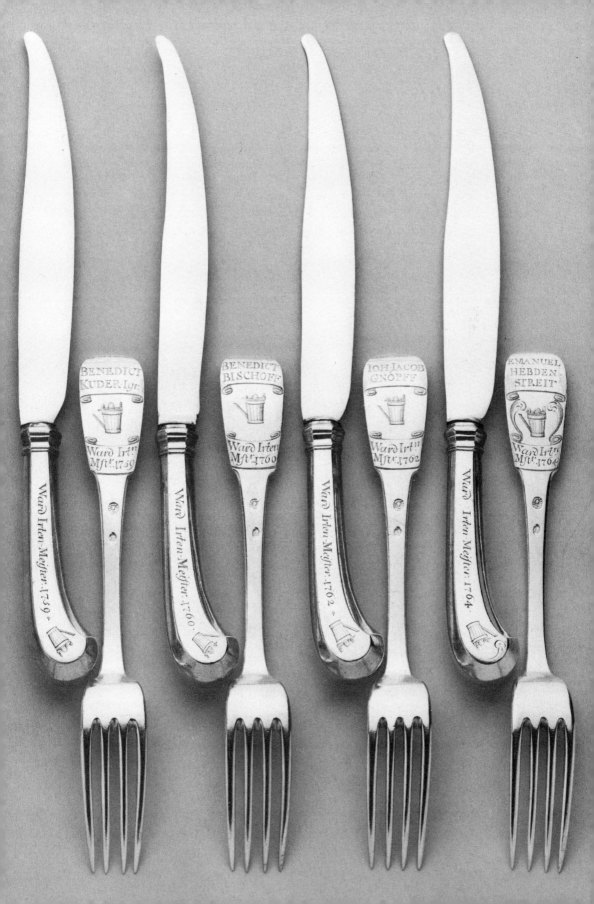

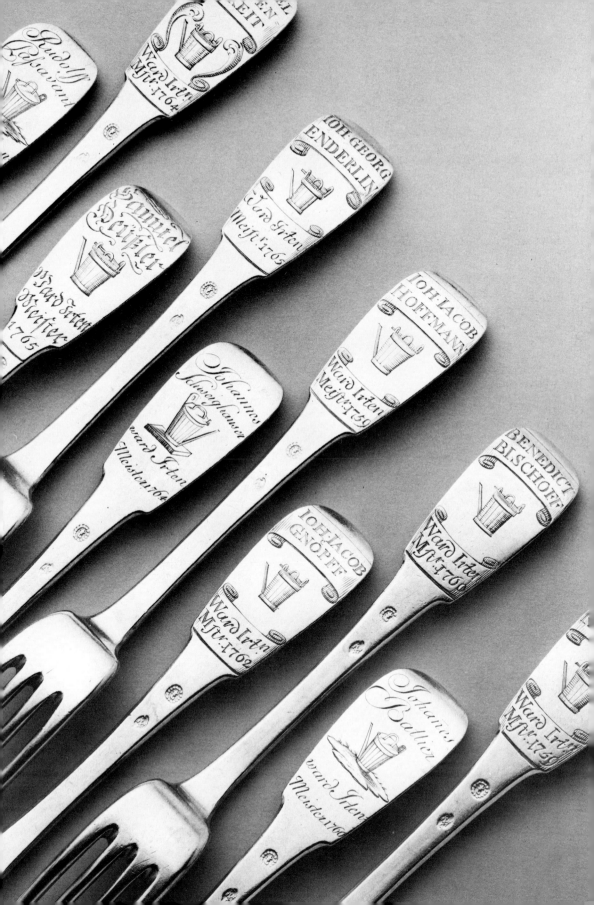

216

Portionen: 4

Zutaten:
800 g – 1 kg Kalbsbraten
(Unterstück, Bueg)
30 g Spickspeck, in Riem-
chen geschnitten
1–2 Gewürzgurken, der
Länge nach in Riemchen
geschnitten
5 Sardellenfilets, der Länge
nach halbiert
Salz
Pfeffer aus der Mühle
20 g Butterfett
1 Schalotte, fein gehackt
½ dl trockener Weisswein
1 dl saurer Rahm

Gerät:
Bratkasserolle mit Deckel
Spicknadel

Polnischer Kalbsbraten

Zubereitung:
1. Das Fleisch mit den Speck-, Gurken- und Sardellenstreifen spicken; mit Salz und Pfeffer einreiben.
2. Butterfett in der Kasserolle erhitzen; das Fleisch hineinge- ben; auf allen Seiten bei lebhafter Flamme gut anbraten.
3. Schalotte dazugeben und anziehen lassen; Hitze reduzie- ren.
4. Mit dem Wein ablöschen; sofort zudecken.
5. Auf kleinem Feuer schmoren; dabei den Braten ein- bis zweimal wenden.
6. Nach 60 Minuten den Rahm dazugeben; unter gelegentli- chem Begiessen des Bratens weitere 20–30 Minuten in der zugedeckten Kasserolle schmoren.

217

Portionen: 4

Zutaten:
600 g Kalbslummel (Filet),
vom breiten, dicken Teil
1 Stück Speckschwarte
½ Zitrone, Saft
50 g eingesottene Butter
Salz
Pfeffer aus der Mühle

Gerät:
Bräter
ferner:
Alu-Folie

Kalbslummel

Zubereitung:
1. Backofen auf 250° vorheizen
2. Das Filet mit Salz und Pfeffer einreiben.
3. Die Butter mit der Speckschwarte in den Bräter geben, in den Backofen stellen und heiss werden lassen.
4. Das Filet in den Bräter legen und darin wenden, bis es von allen Seiten eingebuttert ist.
5. Sofort auf die Uhr schauen: Das Fleisch muss genau 21 Mi- nuten im Ofen bleiben; nach 5 Minuten begiessen, nach 10 Minuten wenden, nach 15 Minuten ein zweites Mal be- giessen.
6. Fleisch herausnehmen, mit Folie zudecken und 10 Minu- ten durchziehen lassen.
7. Das Filet in Tranchen schneiden, auf eine Platte anrichten, wenig Salz und etwas Pfeffer darüberstreuen, mit etwas Zitronensaft beträufeln.
8. Sofort servieren.

Bemerkungen:
Brät man das ganze, ca. 800 g schwere Filet, so wird das dünnere Ende stärker durchgebraten und etwas trockener werden. Faustregel für die Bratzeit: pro 100 g 3½ Minuten im Backofen, die Ruhepause – sie ist ein Teil des Gar- prozesses und daher unumgänglich – dauert unverändert 10 Minuten.

218

Portionen: 4

Zutaten:
1 kg Kalbsnuss, gespickt
40 g Butterfett
1 Tranche Spickspeck
2 Zwiebeln, geschnitten
2 Rüebli, grob geschnitten
2 Peterliwurzeln, grob
geschnitten
je 1 Zweiglein Thymian und
Rosmarin
2 Gewürznelken
1 Schnitz Zitrone
1 dl Jus de viande (Nr. 65)
oder Bouillon
1 dl Rahm, süss oder sauer
Salz
Pfeffer aus der Mühle

Gerät:
Bratkasserolle mit Deckel

Fricandeau

Zubereitung:
1. Backofen auf 190° vorheizen.
2. Fett in der Kasserolle heiss werden lassen; Gemüse und Zitrone kurz andünsten.
3. Fleisch mit Salz und Pfeffer einreiben.
4. Die Specktranche auf das angedünstete Gemüse legen, darauf das Fleisch; am Rand sorgfältig Jus oder Bouillon einlaufen lassen; zudecken.
5. Im Ofen unter gelegentlichem Begiessen langsam 1½ Stunden schmoren.
6. Rahm dazugeben und ohne Deckel unter häufigem Begiessen in 30 Minuten fertigschmoren.

219

Portionen: 4

Zutaten:
1 Kalbshinterhaxe
(ca. 1½ kg)
1 EL Weissmehl
je ½ KL Salz, Pfeffer,
Paprika
1½ dl Weisswein und 1½ dl
Wasser, gemischt
50 g Butterfett
50 g geräucherter Speck
2 Zwiebeln, geschält und
geviertelt

Gerät:
Bratkasserolle, gross

Kalbshaxe

Zubereitung:
1. Die Haxe mit einer Mischung aus Mehl, Salz, Pfeffer und Paprika einreiben.
2. Den Backofen auf 220° vorheizen.
3. Die Kasserolle aufs Feuer stellen, den Speck beidseitig hellbraun rösten.
4. Das Fett zugeben und – wenn es heiss ist – die Kalbshaxe darin allseitig gut anbraten.
5. Die Zwiebeln zugeben und wenig später mit einem Drittel der Wein/Wasser-Mischung ablöschen; in den Backofen stellen.
6. 1½ bis 1¾ Stunden unter gelegentlichem Begiessen und Wenden braten; dabei von Zeit zu Zeit etwas von der Wein/Wasser-Mischung beigeben, damit die Zwiebeln nicht anbrennen. Die Kalbshaxe ist gar, wenn sich das Fleisch leicht vom Knochen löst.

Bemerkungen:
Das Fleisch lässt sich bequem würzen, wenn man zuerst das Mehl und die Gewürze in einen Plastikbeutel gibt, kurz schüttelt, die Haxe dazugibt und einige Male kräftig schüttelt.

Falscher Salm (Veau saumoné)
(Siehe Nr. 10)

Kalbsbrust (Siehe Nr. 11)

220

Portionen: 2

Zutaten:
2 Kalbskoteletten,
je 2 cm dick
2 EL Öl oder Butterfett
Kräuterbutter (Nr. 62)
Salz
Pfeffer aus der Mühle

Gerät:
Bratpfanne

Kalbskoteletten

Zubereitung:
1. Öl bzw. Butterfett in der Bratpfanne erhitzen.
2. Koteletten mit Salz und Pfeffer würzen; auf jeder Seite bei starker Hitze je 2 Minuten anbraten.
3. Hitze reduzieren; auf jeder Seite weitere 3 Minuten braten.
4. Mit Kräuterbutter anrichten.

Bemerkungen:
Auf keinen Fall mit einer Gabel ins Fleisch stechen! Zum Wenden ein Schäufelchen verwenden. – Hat man besonders dicke Koteletten oder besonders viele Mitesser, so brät man das Fleisch in der Pfanne an und gart es im Backofen bei 220° fertig (je nach Dicke 5–15 Minuten).

221

Portionen: 4

Zutaten:
4 Kalbskoteletten à ca. 200 g
1 Ei
5 EL Paniermehl
2 KL Weissmehl
Salz
Pfeffer aus der Mühle
Friture

Gerät:
Friturepfanne/Friteuse

Panierte Kalbskoteletten

Zubereitung:
1. Öl auf 160° erhitzen.
2. Fleisch mit Salz und Pfeffer würzen; mit Mehl bestäuben.
3. In einem Suppenteller das Ei mit einer Gabel verklopfen; Paniermehl in einem zweiten Teller bereitstellen.
4. Koteletten nacheinander panieren: zuerst im Ei, dann im Paniermehl wenden; Paniermehl mit der Hand gut andrükken.
5. 5–6 Minuten – je nach Dicke – fritieren.

Variante:
Kalbskoteletten aux fines herbes
Die Koteletten vor dem Panieren mit feingehackten Kräutern – Majoran, Thymian, Peterli – bestreuen.

222

Portionen: 3–4

Zutaten:
750 g Kalbfleisch (Brust,
Schulter, Laffe), in Ragoutstücke geschnitten
2 EL Butterfett
20 g Weissmehl
5 dl Bouillon
1 dl trockener Weisswein
1 Lorbeerblatt
1 Zwiebel, mit 2 Gewürz-
nelken besteckt
1 kleines Rüebli
Salz
Pfeffer aus der Mühle
2 EL Rahm (fakultativ)

Gerät:
Bratkasserolle mit Deckel
Siebkelle

Kalbsragout

Zubereitung:
1. Butter in der Bratkasserolle heiss werden lassen; Fleisch
   dazugeben und bei starker Hitze rundherum anbraten: die
   Poren sollen sich schnell schliessen, das Fleisch soll Farbe
   annehmen; mit Pfeffer und wenig Salz würzen.
2. Mehl darüberstäuben; mit dem Fleisch vermengen, so dass
   sich das Mehl überall an die Fleischwürfel anhängt.
3. Hitze reduzieren; Bouillon und Wein zugeben; gut durchrühren.
4. Lorbeer, Zwiebel und Rüebli zugeben; zugedeckt ganz leise
   in ca. 75 Minuten weich köcherlen.
5. Fleisch mit der Siebkelle aus der Sauce herausheben und
   warm stellen.
6. Sauce auf lebhaftem Feuer zu sämiger Konsistenz einkochen; Rahm einrühren.
7. Fleisch in der Sauce heiss werden lassen; anrichten.

Variante:
Nach 65 Minuten Kochzeit 100–200 g Champignons de Paris,
gewaschen und halbiert, zum Fleisch geben.

223

Portionen: 4–5

Zutaten:
1 kg Kalbsbrust ohne Bein,
in 4 × 10 cm grosse Stücke
geschnitten
50 g Butter
2 EL Peterli, fein gehackt
2–3 EL Zwiebeln, fein
gehackt
1 Zitrone
1–2 Gewürznelken
Salz
Pfeffer aus der Mühle

Gerät:
Bratkasserolle oder
Pyrexform, klein mit Deckel

Eingekochtes Kalbfleisch

Zubereitung:
1. Backofen auf 170° vorheizen.
2. Den Boden des Kochgeschirrs mit Butter bestreichen;
   Fleisch mit Salz und Pfeffer würzen.
3. Fleisch, Zwiebeln/Peterli, Butterflöckli lagenweise einfüllen; zuoberst die Nelken auf die in Scheiben geschnittene
   Zitrone legen.
4. Hermetisch verschliessen; im Ofen in 75–90 Minuten sehr
   weich dämpfen.

Weissgekochtes Kalbfleisch (Blanquette de veau) (siehe Nr. 13)

Kalbfleischvögel Siehe Nr. 12)

224

Portionen: 4

Zutaten:
4 Kalbsschnitzel à 150 g
Salz
Pfeffer
30 g Butter

Gerät:
Bratpfanne

Kalbsschnitzel

Zubereitung:
1. Butter in der Pfanne heiss werden lassen.
2. Schnitzel beidseitig mit Salz und Pfeffer würzen.
3. Bei mittelstarker Hitze je Seite 2 bis 3 Minuten braten.
4. Sofort servieren.

Bemerkungen:
Es ist wichtig, dass die Schnitzel in der Pfanne nebeneinander Platz haben; evtl. zwei Pfannen nehmen.

Varianten:
a) Die Schnitzel nur schwach würzen, nach dem Braten herausnehmen, die Butter bis auf einen dünnen Film abgiessen. Die Pfanne wieder aufs Feuer setzen, 1 dl Flüssigkeit (Weisswein und Bouillon zu gleichen Teilen) zugeben, den Bratensatz aufkratzen, die Schnitzel hineingeben und zugedeckt ½ Stunde leise köcherln. Nach Belieben etwas Rahm zugeben.

b) mit Champignons
100 g frische, gewaschene und fein geschnittene Champignons de Paris mit etwas Butter auf lebhaftem Feuer sautieren. Die Schnitzel nach Variante a zubereiten, die Champignons zuletzt beigeben, aufkochen und anrichten.

c) Rahmschnitzel
Das Fleisch nach dem Würzen mit etwas Mehl bestäuben, auf beiden Seiten bei lebhaftem Feuer anbraten, mit 1 dl Rahm ablöschen und zugedeckt 10–15 Minuten weich dämpfen. Abschmecken, nach Belieben eine Messerspitze Liebigs Fleischextrakt einrühren.

d) Holsteiner Schnitzel
Auf die nach dem Grundrezept zubereiteten Schnitzel je ein Spiegelei legen, mit Sardellenstreifen und einigen Kapern garnieren.

225

Portionen: 2–4

Zutaten:
4 Kalbsplätzli, à ca. 120 g
1 EL Weissmehl
1 Ei
4 EL Paniermehl
6–8 EL Öl
Salz
Pfeffer aus der Mühle
2 Zitronen

Gerät:
Bratpfanne

Wienerschnitzel

Zubereitung:
1. Plätzli am Rand vier- bis fünfmal ¹/₂ cm tief einschneiden, damit sie sich beim Braten nicht zusammenziehen; salzen, pfeffern, beidseitig mit Mehl bestäuben.
2. Plätzli panieren: zuerst im Ei, dann in Paniermehl wenden; Paniermehl mit trockenen Händen gut andrücken.
3. In der Bratpfanne Öl erhitzen; Schnitzel auf beiden Seiten bei guter Hitze in je 2 bis 3 Minuten knusprig braten.
4. Sofort mit Zitronenvierteln garniert anrichten.

Bemerkungen:
Das Öl darf nicht so heiss werden, dass das Paniermehl verbrennt, bevor die Schnitzel gar sind. – Wienerschnitzel werden ohne Sauce serviert, damit die Panade knusprig bleibt. – Als Beilage eignet sich sehr gut Kartoffelsalat. – Man kann Wienerschnitzel in der Friture schwimmend backen: 3–4 Minuten bei 180°.

226

Portionen: 2

Zutaten:
350 g zartes Kalbfleisch, von Hand in dünne Blättchen oder schmale Riemchen geschnitten
1 EL Schalotten, fein gehackt
1 KL Peterli, sehr fein gehackt
¹/₂ dl Weisswein
10–20 g Beurre manié (Nr. 63)
1 dl Rahm

Geschnetzeltes Kalbfleisch

Zubereitung:
1. Bratpfanne (leer) auf dem Herd heiss werden lassen; 10 g Butter und Öl hineingeben und heiss werden lassen; das Fleisch mit Salz und Pfeffer bestreuen; 3–4 Minuten scharf anbraten; herausnehmen.
2. Hitze reduzieren, 10 g Butter in die Pfanne geben, die Schalotten glasig dämpfen, aber nicht braun werden lassen.
3. Wein, Rahm, Glace (bzw. Fleischextrakt oder Bouillonwürfel), Peterli zugeben; 3–4 Minuten kochen lassen.
4. Mit etwas Beurre manié binden, abschmecken; Fleisch dazugeben, erwärmen, aber nicht mehr kochen.

Bemerkungen:
Soll das Gericht für mehr als 2 Personen zubereitet werden, muss das Anbraten des Fleisches in Etappen vor sich gehen: bei starker Hitze und mit einer Pfanne, in der das Fleisch nicht übereinander zu liegen kommt; das Fleisch soll ange*braten* werden, und es muss daher verhindert werden, dass es Wasser zieht.

1 EL Glace de viande
(Nr. 66), etwas Liebigs
Fleischextrakt oder
Bouillonwürfel
20 g Butter
1 EL Öl
Salz
Weisser Pfeffer aus der
Mühle

Gerät:
Bratpfanne

Varianten:

a) mit Champignons
Dem fertigen Gericht werden sautierte Champignons
(Nr. 328) beigefügt.

b) mit Kalbsniere
Statt 350 g Kalbfleisch nimmt man nur die Hälfte und eben-
soviel nicht zu dünn geschnetzelte Kalbsniere.

227

Kalbsfüsse

Portionen: 2

Zutaten:
2 Kalbsfüsse, vom Metzger
längs halbiert
$1/2$ Zitrone, Saft
Zum Sud:
  $1/2$ l trockener Weisswein
  $1/2$ l Wasser
  1 Zwiebel, mit 3 Gewürznelken besteckt
  1 Rüebli, in Scheiben
  geschnitten
  5 Pfefferkörner
  1 Lorbeerblatt
  1 Knoblauchzinken
  Einige Peterlistiele
  (ohne Kraut)
Sauce:
  Vinaigrette (Nr. 89) oder
  Madeirasauce (Nr. 73a)
  oder Kräutersauce
  (Nr. 76c)

Gerät:
Kasserolle, mittelgross mit
Deckel

Zubereitung:
1. Kalbsfüsse mit Zitronensaft einreiben; alle Zutaten zum
   Sud in der Kasserolle aufkochen.
2. Die Füsse im Sud zugedeckt weich kochen (ca. $2^1/2$ Stunden): das Fleisch soll sich von den Knochen lösen.
3. Knochen auslösen; Fleisch in Vorlegestückchen schneiden
   und mit der Sauce anrichten.

Bemerkungen:
Statt im Sud können die Füsse auch in Gerstensuppe (Nr. 112) gekocht werden.

Varianten:
a) Panierte Kalbsfüsse
Die nach dem Grundrezept weichgekochten, ausgebeinten
und in Stücke geschnittenen Füsse kalt werden lassen; in Salz,
Pfeffer und einem Glas Weinessig $1/2$ Stunde marinieren; panieren (S. 19); in der Friture bei 180° 2–3 Minuten backen.

b) Kalbsfüsse im Backteig
Die nach dem Grundrezept weichgekochten, ausgebeinten
und in Stücke geschnittenen Füsse kalt werden lassen; in Ausbackteig (Nr. 95) tauchen und 3–4 Minuten bei 180° fritieren.

Gefülltes Kalbsherz (Siehe Nr. 14)

228

Portionen: 4

Zutaten:
750 g Kalbsherz (ohne
Röhren, ausgewaschen)
30 g ausgelassene Butter
2 Schalotten, fein gehackt
1 EL Weissmehl
10 g Kochbutter
1 dl Bouillon (Instant)
1 TL Zitronensaft
1 kleine Gewürzgurke, fein
gehackt (fakultativ)
1 EL Peterli, fein gehackt
Salz
Pfeffer aus der Mühle

Gerät:
Bratkasserolle
Siebkelle
Schneebesen

Geschnetzeltes Kalbsherz

Zubereitung:
1. Herz in dünne Blättchen schneiden.
2. Etwas ausgelassene Butter in der Kasserolle erhitzen; Schalotten zugeben und bei mittlerer Hitze andünsten.
3. Restliche ausgelassene Butter dazugeben; Hitze erhöhen; Herz unter beständigem Wenden wie Leber kurz braten.
4. Herz herausnehmen, abtropfen und warm stellen.
5. Kochbutter in die Kasserolle geben und erhitzen; Mehl zugeben; kurz dämpfen.
6. Bouillon zugiessen; die Sauce mit dem Schneebesen glatt schlagen; 10 Minuten köcherln.
7. Sauce mit Salz und Pfeffer würzen; Gewürzgurke zugeben.
8. Herz in die Sauce geben und erwärmen (nicht kochen!). Zitronensaft und Peterli zugeben; abschmecken und sofort servieren.

229

Gerät:
Schüssel, klein
Kasserolle, klein

Kalbshirn, Basisrezept

Zubereitung:
1. Hirn mindestens 60 Minuten in kaltes Wasser legen.
2. Unter fliessendem Wasser die äussere Haut vom Hirn abziehen.
3. Alles Blut wegspülen; Knöchelchen entfernen.
4. 30 Minuten in kaltes Wasser legen.
5. 4 dl Wasser mit etwas Salz zum Kochen bringen; Saft einer Zitrone zugeben; Hirn hineingeben und pochieren. Pochierzeit je nach Weiterverarbeitung: 5–20 Minuten.

Weiterverarbeitung vgl. Nr. 3, 107k, 114, 143, 230, 231.

230

Portionen: 2–4

Zutaten:
2 Kalbshirne
1 Zitrone, Saft
60 g Butter
Salz
Pfeffer aus der Mühle

Gerät:
Kasserolle, mittelgross
Schwere Stielkasserolle
Siebkelle

Kalbshirn an Sauce

Zubereitung:
1. Hirne nach Nr. 229 wässern, häuten und 20 Minuten pochieren.
2. Aus Butter und 1 EL Zitronensaft nach Nr. 61 Beurre noisette herstellen.
3. Hirne abtropfen lassen; auf vorgewärmte Platte anrichten; mit der Butter übergiessen; mit wenig Salz und Pfeffer bestreuen.

Varianten:
a) Statt mit brauner Butter an einer beliebigen feinen Sauce servieren.

b) Hirn au gratin
Süssbuttersauce (Nr. 76, Pt. 1–3) langsam einkochen, bis sie dickflüssig ist. Gratinform mit etwas Butter bepinseln. Hirne nach Nr. 229 wässern, häuten und 15 Minuten pochieren; abtropfen lassen; in die Gratinform legen; mit Sauce übergiessen, mit fein gehacktem Peterli und zuletzt etwas Paniermehl bestreuen, mit Butterflöckli belegen und im heissen Backofen (Oberhitze) schnell gratinieren.

231

Portionen: 3

Zutaten:
1–2 Kalbshirne
1 EL Weissmehl
2 kleine Eier
3 EL Paniermehl
Salz
Pfeffer aus der Mühle
50 g Kochbutter

Gerät:
Kasserolle, mittelgross
Bratpfanne, gross
Siebkelle

Paniertes Kalbshirn

Zubereitung:
1. Hirne nach Nr. 229 wässern, häuten und 15 Minuten pochieren; abtropfen und erkalten lassen.
2. Sorgfältig längs in 1 cm dicke Tranchen schneiden.
3. Eine Tranche nach der andern panieren (S. 19).
4. Butter in der Bratpfanne erhitzen; die panierten Hirntranchen beidseitig schön braun braten.

Prospect von dem
VUE DE LA SALE C

MESSIEURS LES ÉTRANGERS
font avertis, que Mon.S. Im-Hof, aux trois Rois
à Bâle, tient Table reglée à 20.30.40.50 Sols etc. De-
forte que chaque Étranger peut vivre suivant son
état. Il tient auffi Chevaux, Chaises et Caroffes à
prix reglé, pour la commodité des Voyageurs, et doñe
les chevaux pour la course des Postes au même prix
qu en Empire et en France.

Die Herren Reisenden seyn hier-
durch benachrichtiget, daß Herr Im-Hof zu den
drey Königen in Basel Tisch haltet zu 24.36.48.60
Kr. x. Damit Jederman nach Standes Gebühr und
Belieben Zehren kan. Er halt auch Kutsche Chaisen
u. Pferde, um gesetzten Preis zur Bequemlichkeit
der Reisenden.

Em. Büchel ad Naturam del. 1753.

Zu den drey Königen,
TE DES TROIS ROIS.

a. La Sale ouverte.
b. Un Jet d'eau.
c. Tour batie par les Romains.
d. Abord des Bateaux.
e. Tour du Pont du Rhin.
f. La Cathédrale.
g. Masures des Chateaux de Wartenberg.
h. Masures de Schauenbourg.
i. Couvent de St. Alban.
k. Porte de St. Alban.
l. Maison des Orphelins, ou ancien Couvent des Chartreux.
m. Eglise de St. Théodre.
n. Porte de Riehen.
o. Maison de ville, du petit Bâle.
p. Porte de St. Blaise.
q. Abbaye des Religieuses du Klingenthal.
r. Ethlinguë Vilage dans le Paix de marquisf. de Durlach.
s. Prevôté de Burklen dans le montagne Noir.
t. Château Ballival de Klibeck.
u. La Forteresse de Huningue.
w. La Redoute.
x. Glaciere de Huninge.
y. Porte de St. Jean.
z. Maison et Chapelle de l'Ordre de St. Jean de Jerusalem.

G. D. Heumann sculp. Nörimb. 1754.

232

Portionen: 4

Zutaten:
1 kg Kalbskopf
1 Zitrone, Saft
$^{1}/_{2}$ l Weisswein
Sudgarnitur:
  1 Zwiebel, mit 1 Gewürznelke besteckt
  1 Lorbeerblatt
  5 Pfefferkörner
  1 Rüebli
  1 Stück Lauch
  1 Stücklein Sellerie
  Salz
Sauce:
  z. B. Kapern- (Nr. 71a)
  oder Madeirasauce
  (Nr. 73a) oder Vinaigrette
  (Nr. 89)

Gerät:
Kasserolle, gross mit Deckel
Siebkelle

Kalbskopf

Zubereitung:
1. In der Pfanne 1$^{1}/_{2}$ l Wasser mit dem Wein, der Sudgarnitur und wenig Salz aufs Feuer setzen.
2. Das Fleisch mit Zitronensaft einreiben; in Stücke von 4 cm Länge schneiden.
3. Wenn der Sud kocht, das Fleisch hineingeben und in 2–2$^{1}/_{2}$ Stunden zugedeckt auf kleinem Feuer weich kochen.
4. Fleisch mit der Siebkelle herausnehmen; in Würfel schneiden; mit der Sauce anrichten.

Bemerkungen:
Zum Anrühren der Sauce nach Belieben vom Kalbskopfsud verwenden.

233

Portionen: 4

Zutaten:
4 gleichmässig dicke Tranchen Kalbsleber à 150 g
150 g in dünne Tranchen
geschnittener, geräucherter
Speck
Salz
Pfeffer aus der Mühle
1 TL Mehl
Kochbutter

Gerät:
Bratpfanne, gross
ferner:
Küchenpapier

Kalbsleber (Foie de veau à l'anglaise)

Zubereitung:
1. Specktranchen in möglichst wenig Butter glasig braten.
2. Die Lebertranchen mit Papier trockentupfen; pfeffern und leicht mit Mehl bestäuben.
3. Die Specktranchen aus der Pfanne nehmen und warm stellen.
4. Wenig Butter in der Bratpfanne erhitzen, die Lebertranchen schnell auf lebhaftem Feuer (je Seite 2–2$^{1}/_{2}$ Minuten) braten.
5. Salzen und mit den Speckscheiben belegt servieren.

Bemerkungen:
Leber immer erst ganz zum Schluss salzen, damit sie nicht hart wird und in der Pfanne Wasser zieht. – Ein klassisches à la minute-Gericht, das nicht auf den Gast warten soll, sondern sofort serviert werden muss.

234

Portionen: 5–6

Zutaten:
1 kg Kalbsleber, ohne Haut
und Röhren
2 EL Olivenöl
Salz
Schwarzer Pfeffer aus der
Mühle

Gerät:
Gratinform aus Gusseisen
in der Grösse der Leber
ferner:
Alu-Folie

Kalbsleber, gebraten

Zubereitung:
1. Backofen auf 230° vorheizen; Gratinform in den Backofen
   stellen.
2. Leber mit Salz und Pfeffer einreiben; in die heisse Form
   legen; mit dem Öl übergiessen; im Ofen 10 Minuten braten.
3. Backofentemperatur auf 150° reduzieren; Leber unter gelegentlichem Begiessen weitere 15 Minuten braten.
4. Backofen ausschalten; die Leber in der Gratinform mit
   Alu-Folie zudecken; bei geöffneter Backofentür im Backofen 15 Minuten durchziehen lassen.
5. Leber in dünne Tranchen schneiden; mit etwas Salz und
   Pfeffer bestreuen; sofort auftragen.

Variante:
Die rohe Leber mit 5–6 Spickspeckriemchen spicken, die man
zuvor in einer Mischung von Salz, Pfeffer und Piment gewendet hat.

Bemerkungen:
Mit einem saftigen Gemüse oder mit Kartoffelstock und Trüffelsauce servieren.

235

Portionen: 2

Zutaten:
300–400 g Kalbsleber
20 g ausgelassene Butter
1 EL Glace de viande
(Nr. 66) oder 3 EL Madeira
Salz
Pfeffer aus der Mühle
1 Stückchen frische Butter

Gerät:
Bratpfanne

Geschnetzelte Kalbsleber

Zubereitung:
1. Leber von Hand in Blättchen schneiden.
2. Bratpfanne (leer) auf dem Herd heiss werden lassen.
3. Die ausgelassene Butter hineingeben; heiss werden lassen;
   Leber unter beständigem Wenden kurz braten: die Blättchen sollen an keiner Stelle mehr roh sein.
4. Glace de viande oder Madeira zugeben; mit Salz und Pfeffer würzen.
5. Abseits vom Feuer die frische Butter einrühren und sofort
   anrichten.

Bemerkungen:
Die Leber darf auf keinen Fall lang auf dem Feuer bleiben, da sie dabei trocken
und hart wird; erst zum Schluss würzen. – Will man eine grössere Portion
zubereiten – etwa 600 g für 4 Personen –, so muss das Braten in zwei Portionen
vor sich gehen: die Butter würde durch die grosse Menge Leber zu stark
abgekühlt, die Leber würde Wasser ziehen und könnte nicht mehr anbraten,
was sowohl optisch wie vor allem geschmacklich negative Folgen hätte. – Die
Leber am besten zu Hause von Hand schnetzeln, da sie in geschnetzeltem
Zustand leicht Feuchtigkeit verliert (nass wird).

Variante:
Saure Kalbsleber (Suuri Läberli)
1–2 KL Weinessig und 1 TL sehr fein gehackten Peterli mit
der gebratenen Leber verrühren.

236

Portionen: 4

Zutaten:
375 g Kalbsleber,
ohne Haut und Röhren
1 KL Peterli, fein gehackt
20 g Weissmehl
1 Schalotte, sehr fein
gehackt
4 Eier
1½ dl saurer Rahm
20 g Butter
Salz
Pfeffer aus der Mühle
Madeira- (Nr. 73a) oder
Trüffelsauce (Nr. 72)

Gerät:
Bratpfanne, klein
2 Schüsseln, mittelgross
Puddingform, 1,5 l Inhalt
Wiegemesser
Schneebesen
Gummischaber
Kasserolle, gross mit Deckel
ferner:
Butterbrotpapier

Kalbsleber-Pudding

Zubereitung:
1. Schalotte in wenig Butter glasig dünsten. Puddingform dick mit Butter ausstreichen; Butterbrotpapier auf die Grösse des Puddingformbodens zuschneiden, beidseitig mit Butter bepinseln und in die Form legen.
2. Leber sehr fein hacken. In einer Schüssel mit dem Peterli, der Schalotte und dem Mehl mischen. Eigelb einzeln dazurühren, schliesslich den Rahm; mit Salz und Pfeffer würzen.
3. Eiweiss in der zweiten Schüssel zu steifem Schnee schlagen; mit dem Schaber sorgfältig unter die Masse ziehen.
4. Masse in die Puddingform füllen: sie darf höchstens zu ¾ gefüllt sein; mit dem Deckel verschliessen.
5. Puddingform in die Kasserolle stellen; so viel heisses Boilerwasser dazugiessen, dass die Form zur Hälfte im Wasser steht. Kasserolle zudecken.
6. Aufs Feuer setzen: Wassertemperatur während 60 Minuten am Siedepunkt halten; evtl. Wasser ergänzen.
7. Puddingform aus dem Wasserbad nehmen, Deckel abnehmen, Garprobe machen: mit einer Spick- oder metallenen Stricknadel in den Pudding stechen; sie muss nach dem Herausziehen ganz sauber sein, sonst muss der Pudding noch einmal für 10 Minuten zurück ins Wasserbad.
8. 5 Minuten ruhen lassen; sorgfältig auf eine Platte stürzen.
9. Mit der heissen Sauce anrichten.

237

Gerät:
Schüssel, klein
Kasserolle, klein
2 Holzbrettchen
Gewichtsteine (2 kg)

Milken, Basisrezept

Zubereitung:
1. Milken in die Schüssel geben; in kaltem Wasser mehrere Stunden (oder über Nacht) wässern; dabei das Wasser zwei- bis dreimal erneuern.
2. Milke in die Kasserolle geben; mit kaltem Wasser bedecken; leicht salzen; zum Kochen bringen; 5 Minuten köcherlen.
3. Milke herausnehmen und in die Schüssel geben; unter einem dünnen Kaltwasserstrahl völlig erkalten lassen.
4. Milke mit einem spitzen Messer säubern: Fett, Röhren, Knorpel entfernen; die dicke, zähe Haut abziehen.
5. Milke zwischen die Brettchen legen und beschweren; mindestens 1 Stunde ruhen lassen.
6. Weiterverarbeiten nach Rezept: siehe z. B. Nr. 2, 15, 138b, 238.

Milke, braisiert (Siehe Nr. 15)

238

Portionen: 2

Zutaten:
350 g Kalbsmilken
Salz
Süssbutter- (Nr. 76) oder
Trüffel- (Nr. 72) oder
Madeirasauce (Nr. 73a)
oder Glace de viande
(Nr. 66)

Gerät:
Kasserolle, klein

Milken-Ragout

Zubereitung:
1. Milken gemäss Basisrezept (Nr. 237) vorbereiten.
2. In der Kasserolle leicht gesalzenes Wasser zum Kochen bringen.
3. Milken hineingeben; auf schwachem Feuer 20 Minuten pochieren.
4. In Ragoutstückchen schneiden.
5. In der Sauce erhitzen (*nicht* kochen!).

Bemerkungen:
Lässt sich sehr hübsch in kleinen Töpfchen anrichten; als Garnitur für Vol-au-vent-Pastetchen geeignet.

239

Portionen: 2

Zutaten:
Kalbsniere, vom Metzger
aus dem Fett ausgelöst
20 g Butter
1 Schalotte, fein gehackt
1 EL Glace de viande
(Nr. 66) oder 2 EL Madeira
und etwas Mehlbutter
(Nr. 63)
Salz
Schwarzer Pfeffer aus der
Mühle

Gerät:
Schwere Kasserolle oder
Bratpfanne

Geschnetzelte Kalbsniere

Zubereitung:
1. Niere schnetzeln.
2. Schalotte in der heissen Butter weich dünsten; Hitze erhöhen, Nierli hineingeben; unter beständigem Wenden sehr kurz braten, bis sie nicht mehr blutig sind.
3. Kasserolle vom Feuer ziehen; Glace de viande (oder Madeira und Mehlbutter) einrühren; auf dem Feuer bis zum Siedepunkt erhitzen; nicht kochen!
4. Mit Salz und Pfeffer würzen; sofort servieren.

Varianten:
a) Saure Nierli
Zum Schluss 1 EL guten Essig und 1 EL fein gehackten Peterli einrühren.
b) Nierli an Senfsauce
Zum Schluss 1–2 KL guten Senf, 1 dl Rahm oder Crème double und etwas Liebigs Fleischextrakt einrühren.

240

Portionen: 2–3

Zutaten:
1 Kalbsniere im Fettmantel
1 EL Erdnussöl
½ dl Cognac oder
Armagnac
Salz
Schwarzer Pfeffer aus der
Mühle

Gerät:
Bratkasserolle, klein mit
Deckel

Gebratene Kalbsniere

Zubereitung:
1. Das Fett, das die Niere umgibt, bis auf eine 2 mm dicke Schicht wegschneiden; Niere mit Salz und Pfeffer einreiben.
2. Öl in der Kasserolle erhitzen; Niere hineingeben; Kasserolle zudecken; bei schwacher (!) Hitze 30 Minuten braten.
3. Niere herausnehmen; alles Fett aus der Kasserolle weggiessen; Cognac bzw. Armagnac in die Kasserolle geben; Niere hineinlegen.
4. Weitere 10 Minuten auf ganz kleinem Feuer ziehen lassen.
5. Kasserolle vom Feuer ziehen; Niere in der gedeckten Kasserolle 5 Minuten ruhen lassen.
6. Tranchieren und sofort servieren.

Bemerkungen:
Die gebratene Kalbsniere wird vielleicht erst beim 2. oder 3. Versuch perfekt gelingen. Es handelt sich hier um ein einfaches Rezept, dessen Gelingen allein von der richtigen Brattemperatur abhängig ist. Diese variiert je nach Stärke der Kochstelle, aber auch je nach Grösse und Material des Kochgeschirrs. Eigene Erfahrung ist alles: Wie könnte man schon die ideale Einstellung einer Herdplatte, einer Gasflamme in Worten wiedergeben! Ist die Hitze zu stark, so wird die Niere hart werden, ist sie zu schwach, so wird sie im Innern nicht rosa sondern rot sein. Ein Vorschlag: Beim ersten Versuch die Bratzeit eher etwas knapp bemessen; ist die Niere zu rot, dann werden die einzelnen Tranchen im Nu auf der heissen Serviceplatte 'anziehen', das heisst: von der Platte so viel Strahlungswärme empfangen, dass sie gerade richtig auf den Tisch kommen. Voraussetzung ist allerdings eine wirklich heisse Platte, aber ist dies nicht selbstverständlich? Übrigens: Glücklich, wer eine Fleischplatte aus Silber besitzt!

241

Portionen: 4

Zutaten:
5–6 Kalbsbratwürste, roh
(ungeschwellt)
Dünne Süssbuttersauce
(Nr. 76) ohne Eigelb

Gerät:
Stielkasserolle

Brätkügeli

Zubereitung:
1. Brät in haselnuss- bis nussgrossen Kügeli aus der Wursthaut in die leicht kochende Sauce drücken; 5–6 Minuten ziehen lassen.
2. Nach Wunsch ein mit etwas Rahm vermischtes Eigelb zum Binden in die Sauce einrühren; nicht mehr kochen.

Variante:
1 gestrichenen TL bis 1 gehäuften KL Currypulver in die Sauce rühren.

242

Kalbszunge

Portionen: 2–3

Zutaten:
1 frische Kalbszunge
Zum Sud:
  ³/₄ l Wasser
  ³/₄ l trockener Weisswein
  1 Zwiebel, geschält und
  mit 3 Gewürznelken be-
  steckt
  1 Rüebli
  1 Lorbeerblatt
  Einige Peterlistiele
  (ohne Kraut)
  ¹/₂ Zitrone, Saft
  5 Pfefferkörner
  1 TL Salz
Sauce:
  nach Belieben – mit dem
  Zungensud angerührt –
  Süssbutter- (Nr. 76),
  Weisse Kapern- (Nr. 76a),
  Braune Senf-Sauce
  (Nr. 71d), oder Kräuterbutter (Nr. 62)

Gerät:
Kasserolle, mittelgross mit
Deckel

Zubereitung:
1. Alle Zutaten zum Sud in der Kasserolle aufkochen.
2. Zunge in den Sud legen; aufkochen; zugedeckt ganz leise weich kochen (1¹/₄–1¹/₂ Stunden).
3. Zunge schälen, tranchieren, mit der Sauce anrichten.

Variante:
Gebratene Kalbszunge
Zunge wie oben beschrieben im Sud kochen, aber nach 60 Minuten herausnehmen und abkühlen lassen (was am Vortag geschehen kann, wobei man sie dann im Sud kalt werden lässt). Zunge schälen, nach Belieben mit Spickspeck spicken. Bratkasserolle mit geräuchertem Speck auslegen; Zunge darauflegen, mit geräuchertem Speck bedecken; Bratengarnitur (1 Zwiebel, 1 Rüebli, 1 Lorbeerblatt) dazugeben. Wenn Speck und Bratengarnitur Farbe angenommen haben, löffelweise abwechslungsweise Zungensud, Weisswein und Weissweinessig zugiessen; gelegentlich begiessen. Nach einer Stunde Zunge herausnehmen und warm stellen. Speck aus der Kasserolle entfernen; Fond mit etwas Zungensud oder Bouillon verlängern, aufkochen, sieben, abschmecken; nach Belieben mit etwas Mehlbutter (Nr. 63) binden. Zunge tranchieren und mit der Sauce übergossen anrichten.

243

Portionen: 3

Zutaten:
1 kg Kaninchenfleisch,
in Ragoutstücken
50 g geräucherter Speck,
in dünnen Tranchen
2 EL Butterfett
1½ dl trockener Weisswein
½ dl Wasser
½ dl Marsala
½ TL Thymianpulver
2 Salbeiblätter
1 Zweiglein Rosmarin
Salz
Pfeffer aus der Mühle

Gerät:
Bratkasserolle mit Deckel
Stielpfännchen
Sieb

Kaninchenragout

Zubereitung:
1. Backofen auf 250° vorheizen; Thymian, Salz und Pfeffer mischen und das Fleisch damit einreiben; Speck quer in Riemchen schneiden.
2. Auf dem Herd den Speck in der Kasserolle erhitzen; Fleisch hineingeben; Rosmarin und Salbei darauflegen.
3. Butterfett im Stielpfännchen erhitzen; über das Fleisch giessen.
4. Bratkasserolle ungedeckt in den Backofen stellen.
5. Nach 30 Minuten – das Fleisch hat inzwischen Farbe bekommen – Wein und Wasser zugeben; sofort Deckel auflegen.
6. Nach weiteren 30 Minuten Hitze auf 200° reduzieren; Marsala zugiessen.
7. Weitere 30 Minuten zugedeckt schmoren.
8. Fleisch herausnehmen und warm stellen. Bratenfond entfetten; in ½ bis ¾ dl heissem Wasser auflösen. Auf dem Herd bei kräftiger Flamme etwas einkochen lassen; abschmecken.
9. Fleisch anrichten; Sauce durch das Sieb darüber passieren.

244

Portionen: 1

Zutaten:
2–3 Lammkoteletten
20 g Butter
Salz
Schwarzer Pfeffer aus der
Mühle
Beilage:
   z. B. Zwiebelpüree
   (Nr. 375), Grüne Bohnen
   (Nr. 325/326)

Gerät:
Bratpfanne

Lammkoteletten, sautiert

Zubereitung:
1. Koteletten mit Salz und Pfeffer einreiben; Butter in der Bratpfanne erhitzen.
2. Auf lebhaftem Feuer beidseitig schnell braten; Bratzeit total: 4–5 Minuten.

245

Portionen: 3

Zutaten:
6 Lammkoteletten
100 g Zwiebelpüree
(Nr. 375)
1 Ei
Paniermehl
50 g Butter
Salz
Schwarzer Pfeffer aus der
Mühle

Gerät:
Bratpfanne
Backblech
Pinsel

Lammkoteletten Nelson

Zubereitung:
1. Backofen auf 250° vorheizen; Backblech mit Butter bestreichen.
2. Lammkoteletten salzen und pfeffern und mit etwas Butter in der Bratpfanne *auf einer Seite* 2 Minuten anbraten; herausnehmen.
3. Die gebratene Seite der Koteletten hügelartig mit Zwiebelpüree bestreichen; Püree fest andrücken.
4. Backblech in den Ofen stellen; das Ei mit einer Gabel in einem Suppenteller verkleppern; das Paniermehl in einem zweiten Suppenteller bereitstellen.
5. Die bestrichene Seite der Koteletten panieren (S. 19): zuerst ins Ei, dann ins Paniermehl tauchen.
6. Auf jede Kotelette ein Stückchen Butter legen; die Koteletten auf das heisse Backblech geben und in der Mitte des Ofens in 5–7 Minuten fertigbraten.

246

Portionen: 4–5

Zutaten:
1 kg Lammschulter, vom
Metzger ausgebeint
2 Knoblauchzinken, gehackt
Salz
Pfeffer aus der Mühle
1 kleine Zwiebel, mit
2 Gewürznelken besteckt
1 Lorbeerblatt
1 Rüebli
1 EL Butterfett
Rahmsauce (Nr. 74)

Gerät:
Bräter
ferner:
Küchenschnur

Lammschulter, gebraten

Zubereitung:
1. Backofen auf 220° vorheizen.
2. Fleisch mit Salz und Pfeffer einreiben; Knoblauch auf die Innenseite legen; zusammenrollen und mit Küchenschnur mehrmals binden.
3. Fett im Bräter heiss werden lassen; den Rollbraten auf dem Herd auf allen Seiten anbraten.
4. Bratengarnitur zugeben; ungedeckt in den Backofen stellen. Gelegentlich begiessen; wenn nötig Flüssigkeit mit etwas heissem Wasser ergänzen. Bratzeit: 45–50 Minuten.
5. Bratenjus entfetten und in die Sauce geben.

Variante:
Gefüllte Lammschulter
50 g feingewürfelte Speckwürfelchen mit 3–4 feingeschnittenen Schalotten in einer Bratpfanne andünsten; mit 2 EL gehacktem Peterli und 1 KL gehacktem Knoblauch (fakultativ) vermengen. Die Füllung auf die ausgebeinte Lammschulter verteilen; rollen. Bratzeit: 50 Minuten.

247

Portionen: 4

Zutaten:
1 Lammschulter, vom
Metzger vorbereitet
(siehe unten)
1 Rüebli
1 Zwiebel
2 Knoblauchzinken
Bouquet garni:
    Peterli, Lorbeerblatt,
    Thymian, Rosmarin
5 schwarze Pfefferkörner
5 EL Olivenöl
4 EL Rotweinessig
1 l guter, schwerer Rotwein
50 g Weissmehl
Salz
Schwarzer Pfeffer aus der
Mühle
15 g Butter

Gerät:
Schüssel zum Marinieren
Bräter
Schwere Stielkasserolle
Schaumkelle
Sieb
ferner:
Küchenpapier

Lammschulter, mariniert und gebraten (en chevreuil)

Zubereitung:
1. Tag
1. Die Schulter vom Metzger ausbeinen und rollen lassen; den Knochen zerhacken lassen.
2. Rüebli schaben und in dünne Rädchen schneiden; Zwiebel schälen und fein schneiden; Knoblauch schälen und in der Schüssel zerquetschen; Rüebli, Zwiebel, Bouquet garni, Pfefferkörner, Lammbraten und Knochen ebenfalls in die Schüssel geben; 1 EL Essig und den Rotwein darübergiessen.
2. Tag
Lammbraten zwei- bis dreimal in der Marinade wenden.
3. Tag
1. Backofen auf 220° vorheizen.
2. Fleisch, Knochen und Garnitur aus der Marinade herausnehmen; mit Kreppapier trockentupfen.
3. 3 EL Öl in der Stielkasserolle erhitzen; Knochen, Gemüse und Kräuter darin anbraten.
4. Mehl über die Knochen streuen; unter beständigem Rühren hellbraun rösten; mit dem restlichen Essig – und wenn dieser verdampft ist – mit der Marinade ablöschen; 45 Minuten ungedeckt köcherlen; gelegentlich abschäumen.
5. 2 EL Öl im Bräter erhitzen; Lammschulter mit Salz und Pfeffer einreiben und in den Bräter geben; unter fleissigem Begiessen ungedeckt 40 Minuten braten.
6. Rotweinsauce sieben; mit Salz und Pfeffer abschmecken; abseits vom Feuer die Butter einrühren.
7. Lammschulter tranchieren; Sauce separat servieren.

248

Portionen: 4

Zutaten:
1,4 kg Lammsattel
1 Zweiglein frischer
Rosmarin
1 Zweiglein frischer
Thymian
1 KL gehackter frischer
Basilikum
½ Zitrone, Saft
1 EL Olivenöl
Salz
Schwarzer Pfeffer aus der
Mühle

Gerät:
Backblech mit Gittereinsatz
Pinsel
ferner:
Alu-Folie

Lammsattel

Zubereitung:
1. In einer Tasse Rosmarinnadeln, Thymianblättlein, Basilikum den Saft einer halben Zitrone und das Olivenöl verrühren.
2. Die pergamentartige Haut (falls vorhanden) von der Oberseite des Lammsattels loslösen und abziehen; die darunterliegende Fettschicht mit dem Messer gitterartig einschneiden, aber darauf achten, dass nicht in das Fleisch hineingeschnitten wird.
3. Lammsattel auf beiden Seiten kräftig pfeffern; auf ein grosses Stück Alu-Folie legen; mit der Gewürz/Öl-Mischung bestreichen; Folie von allen Seiten über dem Sattel zusammenlegen; bei Zimmertemperatur mindestens zwei Stunden ziehen lassen.
4. Backofen auf 220° vorheizen; Backblech mit dem Gittereinsatz in den Backofen stellen.
5. Lammsattel auspacken; oben und unten salzen; auf den heissen Gittereinsatz legen; mit der Marinade in der Folie begiessen; in den Backofen stellen.
6. Unter gelegentlichem Begiessen 40–50 Minuten braten.
7. Mit Alu-Folie bedecken und 10 Minuten ruhen lassen.

Bemerkungen:
Der obere (kürzere) Teil des Sattels ist bedeutend höher (dicker) als der untere; hat man davon gekauft, so erhält man fast durchgebratene Stücke (vom unteren Teil) und schöne rote Stücke (vom oberen Teil) vom gleichen Stück Fleisch, was Abwechslung bietet und Gästen, die sich vor rot gebratenem Fleisch fürchten, die Gelegenheit gibt, sich mit stärker durchgebratenem zu bedienen. Hat man vom unteren Teil des Sattels gekauft, so erhält man – weil der Rücken hier überall die gleiche Dicke aufweist – gleichmässig gebratene Stücke; in diesem Fall genügen 25–30 Minuten Bratzeit.
Zur Kontrolle der Garstufen empfiehlt sich die Benützung eines Bratthermometers. Wir stecken es ins Zentrum des dicksten Stückes Fleisch, und zwar *vor* dem Braten und ohne dass die Spitze des Thermometers einen Knochen berührt. Zeigt das Thermometer 57°, so ist der Braten perfekt (= à point) und muss zum Ruhen unter die Folie.

249

Portionen: 4

Zutaten:
1,2 kg Rindsbraten
(z. B. Eckstück, Schenkel),
vom Metzger gespickt
$^1/_2$ Kalbsfuss, vom Metzger
in Stücke zerteilt
1 TL Weissmehl
1 dl kräftige Rindsbouillon
(Instant)
3 dl Rotwein
2 EL Cognac
1 Lorbeerblatt
1 Zweiglein Thymian
1 Gewürznelke
1 Stückchen Zucker
1 Zwiebel, geschält und
geviertelt
2 EL Butterfett
Salz
Schwarzer Pfeffer aus der
Mühle

Gerät:
Bratkasserolle mit Deckel
Sieb

Bœuf à la mode

Zubereitung:
1. Fleisch mit Salz und Pfeffer einreiben; mit Mehl bestäuben.
2. Butterfett in der Kasserolle heiss werden lassen; Fleisch hineingeben und bei starker Hitze auf allen Seiten gut anbraten.
3. Fett abgiessen; Bouillon, Wein, Cognac und die übrigen Zutaten dazugeben; aufkochen.
4. Auf kleiner Flamme zugedeckt 2–2$^1/_2$ Stunden leise köcherln; das Fleisch in der Hälfte der Garzeit wenden.
5. Braten herausnehmen und warm stellen; Sauce durch das Sieb passieren; abschmecken.
6. Braten aufschneiden; mit etwas Sauce übergiessen; restliche Sauce separat servieren.

Varianten:
a) Bœuf à la mode, mariniert
Das Fleisch in einer kleinen Schüssel über Nacht im Rotwein marinieren; vor dem Anbraten mit Küchenpapier trockentupfen.
b) Bœuf à la mode, kalt
Zubereitung wie im Grundrezept. Den fertig geschmorten Braten tranchieren; auf eine flache Platte anrichten und mit der gesiebten Sauce übergiessen: sie wird nach einigen Stunden gelieren!

250

Portionen: 4

Zutaten:
800 g Roastbeef, zimmerwarm
2 EL Butterfett, zimmerwarm
Salz
Schwarzer Pfeffer aus der
Mühle

Roastbeef

Zubereitung:
1. Backofen auf 300° vorheizen; Bräter in den Backofen stellen.
2. Fleisch mit dem Butterfett einstreichen; mit Pfeffer bestreuen.
3. Wenn der Backofen die Temperatur von 300° erreicht hat, das Fleisch in den heissen Bräter legen; Temperatur des Backofens auf 240° reduzieren.
4. Unter gelegentlichem Begiessen 16 Minuten braten (2 Minuten pro 100 g); in der Hälfte der Bratzeit das Fleisch salzen.

Zur Sauce:
2 dl Glace de viande
(Nr. 66)
1 EL trockener Madeira
1 kleines Büchsli
schwarze Trüffeln
½ TL Liebigs Fleischex-
trakt
Salz
Schwarzer Pfeffer aus der
Mühle

Gerät:
Bräter
Kasserolle, klein
ferner:
Alu-Folie

5. Roastbeef bei geöffneter Backofentür und ausgeschaltetem Backofen, mit einem Stück Folie bedeckt, 10 Minuten ruhen lassen.
Die Sauce kann im voraus zubereitet werden oder während das Fleisch im Ofen ist und anschliessend ruht: Glace de viande mit dem Madeira, dem Trüffeljus, den gehackten Trüffeln und dem Fleischextrakt einkochen lassen, bis eine schöne dunkelbraune, glänzende Sauce von sirupartiger Konsistenz entstanden ist; abschmecken.
6. Das Fleisch tranchieren; etwas Salz darüberstreuen; Sauce separat anrichten.

Bemerkungen:
Steht ein Stück zartes Rindfleisch mit Knochen, z.B. Côte de Bœuf, Porterhouse-Steak, zur Verfügung, so beträgt die Bratzeit 2½ Minuten pro 100 g Rohgewicht.

251

Portionen: 4

Zutaten:
800 g Filet vom Mittel-
stück, zimmerwarm
2 EL Butterfett
Salz
Schwarzer Pfeffer aus der
Mühle
Zur Sauce
2 dl Glace de viande
(Nr. 66)
1 EL trockener Madeira
1 kleines Büchsli
schwarze Trüffeln
½ TL Liebigs Fleischex-
trakt
Salz
Schwarzer Pfeffer aus der
Mühle

Gerät:
Bräter
Kasserolle, klein
ferner:
Alu-Folie

Rindslummel (Filet de bœuf)

Zubereitung:
Siehe Roastbeef (Nr. 250).

252

Portionen: 2

Zutaten:
400 g Rindsfilet, zimmer-
warm
30 g Butter
Salz
Schwarzer Pfeffer aus der
Mühle

Gerät:
Bratpfanne

Rindsfilet, sautiert

Zubereitung:
1. Das Filet quer in knapp 1 cm dicke Tranchen schneiden;
   dann jede Tranche in ebenso breite Streifchen schneiden.
2. Bratpfanne erhitzen; Butter hineingeben und erhitzen;
   Fleisch zugeben; unter Schütteln der Pfanne 2–3 Minuten
   sautieren.
3. Mit Salz und Pfeffer würzen; sofort anrichten.

Bemerkungen:
Das Fleisch muss auf lebhaftem Feuer und kurz sautiert werden, damit das
Innere der Riemchen rot bleibt. – Ist das Gericht für mehrere Personen
bestimmt, dann muss das Fleisch in Etappen sautiert werden.

253

Portionen: 1

Zutaten:
1 Steak (Entrecôte,
Rumpsteak, Tournedos),
1½ cm dick, zimmerwarm
1 EL Öl
10 g Butter (1)
Salz
Pfeffer aus der Mühle
2 EL Flüssigkeit: trockener
Weisswein, Portwein,
Madeira, Bouillon, Noilly
Prat oder Sherry
50 g Butter (2)

Gerät:
Bratpfanne
ferner:
Küchenpapier

Beefsteak

Zubereitung:
1. Steak mit dem Papier trockentupfen; auf beiden Seiten
   leicht pfeffern.
2. Öl und Butter (1) in der Bratpfanne erhitzen; Steak hineinlegen; je nach Wunsch auf jeder Seite je 1–2½ Minuten
   braten; nach dem einmaligen Wenden (mit einem Holz-
   spachtel und nicht mit einer Gabel!) die gebratene Seite
   salzen.
3. Das Steak auf einen warmen Teller legen; das Öl aus der
   Bratpfanne weggiessen.
4. Bratpfanne wieder aufs Feuer setzten; Flüssigkeit zugeben;
   Bratensatz vom Boden loslösen; auf 1 EL Volumen einkochen. Abseits vom Feuer die Butter (2) einrühren und über
   das Steak giessen.

Bemerkungen:
Bratzeit. Nach 1½ Minuten je Seite ist das Steak saignant, nach 2½ Minuten
à point: der erste Tropfen Saft tritt an der gebratenen Oberseite aus.

Variante:
Anstelle der kurzen Sauce (Pt. 4) das Steak mit Beurre maître
d'hôtel (Nr. 62) servieren.

Welscher Braten (Siehe Nr. 17)

Fleischtranchen (Siehe Nr. 16)

254 Rindfleisch à l'écarlate

Portionen: 4

Zutaten:
1 kg Rindfleisch (Eckstück,
Unterspälte, Nuss)
80 g Tafelsalz
10 g Salpeter
1 kg Meersalz
6 Gewürznelken
1 TL Basilikum, getrocknet
10 weisse Pfefferkörner
Zum Sud:
  ³/₄ l Weisswein
  1 Zwiebel, mit 5 Gewürznelken besteckt
  2 Rüebli
  10 Pfefferkörner
  1 Lorbeerblatt
  1 kleiner Büschel Peterli

Gerät:
Schüssel, klein
Kasserolle, mittelgross mit
Deckel
Rundes, in die Schüssel
passendes Küchenbrettchen

Zubereitung:
1. Fleisch mit dem Tafelsalz und dem Salpeter einreiben.
2. 1 Pfund Meersalz in die Schüssel geben; Fleisch darauflegen; Nelken, Basilikum, Pfefferkörner und zuletzt das restliche Meersalz über das Fleisch streuen.
3. Das Küchenbrettchen auf das Fleisch legen, beschweren; mit einem Küchentuch zugedeckt, für 10 Tage an einen kühlen dunklen Ort stellen.
4. Nach 10 Tagen die Salzlake wegwerfen; das Fleisch in die saubere Schüssel zurückgeben und mit siedendem Wasser übergiessen, um das überflüssige Salz herauszuziehen; 15 Minuten stehen lassen.
5. Den Weisswein mit den Gewürzen aufkochen, das Fleisch hineingeben; Wasser nachfüllen, bis das Fleisch gerade mit Flüssigkeit bedeckt ist.
6. Aufkochen; Hitze reduzieren, zugedeckt 2¹/₂–3 Stunden schwach köcherln lassen.
7. Im Sud vollständig auskühlen lassen.
8. In ganz dünne Tranchen schneiden und mit verschiedenen Salaten anrichten.

honi soit qui

Le Repas amusan

Dedies a Madame Cha

hegedorn

y pense

u Kämerlin Zu

Bourcard né Baccoffen

P.M.

19 Janu.
1787.

255

Portionen: 4

Zutaten:
1 kg Rindfleisch: z.B.
Schenkel, Federstück,
Weisses Stück
3 Rindsknochen
1 ungeschälte Zwiebel, mit
1 Gewürznelke besteckt
1 Rüebli
¹/₂ Lauchstengel
1 Stück Knollensellerie
30 g Rindsleber
2 l Wasser
Salz
Sauce:
    z.B. Kräutersauce
    (Nr. 76c) oder Meerret-
    tichsauce (Nr. 75a)
Beilagen:
    Salzkartoffeln (Nr. 332),
    das Suppengemüse (mit
    etwas brauner Butter
    übergossen) oder Zwiebel-
    püree (Nr. 375), Preisel-
    beeren (Nr. 561) oder Es-
    sigzwetschgen (Nr. 562)
    oder Essigmelonen
    (Nr. 565) oder Essigkürbis
    (Nr. 564)

Gerät:
Kasserolle, gross mit Deckel

Suppenfleisch (Pot-au-feu)

Zubereitung:
1. Zwiebel, Leber und Knochen mit wenig Salz im kalten Wasser aufs Feuer setzen und langsam zum Kochen bringen.
2. Fleisch dazugeben; schnell aufkochen.
3. Hitze reduzieren, teilweise zugedeckt 1¹/₄ Stunden ganz leise kochen lassen (sieden).
4. Rüebli, Lauch und Sellerie zugeben; ¹/₂ bis ³/₄ Stunden weiter kochen.
5. Evtl. noch etwas Salz zugeben.
6. Bouillon separat anrichten, nach Wunsch mit Einlage (Nr. 107).

Bemerkungen:
Restenverwendung siehe Nr. 256, 262, 265, 309.

256

Portionen: 3

Zutaten:
1 Ei
knapp ¹/₂ dl Milch

Suppenfleisch im Teig

Zubereitung:
1. Ei und Milch in der Schüssel verklopfen; leicht salzen, Mehl hineinsieben; zu einem dickflüssigen Teig schlagen. 1 Stunde ruhen lassen.
2. Die Rindfleischtranchen nebeneinanderlegen; mit Salz und Pfeffer bestreuen und mit Zitronensaft beträufeln; 1 Stunde stehen lassen.

50 g Weissmehl
6 gut ½-cm-dicke Tranchen
gekochtes Rindfleisch
(Pot-au-feu, Nr. 255).
1 Zitrone, Saft
5 EL Butterfett
Salz
Schwarzer Pfeffer aus der
Mühle

Gerät:
Schneebesen
Schüssel, klein
Bratpfanne

3. Fett in der Bratpfanne heiss werden lassen, 3 Fleischtranchen nacheinander in das Teiglein tauchen und nebeneinander auf beiden Seiten schön braun backen. Mit den anderen 3 Tranchen gleich verfahren.
4. Heiss mit einer Salatplatte anrichten.

Bemerkungen:
Geeignet zur Verwendung von Suppenfleischresten (Nr. 106, 255).

Rindfleischvögel (Siehe Nr. 18)

257

Portionen: 4

Zutaten:
1 kg Rindfleisch (z. B.
Schenkel), in Stücken von
ca. 4 × 2 × 2 cm Grösse
2–3 EL Butterfett
1 EL Weissmehl
½ l Rindsbouillon (Instant)
2 dl Rotwein
1 Lorbeerblatt
2 Zwiebeln, geviertelt
Salz
Schwarzer Pfeffer aus der
Mühle

Gerät:
Bratkasserolle mit Deckel

Rindfleisch, braun gekocht

Zubereitung:
1. Die Hälfte der Ragoutstücke in 2 EL heissem Fett scharf anbraten: die Poren müssen sich schnell schliessen, das Fleisch soll auf allen Seiten schön braun gebraten sein.
2. Fleisch herausnehmen; wenn nötig noch einen EL Fett in die Kasserolle geben; den Rest des Fleisches anbraten.
3. Die zuerst angebratenen Fleischstücke zu den anderen geben. Salzen, pfeffern, Mehl darüberstreuen, untereinandermischen, Zwiebelviertel zugeben.
4. Wenn das Mehl Farbe angenommen hat, mit der Bouillon ablöschen. Hitze reduzieren, zudecken und auf kleiner Flamme 1½ Stunden kochen lassen.
5. Rotwein und Lorbeerblatt zugeben; weitere 15 bis 20 Minuten köcherlen.
6. Abschmecken und anrichten.

Bemerkungen:
Sollte die Sauce zu dünn sein, dann wird sie – nachdem man das Fleisch herausgenommen hat – bei starkem Feuer ungedeckt in 2–5 Minuten zur gewünschten Konsistenz eingekocht.

258

Portionen: 4

Zutaten:
750 g Rindfleisch in
Würfeln (2 × 2 × 2 cm)
1–2 Zwiebeln, fein
geschnitten
2 EL Butterfett
½ TL Kümmel (fakultativ)
½ TL Paprika
Salz
Pfeffer
2 Prisen Weissmehl
1 EL Madeira oder Rum
oder Cognac (fakultativ)

Gerät:
Bratkasserolle mit Deckel

Rindsgulasch

Zubereitung:
1. Zwiebeln im heissen Fett einige Minuten dämpfen; Fleisch beifügen und anbraten.
2. Mit wenig Salz, Pfeffer und nach Belieben Kümmel würzen; hermetisch verschliessen und auf schwachem Feuer in 2¼ bis 2½ Stunden weich dämpfen; nur im Notfall 1–2 EL heisses Wasser zugeben; 20 Minuten vor Ende der Garzeit Mehl und Paprika über das Fleisch streuen, gut verrühren.
3. Nach Wunsch Madeira, Rum oder Cognac zugeben; abschmecken und anrichten.

Variante:
Gulasch nach Wiener Art
Nur 250 g Rindfleisch nehmen; 1 Stunde vor Ende der Kochzeit 250 g Schweinefleisch und 250 g Kalbfleisch, beides in gleich grossen Würfeln, zugeben.

259

Portionen: 4

Zutaten:
750 g Rindfleisch (z.B. Huft
oder Hohrücken)
1 Kohl- oder 1 Weisskrautkopf
2 Zwiebeln, fein geschnitten
2 KL Weissmehl
Salz
Pfeffer
1 EL Butterfett

Gerät:
Bratkasserolle mit Deckel

Rindfleisch, gedämpft mit Kohl oder Kraut

Zubereitung:
1. Fleisch in kleine Würfel schneiden; Gemüse waschen, zerlegen, dicke Rippen entfernen, die einzelnen Blätter in Riemchen schneiden.
2. Butterfett in der Kasserolle zergehen lassen; die Zutaten lagenweise einfüllen: Fleisch, Salz und Pfeffer, Kohl (bzw. Kraut) Mehl, Zwiebeln, Fleisch etc.
3. Gut zugedeckt im eigenen Saft bei nicht zu starker Hitze in 1½ Stunden weich dämpfen.

260

Portionen: 2–3

Zutaten:
450 g Rindfleisch (Filet,
Nierstück), zimmerwarm
40 g Speckwürfeli
1 Zwiebel, fein geschnitten
½ dl trockener Weisswein
Salz
Schwarzer Pfeffer aus der
Mühle
1 Prise Cayennepfeffer
½ TL Liebigs Fleischextrakt
oder 1 EL Glace de viande
(Nr. 66)
Mehlbutter (Nr. 63)

Gerät:
Bratpfanne, gross

Gulasch à la minute

Zubereitung:
1. Fleisch in kleinfingerdicke Tranchen, dann in gleich dicke Würfel schneiden.
2. Speckwürfelchen in der Bratpfanne auslassen: sie sollen alles Fett abgeben; die festen Reste herausnehmen.
3. Zwiebel im Speckfett andämpfen; Hitze auf das Maximum erhöhen; Fleisch zugeben, schnell auf allen Seiten anbraten.
4. Mit Salz und Pfeffer und Cayenne würzen.
5. Wein und Fleischextrakt/Glace de viande zugeben; mischen; aufkochen; abseits vom Feuer mit etwas Mehlbutter binden; sofort anrichten.

Bemerkungen:
Zweierlei ist wichtig: a) das Fett muss sehr, sehr heiss sein, wenn das Fleisch hineinkommt, sonst kann es nicht richtig angebraten werden; das ist auch der Grund dafür, dass das Gericht hier für 2 Personen beschrieben ist; wird für mehr Personen gekocht, so muss das Gericht in Etappen zubereitet werden: das Fleisch darf den Boden der Bratpfanne nur ganz locker bedecken.
b) der ganze Kochprozess muss sehr schnell (in 4–5 Minuten) vor sich gehen, da das Fleisch sonst trocken und hart wird; es soll im Kern rosa sein.

261

Portionen: 4

Zutaten:
850 g Rindfleisch,
z.B. Huft oder Nuss
35 g Butter
Salz
Pfeffer

Gerät:
Pyrexform, klein mit Deckel

Rindfleisch im Saft

Zubereitung:
1. Pyrexform mit wenig Butter ausstreichen; Fleisch in kleinfingerdicke Tranchen schneiden.
2. Eine Tranche in die Form legen, etwas Salz und Pfeffer darüberstreuen und zwei Flöckchen Butter darauflegen, dann wieder eine Fleischtranche usw., bis Fleisch und Butter aufgebraucht sind.
3. Auf schwachem Feuer oder im Backofen je nach Liebhaberei in 1½ bis 2½ Stunden ohne Zugabe von Flüssigkeit gut zugedeckt weich dämpfen.

262

Portionen: 4

Zutaten:
800 g gekochtes Rindfleisch
(Pot-au-feu, Nr. 255)
3–4 grosse Zwiebeln,
fein geschnitten
40 g Butterfett
1 Schuss Weisswein
(fakultativ)
Salz
Pfeffer
½ TL Currypulver
(fakultativ)

Gerät:
Bratkasserolle

Zwiebelfleisch

Zubereitung:
1. Zwiebeln im Fett ganz weich dämpfen. Unterdessen das Fleisch in möglichst dünne, 4 × 2 cm grosse Blättchen schneiden.
2. Fleisch zu den Zwiebeln geben; Curry einrühren, evtl. den Wein zugeben; heiss werden lassen (nicht kochen lassen!), abschmecken und sofort anrichten.

Bemerkungen:
Ideale Verwendungsmöglichkeit für Reste von Pot-au-feu (Nr. 255), aber auch – wenn das Fleisch fertig gekocht und in dünne Tranchen geschnitten gekauft wird – ein praktisches Schnellgericht.

263

Portionen: 4

Zutaten:
600–700 g von Hand
gehacktes Rindfleisch
1 Zwiebel, fein gehackt
1 Ei
2 Tranchen Englischbrot,
ohne Ranft
Butterfett
1 dl Milch
Paniermehl (fakultativ)
Salz
Pfeffer aus der Mühle

Gerät:
Schüssel, mittelgross
Bratpfanne

Gehackte Beefsteaks

Zubereitung:
1. Englischbrottranchen vierteln und in einer Tasse mit der Milch übergiessen.
2. In der Bratpfanne etwas Fett erhitzen; die Zwiebel bei schwacher Hitze glasig dünsten.
3. Ei in der Schüssel verkleppern; Fleisch und das gut ausgedrückte Brot zugeben; mischen.
4. Die Zwiebel zugeben; mit Salz und Pfeffer würzen.
5. Kleine, flache Steaks formen und (nach Wunsch) im Paniermehl wenden.
6. In nicht zu heissem Fett auf beiden Seiten braun braten. Bratzeit total (je nach Dicke der Steaks) 6–7 Minuten.

Bemerkungen:
Dazu passt sehr gut Sauerrahm!

264

Portionen: 3–4

Zutaten:
900 g Kutteln, in Riemlein
geschnitten
1 Kalbsfuss, vom Metzger
in Stücke gesägt
1½ EL Butterfett
1 Rüebli, geschabt und fein
gewürfelt
1 grosse Zwiebel, gehackt
1 Lauchstengel, in Rädli
geschnitten
1½ dl konzentrierte
Bouillon (Instant)
1 dl Weisswein
½ dl Rahm
Salz
Pfeffer aus der Mühle
1 TL Kümmelsamen

Gerät:
Bratkasserolle mit Deckel

Kutteln

Zubereitung:
1. Zwiebel im Butterfett glasig dämpfen; das übrige Gemüse dazugeben, einige Minuten mitdämpfen; Kutteln dazugeben und weitere 3–4 Minuten dämpfen.
2. Mit Bouillon und Wein ablöschen; sparsam salzen und pfeffern; die Kalbsfussstücke auf die Kutteln legen; Kümmel darüberstreuen.
3. Zudecken und 2½–3 Stunden leise kochen lassen: Das Fleisch der Kalbsfüsse muss weich sein und sich von den Knochen lösen.
4. Deckel abnehmen; Sauce eventuell noch etwas einkochen lassen. Unterdessen die Kalbsfüsse ausbeinen; das Fleisch in Riemchen schneiden und zu den Kutteln geben.
5. Den Rahm zugeben; aufkochen; abschmecken.

265

Portionen: 2

Zutaten:
250 g gekochtes Rindfleisch
1 kleine Zwiebel, fein
geschnitten
1 kleine Gewürzgurke, in
kleine Würfel geschnitten
1 TL scharfer Senf
1 EL Essig
2 EL Öl
Salz
Pfeffer aus der Mühle

Gerät:
Schüssel, klein

Rindfleischsalat

Zubereitung:
1. Salz, Essig und Senf in der Schüssel vermischen; Öl zugeben und gut verrühren; Zwiebel und Gewürzgurke dazugeben.
2. Fleisch in möglichst feine Tranchen, dann in Riemchen schneiden; mit der Sauce anmachen, abschmecken; 1 Stunde ziehen lassen.

Bemerkungen:
Ein ideales Gericht für die Verwendung von Suppenfleischresten (Nr. 255).

266

Portionen: 4–5

Zutaten:
1 Rindszunge, eingesalzen
oder geräuchert
Zum Sud:
  1 l trockener Weisswein
  1 l Wasser
  1 Zwiebel
  5 Gewürznelken
  1 Rüebli
  5 Pfefferkörner
  ½ Lorbeerblatt
  einige Peterlistiele oder
  1 Peterliwurzel
Sauce:
  nach Belieben Kapern-
  (Nr. 71a/76a) oder Kräu-
  ter- (Nr. 76c) oder Sardel-
  len- (Nr. 76b) oder Ma-
  deira- (Nr. 73a) oder Olivensauce (Nr. 71c)

Gerät:
Kasserolle, gross mit Deckel

Rindszunge

Zubereitung:
1. Zwiebel schälen und mit den Nelken bestecken; mit den übrigen Zutaten zum Sud in die Kasserolle geben und aufkochen.
2. Zunge unter fliessend kaltem Wasser abspülen; in den Sud geben; aufkochen.
3. Hitze reduzieren; die Zunge – teilweise zugedeckt – je nach Grösse 3–4 Stunden knapp am Siedepunkt garen.
4. Zunge herausnehmen; etwas abkühlen lassen; mit einem spitzen Messer schälen.
5. In ½ cm dicke Tranchen aufschneiden und in der heissen Sauce anrichten.

Bemerkungen:
Soll die Zunge kalt serviert werden, so lässt man sie im Sud kalt werden; sie wird kurz vor dem Anrichten geschält – Zur Sauce als Basis vom Zungensud verwenden.

Variante:
Gebratene Rindszunge
Eine frische Zunge zunächst 2½ Stunden im Sud köcherlen, dann schälen. Einen Bräter mit Speckscheiben auslegen, die Zunge darauflegen, mit Salz bestreuen und mit Butterflöckli belegen. Im Backofen bei 200° zugedeckt weich braten (1–1½ Stunden). Während des Bratens von Zeit zu Zeit mit dem sich bildenden Fond begiessen. Den Fond mehrmals durch Zugabe von Flüssigkeit ergänzen: abwechslungsweise 3 EL Weisswein, 3 EL Sud, 1 EL Essig. Ist die Zunge schön weich (mit dem Finger prüfen), wird sie herausgenommen und in Alu-Folie eingepackt. Den Fond in eine kleine Stielpfanne sieben, etwas mit Sud verlängern und allenfalls durch Zugabe von etwas Bouillonwürfel und Liebigs Fleischextrakt verbessern. Soll die Sauce gebunden sein, kann der Fond mit etwas in Wasser aufgelöstem Kartoffelmehl aufgekocht werden. Wird mehr Sauce gewünscht, kann der Fond mit einer der oben genannten Saucen vermischt werden.

267

Portionen: 4

Zutaten:
20 g Butterfett
1 Zwiebel, fein gehackt
4 EL Rahm
4 Eier
500 g Rindfleisch, gehackt
70 g Spickspeck
1½ Schwöbli oder 70 g
Englischbrot
1 EL Peterli, fein gehackt
1–2 Trüffeln, gehackt
(fakultativ)
½ Zitrone, Saft
4 EL Milch
½–1 dl Bouillon
Salz
Muskatnuss
Pfeffer aus der Mühle
Butter für die Form
Paniermehl für die Form
Braune (Nr. 71) oder
Trüffel- (Nr. 72) oder
Tomaten-Sauce (Nr. 81/82)

Gerät:
Puddingform mit Deckel,
12–14 dl Inhalt
Bratpfanne, klein
Pinsel
2 Schüsseln, mittelgross
Schneebesen
Gummischaber
Souffléform als Wasserbad
Fleischwolf
Muskatraffel

Rindfleischpudding

Zubereitung:
1. Weggli bzw. Brot in der Milch einweichen.
2. Butterfett in der Bratpfanne erhitzen; Zwiebel dazugeben; auf kleiner Flamme weich dünsten.
3. Zwiebel in eine Schüssel geben und etwas abkühlen lassen. Unterdessen das ausgedrückte Brot (1), den Speck und das gehackte Fleisch durch die feinste Scheibe des Fleischwolfs treiben; in die Schüssel zu den Zwiebeln geben.
4. Die Eier teilen: Eigelb zum Fleisch; Eiweiss in die zweite Schüssel, kalt stellen.
5. Souffléform zu ¾ mit heissem Wasser füllen und in den Backofen stellen; Backofen auf 180° vorheizen. Puddingform mit Butter auspinseln und mit Paniermehl ausstreuen.
6. Fleischmasse in der Schüssel mischen. Rahm, Peterli, Trüffeln zugeben und wieder mischen. Mit Salz, Pfeffer, wenig geraffelter Muskatnuss und Zitronensaft würzen; dabei bedenken, dass der Eierschnee, der noch dazukommt, nicht gewürzt ist.
7. Eiweiss zu steifem Schnee schlagen.
8. Puddingmasse mit nur so viel Bouillon befeuchten, dass der Eierschnee mühelos, und ohne dass er zusammenfällt, mit dem Gummischaber daruntergezogen werden kann; Eierschnee unter die Masse ziehen.
9. Puddingmasse in die Form füllen; Form mit dem Deckel schliessen. Im heissen Wasserbad knapp unter dem Siedepunkt in 90 Minuten garen.
10. Form aus dem Wasserbad nehmen; 5 Minuten ruhen lassen. Stürzen und mit etwas Sauce übergossen anrichten.

Variante:
Englischer Fleischpudding
Anstelle von Peterli werden 3 fein gehackte Sardellenfilets oder 1 KL Sardellenbutter (Nr. 64) und einige grob gehackte, kurz in etwas Butter gedünstete Champignons in die Masse gegeben.

268 Schweinsbraten, mariniert mit Wildbretsauce

🍞 🌙

Portionen: 4

Zutaten:
800 g Schweinsbraten
(Schulter oder Eckstück)
1 EL Butterfett
Salz
Pfeffer aus der Mühle
1 TL Mehl
Zur Marinade:
  6 dl Rotwein
  2 dl Rotweinessig
  5 Wacholderbeeren
  1 Büschel Peterli
  1 Zwiebel, in Ringe
  geschnitten
  2 Rüebli, in Rädchen
  geschnitten
  2 Gewürznelken
  1 Lorbeerblatt
  5 Pfefferkörner
Zur Bratengarnitur:
  1 kleine Zwiebel
  1/2 Lorbeerblatt
  3–4 Pfefferkörner
  1 Rüebli
Zur Sauce:
  Braune Sauce (Nr. 71),
  mit 2 dl Marinade und
  3 dl Bouillon angerührt
  1 Rüebli
  1/2 Lorbeerblatt
  1/2 Lauchstengel
  1 Peterliwurzel
  1/2–1 dl guter Rotwein
  1 KL Cassisgelée

Gerät:
Schüssel, mittelgross mit
Deckel
Stielpfännchen
Bratkasserolle mit Deckel
Sieb
ferner:
Küchenpapier

Zubereitung:
1. Fleisch mit Peterli, Zwiebel, Rüebli, Lorbeer und den Gewürzen in die Schüssel legen; Rotwein und Essig zusammen erhitzen und heiss über das Fleisch giessen.
2. 2–3 Tage an einem kühlen Ort zugedeckt marinieren; gelegentlich wenden.
3. Fleisch aus der Marinade nehmen; abtropfen lassen; mit Küchenpapier trockentupfen.
4. Fleisch mit Salz und Pfeffer einreiben und mit Mehl bestäuben.
5. Auf dem Herd im heissen Fett auf allen Seiten anbraten; Bratengarnitur zugeben und kurz anbraten.
6. Mit 1 dl gesiebter Marinade ablöschen; zugedeckt 1 1/2–1 3/4 Stunden langsam schmoren; dabei wenn nötig Flüssigkeit mit Marinade oder Wasser ergänzen.
7. Braune Grundsauce nach Nr. 71 zubereiten, wobei anstelle von 5 dl Bouillon 3 dl Bouillon und 2 dl Marinade zum Anrühren genommen werden.
8. In diese Sauce das feingeschnittene Gemüse (Lauch, Rüebli, Peterliwurzel), Lorbeer und Rotwein geben und 1/2 Stunde köcherlen.
9. Das Fleisch herausnehmen und warm stellen; den Fond entfettet (S. 18/19) in die Sauce schütten; die Sauce sieben; abschmecken; das Cassisgelée einrühren.
10. Braten tranchieren und mit etwas Sauce bedeckt anrichten; übrige Sauce separat reichen.

269

Portionen: 4

Zutaten:
1 kg Schweinsbraten,
Schulter oder Hals
1 Rüebli
1 Stück Lauch
1 Stück Knollensellerie
½ Lorbeerblatt
1 TL Tomatenmark
(fakultativ)
Salz
Pfeffer aus der Mühle
1 EL Butterfett
1 dl Bouillon
½ dl Weisswein (fakultativ)

Gerät:
Bräter oder Bratkasserolle
ohne Deckel

Schweinsbraten

Zubereitung:
1. Backofen auf 200° vorheizen.
2. Auf dem Herd das Fett im Kochgeschirr heiss werden lassen. Braten mit Salz und Pfeffer einreiben; bei lebhafter Flamme auf allen Seiten anbraten.
3. Mit dem Wein (oder etwas Bouillon) ablöschen; Bratengarnitur und Tomatenmark dazugeben; in den Backofen stellen.
4. Bratzeit 60–70 Minuten; gelegentlich begiessen; von Zeit zu Zeit etwas Bouillon nachgiessen.

270

Portionen: 4–5

Zutaten:
2 ganze Schweinsfilets
2 EL Butterfett
1 EL Butter
1 Schalotte, fein gehackt
2 EL Estragon, fein gehackt
1 dl Weisswein
3–4 EL süsser oder saurer
Rahm
1 TL Beurre manié (Nr. 63)
Salz
Pfeffer aus der Mühle

Gerät:
Bräter
Stielpfännchen

Schweinslümmeli (Filet de porc)

Zubereitung:
1. Backofen auf 220° vorheizen; Fleisch mit Salz und Pfeffer einreiben.
2. Butterfett im Bräter auf dem Herd erhitzen; Fleisch hineingeben und bei kräftiger Flamme rundherum anbraten.
3. Bräter in den Backofen stellen; unter gelegentlichem Begiessen 15 Minuten braten.
4. Bräter aus dem Ofen nehmen; Fleisch warm stellen; Fett aus dem Bräter abgiessen; Wein hineingeben, den Bratenfond vom Boden lösen.
5. Schalotte im Stielpfännchen in der heissgemachten Butter 3–4 Minuten auf schwachem Feuer andünsten.
6. Bratenfond dazugiessen, Estragon dazugeben; etwas einkochen lassen.
7. Rahm zugeben; aufkochen; eventuell mit Salz und Pfeffer nachwürzen.
8. Pfännchen vom Feuer ziehen; Beurre manié einrühren; nicht mehr kochen.
9. Filets tranchieren und mit der Sauce übergossen anrichten.

271

Portionen: 3–4

Zutaten:
800 g–1 kg Schweins-
koteletten, am Stück
2 KL Senf
1 TL Currypulver
(fakultativ)
2 EL Butterfett
½ dl Weisswein
1 dl Bouillon (Instant)
Salz
Pfeffer aus der Mühle
Bratengarnitur:
  1 Rüebli
  1 Stück Lauch
  1 Stück Knollensellerie
  1 Zwiebel, mit 2 Gewürznelken besteckt
  1 Lorbeerblatt

Gerät:
Bräter
Pinsel
Sieb, klein

Schweinsklavier

Zubereitung:
1. Backofen auf 200° vorheizen.
2. Butterfett im Bräter auf dem Herd erhitzen; das Fleisch darin auf allen Seiten anbraten.
3. Fleisch mit Senf bepinseln; mit Salz und Pfeffer würzen; nach Belieben mit dem Currypulver bestäuben.
4. Bratengarnitur in den Bräter geben, Fleisch mit dem Knochen nach unten darauflegen; Bräter in den Backofen stellen.
5. Wenn die Bratengarnitur etwas Farbe angenommen hat, den Wein dazugiessen.
6. Unter gelegentlichem Begiessen – Flüssigkeit nach Bedarf mit Bouillon ergänzen – 1½ Stunden braten.
7. Tranchieren: Dem Strählknochen entlang von oben vertikal einschneiden und – ohne neu anzusetzen – den Rippen entlang horizontal weiterschneiden; das Fleisch in schöne Tranchen schneiden, wieder zusammensetzen und auf dem Knochensockel plazieren.
8. Bratenfond sieben und nach Wunsch mit etwas Mehlbutter (Nr. 63) binden.

272

Portionen: 15

Zutaten:
1 geräucherter Beinschin-
ken, ca. 4 kg schwer
Madeirasauce (Nr. 73a),
sechsfache Portion

Gerät:
Henkelkasserolle, sehr gross
mit Deckel
(Der Metzger hilft sicher
gerne aus!)

Schinken, gekocht

Zubereitung:
1. Schinken in die Kasserolle legen; mit kaltem Wasser bedecken; aufs Feuer setzen und langsam zum Kochen bringen.
2. Nach einer Stunde (gerechnet vom Zeitpunkt des Aufsetzens) Hitze reduzieren und teilweise zugedeckt ganz schwach siedend 1 Stunde 40 Minuten ziehen lassen (25 Minuten pro kg).
3. Garprobe: Durch Einstechen mit einer Spick- oder metallenen Stricknadel längs des Knochens Weiche prüfen.
4. Schwarte abschneiden; mit dem langen, dünnen Schinkenmesser dünne Tranchen schneiden.

Bemerkungen:
Soll der Schinken kalt serviert werden, so soll die Kochzeit 20 Minuten verkürzt werden: Kasserolle vom Feuer ziehen, den Schinken im Sud erkalten lassen. – Den Metzger fragen, ob der Schinken vor dem Kochen eventuell gewässert werden muss.

273

Portionen: 15

Zutaten:
1 geräucherter Bein-
schinken, ca. 4 kg schwer
2 kg Brotteig (vom Bäcker)
Lorbeerpulver
Nelkenpulver
Pfeffer aus der Mühle
5 Salbeiblätter
Mehl zum Auswallen des
Teiges und zum Bemehlen
des Backbleches

Gerät:
Grosses Backblech
Wallholz

Schinken im Brotteig

Zubereitung:
1. Den Schinken mehrere Stunden in kaltes Wasser legen.
2. Die Schwarte des Schinkens wegschneiden; den Schinken mit den Gewürzen einreiben.
3. Backofen auf 200° vorheizen.
4. Brotteig nicht zu dünn auswallen; den Schinken darauf-legen; Salbeiblätter auf dem Schinken verteilen.
5. Den Teig zusammenschlagen, so dass der Schinken voll-ständig vom Teig umgeben ist; Kanten mit etwas kaltem Wasser gut zukleben.
6. Auf dem bemehlten Blech im Ofen 2½–3 Stunden bak-ken.

274

Portionen: 10–12

Zutaten:
1 kleines Spanferkel
1–2 dl Olivenöl
Pfeffer aus der Mühle
Salz
1 Zweiglein Rosmarin

Gerät:
Grosses Backblech
Pinsel
ferner:
Alu-Folie
Butterbrotpapier

Spasau (Spanferkel)

Zubereitung:
1. Backofen auf 200° vorheizen.
2. Ein Stück Alu-Folie zu einer Kugel formen und dem Schweinchen ins Maul stecken; Ohren und Schwanz in Alu-Folie einpacken.
3. Ferkel innen und aussen mit Olivenöl bepinseln und mit Salz und Pfeffer einreiben; das Rosmarinzweiglein in den Bauch legen.
4. Auf dem Blech zuunterst in den Backofen stellen.
5. Während der 2½ Stunden dauernden Bratzeit folgendes beachten: Das Ferkel mehrmals mit Öl bepinseln; allen-falls sich bildende Blasen aufstechen; eine Viertelstunde vor Ende der Bratzeit Ohren und Schwänzlein auspacken; sollte Gefahr bestehen, dass das Spanferkel zu braun wird, ein eingeöltes Papier darauflegen.

Bemerkungen:

Vor dem Einkauf das Innere des Backofens ausmessen; das Ferkel notfalls vom Metzger in zwei Teile schneiden lassen.

Variante:
Gefülltes Spanferkel
700 g gehacktes Schweinefleisch, 30 g gehackter Spickspeck, die gehackte Leber des Ferkels, 250 g Toastbrot (ohne Ranft, in Milch eingeweicht, ausgedrückt und fein gehackt), 2 Eier, ½ dl Cognac, Thymian, Majoran, Basilikum, Salz, Pfeffer aus der Mühle. Alle Zutaten gut zu einer Farce durcharbeiten; den Bauch des Ferkels damit füllen und zunähen.
Bratzeit: 2¾ bis 3 Stunden.

Alte Bairische Bierhalle Basel

von
Franz Bühler.
1. Steinenvorstadt 1.

Speise-Karte

vom   189

	Fr.	Cts.
Beefsteak	1	—
„ à la Tartare . . .	1	20
Golasch	1	—
Entre-Côte	1	—
Cotelette	—	90
Wienerschnitzel	—	80
Schweinsrippl	—	70
Kesselfleisch	—	60
Leber oder Nieren	—	70
Baier. Knödel	—	35
Schinken gekocht oder westphäl.	—	80
Salami oder Gothaer . . .	—	70
Schinkenbrödl ½	—	25
Caviar oder Sardellenbrödl .	—	35
Gemüse pr. Portion	—	20

275

Portionen: 5–6

Zutaten:
3 Pfund Schüfeli
Als Beilage:
  Bohnen
  (Nr. 325/326/327)
  Sauerkraut (Nr. 362)
  Linsen (Nr. 391)
  Kartoffelsalat (Nr. 382)

Gerät:
Kasserolle mit Deckel

Schüfeli

Zubereitung:
1. In der Kasserolle so viel Wasser erhitzen, dass das Schüfeli davon bedeckt wird.
2. Schüfeli in das heisse Wasser legen, aufkochen, 10 Minuten leise kochen lassen.
3. Hitze reduzieren; zu ³/₄ zudecken und knapp unter dem Siedepunkt langsam durchziehen lassen.
   Kochzeit total: ca. 2¹/₂ Stunden. (Für jedes weitere Pfund 15 Minuten länger.)

276

Portionen: 3

Zutaten:
600 g grüner oder geräucherter Speck oder beide Sorten gemischt
Sauerkraut (Nr. 362)
Weisse Rüben (Nr. 372)
Linsen (Nr. 391)
Pfälzer Rüben (Nr. 356)
Weisskraut (Nr. 373)
Gedörrte Bohnen (Nr. 327)

Gerät:
Bratkasserolle mit Deckel

Speck

Zubereitung:
Speck in das Gemüse legen, so dass er davon bedeckt ist.
Kochzeit: 1–1¹/₄ Stunden.

277

Portionen: 1

Zutaten:
1 Schweinskotelette
Butterfett

Schweinskoteletten

Zubereitung:
1. Butterfett in der Pfanne heiss werden lassen.
2. Kotelette mit den Gewürzen einreiben.
3. Auf beiden Seiten bei kräftiger Flamme je 1 Minute anbraten.
4. Hitze reduzieren; auf jeder Seite in je 1¹/₂ bis 2 Minuten fertig braten.

Salz
Pfeffer aus der Mühle
½ TL Currypulver
(fakultativ)

Gerät:
Bratpfanne

Varianten:

a) Panierte Schweinskoteletten
Die gewürzte Kotelette panieren: mit Mehl bestäuben, in Ei,
dann in Paniermehl wenden. Bei nicht zu starker Hitze braten
oder bei 160° 6 Minuten fritieren.

b) Schweinskoteletten aux fines herbes
Kotelette vor dem Panieren (siehe oben) mit fein gehackten
Kräutern – Majoran, Thymian, Schalotten – bestreuen.

278

⛑ ☾

Portionen: 4

Zutaten:
750 g mageres Schweine-
fleisch, in 2–3 cm grosse
Würfel geschnitten
Zur Marinade:
  ½ l Weisswein
  ½ l Weissweinessig
  5 Wacholderbeeren
  1 Zwiebel, fein
  geschnitten
  2 Rüebli, geschält und
  gewürfelt
  2 Peterliwurzeln
  1 Lorbeerblatt
  1 Gewürznelke
30 g ausgelassene Butter
oder Butterfett
30 g Mehl
½ TL Griesszucker
1 Zwiebel, fein geschnitten
4 dl heisse Bouillon
(Instant)
Salz
Pfeffer aus der Mühle

Gerät:
Schüssel mit Deckel
Stielkasserolle
Bratkasserolle mit Deckel
Sieb
ferner:
Küchenpapier

Schweinspfeffer

Zubereitung:
1. Alle Zutaten zur Marinade aufkochen, das Fleisch in die
   Schüssel legen und die siedende Marinade darübergiessen.
   Zugedeckt für 1–3 Tage in den Keller stellen; das Fleisch
   täglich einmal wenden.
2. Fleisch herausnehmen, abtropfen lassen und mit Küchenpapier trockentupfen; leicht salzen und pfeffern.
3. Butter oder Butterfett in der Bratkasserolle heiss werden
   lassen; Fleisch anbraten; herausnehmen.
4. In derselben Kasserolle – wenn nötig noch etwas Fett zugeben – Mehl und Zucker langsam tiefbraun rösten; ½ Tasse
   gesiebte Marinade und die Bouillon zugeben und aufkochen.
5. Fleisch dazugeben, zudecken und 60 bis 70 Minuten langsam schmoren.

Variante:
Statt auf dem Herd zugedeckt, kann der Pfeffer auch im Backofen (ungedeckt) zubereitet werden; von Zeit zu Zeit umrühren; evtl. Flüssigkeit (mit heissem Wasser) ergänzen.

279

Portionen: 1

Zutaten:
1–2 Plätzli, z. B. Nierstück
½ TL Senf
1 Ei
2 EL Paniermehl
3 EL Butterfett
Salz
Pfeffer aus der Mühle

Gerät:
Bratpfanne
Pinsel

Panierte Schweinsplätzli

Zubereitung:
1. Plätzli leicht mit Senf bepinseln; mit Salz und Pfeffer bestreuen.
2. Ei mit einer Gabel leicht verkleppern. Die Plätzli zuerst im Ei, dann im Paniermehl wenden.
3. Fett in der Bratpfanne heiss werden lassen, die Plätzli hineingeben; nach 1 Minute umkehren und Hitze etwas reduzieren. Bratzeit je nach Dicke 3–5 Minuten.

Bemerkungen:
Die Plätzli können auch in der Friture gebacken werden; Öltemperatur: 170°, Backzeit: ca. 4 Minuten.

280

Portionen: 4

Zutaten:
700 g geschnetzeltes Schweinefleisch
1 kleine Zwiebel, fein gehackt
1 EL Peterli, fein gehackt
½ dl Weisswein
1 KL Mehl
1 dl Bouillon
1 EL Glace de viande oder etwas Liebigs Fleischextrakt
Salz
Pfeffer aus der Mühle
1 EL Butterfett

Gerät:
Bratkasserolle mit Deckel

Geschnetzeltes Schweinefleisch

Zubereitung:
1. Zwiebel im heissen Fett glasig dünsten; Hitze erhöhen; Fleisch zugeben, mit dem Mehl bestäuben; unter beständigem Wenden allseitig anbraten.
2. Mit dem Wein ablöschen; Bouillon und Peterli zugeben; leicht salzen.
3. Teilweise zugedeckt 20 Minuten schwach köcherln.
4. Glace de viande (oder Fleischextrakt) zugeben, abschmecken; heiss servieren.

Varianten:
Kann mit geviertelten, kurz in Butter sautierten Champignons ergänzt oder mit 1 TL in etwas Milch aufgelöstem Currypulver geschmacklich variiert werden.

281

Schweinefleischfarce

Zutaten:
250 g nicht zu mageres
Schweinefleisch, gehackt
1 Schwöbli
1 Zwiebel, fein gehackt
1 EL Peterli, gehackt
Salz
Schwarzer Pfeffer aus der
Mühle
1 KL Butterfett

Gerät:
Bratpfanne, klein
Schüssel, mittelgross
Wiegemesser

Zubereitung:
1. Schwöbli grob würfeln; in der Schüssel mit kaltem Wasser übergiessen.
2. Butterfett in der Bratpfanne erhitzen; Zwiebel dazugeben und langsam weich dünsten.
3. Schwöbli gut ausdrücken; Wasser abgiessen; Schwöbli mit dem Wiegemesser fein hacken.
4. In der Schüssel Fleisch, Schwöbli, Peterli und Zwiebel zu einer homogenen Farce zusammenkneten; nicht zu zaghaft mit Salz und Pfeffer würzen.

282

Schweinszunge

Portionen: 2

Zutaten:
1–2 frische Schweinszüngli
Zum Sud:
  ¹/₂ l Wasser
  ¹/₂ l Weisswein
  1 Zwiebel, fein
  geschnitten
  5 Gewürznelken
  1 Rüebli, geschält und
  gewürfelt
  3 Pfefferkörner
  ¹/₂ Lorbeerblatt
  1 Büscheli Peterli
  ¹/₂ Bouillonwürfel
Kapernsauce (Nr. 71a/76a)

Gerät:
Kasserolle, mittelgross

Zubereitung:
1. Alle Zutaten zum Sud mit ¹/₂ l Wasser aufkochen; die Zunge(n) hineingeben und 60–80 Minuten knapp unter dem Siedepunkt ziehen lassen.
2. Die Kapernsauce mit Sud zubereiten.
3. Zunge(n) schälen, längs halbieren und mit der Sauce anrichten.

283

Portionen: 4

Zutaten:
4 Schweinsfüsse, vom
Metzger längs gespalten
Zum Sud:
    4 dl Wasser
    4 dl Weisswein
    1 Zwiebel, mit 3 Gewürz-
    nelken besteckt
    2 Rüebli
    1 Lorbeerblatt
    1 Büschelchen Peterli
    mässig Salz
    1 EL Weinessig
Sauce:
    Vinaigrette (Nr. 89)
    oder Sardellensauce
    (Nr. 76b) oder Oliven-
    sauce (Nr. 71c) oder Cor-
    nichons- (Nr. 71b) oder
    Trüffelsauce (Nr. 72)

Gerät:
Kasserolle, mittelgross mit
Deckel

Schweinsfüsse

Zubereitung:
1. Füsse in den kochenden Sud legen und zugedeckt in 2–2½ Stunden weich kochen.
2. Füsse herausnehmen; Knöchlein auslösen und wegwerfen.
3. Das Fleisch mit der gewünschten Sauce anrichten.

Bemerkungen:
Warme Sauce mit dem Sud als Grundlage zubereiten.

284   Weissgekochtes Huhn

Portionen: 3–4

Zutaten:
1 grosses Poulet oder
1 Poularde
½ Würfel Hühnerbouillon
1 Zwiebel
1 Gewürznelke
½ Lorbeerblatt
2 Peterlizweiglein
Für die Sauce:
   1 gestrichener EL
   Weissmehl
   2 Eigelb
   1 dl Rahm
   ¼ Zitrone
   50 g Butter
   Salz
   Pfeffer aus der Mühle

Gerät:
Stielkasserolle, klein
Kasserolle für das Huhn,
mit Deckel
Spicknadel
Schüssel
Sieb
ferner:
Butterbrotpapier, ca.
20 × 20 cm, auf einer Seite
mit Butter bepinselt
Küchenschnur

Zubereitung:
1. Huhn ausspülen und zusammenbinden; Zwiebel schälen und mit der Nelke bestecken; in einer Tasse Eigelb und Rahm mischen.
2. Huhn mit der Zwiebel, dem Lorbeerblatt und dem Peterli in die grössere Kasserolle legen; in der kleineren Kasserolle 6 dl Wasser zum Kochen bringen und den Bouillonwürfel darin auflösen.
3. Die kochende Bouillon über das Huhn giessen; aufs Feuer setzen; sparsam mit Salz und Pfeffer würzen; das Butterbrotpapier (bestrichene Seite nach unten) auf das Huhn legen; Kasserolle zudecken; Bouillon schnell zum Kochen bringen.
4. Wenn die Bouillon sprudelt, Hitze so weit reduzieren, dass die Flüssigkeit gerade noch leise kocht.
5. Nach 20 Minuten das Huhn wenden, wieder mit dem Butterbrotpapier bedecken; Kasserolle mit dem Deckel verschliessen.
6. Nach weiteren 20 Minuten mit der Spicknadel zwischen Schenkel und Brust in das Huhn hineinstechen: ist der austretende Jus klar, ist der Kochprozess abgeschlossen.
7. Huhn warm stellen; Bouillon in die Schüssel sieben.
8. In der kleinen Stielkasserolle mit Butter und Mehl einen Roux blanc zubereiten (Nr. 70).
9. Bouillon entfetten (S. 18/19); Mehlschwitze und Bouillon langsam mischen; unter beständigem Rühren einige Minuten köcherlen.
10. Vom Feuer nehmen und mit der Eigelb/Rahm-Mischung binden; mit etwas Zitronensaft, wenig Salz und Pfeffer abschmecken; nicht mehr kochen.
11. Huhn tranchieren; die Haut von den einzelnen Stücken abziehen und wegwerfen; die Stücke mit der Sauce nappieren.

285

Portionen: 3–4

Zutaten:
1 grosses Poulet
10 g Butter
¼ Zitrone
2 EL Butterfett
Salz
Pfeffer aus der Mühle

Gerät:
Bratkasserolle oder Bräter
ferner:
Küchenschnur

Gebratenes Poulet

Zubereitung:
1. Backofen auf 260° vorheizen; das Poulet innen salzen und pfeffern; Zitronenschnitz und Butter hineingeben; zusammenbinden. Das Äussere des Huhns ebenfalls mit Salz und Pfeffer bestreuen.
2. Butterfett in der Bratkasserolle erhitzen; Poulet hineingeben; in den Backofen stellen; Temperatur des Backofens auf 220° reduzieren.
3. Unter gelegentlichem Begiessen knusprig braun braten. Bratzeit: 4 Minuten pro 100 g Frischgewicht.

286

Portionen: 4

Zutaten:
1 frisches, fleischiges Poulet, ca. 1,3 kg schwer
2 Tomaten
4 Schalotten
1 EL Weissmehl
1 KL Paprika
1 EL starker oder 2 EL milder Weissweinessig
50 g Butter
½ l kräftige heisse Hühnerbouillon (Instant)
Salz
Pfeffer aus der Mühle

Gerät:
Bratkasserolle, mit Deckel
Stielpfanne, klein (für die Tomaten)

Fricassée von Poulet

Zubereitung:
1. Poulet roh in 9 Stücke zerlegen. Mit Salz und Pfeffer einreiben.
2. Tomaten häuten (S. 22), halbieren, Kerne und flüssige Bestandteile entfernen; das feste Tomatenfleisch grob hakken.
3. Butter in der Kasserolle heiss werden lassen; die Pouletstücke hineingeben; unter gelegentlichem Schütteln der Pfanne und einmaligem Wenden goldgelb rösten.
4. Schalotten schälen, vierteln, zum Fleisch geben und ebenfalls Farbe annehmen lassen.
5. Mit Mehl und Paprika bestäuben; sorgfältig wenden.
6. Bevor das Mehl stark Farbe annimmt, Essig, Tomatenwürfel und Bouillon zugeben; noch einmal gut mischen, zudecken und 15–20 Minuten schmoren lassen.
7. Pouletstücke herausnehmen und warm stellen; die Sauce evtl. auf lebhaftem Feuer einkochen lassen (8–10 Minuten), abschmecken und über das Poulet giessen.

Bemerkungen:
Es empfiehlt sich, die weissfleischigen Stücke des Poulets (Brust, Narrenbein) etwas kürzer zu garen, das heisst: etwas früher aus der Kasserolle herauszunehmen, da sie gerne trocken werden. – Die Sauce kann verfeinert werden, wenn man ihr zum Schluss 1–2 KL Glace de viande (Nr. 66) beifügt.

287

Portionen: 3

Zutaten:
1 Poulet
1 EL Weissmehl
1 Ei
100 g Paniermehl
Salz
Pfeffer aus der Mühle
Öl oder Fett zum Fritieren
2 Zitronen

Gerät:
Friturepfanne / Friteuse
3 Suppenteller

Gebackenes Huhn

Zubereitung:
1. Ei in einen Suppenteller schlagen und mit einer Gabel verklopfen.
2. Paniermehl in einem zweiten Teller bereitstellen, das Mehl in einem dritten.
3. Das Poulet mit einem Tranchiermesser in 9 Stücke zerlegen; die Haut ablösen und wegwerfen.
4. Friture auf 160° vorheizen.
5. Pouletstücke mit Salz und Pfeffer einreiben und mit etwas Mehl bestäuben, dann panieren: zuerst im Ei, dann im Paniermehl wenden. Paniermehl mit den (trockenen!) Fingern gut andrücken.
6. In Etappen bei 160° in ca. 10 Minuten knusprig braun braten.

Bemerkungen:
Wie bei allen panierten Speisen muss die Temperatur des Backfetts unter Kontrolle gehalten werden; ist es zu heiss, bräunt das Paniermehl zu schnell und wird schwarz, bevor das Fleisch gar ist. – Die dunkelfleischigen Teile des Huhns benötigen etwas längere Garzeit; da das Fritieren ohnehin in Etappen geschieht (das Backfett wird auch weniger abgekühlt, wenn nicht zuviel Backgut auf einmal in den Topf kommt), bäckt man weisse und dunkle Teile separat. – *Beilagen:* Kartoffel- und Gurkensalat. *Garnitur:* Zitronenviertel.

288

Portionen: 4

Zutaten:
4 Tauben, pfannenfertig
4 Tranchen Spickspeck
40 g Butter
1 EL Butterfett
Salz
Pfeffer aus der Mühle

Gerät:
Bräter
ferner:
Küchenschnur

Tauben

Zubereitung:
1. Backofen auf 220° vorheizen; Tauben innen und aussen mit Salz und Pfeffer würzen; Butter in die Tauben verteilen; auf jede Taubenbrust ½ Tranche Speck legen; Tauben einzeln zusammenbinden.
2. Butterfett im Bräter heiss werden lassen; Tauben mit der Brust nach oben hineinlegen; im heissen Ofen unter gelegentlichem Begiessen 10 bis 20 Minuten braten.
3. Speck entfernen; in 10 Minuten schön braun fertigbraten.

Enten-Salmis (Siehe Nr. 19)

289

Portionen: 4–6

Zutaten:
1 junge Gans à 3½–4½ kg
1 KL Basilikum, getrocknet
½ KL Majoran, getrocknet
Salz
Pfeffer aus der Mühle

Gerät:
Bräter mit Gittereinsatz
Pinsel
ferner:
Alu-Folie

Gans

Zubereitung:
1. Backofen auf 220° vorheizen; Gans innen und aussen mit den Gewürzen einreiben.
2. Gans mit der Brust nach oben auf den Gittereinsatz im Bräter legen; in den heissen Ofen stellen; unter gelegentlichem Begiessen 45 Minuten braten.
3. Backofentemperatur auf 170° zurückstellen; unter gelegentlichem Begiessen weitere 65–105 Minuten braten. Sollte die Gans zu stark bräunen, mit Alu-Folie abdekken.
4. 2 TL Salz in 4 EL heissem Wasser auflösen; die Gans mit dieser Salzlösung einpinseln; in 30 Minuten ohne Begiessen (und ohne Folie!) fertigbraten.

Bemerkungen:
Zum guten Gelingen trägt der Gittereinsatz wesentlich bei: Gänse sind fett und sollen während des Bratens nie in ihrem eigenen Fett schwimmen. Wenn nötig von dem Fett, das sich unter dem Gitter sammelt, abgiessen. – Das Salzwasser soll die Haut besonders knusprig machen. – Faustregel für die Bratdauer: 40 Minuten pro Kilogramm Rohgewicht; der in den Schenkel gesteckte Fleischthermometer soll 85° anzeigen; das Fleisch soll weich gebraten sein.

Variante:
Gefüllte Gans
Merke: Die Bratzeit muss um ca. 20 Minuten verlängert werden!

a) Apfel/Brot-Füllung
Magen, Herz und Leber der Gans, 50 g Rosinen, 50 g Butter, 2 Zwiebeln, 4 Tranchen Englischbrot, 3 mittelgrosse Boskop-Äpfel, 1 Sträusschen Peterli, 1 TL Majoran-Pulver, Salz, Pfeffer aus der Mühle, 1 Eigelb
Magen und Herz mit kochendem Wasser bedecken und zugedeckt 40 Minuten köcherlen; herausnehmen, kleinschneiden. – Rosinen in dem verbleibenden heissen Wasser aufquellen lassen; mit dem kleingeschnittenen Magen und Herz zusammen in eine Schüssel geben. – Zwiebeln in Scheiben schneiden und in der Butter glasig dünsten; die fein geschnittene Leber dazugeben und ganz kurz anrösten; beides in die Schüssel geben. – Brotscheiben mit dem Wiegemesser fein wiegen, in die Schüssel geben. – Äpfel schälen, ohne Kernhaus in kleine Würfel schneiden; in die Schüssel geben. – Peterli hacken und zusammen mit Salz, Pfeffer, Majoran und Eigelb in die Schüssel geben. Gut mischen. – In die gewürzte Gans füllen; zunähen.

b) Apfel/Kastanien-Füllung
Zubereitung wie oben, aber anstelle des Brotes werden 100 g während 20 Minuten geschwellte Kastanien (Nr. 348) und 50 g in kleine Würfel geschnittener Stangensellerie in die Füllung genommen.

290

Portionen: 6–8

Zutaten:
1 Truthahn à ca. 4 kg
4 grosse Tranchen Spick-
speck
50 g Butterfett
1½ dl Weisswein
1 dl Bouillon (Instant)
Salz
Pfeffer aus der Mühle

Gerät:
Bräter
Pinsel
ferner:
Küchenschnur
Alu-Folie

Truthahn

Zubereitung:
1. Backofen auf 200° vorheizen.
2. Truthahn innen und aussen mit Salz und Pfeffer einreiben; die Speckscheiben auf die Brust legen; mit Küchenschnur zusammenbinden.
3. Fett in den Bräter geben; im Backofen heiss werden lassen; Truthahn hineingeben; unter fleissigem Begiessen braten; den Bratenfond löffelweise abwechselnd mit Wein und Bouillon ergänzen; den Truthahn evtl. mit Folie zudecken, damit er nicht zu stark bräunt.
4. Nach 2½ Stunden Bratzeit die Specktranchen entfernen; den Vogel mit Salzwasser bepinseln und – ohne ihn weiter zu begiessen – in 15–30 Minuten im Ofen fertig braten.

Variante:
Gefüllter Truthahn
Ausser mit einer der für «Gebratene Gans» (Nr. 289) angegebenen Füllungen ist für den Truthahn eine Fleischfüllung empfehlenswert: Herz und Magen des Truthahns in wenig kochendem Wasser in ¾ Stunden weich kochen; fein verhakken und mit der rohen, in Würfelchen geschnittenen Leber des Truthahns vermengen. – ½ Pfund gebratener (Nr. 213), erkalteter Kalbsbraten mit 70 g Spickspeck und einem in Milch eingeweichten und wieder ausgedrückten Schwöbli durch den Fleischwolf drehen. – 1 Büscheli Peterli, 1 EL Kapern und 2 Sardellenfilets fein hacken. – 3 Schalotten schälen, fein hacken und in etwas Butter glasig dämpfen. – Alle Zutaten mit 2 ganzen Eiern gut mischen; mit Salz, Pfeffer und etwas geriebener Muskatnuss mischen.
Bratzeit: 50–60 Minuten pro kg Truthahn.

291

Portionen: 2

Zutaten:
1 Hasenrücken, gehäutet
1 Rüebli
2 Schalotten, fein gehackt
1 Lorbeerblatt
2 Wacholderbeeren
½ dl trockener Sherry
2 EL Olivenöl
4 Tranchen Speck
2 dl Rahm
50 g Butter
Salz
Pfeffer aus der Mühle

Gerät:
Wähenblech, ∅ ca. 25 cm
Gratinform, ca. 25 cm lang
Sieb
Stielpfännchen
ferner:
Küchenpapier
Saranpapier
Alu-Folie

Hasenrücken

Zubereitung:
1. Rüebli schaben und in kleine Würfel schneiden; mit der Hälfte der Schalotten, dem Lorbeerblatt und den zerdrückten Wacholderbeeren in die Gratinform geben; Hasenrükken darauflegen; mit Sherry und Öl begiessen; mit Saranpapier zugedeckt 1–2 Tage marinieren; dabei von Zeit zu Zeit mit der Marinade beträufeln.
2. Backofen auf 220° vorheizen; Wähenblech hineinstellen.
3. Hasenrücken aus der Marinade nehmen, mit Küchenpapier abtrocknen; wägen; mit Butter bestreichen, pfeffern.
4. Das heisse Wähenblech mit den Specktranchen belegen; Hasenrücken auf die Specktranchen legen; in den Backofen schieben. Bratzeit: 10 (für einen 400 g schweren Rücken) – 12 Minuten (500 g Gewicht).
5. Restliche Schalotten im Stielpfännchen mit wenig Butter glasig dünsten; Marinade dazusieben und fast vollständig einkochen lassen.
6. Hasenrücken aus dem Backofen nehmen und mit Alu-Folie bedeckt warm stellen; Bratenfond (ohne Speck und Fett) in die Sauce geben.
7. Sauce mit Rahm auffüllen; zur gewünschten (sirupartigen) Konsistenz einkochen; abschmecken.
8. Hasenrücken (nach 5–10 Minuten Ruhezeit) tranchieren, mit Salz und Pfeffer bestreuen; Sauce sieben; ein Stückchen frische Butter einrühren; separat anrichten.

Bemerkungen:
Noch besser gerät die Sauce, wenn als Grundlage Wildfumet (Nr. 69) zur Verfügung steht; man gibt 2–3 EL davon mit der gesiebten Marinade des Hasenrückens zu den gedünsteten Schalotten und verfährt im übrigen nach Rezept. – Die Sauce kann angereichert werden durch 1 EL gedünstete und fein geschnittene Totentrompeten (Nr. 371), durch Zugabe von Cassisgelée, Cassislikör, etc.

292

Portionen: 6

Zutaten:
2 kg Hirschrücken, gehäutet
2 Zwiebeln, fein geschnitten
2 Rüebli, geschabt und
klein gewürfelt
5 Pfefferkörner, zerdrückt
10 Wacholderbeeren,
zerdrückt

Hirschrücken

Zubereitung:
1. Spickspeck in ½ cm dicke Streifen schneiden; mit Salz und Pfeffer bestreuen; den Hirschrücken damit in Faserrichtung spicken.
2. Hirschrücken auf das mit Alu-Folie ausgelegte Backblech geben; mit den Gemüsen und Gewürzen bestreuen; mit dem Öl begiessen.
3. Während 48 Stunden marinieren; dabei immer wieder mit der Marinade beträufeln.
4. Backofen auf 220° vorheizen.
5. Bräter mit dem geräucherten Speck auslegen; Rücken daraufstellen; Marinade darübergiessen.

2 EL Peterli, fein gehackt
120 g Spickspeck
2–3 dl Olivenöl
8 Tranchen geräucherter
Speck
Salz
Pfeffer aus der Mühle
Johannisbeersauce (Nr. 90)

Gerät:
Bräter
Spicknadel
Backblech, gross
ferner:
Alu-Folie

6. Im Backofen 75–90 Minuten braten; wenn der Rücken Farbe angenommen hat, mit Salz und Pfeffer bestreuen; fleissig begiessen; von Zeit zu Zeit etwas heisses Wasser zugeben, damit die Gemüse der Marinade nicht anbrennen. – Sollte der Rücken oben zu stark dunkeln, ein Stück Alu-Folie darüberlegen.
7. Hirschrücken tranchieren: Fleisch zuerst vom Rückgrat, dann von den Rippen lösen; schräg in daumendicke Tranchen schneiden; Fleisch auf dem Knochen wieder zusammensetzen. Sauce separat servieren.

293 Hirschpfeffer

Portionen: 2–3

Zutaten:
500 g Hirschfleisch
(Schlegel, Schulter)
Zur Marinade:
  ½ l Rotwein
  1 Lorbeerblatt
  5 Gewürznelken
  10 Pfefferkörner
  1 Tannenzweiglein
  (fakultativ)
  2–3 Wacholderbeeren
  (fakultativ)
3 Tranchen geräucherter
Speck, in Riemchen
geschnitten
3 dl Bouillon
½–1 dl Rahm
25 g Butterfett
20 g Kochbutter
25 g Weissmehl
½ TL Griesszucker
Salz
Pfeffer aus der Mühle

Gerät:
Schüssel, mittelgross
Siebkelle
Bratkasserolle mit Deckel
Sieb
ferner:
Küchenpapier

Zubereitung:
1. Fleisch und Zutaten zur Marinade in der Schüssel mit dem Rotwein übergiessen; unter gelegentlichem Wenden 2–5 Tage marinieren.
2. Fleisch mit der Siebkelle herausheben und abtropfen lassen; mit Küchenpapier trockentupfen.
3. Kasserolle (leer) auf dem Herd sehr heiss werden lassen; Butterfett zugeben und heiss werden lassen; Fleisch zugeben und auf kräftigem Feuer allseitig schön braun anbraten; leicht salzen.
4. Fleisch herausnehmen; Fett (nicht aber den Fond) abgiessen; Speckriemchen hineingeben und bei mittlerer Hitze auslassen; Butter zugeben und schmelzen; Mehl und Zucker zugeben; bei Mittelhitze unter Rühren schön braun rösten; mit je 1 dl Bouillon und gesiebter Marinade ablöschen; glattrühren.
5. Fleisch hineingeben; zu gleichen Teilen Bouillon und Marinade zugiessen, bis das Fleisch gut zur Hälfte in die Flüssigkeit zu liegen kommt.
6. Aufkochen; zudecken; leise köcherlen, bis das Fleisch schön weich ist (60–75 Minuten).
7. Rahm zugeben; abschmecken; heiss servieren.

294

Portionen: 4–5

Zutaten:
1,5 kg Rehrücken
2 Zwiebeln, geschält und
gewürfelt
1 Rüebli, geschabt und
kleingeschnitten
1 Stück Knollensellerie, geschält und kleingeschnitten
5 Pfefferkörner, zerdrückt
10 Wacholderbeeren,
zerdrückt
1 Lorbeerblatt
1 Gewürznelke
1 Prise Majoranpulver
2 EL Wacholderbrand
2 dl schwerer Rotwein
1½ dl Rahm
Salz
Pfeffer aus der Mühle
2 EL ausgelassene Butter

Gerät:
Bräter
Stielpfännchen
Sieb
ferner:
Alu-Folie

Rehrücken

Zubereitung:
1. Backofen auf 250° vorheizen.
2. Rehrücken mit Salz, Pfeffer und Majoran würzen.
3. Gemüse, Pfefferkörner, Wacholderbeeren, Lorbeer und
   Nelke in den Bräter geben; den Rücken darauflegen.
4. Butter im Pfännchen heiss werden lassen; über den Rehrücken giessen; Bräter in den heissen Backofen stellen.
5. Unter gelegentlichem Begiessen 11–12 Minuten braten.
   Evtl. löffelweise (sparsam!) heisses Wasser zugeben, damit
   das Gemüse nicht verbrennt.
6. Rehrücken herausnehmen; mit Alu-Folie bedecken und
   warm stellen; 10 Minuten ruhen lassen.
7. Den Bratensatz mit dem Wacholderbrand flambieren;
   mit dem Rotwein ablöschen; durch das Sieb in das Pfännli
   passieren; Gemüse gut ausdrücken.
8. Den Bratenfond auf dem Herd zum Kochen bringen; bis
   auf 2 EL einkochen.
9. Dem reduzierten Fond den Rahm beigeben; noch etwas
   einkochen lassen; abschmecken.
10 Rehrücken tranchieren: zuerst vom Rückgrat, dann von
   den Rippen lösen; schräg in daumendicke Tranchen
   schneiden; Fleisch auf dem Knochen wieder zusammensetzen. Sauce separat servieren.

295

Portionen: 4–5

Zutaten:
1400 g Rehfleisch (Schulter,
Brust oder Laffe)
Zur Marinade:
  3 Rüebli, 2 Zwiebeln,
  3 Schalotten, alles fein
  geschnitten
  6 Pfefferkörner
  2 Gewürznelken

Rehpfeffer

Zubereitung:
1. Reh in Ragoutstücke schneiden; in die Schüssel geben, alle
   Zutaten zur Marinade dazugeben, zudecken und 2–4 Tage
   marinieren.
2. Das Fleisch herausnehmen, abtropfen lassen und mit Küchenpapier trockentupfen; salzen und pfeffern.
3. Kasserolle (leer) auf dem Herd sehr heiss werden lassen;
   Butter zugeben und ebenfalls heiss werden lassen; das
   Fleisch bei lebhafter Flamme während 10 Minuten scharf
   anbraten.
4. Mehl darüberstreuen, umrühren; weiter anbraten, bis das
   Mehl Farbe angenommen hat; mit dem Cognac flambieren.

6 Wacholderbeeren,
zerdrückt
1 Lorbeerblatt
1,5 dl Weinessig
7,5 dl schwerer Rotwein
4 EL Öl
100 g magere Speckwürfeli
200 g kleine Champignons
15 kleine Perlzwiebeln
1 dl Schweineblut
(fakultativ)
1 dl Rahm
¹/₂ dl Cognac
25 g Mehl
Salz
Pfeffer aus der Mühle
20 g ausgelassene Butter

Gerät:
Schüssel, gross mit Deckel
Bratkasserolle mit Deckel
Sieb
ferner:
Küchenpapier

5. Wenn die Flämmchen verlöscht sind, die Marinade darübersieben; zudecken und langsam 45 Minuten schmoren.
6. Die geschälten Zwiebelchen, die Speckwürfeli und die gewaschenen Champignons zugeben und weitere 30 Minuten zugedeckt schmoren.
7. Kasserolle vom Feuer ziehen; evtl. entfetten; Blut und Rahm zugeben; erhitzen, aber nicht mehr kochen.

296

Portionen: 5–6

Zutaten:
1 Rehschlegel von 2 kg,
enthäutet und gespickt
50 g ausgelassene Butter
50 g Kochbutter,
zimmerwarm
Salz
Pfeffer aus der Mühle
Trüffelsauce (Nr. 72) oder
Braune Sauce (Nr. 71)
2 EL Portwein
1 KL Johannisbeer- oder
Cassisgelée (fakultativ)

Gerät:
Bräter
ferner:
Alu-Folie

Rehschlegel

Zubereitung:
1. Backofen auf 220° vorheizen; den Knochen des Schlegels dick in Alu-Folie einpacken; ausgelassene Butter in den Bräter geben.
2. Schlegel mit Kochbutter einstreichen; pfeffern.
3. Im Bräter in den Backofen stellen; nach 10 Minuten begiessen und salzen; Temperatur des Backofens auf 190° reduzieren.
4. Weitere 25 Minuten braten; gelegentlich begiessen.
5. Nach 35 Minuten Bratzeit (man rechnet 9 Minuten pro 500 g Gewicht) herausnehmen; mit Alu-Folie zugedeckt vor dem Tranchieren 15 Minuten an einem warmen Ort ruhen lassen.
6. Fett aus dem Bräter abgiessen; Fond in etwas Portwein auflösen und in die Sauce geben; nach Belieben 1 KL Johannisbeer- oder Cassisgelée einrühren.

Centralhallen Basel — Abteilung Fleischwaren — Samuel Bell Söhne.

Centralhallen Basel — Abteilung Wurstwaren — Samuel Bell Söhne.

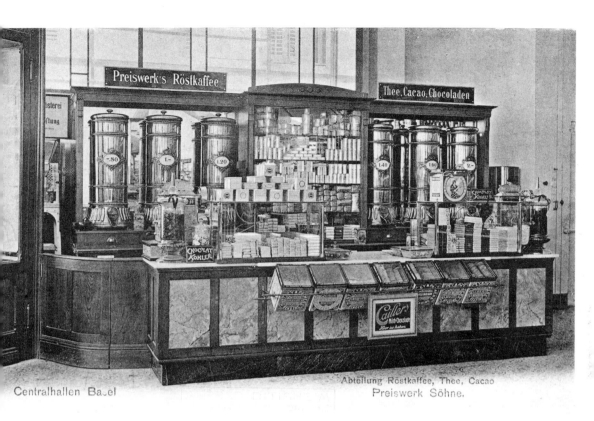

Centralhallen Basel

Abteilung Röstkaffee, Thee, Cacao
Preiswerk Söhne.

Centralhallen Basel – Erfrischungsraum.

297 Wildschweinbraten

Portionen: 6

Zutaten:
3 Pfund von der Keule
eines jungen Wildschweins
100 g Spickspeck
3 EL ausgelassene Butter
5 zerdrückte Wacholder-
beeren
10 zerdrückte Pfefferkörner
1 Rüebli, 2 Zwiebeln, etwas
Knollensellerie, alles
gewürfelt
1 Glas Wein
$^1/_2$–$^2/_3$ l Bouillon
$^1/_2$–1 dl Rahm
1 KL Kartoffelmehl
Salz
Pfeffer aus der Mühle
1–2 KL Cassisgelee
(fakultativ)

Gerät:
Spicknadel
Bräter

Zubereitung:
1. Backofen auf 220° vorheizen.
2. Keule mit dem Speck spicken; mit Salz und Pfeffer einreiben.
3. Auf dem Herd im Bräter die Butter heiss werden lassen; die
   Keule auf allen Seiten gut anbraten; zuletzt das Gemüse
   kurz mitrösten.
4. Die Butter bis auf einen dünnen Film abgiessen; mit dem
   Wein ablöschen; Wacholderbeeren und Pfefferkörner beigeben; in den Backofen stellen.
5. 30 Minuten braten; dabei von Zeit zu Zeit heisse Bouillon
   zuschütten; gelegentlich begiessen.
6. Den Rahm zugeben; weitere 30 Minuten braten; Flüssigkeit mit Bouillon ergänzen; begiessen.
7. Wenn das Fleisch weich ist, die Keule herausnehmen. Den
   Bratenfond sieben; Gemüse gut ausdrücken.
8. Evtl. noch etwas Bouillon zugeben; mit etwas in kaltem
   Wasser angerührtem Kartoffelmehl binden; Cassisgelee
   einrühren; abschmecken.

Bemerkungen:
Kaufen Sie – wenn überhaupt einmal Gelegenheit dazu besteht – nur Fleisch
von jungen Tieren, von Frischlingen. Fleisch von Tieren, die schwerer als
30 kg sind, haben einen kräftigen Wildgeschmack, der bei Eber so intensiv sein
kann, dass nur noch ausgesprochene Liebhaber auf ihre Rechnung kommen.
Es empfiehlt sich, dieses Fleisch 4–5 Tage in einer kräftigen Beize zu marinieren und dann so lange zu braten, bis das Fleisch weich ist. Zutaten zur
Beize: Milch, zerdrückte Wacholderbeeren, Rotwein, Lorbeer, Pfefferkörner.

298

Portionen: 3

Zutaten:
6 Frischlingskoteletten
à 75 g
1 Pfund Kompott von
Weichselkirschen, entsteint
1 TL Kartoffelmehl
3 EL Glace de viande
(Nr. 66), fakultativ
1 dl schwerer Rotwein
3 EL Butterfett
Salz
Pfeffer aus der Mühle
1 Prise Zimtpulver
1 EL Kirschwasser

Gerät:
Bratpfanne
2 kleine Kasserollen mit
Deckel
Sieb

Wildschweinkoteletten

Zubereitung:
1. Die abgetropften Kirschen mit dem Rotwein aufkochen; mit einer Prise Zimt würzen.
2. Das Kartoffelmehl mit dem Kirsch verrühren, in die Kirschen mit dem Rotwein einlaufen lassen; kurz aufkochen, damit der Rotwein gebunden wird.
3. Die Koteletten pfeffern und salzen; im heiss gemachten Fett 6–7 Minuten braten.
4. Glace de viande erhitzen; die Koteletten damit überziehen; Kirschen separat servieren.

299

Portionen: 2–3

Zutaten:
1 junger, abgehangener
Fasan
75 g Butter
$^{1}/_{2}$–1 dl trockener Weisswein
1 TL Cognac
1–2 EL Glace de viande
(Nr. 66)
1 Messerspitze Liebigs
Fleischextrakt
Salz
Schwarzer Pfeffer aus der
Mühle
3 möglichst dünne, hand-
flächengrosse Tranchen
Spickspeck
1–2 EL Rahm (fakultativ)
3 Tranchen Englischbrot
ohne Ranft

Gerät:
Bräter, klein
Bratpfanne
ferner:
Küchenschnur

Fasan

Zubereitung:
1. Backofen auf 220° vorheizen.
2. Fasan im Innern salzen und pfeffern; eine Stückchen Butter ins Innere legen. Je 1 Tranche Spickspeck beidseitig
   über Brust und Schenkel legen. Den Fasan mit Schnur gut
   zusammenbinden. Das Äussere mit Salz und Pfeffer würzen.
3. 25 g Butter in der Bratpfanne zergehen lassen. Die dritte
   Specktranche in den Bräter legen; den Fasan mit der einen
   Brust darauflegen; mit der heissen Butter übergiessen.
   Ungedeckt in den Backofen stellen.
4. Nach 15 Minuten den Fasan auf die andere Brust legen;
   mit dem Fond begiessen; evtl. 1 EL Weisswein dazugiessen (wenn zu wenig Fond vorhanden ist).
5. Nach weiteren 15 Minuten die Specktranchen auf dem
   Fasan entfernen; den Vogel auf den Rücken legen.
6. Unter gelegentlichem Begiessen eine dritte Viertelstunde
   weiterbraten: Brust und Schenkel sollen Farbe annehmen.
7. Fasan herausnehmen; mit einer Spicknadel zwischen
   Schenkel und Körper einstechen: ist der austretende Jus
   rosa, so ist die Bratzeit richtig; sonst weitere 5 Minuten
   braten.
8. Fasan warm stellen. Den Speck aus dem Bräter entfernen.
   Den Bratenfond mit Wein loslösen; auf lebhaftem Feuer
   bis auf 1 EL Volumen einkochen.
9. Unterdessen die Brotscheiben in 20 g heisser Butter
   knusprig rösten.
10. Glace de viande und Fleischextrakt in den reduzierten
    Bratenfond einrühren; nach Wunsch den Rahm zugeben;
    aufkochen. Cognac zugeben, abschmecken.
11. Fasan tranchieren und auf einer heissen Platte mit den
    Croutons – so heissen die knusprigen Brotscheiben –
    anrichten. Die kurze Sauce separat servieren.

Bemerkungen:
Beim Einkauf darauf achten, dass der Fasan jung und nicht älter als 14 Monate
ist! Der Sporn an den Beinen soll kurz und rund und nicht lang und spitz
sein.

300

Portionen: 4

Zutaten:
4 Wald- oder Berg-
schnepfen, gerupft, aber
nicht ausgenommen

Schnepfen

Zubereitung:
1. Backofen auf 220° vorheizen. Von den Schnepfen Kopf
   und Hals wegschneiden; die Vögel mit Salz und Pfeffer
   einreiben; mit Schnur einzeln zusammenbinden.
2. Öl und 40 g Butter im Bräter erhitzen; die Vögel hineingeben und begiessen; in den Backofen stellen und unter
   gelegentlichem Begiessen und zweimaligem Wenden
   18–20 Minuten braten.

2 dl schwerer französischer
Rotwein
½ dl Cognac
2 EL Glace de viande
(Nr. 66)
40g Foie gras (Konserve)
100 g Butter
1 EL Öl
2 Tranchen Englischbrot
ohne Ranft, diagonal in
zwei Dreiecke geschnitten
Salz
Pfeffer aus der Mühle

Gerät:
Bräter oder Bratkasserolle
Mörser
Bratpfanne
Wähenblech, mittelgross
ferner:
Küchenschnur

3. Die Schnepfen mit Hilfe eines Löffelchens ausnehmen; die Vögel warm stellen; die Eingeweide (ohne den Magen!) im Mörser zerstossen; mit der Gänseleber vermischen; mit Salz und Pfeffer würzen.
4. Restliche Butter in der Bratpfanne erhitzen; bei mittlerer Hitze die Englischbrotschnitten auf einer Seite goldgelb rösten.
5. Unterdessen die Sauce zubereiten: Jus aus dem Bräter in eine Tasse abgiessen; den Bratensatz mit dem Cognac loslösen; Wein und Glace de viande zugeben; auf starker Flamme bis auf 2 EL Volumen einkochen.
6. ¾ der Paste aus dem Mörser auf die ungeröstete Seite der Brotschnittchen streichen; auf dem Wähenblech im ausgeschalteten Ofen warm machen.
7. Das Fett auf dem Jus in der Tasse abschöpfen; den Jus zu der Wein/Fond-Mischung im Bräter giessen; den Rest der Paste aus dem Mörser einrühren; nicht mehr kochen; abschmecken.
8. Schnepfen mit den Brotschnittchen anrichten; den Fleischsaft, der beim Warmhalten ausgeflossen ist, in die (kurze) Sauce geben; Schnepfen und Sauce getrennt servieren.

Variante:
Moor- oder Sumpfschnepfen (Bécassines)
Gleiche Zubereitung, aber Bratzeit nur 9–10 Minuten.

301

Portionen: 2

Zutaten:
1 Wildente
Salz
Pfeffer aus der Mühle
½ dl Weisswein
½ dl Madeira
1 TL Cognac
1 gestrichener TL gehackte
Orangenschale
1½ EL Butterfett

Gerät:
Bratkasserolle, klein
ferner:
Küchenschnur

Wildente

Zubereitung:
1. Backofen auf 250° vorheizen.
2. Ente innen salzen und pfeffern; binden; aussen salzen und pfeffern.
3. Fett heiss werden lassen; Ente hineinlegen und im vorgeheizten Ofen 20–30 Minuten braten; dabei von Zeit zu Zeit begiessen.
4. Ente herausnehmen und warm stellen; das Fett sorgfältig abgiessen; Bratensatz mit Wein und Madeira loskratzen.
5. Orangenschale zugeben; etwas einkochen lassen.
6. Cognac zugeben; abschmecken.

Bemerkungen:
Wir kennen über ein halbes Dutzend Arten von Wildenten. Wichtig ist in erster Linie, dass das Tier jung, das heisst weniger als ein Jahr alt ist. Im Rezept ist eine Ente vom Typus Col-vert (grüner Kragen) verwendet. Sie soll so kurz gebraten werden, dass der Saft beim Einstechen zwischen Körper und Schenkel rosa austritt; nach der Ruhezeit (während der wir die kurze Sauce fertigmachen) kommt die Ente dann gerade ins richtige Stadium. Nach 20 Minuten Bratzeit prüfen!

302

Portionen: 2

Zutaten:
2 junge Rebhühner à 500 g,
bratfertig
4 handflächengrosse dünne
Tranchen Spickspeck
100 g Butter
1 EL Öl
1 EL Sherry
3–4 EL Bouillon oder
Glace de viande (Nr. 66)
10 Traubenbeeren (mit
dünner Schale!)
Salz
Pfeffer aus der Mühle

Gerät:
Bratkasserolle
ferner:
Küchenschnur

Rebhuhn

Zubereitung:
1. Backofen auf 250° vorheizen.
2. Die Rebhühner innen und aussen mit Salz und Pfeffer würzen; Brust und Schenkel je mit einer Tranche Speck belegen; Vögel gut verschnüren.
3. Öl und Butter in der Bratkasserolle auf dem Herd heiss werden lassen; Rebhühner hineingeben und begiessen; in den Backofen stellen.
4. Unter zweimaligem Begiessen 12 Minuten lang braten.
5. Spickspeck von Brust und Schenkel entfernen; für weitere 5 bis 7 Minuten in den Ofen zurückstellen.
6. Kasserolle aus dem Ofen nehmen; die Rebhühner herausnehmen und warm stellen.
7. Den grösseren Teil des Bratfettes abgiessen; Kasserolle auf dem Herd wieder erhitzen; Fond mit dem Sherry und der Bouillon bzw. Glace de viande aufkochen; einkochen lassen.
8. Im letzten Augenblick die Traubenbeeren kurz in der Sauce erwärmen.
9. Die ganzen Vögel mit den Traubenbeeren anrichten; die kurze Sauce separat servieren.

Bemerkungen:
Die Hühnchen können auch auf in Butter langsam goldbraun gerösteten Toastbrotscheiben (ohne Ranft) angerichtet werden. – Ein nussgrosses Stück Gänseleber mit Trüffel vor dem Braten in die Bauchhöhle des Rebhuhns gesteckt, ist empfehlenswerte Zutat. – Als Beilage passen besonders gut: Sauerkraut, Linsen, Kohl.

303

Portionen: 3

Zutaten:
6 Wachteln, ausgenommen
und zusammengebunden
40 g Butter, zimmerwarm
3 EL Bouillon
2 EL Glace de viande
(Nr. 66)
1 EL Madeira
Salz
Pfeffer aus der Mühle
1 EL Öl

Gerät:
Bratkasserolle

Wachteln

Zubereitung:
1. Backofen auf 250° vorheizen.
2. In jede Wachtel ein Stückchen gesalzene Butter stecken; die Wachteln aussen mit Butter bestreichen und mit Salz und Pfeffer würzen.
3. Das Öl in der Kasserolle erhitzen; die Wachteln hineingeben.
4. Im Backofen unter mehrmaligem Begiessen 12–15 Minuten braten.
5. Wachteln warm stellen; auf dem Herd den Bratensatz mit der Bouillon loslösen; bis auf 1 EL Volumen einkochen.
6. Glace de viande und Madeira zugeben; aufkochen; abschmecken.

Bemerkungen:
Als Beilage eignen sich zum Beispiel Risotto (Nr. 394), Pommes paille (Nr. 340). – Zur Abwechslung können dem Bratjus ganz zuletzt 30 Weichselkirschen (Konserve) und 1 EL Weichselkirschensaft beigefügt werden.

304

Portionen: 6

Zutaten:
Pastetenteig (Nr. 97) von
250 g Mehl
1 Ei
Zur Fülle:
    750 g gehacktes
    Schweinefleisch
    1 Schwöbli, in Milch
    eingeweicht
    1 Zwiebel, fein gehackt
    $1/2$ Knoblauchzinken, fein
    gehackt
    2 Sardellenfilets, fein
    gehackt
    2 EL Peterli, fein gehackt
    1 TL Paprika
    Muskatnuss
    Salz
    Schwarzer Pfeffer aus der
    Mühle
1 EL Olivenöl
Mehl zum Auswallen
Butter für die Backform

Gerät:
Bratpfanne, klein
Wiegemesser
Schüssel, mittelgross
Muskatraffel
Wallholz
Springform oder rundes
Wähenblech, ∅ ca. 23 cm
Pinsel

Fleischpastete (warm)

Zubereitung:
1. Öl in der Bratpfanne erhitzen; Zwiebel hineingeben und langsam weich dämpfen.
2. Schwöbli gut ausdrücken; mit dem Wiegemesser fein hakken.
3. Fleisch, Zwiebel, Schwöbli, Knoblauch, Sardellenfilets und Peterli in der Schüssel gut mischen; mit Paprika, geraffelter Muskatnuss, Salz und Pfeffer würzen.
4. Backofen auf 190° vorheizen; Springform bzw. Wähenblech mit Butter auspinseln; Ei teilen.
5. Teig im Verhältnis 3:2 teilen; beide Hälften separat auf bemehlter Unterlage auswallen.
6. Mit dem grösseren Teigstück Form oder Blech grosszügig auslegen.
7. Fleischmasse sorgfältig einfüllen; dabei einen 2 cm breiten Rand unbelegt lassen; diesen Rand mit Eiweiss bepinseln.
8. In das kleinere Teigstück 3 runde Öffnungen (Kamine) schneiden; als Deckel über das Fleisch legen; den bestrichenen Rand gut andrücken.
9. Den überlappenden Teil des Teigbodens zu einem Kranz einrollen; Deckel und Rand mit Eigelb anstreichen.
10. Im Backofen in 35–45 Minuten goldgelb backen; heiss servieren.

Varianten:
Zur Fülle ausser gehacktem Schweinefleisch geröstete Riemchen von geräuchertem Speck, fein gewiegten gekochten Schinken nehmen. Verschieden würzen: Curry statt Paprika, Basilikum oder Salbei statt Peterli, etc.

Sauersüsse Pastete (warm) (Siehe Nr. 23)

Wurstwecken (Siehe Nr. 24)

305

Portionen: 4

Zutaten:
Je 200 g fein gehacktes
Kalb-, Schweine-, Rind-
fleisch
1 Schwöbli, in Wasser
eingeweicht
1 Zwiebel, fein gehackt
1 Ei
1 EL Peterli, gehackt
Muskatnuss
Salz
Pfeffer aus der Mühle
1 TL Zitronensaft
2 EL Paniermehl
Bratengarnitur:
    1 Zwiebel, mit
    1 Gewürznelke besteckt
    1 kleines Lorbeerblatt
    1 Rüebli
    2–3 Pfefferkörner
2 EL Butterfett
3 Tranchen Speck
1 EL Tomatenmark

Gerät:
Bräter oder Bratkasserolle
Wiegemesser
Schüssel, mittelgross
Muskatraffel

Hackbraten

Zubereitung:
1. Weggli gut ausdrücken und sehr fein hacken; Backofen auf
   220° vorheizen; Zwiebel in etwas Butterfett glasig dünsten.
2. Fleisch, Zwiebel, Weggli, Peterli, Ei und Zitronensaft in der
   Schüssel mit den Händen durcharbeiten, bis die Masse gut
   zusammenhält und nicht mehr an der Schüssel klebt; mit
   Salz, Pfeffer und wenig geraffelter Muskatnuss würzen;
   eine längliche Rolle formen, im Paniermehl wälzen.
3. Butterfett in der Bratpfanne heiss werden lassen; die Bratengarnitur und das Fleisch hineingeben; ungedeckt in den
   Backofen stellen; Speckscheiben auf den Braten legen.
4. Wenn die Bratengarnitur braun zu werden beginnt, das
   Tomatenmark in 2 dl heissem Wasser verrühren und in die
   Bratpfanne giessen; das Fleisch nun alle 10 Minuten begiessen.
   Bratzeit total: 1 Stunde.

Bemerkungen:
Das Mengenverhältnis der drei Fleischsorten kann nach Geschmack variiert
werden, wobei zu berücksichtigen ist, dass Rindfleisch wenig Fett enthält: Je
mehr Rindfleisch, desto trockener der Braten. – Kalter Hackbraten bildet eine
vorzügliche kleine Abendmahlzeit.

Variante:
Kurländische Fleischplätzli
Aus der mit 1 dl Rahm vermengten Masse werden halbhand-
grosse, kleinfingerdicke runde Plätzli geformt und diese in
einer Bratpfanne auf dem Herd auf beiden Seiten gebraten.

306

Portionen: 2–3

Zutaten:
200 g Rindfleisch, 150 g
Kalbfleisch, 100 g Rohschinken, 100 g Spickspeck, vom
Metzger durch den Fleischwolf drehen lassen
3 Sardellenfilets

Italienischer Hackbraten

Zubereitung:
1. Backofen auf 220° vorheizen; Tomate häuten, halbieren,
   Kerne entfernen.
2. Fleisch in der Schüssel mit wenig Salz zu einer homogenen
   Masse zusammenkneten. Zu einer dicken Wurst formen,
   dabei die Sardellenfilets der Länge nach in das Hackfleisch
   einbetten. Der Hackbraten muss in der Bratkasserolle Platz
   haben!
3. Butterfett in der Kasserolle erhitzen. Den Hackbraten im
   Paniermehl wälzen; ins heisse Fett legen; Kasserolle in den
   Ofen schieben.

30 g Paniermehl
2 EL Butterfett
1 dl trockener Weisswein
1 Tomate
Salz

Gerät:
Schüssel, mittelgross
Stielpfännchen
Bratkasserolle
Sieb

4. Unter gelegentlichem Begiessen 50 Minuten braten: nach 15 Minuten – der Braten hat jetzt Farbe angenommen – Tomate und Wein zugeben.
5. Tranchieren; Sauce darüberpassieren.

Bemerkungen:

Dieser Braten ist auch kalt serviert sehr empfehlenswert, mit einer Salatplatte ein ausgezeichnetes leichtes Sommergericht.

307

Gefüllte Aubergines

Portionen: 2

Zutaten:
2 mittelgrosse Aubergines
100 g gehacktes Fleisch
(Rind, Kalb, Schwein,
Huhn, gemischt oder nur
1 Sorte)
50 g Schinkenspeck, gehackt
1 KL Peterli, gehackt
½ Ei
2 EL geriebener Sbrinz oder
Parmesan
1 kleiner Knoblauchzinken,
fein gehackt
2 EL Butter
Salz
Schwarzer Pfeffer aus der
Mühle
½ TL Paprika
2 EL Tomatenmark, mit
1½ dl Wasser, Wein oder
Bouillon verrührt

Gerät:
Schüssel, klein
Wiegemesser
Bratkasserolle oder Brat-
pfanne mit Deckel
ferner:
Küchenpapier

Zubereitung:
1. Aubergines waschen, abtrocknen, Stiel wegschneiden.
2. Aubergines längs halbieren; das Innere teilweise aushöhlen, so dass Platz für die Füllung entsteht; das Innere leicht salzen; die Auberginehälften mit der offenen Seite nach unten abtropfen lassen.
3. Das durch das Aushöhlen gewonnene Auberginefleisch mit dem Wiegemesser fein hacken; in die Schüssel geben und mit dem Fleisch, dem Schinkenspeck, Peterli, Ei, Käse und Knoblauch zu einer Farce vermengen; mit Salz, Pfeffer und Paprika würzen.
4. Die Auberginehälften kurz ausspülen; mit dem Küchenpapier trockentupfen; mit Farce füllen.
5. Butter in der Kasserolle heiss werden lassen; Aubergines hineingeben und anbraten.
6. Das aufgelöste Tomatenmark dazugeben; zudecken und unter gelegentlichem Begiessen in 10–20 Minuten weich dämpfen.

308

Portionen: 4

Zutaten:
2 lange, schlanke Salat-
gurken
1 kleine Zwiebel, fein
gehackt
30 g Butter
½ Schwöbli
2 EL Milch
300 g Gehacktes von Rind,
Kalb und Schwein
(gemischt)
1 KL Peterli, gehackt
1–2 Sardellen, gehackt
(fakultativ)
Salz
Pfeffer aus der Mühle
1 dl Bouillon oder
Weisswein

Gerät:
Flache, längliche
Gratinform
Schüssel, klein
Bratpfanne, klein
Wiegemesser

Gefüllte Gurken

Zubereitung:
1. Weggli fein hacken; in der Schüssel mit der Milch beträufeln. Backofen auf 180° vorheizen.
2. Zwiebel mit etwas Butter in der Bratpfanne glasig dünsten.
3. Gratinform ausbuttern. Gurken schälen, längs halbieren, mit einem Löffelchen Kerne und glasiges Fleisch herauskratzen und wegwerfen.
4. Zwiebel, Peterli und Hackfleisch mit dem eingeweichten Brot vermischen; nach Wunsch auch die gehackten Sardellen zugeben; mit Salz und Pfeffer würzen.
5. Die Farce in die Gurkenhälften einfüllen; die Gurken in die Gratinplatte legen.
6. In 20–30 Minuten im Ofen weich dämpfen; nach den ersten 10 Minuten gelegentlich etwas Bouillon oder Wein zugeben; von Zeit zu Zeit die Gurken mit dem Fond aus der Form begiessen.

309

Portionen: 3

Zutaten:
6 Kartoffeln, mittel- und
gleich gross
80 g Butter
2½ dl Wein/Bouillon,
gemischt
1 Eiweiss
Salz
Pfeffer aus der Mühle

Gefüllte Kartoffeln

Zubereitung:
1. Backofen auf 220° vorheizen; Gratinform/Bratkasserolle mit 40 g Butter ausstreichen.
2. Butterfett in der Bratpfanne erhitzen; Schalotte hineingeben, dämpfen; Fleisch dazugeben und bei starker Hitze schnell anbraten; Bouillon und Peterli zugeben; würzen; beiseite stellen.
3. Kartoffeln schälen und waschen; auf der Unterseite flach zuschneiden, damit sie gerade in der Form stehen; von der Oberseite einen Deckel wegschneiden; Kartoffeln und Deckel sorgfältig aushöhlen.
4. Fülle in die ausgehöhlten Kartoffeln verteilen; mit einem Butterflöckli belegen; Deckel mit Eiweiss auf die gefüllten Kartoffeln kleben.

Zur Füllung:
250 g Gehacktes (Rind-, Kalb-, Schweinefleisch oder dreierlei)
1 Schalotte, fein gehackt
2 EL konzentrierte Bouillon
1 EL Peterli, fein gehackt
½ EL Butterfett

Gerät:
Bratpfanne, mittelgross
Gratinform oder Bratkasserolle, mittelgross mit Deckel

5. Kartoffeln nebeneinander in die Gratinform/Bratkasserolle stellen; mit Salz bestreuen; die Hälfte Wein/Bouillon-Mischung zugiessen.
6. Form zudecken und in den Backofen stellen.
7. Unter gelegentlichem Begiessen weich dämpfen (ca. 75 Minuten); nach 50 Minuten Deckel wegnehmen, evtl. die restliche Wein/Bouillon-Mischung nachgiessen.
8. Auf eine flache Platte zusammen mit einem saftigen Gemüse anrichten.

Varianten:
Anstelle der beschriebenen Füllung können verwendet werden: Fein gehacktes, gekochtes Suppenfleisch (Nr. 255, als Restenverwendung; es muss mit Bouillon gut befeuchtet und kräftig gewürzt werden), gehackte Resten von Braten oder gebratenem Geflügel (die man z.B. mit klein geschnittenen sautierten Champignons oder anderen Pilzen mischt), etc.

310

Portionen: 4

Zutaten:
4 Stück Rübkohl von je mindestens 200 g Gewicht
Zur Farce:
125 g gehacktes Schweinefleisch
1 EL Paniermehl
2 KL gehackter Peterli
Salz
Pfeffer aus der Mühle
30 g Butter
2 dl Bouillon (Instant)
Salz

Gerät:
Kasserolle, gross
Kugelausstecher
Pyrexform mit Deckel

Gefüllter Rübkohl

Zubereitung:
1. Rübkohl schälen, waschen, in kochendes Salzwasser geben; 10–15 Minuten kochen lassen.
2. Unterdessen die Farce vorbereiten: alle Zutaten gut vermengen.
3. Den Rübkohl abtropfen lassen, unten flach schneiden, damit die Knollen gut stehen; oben einen Deckel abschneiden. Die Knollen mit dem Kugelausstecher sorgfältig aushöhlen; Boden und Wand sollen ½–1 cm dick sein.
4. Backofen auf 220° vorheizen.
5. Farce in die Knollen einfüllen; zuoberst ein Butterflöckli legen; dann den Deckel aufsetzen.
6. Pyrexform ausbuttern; die gefüllten Rübkohlknollen hineinsetzen; 1 dl heisse Bouillon dazugiessen; zudecken und in den Backofen stellen.
7. In 20–30 Minuten unter gelegentlichem Begiessen fertigdünsten; wenn gar keine Flüssigkeit mehr vorhanden sein sollte, nochmals etwas Bouillon zugeben.

Gefüllter Kohlkopf (Siehe Nr. 20)

311

Portionen: 2–3

Zutaten:
6 mittelgrosse Tomaten
25 g geräucherter
Frühstücksspeck
125 g gehacktes Schweine-
fleisch
1 Schalotte
50 g Champignons
1 KL gehackter Peterli
Salz
Frisch gemahlener Pfeffer
3 EL trockener Weisswein
Butter für die Form
3 Messerspitzen Liebigs
Fleischextrakt

Gerät:
Flache Gratinform
Wiegemesser
Schüssel, klein
Bratpfanne, klein

Gefüllte Tomaten

Zubereitung:
1. Backofen auf 220° vorheizen. Tomaten waschen und abtrocknen; Speck fein wiegen; Schalotte schälen und fein
   hacken; Champignons waschen und grob hacken; Gratinform ausbuttern.
2. Speck und Schalotten in der Bratpfanne 5 Minuten anziehen lassen; Hitze erhöhen, das Hackfleisch zugeben und
   5 Minuten mitdämpfen; mit Salz, Pfeffer und Fleischextrakt würzen; in die Schüssel geben und mit den Champignons und dem Peterli vermischen.
3. Von den Tomaten mit einem scharfen Messer ein Deckelchen wegschneiden; mit einem Kaffeelöffel die Tomaten
   vorsichtig so aushöhlen, dass die äussere Haut an keiner
   Stelle beschädigt wird; das Tomateninnere leicht salzen
   und pfeffern.
4. Farce in die Tomate einfüllen; mit den aufgesetzten Dek-
   kelchen in die Gratinform stellen, Wein zugiessen.
5. Im Backofen 25 bis 30 Minuten dünsten.

Erinnerung an Basel's Strassengesang
eine Neudörflerin

Kromet Krut oder Köhl oder Gellerübe oder Herdepfel
oder Storzenäri oder Blumkohl oder Röslikehl
oder Griens oder Ziebele — wender nit hitte?

312

Portionen: 2

Zutaten:

2–4 Omeletten (nach
Nr. 157)
5 g Butter
200 g gemischtes Hack-
fleisch
20 g Speckwürfeli
1 kleine Zwiebel, fein
gehackt
1 TL Tomatenmark
1 EL Peterli, fein gehackt
1 dl Weisswein
Bouillon
Salz
Pfeffer aus der Mühle
½ dl süsser oder saurer
Rahm
1 EL geriebener Käse
(fakultativ)

Gerät:

Bratpfanne, mit Deckel
Gratinform

Gefüllte Omeletten

Zubereitung:

1. Backofen auf 250° vorheizen. Gratinform ausbuttern.
2. In der Bratpfanne die Speckwürfeli auslassen; Fleisch und Zwiebel zugeben und bei starker Hitze anbraten.
3. Mit Wein ablöschen; Tomatenmark zugeben; mit Salz und Pfeffer würzen; Hitze reduzieren.
4. 15 Minuten zugedeckt köcherlen lassen; dabei bei Bedarf etwas Bouillon zugeben, aber Achtung: die Füllung muss zum Schluss ziemlich kompakt sein.
5. Peterli zugeben; verrühren; abschmecken.
6. Füllung auf die Omeletten verteilen; Omeletten zusammenrollen und nebeneinander in die Gratinform legen.
7. Mit Rahm übergiessen, mit Käse bestreuen und einige Minuten in den Backofen stellen.
8. Heiss servieren.

Varianten:

Werden die Omeletten frisch zubereitet, so kann das Überbakken wegfallen. – Die Füllung kann auch mit Resten von Braten oder Suppenfleisch zubereitet werden, was die Kochzeit auf wenige Minuten reduziert. Da diese Art leicht trocken wird, darf man mit dem Speck nicht sparen und sollte nach Möglichkeit fein geschnittene Champignons daruntermischen.

313

Portionen: 2–3

Zutaten:
1 Pfund am Vortag
geschwellte Kartoffeln
(Nr. 331), geschält
60 g Butter
2 Eier
2 EL Paniermehl
Muskatnuss, frisch geraffelt
Salz
Zur Farce:
   250 g gehacktes
   Schweinefleisch
   1 Schalotte, fein gehackt
   und in etwas Butterfett
   glasig gedünstet
   ½ TL Knoblauchzinken,
   fein gehackt (fakultativ)
   1 KL Peterli, gehackt
   Salz
   Schwarzer Pfeffer aus der
   Mühle
   1 in Wasser eingeweichtes
   Schwöbli
   ½ TL Currypulver
   (fakultativ)
Beliebige braune Sauce
(Nr. 71)

Gerät:
Pudding-, Timbale- oder
Charlottenform, 1¼ l Inhalt
Schüssel, mittelgross
Schüssel, klein
Stielpfännchen
Gemüseraffel, fein
Gummischaber, gross
Wiegemesser

Kartoffelkrustade

Zubereitung:
1. Backofen auf 180° vorheizen.
2. Schwöbli fest ausdrücken; mit dem Wiegemesser fein hakken; in der kleineren Schüssel mit dem Fleisch, der Schalotte, dem Knoblauch und dem Peterli vermengen; würzen.
3. In der grösseren Schüssel 30 g Butter schaumig rühren; die Kartoffeln auf der Raffel dazureiben; die Eier dazugeben; die Masse mit dem Gummischaber gut durcharbeiten; mit Salz und wenig Muskatnuss würzen.
4. Das Innere der Backform mit Butter einfetten; Wand und Boden mit Paniermehl ausstreuen.
5. Mit 2/3 der Kartoffelmasse Boden und Wand gleichmässig 2 cm-dick auskleiden; die Fleischfarce mit einem Löffel sorgfältig einfüllen; mit der restlichen Kartoffelmasse zudecken; zuoberst einige Butterflöckli legen.
6. Im Backofen 60–70 Minuten backen.
7. Kartoffelmasse mit einer Messerklinge etwas vom Rand der Form lösen; Krustade auf eine runde Platte stürzen; mit etwas Sauce begiessen; die restliche Sauce separat servieren.

Laubfrösche (Siehe Nr. 21)

Leberspatzen (Siehe Nr. 22)

314

Portionen: 4

Zutaten:
250 g gedörrte Birnen, am
Vortag in kaltem Wasser
eingeweicht
500 g Kartoffeln
500 g geräucherter Speck
50 g Griesszucker
20 g Butter
Salz

Gerät:
Bratkasserolle mit Deckel
Schüssel, mittelgross

Speckbirnen

Zubereitung:
1. Butter in der Kasserolle heiss werden lassen; Zucker zugeben und unter beständigem Rühren auf nicht zu starkem Feuer gleichmässig hellbraun rösten.
2. Mit dem Einweichwasser der Birnen ablöschen; gut rühren; Birnenschnitze zugeben; Speck auf die Birnen legen.
3. Zugedeckt auf kleinem Feuer eine Stunde köcherlen.
4. Kartoffeln schälen, waschen und in gleich grosse Schnitze schneiden.
5. Kartoffelschnitze und ca. 1 dl Wasser in die Kasserolle zu den Speckbirnen geben; mit etwas Salz bestreuen; zugedeckt köcherlen, bis die Kartoffeln weich sind (ca. $1/2$ Stunde).

Variante:
Speckäpfel
Werden gleich zubereitet wie die Speckbirnen, aber mit über Nacht eingeweichten gedörrten Apfelschnitzen.

315

Portionen: 6

Zutaten:
250 g Langkornreis
750 g Kalb- oder
Schweinefleisch
2–3 EL Öl
2 Zwiebeln, grob gehackt
1–2 Knoblauchzinken, fein
gehackt
1–2 grüne Peperoni
1 EL Peterli, gehackt
1 l Bouillon (Instant)
Salz
Pfeffer aus der Mühle

Gerät:
Kasserolle, mittelgross
Bratkasserolle, gross

Reisfleisch

Zubereitung:
1. Fleisch in 1 cm grosse Würfel schneiden. Peperoni waschen; halbieren; alle weissen Teile und Kerne entfernen, die grünen Teile in ½ cm grosse Würfel schneiden.
2. Bouillon in der kleineren Kasserolle zum Sieden bringen.
3. Öl in der Bratkasserolle erhitzen; bei lebhaftem Feuer das Fleisch anbraten; herausnehmen, mit Salz und Pfeffer bestreuen.
4. Zwiebeln und Peperoniwürfel ebenfalls anbraten; Knoblauch zugeben und kurz mitbraten; mit ½ l Bouillon ablöschen; zum Kochen bringen.
5. Fleischwürfel hineingeben; zugedeckt 10 Minuten leise köcherln.
6. Reis zugeben, gut mischen; teilweise zugedeckt in ca. 20 Minuten weich kochen; dabei von Zeit zu Zeit die vom Reis aufgenommene Flüssigkeit durch heisse Bouillon ergänzen.
7. Abschmecken, mit Peterli bestreuen und sofort servieren.

316

Portionen: 4

Zutaten:
2 Tassen Risotto (z.B. Rest
vom Vortag)
2 Eier
50 g fein geriebener Käse
ca. 100 g Fleisch, in
Würfelchen geschnitten:
z.B. Resten von Braten,
Schinken oder schnell in
Butter angebratene
Hühnerleber
1 Tasse Paniermehl
Öl oder Fett zum Fritieren

Gerät:
Schüssel, mittelgross
Friturepfanne/Friteuse

Reiskroketten mit Fleisch und Käse

Zubereitung:
1. Eier in die Schüssel aufschlagen; mit einer Gabel kurz durchschlagen; Käse, Fleischwürfelchen und zuletzt den Reis zugeben; sorgfältig mit der Gabel mischen: die Reiskörner sollen nicht zerdrückt werden.
2. Mit den Händen gut walnussgrosse Kugeln formen, die Kugeln im Paniermehl wälzen; kalt stellen.
3. Friture auf 175° erhitzen.
4. Die Kugeln portionenweise backen, bis sie hellbraun sind (ca. 5 Minuten).
5. Mit grünem Salat servieren.

Variante:
Reiskroketten à l'italienne
Anstelle des geriebenen Käses und der Fleischresten werden 100 g Mozzarella-Käse genommen. Den Mozzarella in 1 cm grosse Würfelchen schneiden; vor dem Panieren in die Mitte jeder Kugel einen Käsewürfel verstecken. Panieren und fritieren.

317

Portionen: 6

Zutaten:
500 g Spaghetti
40 g frische Butter, in
Flöckchen geschnitten
150 g Käse (Sbrinz/
Parmesan), frisch gerieben
50 g Rohschinken, in feine
Riemchen geschnitten
2 EL Olivenöl
1 kleine Zwiebel, fein
gewürfelt
1 kleines Rüebli, geschält
und fein gewürfelt
1 Stengel Stangensellerie,
gewürfelt
1 kleiner Knoblauchzinken,
geschält und gehackt
200 g gehacktes Rindfleisch
15 g getrocknete Steinpilze,
20 Minuten in lauwarmes
Wasser eingeweicht
1 dl Rotwein
1 kleine Büchse Pelati-
Tomaten, abgetropft und
grob gehackt
1 EL Peterli, fein gehackt
1 KL Majoran, fein gehackt
Muskatnuss, frisch geraffelt
Schwarzer Pfeffer aus der
Mühle
Salz

Gerät:
Bratkasserolle mit Deckel
Kasserolle, sehr gross
Sieb

Spaghetti nach Bologneser Art (alla bolognese)

Zubereitung:
1. Olivenöl in die Bratkasserolle geben; auf kleinem Feuer erhitzen; Schinken, Zwiebel, Rüebli, Sellerie und Knoblauch zugeben; auf kleinem Feuer dämpfen, bis die Zwiebelwürfelchen glasig sind.
2. Pilze abtropfen lassen und grob hacken.
3. Hitze auf das Maximum erhöhen; Pilze und Rindfleisch zugeben; unter gelegentlichem Wenden schnell braun braten.
4. Hitze herunterstellen; Wein zugeben und vollständig einkochen lassen; Tomaten zugeben; mit Salz, Pfeffer und (wenig) Muskatnuss würzen.
5. Zugedeckt auf kleinem Feuer 40 Minuten köcherlen; dabei – wenn nötig – 1–2 EL Wasser zugeben.
6. Spaghetti nach Nr. 397 nicht zu lang kochen: sie sollen wirklich noch al dente sein; abtropfen lassen; zurück in die Kasserolle geben, dazu die Butterflöckli.
7. Mit zwei Gabeln sorgfältig Teigwaren und Butter mischen.
8. Kasserolle zurück auf die heisse Platte stellen; Sauce aus der Bratkasserolle zu den Spaghetti geben, dazu die Hälfte des geriebenen Käses, Peterli und Majoran.
9. Während des Mischens von Sauce und Spaghetti (man nimmt wieder zwei Gabeln) bleibt die Kasserolle auf dem Feuer ($1/2$ Minute!).
10. Sofort servieren, den restlichen Käse separat.

318

Portionen: 4

Zutaten:
300–400 g Makkaroni,
nach Nr. 397 al dente
gekocht
50 g frische Butter
150–300 g gekochter
Schinken, fein gewürfelt
oder grob gehackt, das Fett
weggeschnitten, aber
zurückbehalten
Süssbutter- (Nr. 76) oder
Tomatensauce (Nr. 81/82)
50–100 g fein geriebener
Käse
1 EL Paniermehl

Gerät:
Gratinform, gross
Bratpfanne

Makkaroni au gratin

Zubereitung:
1. Backofen auf 280° vorheizen.
2. Gratinform mit 20 g Butter ausstreichen.
3. Schinken und Schinkenfett in der Bratpfanne kurz anbraten.
4. Lagenweise Makkaroni, Käse und Schinkenwürfelchen (ohne das Fett) in die Gratinform einfüllen.
5. Mit Käse bestreuen; die Sauce darübergiessen; mit Paniermehl bestreuen; 30 g Butterflöckli darüber verteilen.
6. Auf der obersten Rille des Backofens in einigen Minuten gratinieren.

Bemerkungen:
Das Gericht kann vorbereitet werden; muss aber dann – um gänzlich erhitzt zu werden – zuerst mindestens ¼ Stunde in die Mitte des Ofens geschoben und dann erst gratiniert werden.

Varianten:
a) Anstelle des Schinkens können auch Reste von Braten oder gekochter Zunge genommen werden;
b) mit Haché
1 feingehackte Zwiebel in 2 EL Butterfett glasig dünsten; Hitze erhöhen, 400 g gehacktes Rindfleisch oder dreierlei Gehacktes dazugeben, mit 1 EL Mehl bestäuben; anrösten; mit 1 dl Bouillon ablöschen; mit Salz und Pfeffer würzen; 5–10 Minuten köcherlen. – Lagenweise Makkaroni und Haché in die ausgebutterte Gratinform einfüllen, zuoberst Makkaroni; fertig machen nach Pt. 5 und 6.

Gemüse und Beilagen

Gemüse
Salate
Griess
Hülsenfrüchte
Mais
Reis
Teigwaren

319

Portionen: 4

Zutaten:
1 kg fest kochende Äpfel
oder Birnen
30 g Butter oder Butterfett
1–1½ dl Wasser oder Wein
30 g Griesszucker

Gerät:
Kasserolle, gross mit Deckel

Grüne Apfel- und Birnenschnitze

Zubereitung:
1. Obst waschen; je in 4–6 gleich grosse Schnitze schneiden; Kerngehäuse, Butzen und Stiele wegschneiden.
2. Butter heiss werden lassen; Schnitze, Flüssigkeit und Zucker beigeben.
3. Zugedeckt in 3–5 Minuten nicht zu weich dämpfen.
4. Wenn nötig den Saft separat noch etwas einkochen: er sollte ziemlich dick und gelblich sein.

Bemerkungen:
Beilage zu Blut- und Leberwürsten oder zu Wildgerichten.

320

Portionen: 4

Zutaten:
4 mittelgrosse Aubergines
Friture
2 EL Weissmehl
2 Zitronen, in Viertel
geschnitten
Salz

Gerät:
Schüssel, gross
Friturepfanne/Friteuse
ferner:
Küchenpapier

Gebackene Aubergines

Zubereitung:
1. Aubergines waschen, abtrocknen und quer in ½ cm dicke Scheiben schneiden.
2. Auberginescheiben in der Schüssel mit Salz bestreuen; 30 Minuten ziehen lassen.
3. Friture auf 190° erhitzen.
4. Auberginescheiben kurz abspülen, mit Küchenpapier trockentupfen.
5. Beidseitig mit wenig Mehl bestäuben; sofort im heissen Öl schön gelb fritieren (ca. 4–5 Minuten).
6. Mit Zitronenvierteln garnieren und sofort servieren.

Bemerkungen:
Fritierte Aubergines eignen sich sehr gut als Beilage zu Fleisch. – Als Hauptspeise können sie mit einer Tomatensauce (Nr. 81/82) serviert werden.

Varianten:
Die Auberginescheiben können auch mit Mehl bestäubt in gewürztem verkleppertem Ei gewendet und dann fritiert werden. – Auf gleiche Art können Zucchini (Courgettes) zubereitet werden; Backzeit: 3–4 Minuten.

321

Portionen: 4

Zutaten:
1 Blumenkohl à ca. 1 kg
70 g Butter
2 EL Essig
2 TL Salz

Gerät:
Kasserolle, gross
Bratpfanne, klein

Blumenkohl

Zubereitung:
1. Blumenkohl rüsten: Blätter wegschneiden, allfällige dunkle Flecken an den Blumen sorgfältig wegkratzen; 15 Minuten in Essigwasser legen.
2. In der Kasserolle reichlich Wasser zum Kochen bringen; Salz zugeben; Blumenkohl hineingeben und vom Siedepunkt an 15–20 Minuten leise köcherlen.
3. Sorgfältig herausheben; gut abtropfen lassen, damit die Butter nicht verwässert wird.
4. Mit heisser klarer oder brauner Butter übergiessen.

Varianten:
a) mit Sauce
Der weichgekochte, gut abgetropfte Blumenkohl wird mit Süssbutter- (Nr. 76) oder Rahmsauce (Nr. 74) angerichtet.

b) à la polonaise
Zwei hartgekochte (Nr. 152), gehackte Eier, 1 EL fein gehackter Peterli über den weichgekochten Blumenkohl streuen; mit 70 g Butter, in welcher man 1–2 EL Paniermehl geröstet hat, übergiessen.

c) au gratin
Blumenkohl kochen, abtropfen lassen und in eine flache mit Butter ausgestrichene Gratinplatte setzen; mit Käsesauce (Nr. 75b) nappieren, mit etwas geriebenem Käse bestreuen und im auf 250° vorgeheizten Backofen in 8–10 Minuten überbacken.

d) kalt, mit Sauce
Den weichgekochten und völlig erkalteten Blumenkohl dick mit Mayonnaise (Nr. 88) bestreichen oder separat Vinaigrette (Nr. 89) dazu servieren.

322

Portionen: 4

Zutaten:
1 grosser Blumenkohl
Ausbackteig (Nr. 95)
Friture
Salz

Gerät:
Friturepfanne/Friteuse
Kasserolle, mittelgross
Siebkelle

Gebackener Blumenkohl

Zubereitung:
1. Den rohen Blumenkohl in kleinere Röschen zerlegen; waschen.
2. In der Kasserolle Wasser zum Kochen bringen; salzen; Blumenkohlröschen 6–8 Minuten vorkochen.
3. Röschen herausnehmen; abtropfen und erkalten lassen.
4. Friture auf 190° vorheizen.
5. Blumenkohlröschen in den Ausbackteig tauchen und in 5–6 Minuten goldgelb fritieren.

323

Portionen: 3

Zutaten:
3–6 Stück mittel- und
gleich grosse Brüsseler
Endivien
80 g Butter
1 EL Zitronensaft
(fakultativ)
Salz
Pfeffer aus der Mühle

Gerät:
Grosse Bratpfanne oder
schwere Stielkasserolle mit
Deckel

Brüsseler Endivien (Chicorée)

Zubereitung:
1. Endivien waschen, abtropfen lassen und abtrocknen.
2. Butter heiss werden lassen; die Endivien nebeneinander hineinlegen, mit Salz und Pfeffer bestreuen; auf allen Seiten gelb anbraten.
3. Mit dem Deckel zudecken und bei kleinem Feuer in 20 bis 30 Minuten weich dämpfen.
4. Mit Zitronensaft beträufelt anrichten.

Bemerkungen:
Wer den bitteren Geschmack dieses köstlichen Gemüses mildern möchte, schneidet vor dem Dämpfen mit einem spitzen Rüstmesser ein kegelförmiges Stück des festen Kerns aus der Kolbenunterseite heraus.

324

Portionen: 4

Zutaten:
1500 g Erbsli mit den
Schoten
50 g Butter
1 TL Griesszucker
1,25 dl Wasser
Salz
Pfeffer aus der Mühle
1–2 KL gehackter Peterli

Gerät:
Kasserolle, mittelgross mit
Deckel

Erbsli

Zubereitung:
1. Erbsen unmittelbar vor dem Zubereiten ausschoten; waschen.
2. Butter heiss werden lassen; Erbsli in der Butter schwenken.
3. Wasser und Zucker dazugeben; mit Salz und Pfeffer bestreuen; zudecken.
4. Auf schwachem Feuer 5–30 Minuten dünsten.
5. Vor dem Anrichten Peterli zugeben.

Bemerkungen:
Die Kochdauer hängt von Sorte, Alter und Frische der Erbsli ab; Kochprozess überwachen!

Variante:
Erbsli à l'anglaise
Die ausgeschoteten Erbsli in kochendes Salzwasser geben; 10–30 Minuten ungedeckt leicht kochen lassen. Wasser abgiessen; Erbsli mit 40 g in Flöckli geschnittener Butter in die noch heisse Pfanne zurückgeben. Abseits vom Feuer gut durchschütteln; sobald die Butter sich aufgelöst hat, auf vorgewärmte Platte anrichten.

325

Portionen: 3

Zutaten:
600 g Bohnen
Salz
80 g Butter

Gerät:
Kasserolle, gross
Sieb

Bohnen

Zubereitung:
1. Die Kasserolle mit reichlich Wasser aufs Feuer setzen; pro Liter Wasser 10 g Salz zugeben.
2. Spitze und Stiel von den Bohnen wegschneiden; falls vorhanden, die Fäden abziehen; waschen.
3. Bohnen ins siedende Salzwasser geben; ungedeckt nicht zu weich kochen.
4. Wasser abgiessen; Butter in der Kasserolle zergehen lassen; Bohnen darin schwenken; sofort anrichten.

Bemerkungen:
Werden die Bohnen nicht sofort gegessen: 4. Wasser abgiessen; die Bohnen mit kaltem Wasser abschrecken. – Später in heisser Butter erwärmen.

326

Portionen: 3

Zutaten:
600 g ganz junge, schmale Bohnen ohne Fäden
20 g Butter
2 dl Bouillon (Instant)
Salz

Gerät:
Kasserolle, gross mit Deckel
Sieb

Gedämpfte Bohnen

Zubereitung:
1. Stiel und Spitze von den Bohnen wegschneiden; die Bohnen waschen und abtropfen.
2. Butter und Wasser in der Kasserolle zum Kochen bringen; Bohnen dazugeben, salzen; Kasserolle gut verschliessen.
3. 30–50 Minuten dämpfen; die Bohnen sollen knackig bleiben; Deckel wegnehmen, eventuell noch vorhandene Flüssigkeit auf starker Flamme einkochen lassen, dabei kräftig an der Pfanne rütteln, damit die Bohnen nicht anbraten.

327

Portionen: 4

Zutaten:
100 g gedörrte Bohnen, über Nacht in Wasser eingeweicht
1/2 TL getrocknetes Bohnenkraut

Gedörrte Bohnen

Zubereitung:
1. Öl in der Kasserolle erhitzen; Zwiebel glasig dünsten.
2. Bohnen gut abtropfen, dabei das Einweichwasser zurückbehalten.
3. Bohnen zu den Zwiebelwürfeln in die Kasserolle geben; andämpfen.
4. Soviel Einweichwasser dazugeben, dass die Bohnen knapp davon bedeckt sind; Bohnenkraut zugeben.
5. Zugedeckt in 60–75 Minuten weich kochen.

1 Zwiebel, fein gehackt
1–2 EL Öl

Gerät:
Schüssel, mittelgross
Bratkasserolle mit Deckel
Sieb

Variante:
Eine Tranche Speck auf den Bohnen mitkochen.

328

Portionen: 4–5

Zutaten:
1 kg Champignons de Paris
(Zuchtchampignons)
½ Zitrone, Saft
50 g Butter
1 EL fein gehackter Peterli
oder Estragon (fakultativ)
Salz
Pfeffer aus der Mühle

Gerät:
Schüssel, mittelgross
Bratpfanne mit Deckel

Champignons de Paris

Zubereitung:
1. Champignons waschen; Stiele etwas kürzen; in Scheibchen schneiden; in der Schüssel mit Zitronensaft beträufeln.
2. Bratpfanne erhitzen; Champignons zugeben (sie werden sofort Wasser ziehen); bei mittlerer Hitze unter gelegentlichem Umrühren dünsten, bis alle Flüssigkeit verdampft ist.
3. Butter zugeben; zugedeckt 5 Minuten dämpfen.
4. Mit Salz und Pfeffer würzen; mit Peterli bestreuen.

Bemerkungen:
Kleine Champignons kann man – etwa wenn sie als Beigabe in Pastetenfüllungen (Nr. 138) verwendet werden – auch ganz, grössere halbiert dünsten.

Varianten:
Nach Zugabe der Butter die Champignons mit 1 KL Mehl bestreuen; anziehen lassen; mit 2–3 EL Weisswein ablöschen; mit 2–3 EL Rahm verfeinern.

329

Portionen: 2

Zutaten:
1 grosse Gurke
25 g Butter
1 dl Rahm
Salz
Schwarzer Pfeffer aus der
Mühle

Gerät:
Kasserolle, klein mit Deckel
Siebkelle

Gurkengemüse

Zubereitung:
1. Gurke schälen; der Länge nach halbieren; mit einem Löffel Kerne und glasiges Innenfleisch herauskratzen und wegwerfen; Gurke quer in 1 cm dicke Riemchen schneiden.
2. Butter heiss werden lassen; Gurkenstückchen zugeben und andünsten; salzen und pfeffern.
3. Rahm zugeben; Pfanne zudecken; bei kleinem Feuer 12–15 Minuten köcherlen.
4. Gurkenstückchen mit der Siebkelle herausnehmen; die verbleibende Flüssigkeit ungedeckt bei starker Flamme bis zur Sämigkeit einkochen; über das Gemüse anrichten.

14.

KAPPUNA, KAPPUNA.

Der ruft aus vollem Hals: Capauné
Waňs niemand kaufft, muß ich er-
staunen

15.

KROOMAD FURSTEY.

Der Baur, die Köchin der Soldat,
Und jeder Feur-Stein nöthig hat.

16.

KROOMAD MILECH.

Aus Milch läß ich fein manché rappé
Köňt ich so nach Ducaten dappen

17.

GRUEN-BIRA.

Entspräche der Geschmak der farb
So wären diese bieren harb.

18.

KROOMAD SCHMALZ-BIRA.

Die bieré sind so mild als schmalz,
Wer die gern ißt, der spart das salz.

19.

GÄYS-KÄS.

Ich esse gern von Geißen käß,
Der schmakhafft, weich u. nicht zu ray

20

21

22

SUESSA ANKA.

Wer Butter hat und gutes brodt,
Der leidet keine hungers-noth.

KROOMAD ZWETZSCHGA.

Wo wachsen Quetschen ohne steine?
Wo freut mā sich, daß niemand weine?

KROOMAD KUKUMARA KRUTH KÖHL.

Cucumern truken stark den Magē,
Der kraut u. köhl doch kā vertragē.

23.

24.

25.

KROOMAD FRISCHE AYER.

Auß wendig Schön, inwendig faul,
Ist manches ey und mancher Gaul.

KROOMAD FISCH.

Es ist all zeit der brauch gewesen,
Die fisch von Gräthen zu erlesen.

KROOMAD DÜR HOLZ.

Zum Sieden, bratē wie zum bachē
(chen.
Dient dürres holz schnell feur zuma.

330   **Kartoffeln, allgemeine Bemerkungen**

Zu den Sorten:
Von den gegen 200 bekannten Kartoffelsorten werden in der
Schweiz ca. 20–25 angebaut. Zwischen den einzelnen Sorten
bestehen zum Teil grosse Unterschiede, von denen hier beson-
ders die Kocheigenschaften interessieren. Massgebenden Ein-
fluss auf die Speisequalität haben die Neigung zum Zerkochen,
Konsistenz des Fleisches, Mehligkeit, Feuchtigkeit und Kör-
nigkeit; nach ihren kochspezifischen Qualitäten werden die
Kartoffeln in Hauptgruppen unterteilt, nämlich:
A. *Feste Salatkartoffel.* Nicht zerkochend, nicht mehlig, daher
   nicht geeignet für Kartoffelstock.
B. *Ziemlich feste Kartoffel.* Beim Kochen wenig aufspringend,
   schwach mehlig. Allzweckkartoffel.
C. *Mehlige Kartoffel.* Mehlig und trocken.
In der Schweiz sind die wichtigsten Speisesorten: Sirtema,
Ostara, Prima, Bintje, Urgenta und Désirée. Sie gehören alle
zum Kochtypus B, was bedauerlich ist und den auf Differen-
ziertheit Wert legenden Geniesser veranlassen sollte, mit
Nachdruck auch andere Sorten zu verlangen. Kochtypus A
eignet sich besonders gut für Salat; Kochtypus B für Gerichte,
die während des Kochens ihre Form behalten sollen; Typus C
für Gschwellti, Suppen, Stock.

Zur Zubereitung:
Schalenkartoffeln sollen mit wenig Wasser gekocht werden,
damit sie nicht ausgelaugt werden; sehr empfehlenswert ist die
Verwendung eines Gitters oder Siebes, welches man in die
Kasserolle stellt.
Die Kochzeit ist so kurz wie möglich zu bemessen (Verlust von
Vitaminen und Mineralstoffen), daher setzt man die Kartof-
feln mit Vorteil in siedendem Wasser auf.
Geschälte Kartoffeln nicht im Wasser liegen lassen, sondern
sofort weiterverarbeiten.
Junge Kartoffeln zerkochen schwer und sind daher zur Her-
stellung von Kartoffelstock ungeeignet.

Zu den Kochzeiten:
Die Kochzeiten für Kartoffeln werden von verschiedenen Fak-
toren beeinflusst, etwa von der Grösse des Kochgeschirrs, von
der Stärke der Feuerstelle, von den Zutaten, von der Kartof-
felsorte, von der Jahreszeit (Lagerung) und von der Grösse der
Kartoffeln bzw. der Kartoffelstücke.
Als Richtlinien können gelten: für
Suppe   30–40 Minuten,
Salzkartoffeln   20–25 Minuten,
Gschwellti   30–45 Minuten.

331

Portionen: 4

Zutaten:
1–1¼ kg Kartoffeln
Salz

Gerät:
Kasserolle, gross mit Deckel
Sieb oder Drahtgittereinsatz

Geschwellte Kartoffeln

Zubereitung:
1. Sieb oder Gittereinsatz in die Pfanne stellen; so viel Wasser zugeben, dass der Gitterboden gerade bedeckt ist; wenig Salz zugeben.
2. Die gewaschenen Kartoffeln zugeben; gut zudecken; zum Kochen bringen; die Kartoffeln im Dampf in 20–40 Minuten garen; dabei evtl. Wasser ergänzen.
3. Abdecken und leicht verdampfen lassen.

Bemerkungen:
Siehe Nr. 330. Steht kein Sieb oder Gittereinsatz zur Verfügung, so muss so viel Wasser zugegeben werden, dass die Kartoffeln zu ¾ davon bedeckt sind.

332

Portionen: 4

Zutaten:
750 g–1 kg Kartoffeln, geschält und würfelig, eiförmig oder in Stengelchen geschnitten
Salz
50 g Butter

Gerät:
Kasserolle, mittelgross
Kasserolle, klein

Salzkartoffeln

Zubereitung:
1. In der grösseren Kasserolle 3 dl Wasser zum Kochen bringen; sparsam salzen.
2. Kartoffeln zugeben, zudecken und in 10–20 Minuten weich kochen.
3. Wasser abgiessen; Kartoffeln ungedeckt verdampfen lassen.
4. Butter heiss machen; Kartoffeln anrichten und mit der Butter begiessen.

Bemerkungen:
In einem Siebeinsatz im Dampf gekocht, werden die Kartoffeln weniger ausgelaugt.

Varianten:
Je nach Verwendung können über die angerichteten Kartoffeln auch gegeben werden: gehackte Kräuter (Peterli, Schnittlauch, Zwiebelröhrchen), in Butterfett gelb geröstete Zwiebeln oder in Butterfett hellgelb geröstetes Paniermehl.
Kartoffelschnee
Die gekochten Kartoffeln werden durch die Kartoffelpresse oder das Passevite (feinster Einsatz) locker direkt auf die Servierplatte getrieben.

333

Portionen: 4

Zutaten:
800 g Kartoffeln
Butterfett
Salz

Gerät:
Gratinform aus Metall oder
Bräter oder Backblech
Stielkasserolle, klein

Gebratene Kartoffeln (Pommes rissolées)

Zubereitung:
1. Backofen auf 200° vorheizen.
2. Kartoffeln waschen, schälen und in gleich grosse Würfelchen/Würfel schneiden.
3. In der Kasserolle reichlich Butterfett heiss machen; Kartoffeln in das Bratgeschirr geben; mit dem heissen Butterfett übergiessen.
4. Im Backofen in 30–50 Minuten unter gelegentlichem Wenden schön braun und gar braten.
5. Mit Salz bestreuen und anrichten.

334

Portionen: 4

Zutaten:
1 kg am Vortag geschwellte
Kartoffeln (Nr. 331)
3 EL Butterfett
2 Zwiebeln, fein gescheibelt
Salz
Pfeffer aus der Mühle

Gerät:
Bratpfanne

Geprägelte Kartoffeln

Zubereitung:
1. Butterfett in der Bratpfanne heiss werden lassen; die Zwiebeln hineinlegen und etwas Farbe annehmen lassen.
2. Die geschälten, in feine Scheiben geschnittenen Kartoffeln dazugeben; würzen; unter gelegentlichem Wenden mit dem Schäufelchen bei schwacher Flamme schön gelb braten.

335

Portionen: 4

Zutaten:
¾–1 kg Kartoffeln, von
gleicher, mittlerer Grösse
2 EL Salz, vorzugsweise
grobkörniges
50 g Butter

Gerät:
Backblech

Kartoffeln, im Ofen ganz gebraten

Zubereitung:
1. Backofen auf 250° vorheizen.
2. Kartoffeln waschen, abtrocknen.
3. Blech grosszügig mit Salz bestreuen.
4. Kartoffeln ungeschält nebeneinander auf das Salz legen.
5. In 25 bis 40 Minuten durchbraten.
6. Kartoffeln kreuzweise einschneiden; mit frischer Butter servieren.

Saure Kartoffeln (Siehe Nr. 27)

336

Portionen: 4

Zutaten:
¾–1 kg kleinere neue
Kartoffeln
2 EL Salz, vorzugsweise
grobkörniges
Kümmelsamen
Kochbutter, flüssig gemacht

Gerät:
Backblech
Pinsel

Kümmelkartoffeln

Zubereitung:
1. Backofen auf 220° vorheizen.
2. Kartoffeln waschen, abtrocknen.
3. Blech grosszügig mit Salz bestreuen.
4. Kartoffeln der Länge nach halbieren; Schnittfläche mit Butter bepinseln; mit wenig Salz und einigen Kümmelsamen bestreuen.
5. Auf dem Blech im Ofen in 20 bis 30 Minuten hellbraun braten.

337

Portionen: 4

Zutaten:
1 kg Kartoffeln
70–100 g Butter
3–4 dl heisse Milch
1 dl Rahm
Salz

Gerät:
Kasserolle, mittelgross
Schneebesen
Kartoffelpresse oder Passe-
vite mit feinstem Einsatz

Kartoffelstock

Zubereitung:
1. Kartoffeln schälen und in grosse Würfel schneiden.
2. In Salzwasser weich kochen.
3. Unmittelbar vor dem Anrichten das Kartoffelwasser abgiessen; Kartoffeln in der oder in die Pfanne pürieren.
4. Butter, Rahm und Milch etappenweise in das Püree einrühren, dabei die Milch dosieren (evtl. nicht alle Milch verwenden!); auf kleinem Feuer mit dem Schneebesen tüchtig schlagen, bis der Stock heiss, weiss und luftig ist.
5. Evtl. nachsalzen; sofort anrichten.

338

Portionen: 4

Zutaten:
1 kg Kartoffeln,
festkochende Sorte
1 Zwiebel
1 kleines Rüebli
1 kleiner Lauchstengel
ca. ¹/₂ l Bouillon
1 EL Butterfett
Salz
Pfeffer aus der Mühle

Gerät:
Kasserolle, mittelgross mit
Deckel
Wiegemesser

Bouillonkartoffeln

Zubereitung:
1. Kartoffeln schälen; waschen; in gleich grosse Würfel schneiden.
2. Zwiebel schälen; mit dem Wiegemesser sehr fein hakken.
3. Rüebli schaben; in sehr kleine Würfel schneiden.
4. Lauch waschen; in sehr dünne Rädchen schneiden.
5. Butterfett in der Kasserolle erhitzen; Zwiebel, Rüebli und Lauch zugeben; 5 Minuten dämpfen.
6. Kartoffeln zugeben; mit Salz und Pfeffer würzen; mit Bouillon bedecken.
7. Zugedeckt weich kochen.

339

Portionen: 4

Zutaten:
1 kg Kartoffeln
30 g Butter oder Butterfett
1 EL fein gehackter Peterli
1 Tasse Bouillon (Instant)
¹/₂ Glas Milch oder Bouillon
fakultativ:
   1–2 EL Essig
   ¹/₂ Lorbeerblatt
   Suppengemüse
   2 ganze Zwiebeln
Salz

Gerät:
Kasserolle, mittelgross mit
Deckel

Peterli-Kartoffeln

Zubereitung:
1. Kartoffeln schälen, waschen, in mittelgrosse Schnitze schneiden.
2. Peterli in der heissen Butter andünsten; Kartoffeln, 1 Tasse Bouillon und – nach Wunsch – die anderen Zutaten (Essig, Gemüse, Lorbeer) zugeben; zurückhaltend salzen.
3. Zugedeckt halb weich dämpfen.
4. Milch oder Bouillon dazugeben; unter gelegentlichem sorgfältigem Wenden der Schnitze fertigdämpfen. Kochzeit total: 20–30 Minuten.

340

Portionen: 4–5

Zutaten:
1 kg grosse Kartoffeln
Friture
Salz

Gerät:
Friturepfanne/Friteuse
ferner:
Serviette

Pommes frites

Zubereitung:
1. Kartoffeln schälen, die Längsseiten glatt abschneiden; in regelmässige Stäbchen von $1\,cm^2$ Dicke schneiden; waschen; gut abtrocknen.
2. Friture auf 170° aufheizen; Kartoffelstäbchen im Backkorb 3–4 Minuten fritieren: sie sollen gar, aber noch nicht gebräunt werden.
3. Unmittelbar vor dem Anrichten bei 190° in 1–2 Minuten knusprig braun backen: dabei den Backkorb fortwährend schütteln.
4. Gut abtropfen lassen, salzen, sofort servieren.

Variante:
Strohkartoffeln (Pommes paille)
Die geschälten, gewaschenen Kartoffeln in strohhalmdünne Stäbchen schneiden; durch kaltes Wasser ziehen; gut abtropfen lassen, gut abtrocknen. In kleinen Portionen unter fortwährendem Schütteln des Backkorbes bei 190° in 2 Minuten backen.

341

Portionen: 4

Zutaten:
1 kg am Vortag geschwellte Kartoffeln (Nr. 331)
3–4 EL Schweineschmalz, ausgelassene Butter oder Butterfett
Salz

Gerät:
Bratpfanne
Röstiraffel

Rösti aus geschwellten Kartoffeln

Zubereitung:
1. Kartoffeln schälen und auf der Röstiraffel raffeln.
2. Fett erhitzen, Kartoffeln hineingeben, salzen.
3. Unter mehrmaligem Wenden mit dem Schäufelchen in ca. ½ Stunde bei kleiner Hitze braten; gegen Schluss der Bratzeit die Kartoffeln vom Pfannenrand her zu einem Kuchen zusammenschieben; weiterbraten, bis eine zusammenhängende Kruste entstanden ist.
4. Auf eine runde, flache Platte stürzen.

342

Portionen: 4

Zutaten:
1 kg Kartoffeln
3–4 EL Schweineschmalz,
ausgelassene Butter oder
Butterfett
Salz

Gerät:
Bratpfanne mit Deckel
Röstiraffel

Rösti aus rohen Kartoffeln

Zubereitung:
1. Kartoffeln schälen, waschen und mit der Röstiraffel raffeln.
2. Fett erhitzen; Kartoffeln zugeben, salzen; mit dem Schäufelchen wenden, so dass das Salz verteilt und die Kartoffelstäbchen mit Fett überzogen sind.
3. Auf kleiner Flamme zugedeckt 20–30 Minuten braten.
4. Kartoffeln mit dem Schäufelchen wenden; ungedeckt 10 Minuten bei etwas stärkerer Hitze weiterbraten.
5. Nochmals wenden, zu einem Kuchen formen, eventuell noch etwas Fett zugeben; in 10 Minuten fertigbraten.
6. Auf eine runde, flache Platte stürzen.

343

Portionen: 2–3

Zutaten:
500 g Kartoffeln,
48 Stunden vorher
geschwellt (Nr. 331)
150–175 g Weissmehl
Salz
Butter oder Butterfett
Apfelkompott (Nr. 444)

Gerät:
Röstiraffel
Schüssel, mittelgross
Bratpfanne

Maluns

Zubereitung:
1. Kartoffeln schälen, auf der Röstiraffel raffeln.
2. In der Schüssel Kartoffeln und Mehl mit den Händen mischen, bildet sich ein Klumpen, dann sind die Kartoffeln zu feucht und es muss noch etwas Mehl hinzugefügt werden; salzen.
3. Butter oder Butterfett heiss werden lassen; die Kartofel/Mehlmasse zugeben; unter beständigem Stochern mit einem Schäufelchen rösten, bis sich kleine hellbraune Bröckchen gebildet haben (20–25 Minuten).
4. Mit Apfelkompott und Milchkaffee servieren.

344

Portionen: 4–5

Zutaten:
750 g Kartoffeln
2 EL Weissmehl
3 Eier
ca. 3 dl Milch

Kartoffelauflauf

Zubereitung:
1. Kartoffeln waschen, schälen, würfeln und in Salzwasser weich kochen.
2. Backofen auf 200° vorheizen. Form mit der Hälfte der Butter grosszügig ausstreichen.
3. Die gut abgetropften Kartoffeln noch heiss in die grössere Schüssel passieren.
4. Mehl, Milch, Käse und Gewürze mit dem Kartoffelpüree verrühren.

2 EL Sbrinz, fein geraffelt
Muskatnuss (fakultativ)
50 g Butter
Salz

Gerät:
Kasserolle, mittelgross
Soufflé- oder Auflaufform,
gross
Passevite oder Kartoffel-
presse
Schüssel, gross
Schüssel, mittelgross
Muskatraffel
Schneebesen
Gummischaber

5. Eier teilen: Eigelb in die Kartoffelmasse einrühren, Eiweiss in die andere Schüssel geben.
6. Die Masse nicht zu zaghaft (Eiweiss!) salzen.
7. Eiweiss sehr steif schlagen; mit dem Gummischaber sorgfältig unter die Kartoffelmasse ziehen.
8. In die Form füllen; mit Butterflöckli belegen.
9. Im Ofen 45–50 Minuten backen.
10. Sofort servieren.

345

Portionen: 3–4

Zutaten:
500 g Salzkartoffeln
(Nr. 332)
30 g Butter, zimmerwarm
3 Eier
1 dl Rahm
Muskatnuss (fakultativ)
1 EL Paniermehl
Salz
Butter für die Form

Gerät:
Kartoffelpresse oder Passe-
vite mit feinstem Einsatz
Puddingform, 1½ l Inhalt
mit Deckel
Souffléform (als Wasserbad)
Schüssel, gross
Schüssel, mittelgross
Muskatraffel
Schneebesen
Gummischaber
Pinsel
ferner:
Butterbrotpapier

Kartoffelpudding

Zubereitung:
1. Puddingform einfetten und mit Paniermehl ausstreuen;
   Butterbrotpapier auf die Grösse des Puddingformbodens
   zuschneiden; beidseitig mit Butter bepinseln; in die Form
   legen.
2. Souffléform zu ¾ mit heissem Wasser füllen und in den
   Backofen stellen; Backofen auf 180° vorheizen.
3. Butter in der grösseren Schüssel schaumig rühren.
4. Die kalten Kartoffeln durch die Presse oder das Passevite
   treiben; mit der Butter verrühren.
5. Die Eier teilen: Eigelb zu der Kartoffelmasse rühren, Eiweiss in die zweite Schüssel geben.
6. Rahm in die Masse rühren; mit Salz und wenig geraffelter
   Muskatnuss würzen; dabei daran denken, dass noch Eiweiss in die Masse kommt.
7. Eiweiss zu steifem Schnee schlagen; mit dem Gummischaber sorgfältig unter die Masse ziehen.
8. Masse in die Form füllen; Form mit dem Deckel verschliessen; in das heisse Wasserbad im Backofen stellen; Backzeit:
   60 Minuten.
9. Puddingform aus dem Wasserbad nehmen; 5 Minuten ruhen lassen; auf eine vorgewärmte Platte stürzen; Butterbrotpapier entfernen.

Variante:
Kartoffelpudding englische Art
Zunächst nur die Hälfte der Masse in die Form füllen, darauf
eine Lage von gehackten Resten von Braten (Kalb, Schwein,
Rind, Lamm, Wild), dann die restliche Kartoffelmasse. Den
gebackenen und gestürzten Pudding mit einem Kranz von
Erbsli à l'anglaise (Nr. 324) umgeben. Separat nach Belieben
eine Tomaten- (Nr. 81/82) oder andere Sauce servieren.

346

Portionen: 4–5 (als Beilage)

Zutaten:
750 g Kartoffeln
1 EL Butter oder Butterfett
2 Eier
50 g fein geriebener Käse
1½ dl Rahm oder Milch
Salz
Pfeffer aus der Mühle

Gerät:
Bratpfanne mit Deckel
Schüssel, klein

Schweizerkartoffeln

Zubereitung:
1. Eier in der Schüssel verklopfen; mit dem Käse und dem Rahm (bzw. der Milch) vermischen; salzen und pfeffern.
2. Kartoffeln schälen, waschen; in gut 1 mm dicke Scheiben schneiden.
3. Fett in der Bratpfanne heiss werden lassen; Kartoffeln zugeben; Eier/Rahm/Käse-Mischung darübergiessen; gut miteinander vermischen.
4. Auf kleiner Flamme zugedeckt in 30–40 Minuten zu einem Kuchen braten.

Variante:
Kann auch in einer flachen feuerfesten Form im Backofen als Gratin zubereitet werden.

347

Portionen: 4

Zutaten:
800 g Kartoffeln, mehlige Sorte
3–4 Eigelb
1 Ei
50 g Butter
Salz
1 EL Sbrinz, fein geraffelt (fakultativ)
Mehl
Paniermehl
Friture

Gerät:
Friteuse/Friturepfanne
Kasserolle, mittelgross
Passevite (feinster Einsatz) oder Kartoffelpresse

Kartoffelkroketten

Zubereitung:
1. Kartoffeln schälen, würfeln und in Salzwasser weich kochen.
2. Wasser abgiessen; die Kartoffeln auf der warmen Herdplatte gut austrocknen lassen.
3. Kartoffeln pürieren; sofort die Butter und einzeln die Eigelb in das Püree einrühren; salzen; die Masse abkühlen lassen.
4. Masse auf bemehlter Unterlage etappenweise zu einer daumendicken Rolle formen; diese in 5 cm lange Kroketten schneiden; in verklopftem Ei und Paniermehl wenden.
5. Friture auf 180° vorheizen; die Kroketten in 4–5 Minuten backen.

Bemerkungen:
Zur Verwendung der im Rezept nicht benötigten Eiweiss siehe z. B. Nr. 37, 44, 518, 534, 543.

348   **Kastanien, Basisrezepte**

1. Kastanien waschen; mit einem scharfen Messer auf der gewölbten Seite gerade einschneiden.

a) geschwellt

2. Knapp mit leicht gesalzenem Wasser bedeckt in 30 Minuten weich kochen.

b) gebraten

2. Auf ein Backblech geben; mit kaltem Wasser besprengen (½ dl pro Pfund); bei zunächst starker, dann mittelstarker Unterhitze unter gelegentlichem Wenden braten. Bratzeit: 30–40 Minuten.

c) gedämpft

2. In einer Pfanne Wasser zum Kochen bringen; leicht salzen.
3. Kastanien – immer 6 Stück auf einmal – 2 Minuten kochen, mit der Schöpfkelle herausnehmen und sofort schälen: Hände mit Backhandschuhen schützen und die Frucht möglichst heiss aus der Schale drücken.
4. Pro Pfund Kastanien 1 mittelgrosse fein gehackte Zwiebel in 50 g Butter andünsten; Kastanien beigeben; mit Salz und Pfeffer würzen; ½ l Bouillon zugeben; ungedeckt 30 Minuten köcherlen.

d) glasiert

2. In einer Pfanne Wasser zum Kochen bringen; leicht salzen.
3. Kastanien – immer 6 Stück auf einmal – 2 Minuten kochen, mit der Schöpfkelle herausnehmen und sofort schälen: die Hände mit Backhandschuhen schützen und die Frucht möglichst heiss aus der Schale drücken.
4. 1 KL Zucker in 30 g Butter hellbraun rösten.
5. Kastanien zugeben; mit 1 dl Bouillon ablöschen.
6. Unter gelegentlichem Rütteln an der Pfanne zugedeckt in 20–30 Minuten weich kochen; dabei evtl. löffelweise Bouillon zugeben; am Schluss sollten die Kastanien glasiert, und keine Flüssigkeit mehr übrig sein.

Gedörrte Kastanien

Kastanien über Nacht in viel kaltem Wasser einweichen. Mit einem spitzen Messer – wenn nötig – die roten Häutchen entfernen. In einer grossen Pfanne reichlich Milch und Wasser (zu gleichen Teilen) mischen; Kastanien zugeben; zugedeckt langsam weich kochen (40 bis 90 Minuten).

Bemerkungen:

Eilige Köche seien darauf hingewiesen, dass verschiedene qualitativ hochstehende Fertigprodukte auf dem Markt sind: Ganze Kastanien, tiefgekühlt; Kastanienpüree (mit und ohne Zucker), in Büchsen; Kastanienpüree (gezukkert), tiefgekühlt.

349

Portionen: 2–3

Zutaten:
1 Kohlkopf à 1 kg
15 g Butterfett
2 dünne Tranchen
geräucherter Speck, in
Riemchen geschnitten
1 kleine Zwiebel, fein
gewürfelt
1 dl kräftige Bouillon
(Instant)
Salz
1–2 EL Rahm (fakultativ)

Gerät:
Kasserolle, gross mit Deckel
Sieb

Kohl

Zubereitung:
1. ½ l Wasser in der Kasserolle aufs Feuer setzen.
2. Den Kohlkopf auseinanderblättern und waschen: die äussersten Blätter werden weggeworfen; bei den inneren wird die an der Aussenseite hervorstehende Rippe teilweise abgeschnitten.
3. Kohlblätter ins siedende Wasser geben; ungedeckt 15 Minuten kochen.
4. Schwellwasser durch das Sieb abgiessen; Kasserolle wieder aufs Feuer setzen; Fett heiss werden lassen, Speck und Zwiebel zugeben; glasig rösten.
5. Die gut abgetropften Kohlblätter zugeben und in 3–4 Minuten trocken dämpfen; mit der Bouillon ablöschen; zugedeckt in 15–20 Minuten weich dämpfen.
6. Nach Wunsch den Rahm zugeben, abschmecken und anrichten.

350

Portionen: 4

Zutaten:
800 g Krautstiele
15 g Butter
1 dl Milch
½ Zitrone, Saft
Süssbuttersauce (Nr. 76)
Salz
Pfeffer aus der Mühle

Gerät:
Kasserolle, mittelgross
Wiegemesser
Sieb

Krautstiele (Rippenmangold)

Zubereitung:
1. Das grüne Kraut von den Stielen abschneiden; die weissen Stiele schälen: auf beiden Seiten das dünne Häutchen abziehen. Kraut und Stiele waschen.
2. Ca. ¾ l Wasser mit der Milch zum Sieden bringen.
3. Krautstiele in ca. 3 cm lange Stücklein schneiden; das grüne Kraut mit dem Wiegemesser nicht zu fein hacken.
4. Das siedende Wasser salzen; Krautstiele hineingeben und 10 Minuten schwellen; herausnehmen und kalt abspülen.
5. Kraut in heisser Butter 10 Minuten dämpfen.
6. Krautstiele und Kraut in die Sauce geben und in 10–15 Minuten fertigköcherln; die Sauce allenfalls mit etwas Kochbrühe verlängern; mit Zitronensaft, Salz und Pfeffer abschmecken.

351

Portionen: 4–6

Zutaten:
1 kg Lauch, nur die weissen
und hellgelben Teile
Süssbuttersauce (Nr. 76)
oder Vinaigrette (Nr. 89)
Salz

Gerät:
Kasserolle, gross
ferner:
Küchenschnur

Lauch

Zubereitung:
1. Den Lauch gründlich waschen; die äusseren Blätter entfernen, die Würzelchen wegschneiden: in 15 cm lange Stangen schneiden; zu 2 gleich grossen Bündeln zusammenbinden.
2. In viel kochendem Salzwasser in 20–40 Minuten weich kochen.
3. Schnur aufschneiden; Lauch gut abtropfen lassen; in der Süssbuttersauce aufgekocht oder – erkaltet – mit Vinaigrette übergossen anrichten.

352

Portionen: 1–2

Zutaten:
20 g getrocknete Morcheln,
am Vortag in einer
Mischung aus Wasser und
Milch eingeweicht
20 g Butter
½ TL Weissmehl
½–1 dl Rahm
1 kleine Schalotte, fein
gehackt
Salz
Pfeffer aus der Mühle
1 TL Cognac (fakultativ)

Gerät:
Kleine, schwere Kasserolle
ferner:
Küchenpapier

Morcheln

Zubereitung:
1. Morcheln aus dem Einweichwasser nehmen (Einweichwasser nicht weggiessen!), Morcheln gründlich waschen, evtl. sandige Stielenden wegschneiden; auf Küchenpapier legen und mit Papier trockentupfen.
2. Grössere Morcheln der Länge nach halbieren, kleine ganz belassen.
3. Butter in der Kasserolle heiss werden lassen; Schalotte zugeben und anziehen lassen; Morcheln zugeben und bei guter Hitze ungedeckt dünsten, bis die Flüssigkeit fast vollständig verdampft ist.
4. Mehl darüberstäuben; umrühren; etwas anziehen lassen; etwas Einweichflüssigkeit (ohne Bodensatz!) und Rahm zugeben; die Morcheln sollen knapp bedeckt sein.
5. Bei mittlerer Hitze auf die gewünschte Konsistenz einkochen; abschmecken.

353

Portionen: 4

Zutaten:
1 kg rote oder rote und
gelbe Peperoni
250 g Zwiebeln, fein
geschnitten
2 Knoblauchzinken
(fakultativ), geschält
2 Lorbeerblätter
500 g Tomaten
1 dl Olivenöl
Salz

Gerät:
Bratkasserolle
Stielpfännchen

Peperonata

Zubereitung:
1. Stiele und Kerngehäuse von den halbierten Peperoni wegschneiden; die Fruchtschalen auswaschen und abtrocknen,
dann in kleine Vierecke schneiden.
2. Die Tomaten häuten, vierteln, Kerne und wässerige Teile
entfernen; das feste Fleisch in Streifen schneiden.
3. Öl in der Kasserolle heiss werden lassen; Zwiebeln, Knoblauch und Lorbeerblätter zugeben; einige Minuten anziehen lassen.
4. Peperoni zugeben, leicht salzen; unter gelegentlichem
Wenden 10 Minuten bei lebhaftem Feuer dünsten.
5. Tomaten zugeben; weitere 15–20 Minuten dünsten.
6. Abschmecken; heiss, lauwarm oder kalt servieren.

354

Portionen: 5 (als Garnitur)

Zutaten:
15 Zweiglein Peterli
Friture

Gerät:
Friteuse/Friturepfanne
Küchentuch

Gebackener Peterli

Zubereitung:
1. Peterli waschen; in einem Tuch gut trocknen.
2. In der 180° heissen Friture knusprig backen.

355

Portionen: 4

Zutaten:
750 g Rosenkohl
Salz
80 g Butter

Rosenkohl

Zubereitung:
1. Reichlich Wasser mit Salz in der Kasserolle auf dem Feuer
zum Kochen bringen. Unterdessen die Rosenkohlröschen
in kaltem Wasser waschen; welke Blättchen wegschneiden.
2. In der ungedeckten Kasserolle knapp weich kochen, was –
je nach Grösse der Röschen – 10 bis 20 Minuten dauert.
3. Wasser durch das Sieb abgiessen; Butter in der Kasserolle
heiss werden lassen; den Rosenkohl darin schwenken.

Gerät:
Kasserolle, gross
Sieb

Varianten:

a) mit Kastanien
500 g nach Nr. 348 geschwellte, gedämpfte oder gebratene und geschälte Kastanien werden vor dem Anrichten sorgfältig unter den Rosenkohl gemischt.

b) mit Süssbuttersauce
Süssbuttersauce nach Nr. 76 (die halbe Portion genügt) zubereiten; mit Muskatnuss nachwürzen; mit dem geschwellten Rosenkohl anrichten.

356

Portionen: 4

Zutaten:
1 kg Pfälzer Rüben
300 g geräucherter Speck
300 g grüner Speck
1 Zwiebel, fein gehackt
½ dl trockener Weisswein
(fakultativ)
2 dl Bouillon
50 g Schweine- oder
Gänseschmalz
Salz
Pfeffer aus der Mühle

Gerät:
Bratkasserolle mit Deckel
Gurkenhobel

Pfälzer Rüben

Zubereitung:
1. Rüben waschen, schälen auf dem Gurkenhobel scheibeln.
2. Schmalz heiss werden lassen; Zwiebel darin glasig dünsten; Rüben zugeben, unter Rühren etwas andämpfen.
3. Mit dem Wein und etwas Bouillon ablöschen; salzen und pfeffern.
4. Den Speck in die Rüben einbetten; zugedeckt 1–1½ Stunden köcherlen; dabei nötigenfalls noch etwas Bouillon nachgiessen.

357

Portionen: 4

Zutaten:
4–5 Stück Rübkohl
(ca. 500 g) mit den Herz-
blättern
25 g Butter
1 dl Wasser oder Bouillon
Salz

Gerät:
Kasserolle, mit Deckel
Kraut- oder Gurkenhobel

Gedämpfter Rübkohl

Zubereitung:
1. Rübkohl waschen; die zarten Herzblätter loslösen und in feine Streifchen schneiden; die Knollen schälen und auf dem Hobel scheibeln.
2. Butter in der Kasserolle heiss werden lassen; Rübkohl und Blättchen zugeben; leicht salzen und zudecken.
3. Unter gelegentlichem Wenden in 20 bis 40 Minuten knapp weich dämpfen; dabei mehrmals löffelweise Bouillon beigeben, damit das Gemüse nicht anbrennen kann.

Bemerkungen:
Die Garzeit ist je nach Jahreszeit verschieden lang; der weisslich-grüne Rübkohl soll zarter sein als der violette; grosse Knollen haben oft zähe, faserige Teile, die beim Rüsten weggeschnitten werden müssen.

358

Portionen: 3–4

Zutaten:
500 g Rüebli
80 g Butter
30 g Griesszucker
1 TL gehackter Peterli
2 dl Bouillon (Instant)
Salz
Pfeffer aus der Mühle

Gerät:
Kasserolle, mittelgross mit
Deckel
Kasserolle, klein

Gedämpfte Rüebli

Zubereitung:
1. Rüebli schaben und waschen; kleine junge ganz belassen, grosse ältere in dünne Scheiben, in Würfel oder in streichholzlange Stifte schneiden.
2. Butter heiss werden lassen; Rüebli hineingeben und mit dem Zucker bestreuen.
3. Bei nicht zu starker Hitze so lange unter beständigem Wenden braten, bis sich der Zucker gelöst hat.
4. Bouillon aufkochen; über die Rüebli geben; salzen und pfeffern.
5. Unter gelegentlichem Schütteln der Pfanne zugedeckt fast weich dämpfen (was 12–40 Minuten dauern wird, je nach Alter und Grösse der Rüebli).
6. Deckel wegnehmen; die verbleibende Flüssigkeit verdampfen lassen; mit dem Peterli bestreuen.

359

Portionen: 4

Zutaten:
500 g Rüebli
2 dl Süssbuttersauce
(Nr. 76)
Salz
1 EL gehackter Peterli

Gerät:
Kasserolle, mittelgross mit
Deckel
Gemüsesieb

Rüebli in Süssbuttersauce

Zubereitung:
1. Rüebli schaben und waschen; kleine junge ganz belassen, grössere ältere in dünne Scheiben, in Würfel oder in streichholzlange Stifte schneiden.
2. Salzwasser zum Kochen bringen; Rüebli fast weich kochen, wozu je nach Alter und Grösse 10–40 Minuten nötig sind.
3. Wasser abgiessen; Rüebli in der Süssbuttersauce fertigkochen.
4. Sauce fertigmachen (Siehe Nr. 76, Pt. 4); Peterli einrühren.

Salbeiküchlein (Siehe Nr. 26)

360

Portionen: 4

Zutaten:
500 g Sauerampferblätter
20 g Butter
1 TL Mehl
3–4 EL Rahm
Salz
Pfeffer aus der Mühle

Gerät:
Kasserolle, mittelgross
Sieb, gross
Siebkelle
Schüssel, mittelgross
Mixer oder Fleischwolf

Sauerampferpüree

Zubereitung:
1. Kasserolle zu ¾ mit frischem Wasser füllen; aufs Feuer setzen.
2. Sauerampfer waschen; abtropfen lassen.
3. Sauerampfer in das siedende Wasser tauchen; sofort mit der Siebkelle herausnehmen und in kaltem Wasser abschrecken; völlig abkühlen lassen.
4. Sauerampfer mit Hilfe des Mixers oder des Fleischwolfs pürieren oder durch ein Sieb streichen.
5. In der trockenen Kasserolle das Mehl in der Butter auf schwachem Feuer kurz schwitzen.
6. Rahm zugeben; umrühren; Püree zugeben; aufkochen und abschmecken.

Bemerkungen:
Als Beilage zu gebratenem Fleisch, pochiertem Fisch oder als Füllung einer französischen Omelette verwenden.

361

Portionen: 4

Zutaten:
1 Rotkrautkopf à 1 kg
1 kleine Zwiebel, fein
geschnitten
50 g Butterfett, Schweine-
oder Gänseschmalz
1 Apfel (Boskop), geschält
2 EL Weinessig
2 Gewürznelken
2 dl Bouillon (Instant)
Salz
Pfeffer aus der Mühle

Gerät:
Kasserolle, gross mit Deckel
Kraut- oder Gurkenhobel

Rotkraut

Zubereitung:
1. Äusserste Lage Blätter des Krautkopfes entfernen; den Kopf halbieren, den Storzen keilförmig herausschneiden und wegwerfen; in kaltes Salzwasser legen.
2. Fett heiss werden lassen; Zwiebel zugeben und anziehen lassen.
3. Rotkraut abtropfen lassen; abseits vom Feuer in die Kasserolle hobeln; wieder aufs Feuer setzen und bei mittlerer Hitze mindestens 10 Minuten dämpfen.
4. Essig darübergeben; gut wenden; Bouillon zugeben; etwas Salz und Pfeffer darüberstreuen.
5. Apfel mit den Nelken bestecken; auf das Kraut legen; zudecken und auf schwachem Feuer in 1¼–1¾ Stunden weichdämpfen; dabei nach Bedarf etwas Rotwein oder Wasser zugeben.

362

Portionen: 3–4

Zutaten:
1 kg rohes Sauerkraut
50 g Schweine- oder
Gänseschmalz
2½ dl trockener Weisswein
oder Apfelwein
1 dl Wasser
1 EL Kirsch (fakultativ)
10 Wacholderbeeren
1 saurer Apfen (fakultativ)
Salz
800 g grüner oder geräu-
cherter Speck, Rippli oder
anderes Schweinefleisch

Gerät:
1 Bratkasserolle, mit Deckel
Bircherraffel

Sauerkraut

Zubereitung:
1. Sauerkraut probieren; wenn es zu sauer ist, in lauwarmem Wasser waschen; abtropfen; sorgfältig ausdrücken: das Kraut soll nicht püriert werden.
2. Schmalz erhitzen, Sauerkraut beifügen und bei mittlerer Hitze andämpfen.
3. Mit dem Wein und dem Wasser ablöschen; das Fleisch in das Kraut einbetten; Wacholderbeeren darüberstreuen.
4. Kasserolle zudecken; ¾–1¼ Stunden köcherlen.
5. Kasserolle vom Feuer ziehen; Fleisch herausnehmen; Kirsch und den geschälten und nachher geraffelten Apfel mit dem Sauerkraut verrühren; abschmecken.

Bemerkungen:
Im Elsass, wo das Sauerkraut einen festen Platz auf der Tafel hat, wird es sehr oft in der geschlossenen Bratkasserolle im Backofen zubereitet. Bei 180° Back-ofentemperatur rechnet man 1½ Stunden Kochzeit.

Variante:
Gebundenes Sauerkraut
Wer das Sauerkraut auf altmodische Art gebunden schätzt, rühre 10 Minuten vor dem Anrichten einen gestrichenen KL Mehl hinein.

363

Portionen: 4

Zutaten:
2–3 mittelgrosse
Sellerieknollen
½ Zitrone, Saft
Ausbackteig (Nr. 95)
Öl oder Fett zum Fritieren

Gerät:
Friturepfanne/Friteuse
Kasserolle, mittelgross
mit Deckel
ferner:
Küchenpapier

Sellerieküchlein

Zubereitung:
1. Sellerieknollen waschen, schälen und in Scheiben von ½ cm Dicke schneiden; mit Zitronensaft in wenig sieden-dem Salzwasser nicht zu weich kochen.
2. Wasser abgiessen, Sellerie abtropfen und erkalten lassen.
3. Friture auf 180° erhitzen.
4. Selleriescheiben einzeln in den Backteig tauchen, etwas abtropfen lassen; in die Friture geben und in 4–5 Minuten gelb backen.
5. Mit Papier abtupfen und sofort servieren.

364

Portionen: 4

Zutaten:
2–3 mittelgrosse
Sellerieknollen
¾ l Bouillon (Instant)
Süssbuttersauce (Nr. 76)

Gerät:
Kasserolle, mittelgross
mit Deckel

Selleriegemüse

Zubereitung:
1. Bouillon zum Sieden bringen.
2. Sellerieknollen waschen, schälen und in Stäbchen schneiden.
3. Selleriestäbchen in der Bouillon zugedeckt in 20–30 Minuten weich kochen.
4. Bouillon abgiessen; das Gemüse mit der heissen Buttersauce anrichten.

365

Portionen: 3–4

Zutaten:
1½ kg Schwarzwurzeln
2 Zitronen
2 EL Weissmehl
Salz
60 g Butter
1 KL Peterli, fein gehackt

Gerät:
Schüssel, gross
Kartoffelschäler
Kasserolle, emailliert
oder aus Edelstahl
Sieb
ferner:
Plastikhandschuhe

Schwarzwurzeln

Zubereitung:
1. Schüssel halb mit kaltem Wasser füllen; den Saft einer Zitrone zugeben.
2. Kasserolle halb mit kaltem Wasser füllen; 1 KL Salz, eine in Scheiben geschnittene Zitrone und das Mehl zugeben.
3. Plastikhandschuhe anziehen; Schwarzwurzeln mit dem Kartoffelschäler schälen; sofort in das Zitronenwasser in der Schüssel legen.
4. Schwarzwurzeln in 4–8 cm lange Stücke schneiden; die sehr dicken der Länge nach halbieren.
5. Kasserolle mit dem Mehlwasser aufs Feuer setzen; Schwarzwurzeln in die kochende Flüssigkeit geben; mit Wasser auffüllen, so dass sie gut bedeckt sind; je nach Jahreszeit 30–50 Minuten kochen.
6. Kochflüssigkeit abgiessen; Schwarzwurzeln unter fliessend kaltem Wasser abspülen; in heisser Butter schwenken und mit Peterli anrichten.

Bemerkungen:

Plastikhandschuhe sind empfohlen, weil der Saft, der während des Schälens aus den Schwarzwurzeln austritt, sehr hartnäckig klebt. – Zitronenwasser und Mehlwasser verhindern das Braunwerden der Schwarzwurzeln.

Varianten:

a) mit Sauce
Die weichgekochten Schwarzwurzeln in Süssbutter- (Nr. 76) oder Rahmsauce (Nr. 74) anrichten.

b) gebacken
Schwarzwurzeln roh in 8 cm lange Stücke schneiden und weich kochen (siehe oben). Erkalten lassen; einzeln in Ausbackteig (Nr. 95) tauchen und in 190° heisser Friture in 5–6 Minuten backen.

366

Portionen: 2

Zutaten:
800 g Spargeln
3 l Wasser
30 g Salz
1 Stück Zucker
Braune Butter (Nr. 61) oder
Hollandaise (Nr. 79) oder
Sauce mousseline (Nr. 79a)

Gerät:
Kasserolle, gross mit Deckel
Serviette
ferner:
Küchenschnur

Spargeln

Zubereitung:
1. Spargeln schälen; zu zwei gleich dicken Bündeln zusammenbinden.
2. Wasser mit dem Salz und dem Zucker zum Kochen bringen; Spargelbündel hineingeben und in 15–25 Minuten im leise kochenden Wasser garen.
3. Gut abtropfen lassen; auf der Serviette anrichten; Sauce separat servieren.

Bemerkungen:
Das Kochen von Spargeln bietet gar keine Probleme, wenn einige Voraussetzungen erfüllt sind:
1. Sie müssen *frisch* sein, was man an der Schnittfläche erkennt: sie sollte hell sein, und bei der geringsten Ritzung mit dem Fingernagel sollte Saft austreten.
2. Sie müssen *gut geschält* sein. Die Spargel am Kopf halten und mit dem Kartoffelschäler rundherum der Länge nach gründlich schälen; den unteren Teil um 1–2 cm kürzen.
3. *Sie dürfen nicht zu lange kochen.* Die Kochdauer ist je nach Saison und Dicke der Spargeln verschieden; grüne Spargeln sind ausserdem schneller weich als weisse. Ideal gekocht sind Spargeln, die noch «Biss» haben, also nicht butterweich gekocht sind.
4. *Sie dürfen nicht zu stark kochen,* sonst wird der beste Teil, der Kopf, beschädigt. Aus dem gleichen Grund werden die Spargeln auch in Bündeln gekocht.
5. Zu einem so edlen Gemüse gehört *eine edle Sauce*! Und meine persönliche Meinung: eine kalte Mayonnaise passt nicht zu einer heissen Spargel, auch weil zwischen zwei so verschiedenen Partnern nie eine harmonische Ehe zustande kommen wird.

Varianten:
a) kalt
Die Spargeln rüsten, weich kochen, aus dem Wasser nehmen, kalt werden lassen und mit Mayonnaise (Nr. 88) oder Vinaigrette (Nr. 89) servieren.
b) au gratin
Nur die obere Hälfte der Spargeln verwenden; rüsten, weich kochen, abtropfen; in eine flache Gratinplatte geben; etwas frisch gemahlenen Pfeffer, 100 g flüssig gemachte Butter und 4–5 EL frisch geriebenen Parmesan oder Sbrinz darübergeben und im vorgeheizten Backofen bei starker Oberhitze überbakken.

367

Portionen: 3

Zutaten:
850 g Spinat
50 g Butter
Salz
Pfeffer aus der Mühle

Gerät:
Kasserolle, gross
mit Deckel

Spinat

Zubereitung:
1. Spinat mehrmals gründlich waschen; Stiele entfernen; sehr gut abtropfen lassen.
2. Butter in der Kasserolle heiss werden lassen; die Hälfte des Spinats zugeben; zudecken; nach 2 Minuten den restlichen Spinat dazugeben und umwenden; zudecken und weitere 2 Minuten dämpfen.
3. Wenn die Blätter zusammengefallen und fast weich sind, mit Salz und frisch gemahlenem Pfeffer würzen; anrichten.

Bemerkungen:
Es empfiehlt sich, den Spinat *kurz* zu dämpfen, damit die Blätter nicht zu weich werden. – Bei diesem feinen Gemüse sollte auf Zugabe von Zwiebeln und/oder Knoblauch ganz verzichtet werden. – Spinatreste nicht wieder verwenden, da sich im gekochten Gemüse ungesundes Nitrit bilden kann.

368

Portionen: 5

Zutaten:
1 kg Stachis
70 g Butter
Meer- oder Kochsalz

Gerät:
Kasserolle, gross
mit Deckel
Schüssel gross
Gemüsesieb
ferner:
Küchentuch

Stachis

Zubereitung:
1. Stachis in die Schüssel geben; mit kochendem Wasser überbrühen; Wasser sofort wieder abgiessen.
2. Das abgetropfte Gemüse auf ein sauberes Küchentuch geben; mit Salz (am besten grobem Meersalz) bestreuen; das Tuch über dem Stachis zusammenschlagen; durch das Reiben zwischen den Händen die Häutchen abreiben.
3. Kasserolle mit Wasser aufs Feuer setzen; Stachis gründlich waschen; im kochenden, gesalzenen Wasser in 15–20 Minuten weich kochen.
4. Gut abtropfen; mit brauner Butter (Nr. 61) übergossen anrichten.

Variante:
mit Süssbuttersauce
Statt mit brauner Butter mit Süssbuttersauce (Nr. 76), in welche man 1 EL gehackten Peterli eingerührt hat, anrichten.

369

Portionen: 4

Zutaten:
6 mittelgrosse Tomaten
1–2 EL frische oder
getrocknete Kräuter
3 EL Olivenöl
Salz
Schwarzer Pfeffer aus der
Mühle

Gerät:
Elektro- oder Backofengrill
Flache Gratinplatte, gross

Grillierte Tomaten

Zubereitung:
1. Grill vorheizen.
2. Tomaten waschen; quer halbieren; mit der Schnittfläche nach oben nebeneinander in die Gratinplatte legen.
3. Kräuter auf die Tomaten verteilen; Tomaten salzen und pfeffern; Olivenöl auf die Tomaten verteilen.
4. Im Elektrogrill oder unter dem Backofengrill in 30–50 Minuten grillieren; die Oberfläche der Tomaten darf dabei leicht Farbe annehmen.

370

Portionen: 3

Zutaten:
6 kleine Tomaten
20 g Butter oder 2 EL
Olivenöl
1 KL feingehackte frische
Kräuter
1 Prise Griesszucker
Salz
Schwarzer Pfeffer aus der
Mühle

Gerät:
Stielkasserolle, klein
Bratpfanne, mittelgross
mit Deckel

Gedämpfte Tomaten

Zubereitung:
1. Tomaten – eine nach der andern – 30 (!) Sekunden in kochendes (!) Wasser tauchen, unter fliessend kaltem Wasser abschrecken, Haut abziehen.
2. Butter oder Öl in der Bratpfanne erhitzen; Tomaten hineingeben; mit Zucker, Salz und Pfeffer bestreuen; zudecken und bei mittlerer Hitze in 5–10 Minuten weich dämpfen; dabei von Zeit zu Zeit an der Pfanne rütteln, damit die Tomaten nicht ansitzen.
3. Mit den Kräutern bestreut anrichten.

371

Portionen: 4

Zutaten:
350–400 g frische
Totentrompeten
100 g Butter
3 Schalotten, fein gehackt
2 EL Weisswein
1 Prise frisch geriebene
Muskatnuss
Salz

Gerät:
Bratkasserolle mit Deckel
Siebkelle
Schneebesen

Totentrompeten

Zubereitung:
1. Totentrompeten gründlich unter dem fliessenden Wasser-strahl waschen; sandige Stielenden wegschneiden.
2. 60 g Butter in der Kasserolle heiss werden lassen; Schalot-ten zugeben und anziehen lassen.
3. Totentrompeten dazugeben; sparsam mit Salz und Muskat würzen; Wein zugeben.
4. Zugedeckt 15 Minuten ziehen lassen.
5. Pilze mit der Siebkelle herausnehmen und warm stellen.
6. Den Fond zum Kochen bringen; vom Feuer ziehen; die restliche Butter stückchenweise mit dem Schneebesen ein-rühren; über die Pilze giessen.

Bemerkungen:
In der Mitte von in Kranzform angeordnetem Rührei (Nr.151) eine schnell zubereitete Vorspeise.

372

Portionen: 3

Zutaten:
750 g junge weisse Rüben
½ TL Kümmelsamen
2,5 dl Rahmsauce (Nr. 74)
Salz

Gerät:
Kasserolle, mittelgross mit
Deckel

Weisse Rüben

Zubereitung:
1. Die Rüben schälen; vierteln oder in Scheiben schneiden.
2. In siedendem Salzwasser nicht ganz weich kochen.
3. Rahmsauce mit dem Kümmel erhitzen; die abgetropften Rüben hineingeben und fertigkochen.

373

Portionen: 4

Zutaten:
1 Krautkopf à 1 kg
30 g geräucherter Speck
in Tranchen
20 g Butterfett
1 kleine Zwiebel, fein
geschnitten
2 dl Bouillon
$\frac{1}{2}$–1 dl Weisswein oder
Apfelwein
1 TL Kümmelsamen
(fakultativ)
Salz

Gerät:
Kasserolle, gross mit Deckel
Kraut-oder Gurkenhobel

Weisskraut

Zubereitung:
1. Die äusserste Lage Blätter des Krautkopfes entfernen; den Kopf halbieren und in kaltes Salzwasser legen.
2. Specktranchen in Riemchen schneiden; mit dem Butterfett in der Kasserolle heiss werden lassen; Zwiebel zugeben und anziehen lassen.
3. Krautkopfhälften abtropfen lassen; den Storzen keilförmig herausschneiden und wegwerfen; abseits vom Feuer in die Kasserolle hobeln; wieder aufs Feuer setzen und unter fleissigem Wenden einige Minuten andämpfen.
4. Salz und Kümmel darüberstreuen, mit dem Wein ablöschen, Bouillon zugeben; zudecken und auf schwachem Feuer weich dämpfen (1–1½ Std.). Eventuell noch etwas Wasser zugeben, bevor das Gemüse ansitzt.

374

Portionen: 3

Zutaten:
500 g Zuckererbsen
30 g Butter oder Butterfett
1 TL Griesszucker
1 Tasse geröstete
Brotwürfelchen (Nr. 107a)
Salz

Gerät:
Kasserolle, gross mit Deckel

Zuckererbsen (Kefen)

Zubereitung:
1. Zuckererbsen *nicht* ausschoten; Spitze und Stiel wegschneiden; auf beiden Seiten die Fäden abziehen; waschen, abtropfen lassen.
2. Butter in der Kasserolle heiss werden lassen, Zuckererbsen hineingeben und auf allen Seiten kurz andünsten.
3. Salz und Zucker zugeben, mit wenig Wasser ablöschen; zugedeckt in 15–20 Minuten weich, aber nicht zu weich dämpfen; dabei gelegentlich etwas Wasser zugeben, damit das Gemüse nicht anbraten kann.
4. Mit den Brotwürfelchen überstreut zu Tisch geben.

375

Portionen: 3–4

Zutaten:
600 g Zwiebeln
½ l Milch
20 g Weissmehl
60 g Butter
4 EL Rahm
Salz
Weisser Pfeffer aus der
Mühle

Gerät:
Kasserolle, mittelgross
Sieb
Mixer

Zwiebelpüree (Purée soubise)

Zubereitung:
1. Zwiebeln schälen; in dünne Scheiben schneiden.
2. Mit der Milch aufs Feuer setzen; in 20–30 Minuten sehr weich kochen.
3. Milch abgiessen; Zwiebeln im Mixer pürieren.
4. In der gereinigten und abgetrockneten Kasserolle das Mehl in der heissen Butter auf kleinem Feuer anschwitzen (es soll keine Farbe annehmen).
5. Zwiebelpüree und Rahm zugeben; einige Minuten bis zur gewünschten Konsistenz köcherln.
6. Mit Salz und Pfeffer würzen.

Bemerkungen:
Eignet sich besonders gut als Beilage zu Lammfleisch oder zu gekochtem Rindfleisch (Suppenfleisch).

376

Grüner Salat

Grüner Salat kann von Kopfsalat, Endivie, Friséesalat (Sonnenwirbel), Gartenkresse, Chinakohl, jungem Spinat, Nüssli oder Pfaffenröhrli zubereitet werden.
Beim Kopfsalat werden die äusseren grossen Blätter der Mittelrippe entlang halbiert (die Rippe weggeworfen), die kleineren gelben ganz belassen.
Endivie, Friséesalat, Lattich und Chinakohl werden mittelfein bis fein geschnitten, Pfaffenröhrli – je nach Grösse – ein bis zweimal quer durchgeschnitten.
Den Salat mehrmals in frischem Wasser waschen. Achtung: im Nüsslisalat verbirgt sich oft Sand. Salat in einem reinen Tuch oder in der Salatschleuder abtropfen.
Mit Vinaigrette – mit oder ohne Senf – unmittelbar vor dem Servieren anmachen. Beim Nüsslisalat – nach Wunsch – eine geschälte Knoblauchzehe in die Vinaigrette legen (!). Bei Pfaffenröhrlisalat passt gut ein gehacktes hartes Ei in die Sauce. Fein geschnittene Zwiebel sollte nur ausnahmsweise – z. B. bei Chinakohl – in die Salatsauce gegeben werden.
Die Salatsauce variieren, indem man mit dem Öl (Olivenöl, Sonnenblumenöl, Nussöl, Haselnussöl) und/oder mit dem Essig (Weisswein-, Rotwein-, Gewürz-, Sherry-, Estragonessig etc.) abwechselt.
Mit Allerweltsgewürzmischungen äusserst sparsam umgehen; im Sommer aber (eine Sorte!) frische Kräuter in die Sauce geben: Estragon, Schnittlauch, Kerbel, Basilikum etc.

377

Portionen: 3–4

Zutaten:
1 grosser Blumenkohl
Salz
Vinaigrette (Nr. 89)
2 EL fein geschnittener
Schnittlauch
1 KL Senf
Schwarzer Pfeffer aus der
Mühle

Gerät:
Kasserolle, gross
Siebkelle

Blumenkohlsalat

Zubereitung:
1. In der Kasserolle reichlich Wasser zum Sieden bringen.
2. Blumenkohl in Röschen zerpflücken, waschen.
3. Das siedende Wasser salzen; Blumenkohl hineingeben und in 4–6 Minuten nicht zu weich kochen.
4. Blumenkohl sorgfältig aus dem Wasser heben; gut abtropfen lassen; in eine Schüssel geben.
5. Den Senf in die Vinaigrette einrühren; mit Pfeffer nachwürzen.
6. Sauce über den lauwarmen oder kalten Blumenkohl geben; mit dem Schnittlauch bestreuen.

378

Portionen: 4

Zutaten:
500 g junge, zarte grüne
Bohnen
Salz
2 EL fein gehacktes Grünzeug (Kerbel, Estragon)
1 EL fein geschnittener
Schnittlauch
1 kleine Zwiebel, fein
geschnitten
Vinaigrette (Nr. 89)

Gerät:
Kasserolle, gross
Schüssel, gross

Bohnensalat

Zubereitung:
1. Bohnen nach Nr. 325 rüsten, waschen, im Salzwasser kochen und mit kaltem Wasser abschrecken.
2. Sofort mit der Vinaigrette anmachen; etwas ziehen lassen.
3. Vor dem Anrichten mit den Kräutern und der Zwiebel mischen.

379

Portionen: 2

Zutaten:
3 Stauden Brüsseler Endivie
Vinaigrette (Nr. 89)

Gerät:
Siebkelle
Schüssel, klein

Salat von Brüsseler Endivien

Zubereitung:
1. Die äussersten welken Blätter mit bräunlichem Rand entfernen, auf der Unterseite der Stauden mit einem spitzen Messer den festen evtl. bitteren Kern kegelförmig herausschneiden.
2. Die Stauden entweder einmal längs und einmal quer halbieren und dann in feine Stäbchen schneiden oder nur quer in 1–1½ cm breite Riemchen schneiden; waschen.
3. Mit der Siebkelle aus dem Wasser heben, gut abtropfen und mit der Vinaigrette anmachen.

Variante:
In die Vinaigrette statt Essig Zitronen- und Orangensaft und auf der Zitronenraffel abgeriebene Orangenschale geben.

380

Portionen: 3–4

Zutaten:
1 Gurke
Salz
Vinaigrette (Nr. 89)
Schwarzer Pfeffer aus der Mühle

Gerät:
Gurkenhobel
Schüssel, klein
Sieb

Gurkensalat

Zubereitung:
1. Gurke schälen; der Länge nach halbieren, mit einem Kaffeelöffelchen das gallertartige Gewebe mit den Samen herauskratzen; die beiden Gurkenenden prüfen, ob sie bitter schmecken; bittere Teile wegschneiden.
2. Gurkenhälften mit dem Hobel in die Schüssel hobeln; 1 TL Salz darüberstreuen; ½ Stunde ziehen lassen.
3. Gurkensalat im Sieb abtropfen lassen; in der Schüssel mit der Vinaigrette anmachen; mit Pfeffer bestreuen, was den Salat leichter verdaulich macht; sofort servieren.

381

Portionen: 4

Zutaten:
300 g weisse Böhnli, am
Vorabend eingeweicht, *oder*
400 g Linsen
Salz
Vinaigrette (Nr. 89) mit Senf
1 Zwiebel, fein gehackt
2 EL feingehacktes
Grünzeug, (Peterli, Kerbel,
Estragon...)
Schwarzer Pfeffer aus der
Mühle

Gerät:
Kasserolle, mittelgross
Schüssel, mittelgross
Schüssel, klein

Salat von Hülsenfrüchten

Zubereitung:
1. Weisse Böhnli nach Nr. 390 bzw. Linsen nach Nr. 391 nicht zu weich kochen.
2. Vinaigrette mit Senf, der Zwiebel und den Kräutern vermischen; über die völlig erkalteten Hülsenfrüchte geben.
3. Mindestens zwei Stunden ziehen lassen; sorgfältig mischen; evtl. nachwürzen.

382

Portionen: 4

Zutaten:
1 kg Kartoffeln,
festkochende Sorte, nach
Nr. 331 geschwellt
1 kleine Zwiebel, fein
gehackt (fakultativ)
1 dl heisse Bouillon
4–5 EL Essig
1 TL Senf
2–3 EL Öl oder Rahm
Salz

Gerät:
Schüssel, gross mit
passendem Deckel
Schüssel, klein

Kartoffelsalat

Zubereitung:
1. Die noch warmen Kartoffeln schälen und in 2–3 mm dicke Scheiben schneiden.
2. Kartoffelscheiben in der grossen Schüssel mit der Bouillon übergiessen; zugedeckt 5 Minuten ziehen lassen.
3. In der kleinen Schüssel Zwiebel, Essig, Senf und Salz verrühren; zuletzt Öl bzw. Rahm dazugeben.
4. Die Sauce über die Kartoffeln geben, sorgfältig mischen.

Varianten:
Die Sauce variieren, indem man anstelle von Öl oder Rahm Mayonnaise (Nr. 88) einrührt. – Bereichernde Zutaten: Kapern, feingeschnittene Cornichons oder Gewürzgurken, in Riemchen geschnittene Sardellenfilets. – Garnituren: Scheibchen von hartgekochten Eiern (Nr. 152) oder Monatsrettichen, Tomatenschnitze, fein geschnittener Schnittlauch, hellbraun geröstete Speckwürfelchen.

383

Portionen: 4

Zutaten:
1 Kopf Weisskraut,
Rotkraut oder Kohl
à 600–700 g
1 kleine Zwiebel, fein
geschnitten
Zur Sauce:
  2 EL Essig
  4 EL Öl
  1 KL Senf
  Salz
  Pfeffer

Gerät:
Krauthobel
Schüssel, gross

Kraut- oder Kohlsalat

Zubereitung:
1. Kraut- oder Kohlkopf halbieren; in Salzwasser legen.
2. Die Zutaten zur Sauce und die Zwiebel in der Schüssel vermengen.
3. Kraut- oder Kohlkopf gut abtropfen lassen; auf dem Hobel – möglichst ohne Strunk und dicke Rippen – hobeln.
4. Mit der Sauce vermischen; mindestens eine Stunde ziehen lassen.

384

Portionen: 5

Zutaten:
1 Weisskrautkopf à 800 g
1 kleine Zwiebel, fein
geschnitten
50–80 g Speckwürfelchen
4–5 EL Essig
2–3 EL Bouillon
(fakultativ)
Salz
Pfeffer

Gerät:
Bratkasserolle
Krauthobel
Schüssel, gross

Warmer Krautsalat

Zubereitung:
1. In der Kasserolle auf nicht zu starkem Feuer Speckwürfelchen und Zwiebel hellgelb rösten.
2. Unterdessen den gewaschenen, halbierten Krautkopf (ohne Strunk und dicke Rippen) hobeln.
3. Kraut in die Kasserolle geben, kurz andämpfen; mit Essig und Bouillon ablöschen; Salz und Pfeffer darüberstreuen.
4. Ungedeckt auf schwachem Feuer dämpfen, bis fast alle Flüssigkeit verdampft ist (ca. 15 Minuten). Heiss servieren.

Bemerkungen:
Würste (z. B. Saucisson) können gut im Salat heiss gemacht werden. – Der Salat kann am Vortag zubereitet und aufgewärmt werden.

385

Portionen: 4

Zutaten:
300 g Rettich
Essig
Öl
Salz
1 TL Kümmelsamen
(fakultativ)

Gerät:
Kraut- oder Gurkenhobel
Schüssel, mittelgross

Rettichsalat

Zubereitung:
1. Rettich schälen, waschen und hobeln.
2. In der Schüssel mit Essig und Öl (im Verhältnis 1:2), Salz und Kümmel vermengen.
3. Vor dem Anrichten eine Viertelstunde ziehen lassen.

Variante:
150 g geschälten Rettich und 150 g Käse (Emmentaler oder Gruyère) auf der Röstiraffel reiben, vermischen und wie oben anmachen.

386

Portionen: 2–3

Zutaten:
1 grosser Knollensellerie
2 Zitronen, Saft
1 Stück Zucker
Olivenöl
Salz
Schwarzer Pfeffer aus der Mühle
1 EL fein gehackte Zwiebeln oder 2 EL fein geschnittener Schnittlauch

Gerät:
Kasserolle, mittelgross
Siebkelle

Selleriesalat

Zubereitung:
1. ¼ l Wasser zum Kochen bringen.
2. In das siedende Wasser den Zucker, den Saft einer Zitrone und 1 TL Salz geben.
3. Sellerieknolle schälen; in dünne Scheiben schneiden, die man sofort in die kochende Brühe geben soll, damit sie sich nicht verfärben; auf schwachem Feuer ca. 20 Minuten garen.
4. Selleriescheibchen sorgfältig herausheben und in eine Platte anrichten; mit den Zwiebeln bzw. dem Schnittlauch bestreuen.
5. Mit 1 EL Zitronensaft, 2 EL Olivenöl, viel Pfeffer und etwas Salz eine Sauce anrühren; über den Sellerie geben.
6. Einige Stunden ziehen lassen.

387

Portionen: 4

Zutaten:
500 g Tomaten
Essig
Öl
Senf (fakultativ)
Salz
Pfeffer aus der Mühle

Gerät:
Kasserolle, klein
Siebkelle
Schüssel, klein

Tomatensalat

Zubereitung:
1. In der Kasserolle Wasser zum Sieden bringen. Die Tomaten um den Stielansatz herum kegelförmig einschneiden; den Stielansatz herauslösen. Tomaten häuten (S. 22).
2. Tomaten in dünne Scheiben schneiden; die Scheiben im Kreis paillettenartig übereinanderlegen.
3. Aus 1 EL Essig, 2 EL Öl, etwas Senf (nach Wunsch) und Salz eine leichte Sauce anrühren; darüberträufeln; mit frisch gemahlenem Pfeffer bestreuen; sofort servieren.

Bemerkungen:
Für Salat eignen sich Tomaten, die nicht zu reif sind; bucklige Fleischtomaten sind den kugelrunden vorzuziehen.

388

Portionen: 3–4

Zutaten:
1 Portion Trockenreis
(Nr. 395), völlig erkaltet
Vinaigrette (Nr. 89)
2–3 EL Mayonnaise
(Nr. 88)
Nach Wunsch kleine Würfelchen von Peperoni, Äpfeln, frischen oder Gewürzgurken, gekochtem Schinken, gekochter Zunge, Mostarda...
½ TL Curry-Pulver
(fakultativ)

Gerät:
Schüssel, gross

Reissalat

Zubereitung:
1. In der Schüssel Vinaigrette, Mayonnaise und Currypulver vermengen.
2. Reis zugeben und mit einer Gabel sorgfältig mit der Sauce mischen. Mindestens eine Stunde ziehen lassen.
3. Die übrigen Zutaten mit dem Reis vermischen; evtl. noch etwas Essig und Öl zugeben und mit Salz und Curry nachwürzen.

Hôtel Central Basel
ZUM WILDENMANN
gegenüber der Post & Telegraph in centralster Lage der Stadt

G. WEHRLE

G. WEHRLE.

Menu

du 5. Août 1893.

Potage à l'Orge

Maquereaux grillé au beurre

Boeuf braisé au
purée de pomme

Cotelettes de Mouton

Carottes et pet. pois

Poulet de grain

Salade

Compôte de pruneaux

Patisserie

fruits

fromage

Dessert

MÜLLER & C° AARAU

389

Portionen: 4–6

Zutaten:
1 l Milch
250 g feiner Weizengriess
2 Eigelb
20–40 g Butter
1–2 EL fein geriebener
Sbrinz
2–3 EL Weissmehl
Butterfett
Salz

Gerät:
Kasserolle, mittelgross
Schüssel, klein
Bratpfanne
Marmorplatte oder recht-
eckiges Backblech (Pt. 4)
Palette

Griessgnocchi

Zubereitung:
1. Milch in der Kasserolle zum Kochen bringen; salzen; den Griess langsam, in einem dünnen Strahl hineinrieseln lassen (die Milch soll weiterkochen!), dabei ohne Unterbruch rühren.
2. 8–10 Minuten unter ständigem Rühren leicht kochen lassen bzw. so lange, bis der Kochlöffel aufrecht im Griessbrei steht.
3. Kasserolle vom Feuer ziehen; Eigelb, Butter und Käse einrühren.
4. Daumendick auf eine mit kaltem Wasser besprengte Marmorplattte (oder in ein rechteckiges, mit Butter ausgestrichenes Backblech) streichen; mit der Palette glattstreichen; erkalten lassen.
5. Mit einem Glas, das man immer wieder in Mehl taucht, runde Gnocchi ausstechen oder mit der Palette in Quadrate, Rechtecke oder Rauten schneiden.
6. In Mehl (oder in Mehl und verklopftem Ei) wenden; überflüssiges Mehl abschütteln. In der Bratpfanne Butterfett heiss werden lassen; die Gnocchi schön nebeneinander, auf beiden Seiten gelb braten.
7. Als Beilage anstelle von Kartoffeln oder Teigwaren servieren.

Varianten:
a) Gnocchi mit Tomatensauce
Zwei bis drei Gnocchi pro Person mit Tomatensauce (Nr. 81/82) als einfache Vorspeise servieren.
b) Gnocchi au gratin
Die Gnocchi werden, nachdem sie zugeschnitten sind, paillettenartig in eine flache, ausgebutterte Gratinform geschichtet, mit fein geriebenem Käse bestreut, mit flüssig gemachter Butter beträufelt und auf der Mittelrille des auf 220° vorgeheizten Backofens in 15 Minuten gratiniert.

390

Portionen: 3–4

Zutaten:
250 g getrocknete weisse
Böhnli
1 Lorbeerblatt
100 g geräucherter Speck,
in dünnen Tranchen

Weisse Böhnli

Zubereitung:
1. Böhnli 12 Stunden in kaltem Wasser einweichen; das Wasser soll kalkfrei sein und wird daher vorher abgekocht.
2. Böhnli in kaltem Wasser aufsetzen, zum Kochen bringen; ca. 60 Minuten köcherlen: sie sollen nicht ganz weich sein; abgiessen.
3. In der Kasserolle Butterfett erhitzen; den in Riemchen geschnittenen Speck, Zwiebel, Sellerie und Lauch zugeben; dünsten, bis Gemüse und Speck etwas Farbe angenommen haben.

50 g Knollensellerie,
geschält und fein gewürfelt
1 Lauchstengel, in Rädchen
geschnitten
1 Zwiebel, fein gehackt
1 Knoblauchzinken, fein
gehackt (fakultativ)
1 TL Weissweinessig
3–4 EL Weisswein
1 EL Butterfett
Salz
Schwarzer Pfeffer aus der
Mühle

Gerät:
Schüssel, klein
Kasserolle, mittelgross
mit Deckel
Sieb

4. Böhnli dazugeben; mit dem Essig und Wein ablöschen;
   Knoblauch zugeben; salzen.
5. Teilweise zugedeckt weich dünsten: der Sellerie muss
   weich werden! Nach Bedarf etwas Wein nachgiessen.
6. Abschmecken; anrichten.

Variante:
Vor dem Ablöschen 3 EL Tomatenmark dazurühren; zum
Ablöschen etwas mehr Flüssigkeit (z. B. Bouillon) verwenden.
Zum Schluss 1 EL Rahm oder Crème double darunterrühren.

391

Portionen: 4–5

Zutaten:
400 g Linsen
1 kleine Zwiebel, mit
1 Gewürznelke besteckt
½ Lorbeerblatt
1 kleines Rüebli
½ Bouillonwürfel
Salz
Pfeffer aus der Mühle

Gerät:
Kasserolle, mittelgross

Linsen

Zubereitung:
1. Die Linsen waschen; in kaltem Wasser mit den Gemüsen
   und Gewürzen aufs Feuer setzen; zum Kochen bringen; in
   30–50 Minuten auf kleiner Flamme weich kochen; dabei
   evtl. noch etwas heisses Wasser zugeben: es sollte am
   Schluss nur noch ganz wenig Flüssigkeit übrig sein.
2. Zwiebel, Rüebli, Lorbeerblatt herausnehmen; abschmek-
   ken; heiss anrichten.

Bemerkungen:
Linsen gibt es in verschiedenen Grössen und Sorten, die sich auch bezüglich
der Kochdauer voneinander unterscheiden! Für besonders gut halten wir
kleine grüne Linsen (40 Minuten).

Varianten:
a) Linsen mit Neuenburger oder Berner Zungenwurst
Die Wurst auf die Linsen legen; nach 20 Minuten umdrehen.
b) Linsensalat
Die Linsen ohne Bouillonwürfel nicht zu weich kochen; alle
Flüssigkeit abgiessen; über die heissen Linsen eine Vinaigrette
(Nr. 89) giessen; abkühlen lassen; eine gehackte Schalotte daruntermischen; wenn nötig mit etwas Weisswein befeuchten.

Erbsmus (Siehe Nr. 25)

392

Portionen: 6

Zutaten:
2 l Wasser
500 g Maismehl (Polenta)
Salz

Gerät:
2 Kasserollen, mittelgross

Polenta

Zubereitung:
1. Je 1 Liter Wasser in jeder Kasserolle mit je 5 g Salz zum Sieden bringen.
2. 350 g Polenta unter beständigem Rühren mit dem Kochlöffel in das kräftig sprudelnde Wasser der einen Kasserolle einrieseln lassen; das Wasser in der zweiten Kasserolle zugedeckt auf dem Siedepunkt halten.
3. Polenta ungedeckt unter häufigem Rühren (in der gleichen Richtung) 15 Minuten nicht zu stark kochen.
4. Den Rest des Maismehls und eine Suppenkelle voll siedendes Wasser aus der zweiten Kasserolle zufügen; weiterrühren.
5. Unter häufigem Rühren 45 Minuten weiterkochen; dabei von Zeit zu Zeit von dem siedenden Wasser zugeben.
6. Sofort anrichten und servieren.

Bemerkungen:
Hier darf der Hinweis nicht fehlen, dass die Zubereitung einer richtigen Polenta zeitaufwendig ist! Während einer vollen Stunde kann die Küche nicht verlassen werden, denn unbeaufsichtigt ist der Maisbrei schnell am Kasserollenboden angebraten!

Varianten:
Das obige Grundrezept kann vielfältig variiert werden. Schon die Körnigkeit des Maismehls hat auf das Resultat grossen Einfluss; besonders gut schmeckt unseres Erachtens die grobkörnige Bramata.
Anstelle des Wassers kann Bouillon verwendet werden oder 1 l Wasser mit 1 l Milch gemischt. Wünscht man eine weniger dicke Polenta, so nimmt man etwas mehr Flüssigkeit. Anstelle von 500 g Maismehl kann 450 g Maismehl und 50 g Mehl oder Buchweizenmehl genommen werden. Nach Dreiviertelstunden können 100 g Butter hineingerührt werden, kurz vor Ende der Kochzeit nach Wunsch auch 50–100 g fein geriebener Sbrinz oder Parmesan.

393

Portionen: 6–8
Zutaten:
Polenta, nach Nr. 392
gekocht
Butterfett

Gerät:
Brett, gross oder
Marmorplatte
Palette
Bratpfanne

Maisschnitten

Zubereitung:
1. Die heisse Polenta auf ein bemehltes Brett oder auf eine Marmorplatte stürzen; mit der Palette zu einem gleichmässig fingerdicken Kuchen streichen; erkalten lassen.
2. Mit einem starken Faden oder mit der Palette in Rechtecke schneiden.
3. In heissem Butterfett beidseitig gelb braten.

Variante:
Maisschnitten au gratin
Eine flache Gratinform ausbuttern; die zugeschnittenen Polentaküchlein paillettenförmig gestaffelt hineinlegen; mit geriebenem Käse bestreuen; mit Butterflöckchen belegen; im heissen Backofen 15–20 Minuten gratinieren.

394

Portionen: 4

Zutaten:
200 g italienischer Reis
(Vialone)
2 EL Olivenöl
2 Zwiebeln, fein gehackt
30 g Sbrinz oder Parmesan,
frisch gerieben
20 g Butter
ca. 1 Liter kräftige Bouillon
(Instant)
1 Briefchen Safranpulver
½ dl trockener Weisswein

Gerät:
Kasserolle, mittelgross
Kasserolle oder
Bratkasserolle, gross

Risotto nach Mailänder Art
(Risotto alla milanese)

Zubereitung:
1. Bouillon in der kleineren Kasserolle erhitzen.
2. Öl in der grösseren Kasserolle erhitzen; Zwiebeln darin hellgelb dünsten; mit dem Wein ablöschen; fast ganz einkochen lassen.
3. Reis, die Hälfte der Bouillon und das Safranpulver zugeben; durchrühren.
4. Unter mehrfachem Rühren nicht zu weich kochen (15–20 Minuten); von Zeit zu Zeit etwas heisse Bouillon nachschütten.
5. Vom Feuer ziehen; Butter und Käse einrühren.

Variante:
Risotto mit Pilzen
Gleiche Zubereitung wie Risotto alla milanese, aber: anstelle des Safrans 30–40 g getrocknete, über Nacht in Wasser eingeweichte Steinpilze zugeben.

395

Portionen: 4

Zutaten:
200 g Patna- oder anderer
langkörniger Reis
Salz

Gerät:
Kasserolle, gross
Sieb, gross
Backblech, gross
ferner:
Küchentuch oder Serviette

Trockenreis

Zubereitung:
1. Backofen auf 100° vorheizen.
2. In der Kasserolle reichlich Wasser zum Kochen bringen;
   Salz zugeben; Reis einlaufen lassen; schnell aufkochen lassen; leicht sprudelnd 16–18 Minuten kochen.
3. Wasser durch das Sieb abgiessen; den Reis mit warmem
   Wasser überspülen; gut abtropfen lassen.
4. Blech mit Küchentuch oder Serviette auslegen; Reis locker
   darauf verteilen; im Backofen trocknen.

396

Portionen: 2–3

Zutaten:
300 g gekochter Reis
(gekocht gewogen; auch
Resten von Risotto)
25 g Weissmehl
1 Ei
1 EL Rahm oder Milch
Salz
Pfeffer aus der Mühle
Ausgelassene Butter oder Öl
Mehl
1 Tasse Paniermehl

Gerät:
Schüssel, gross
Bratpfanne

Reisküchlein

Zubereitung:
1. In der Schüssel Reis, Ei, Rahm/Milch und Mehl gut vermengen; mit Salz und Pfeffer würzen.
2. Mit bemehlten Händen flache Küchlein formen, im Paniermehl wenden; im heissen Fett/Öl auf beiden Seiten
   hellbraun braten.
3. Als Beilage zu einer Fleischplatte servieren.

397 Klassische Teigwaren: Nudeln, Lasagne, Spaghetti, Makkaroni, Rigatoni, Hörnli, Spiralen, Muscheln

Portionen: 3–4

Zutaten:
200 g Teigwaren (als
Vorspeise oder Beilage)
oder 400 g Teigwaren
(als Hauptgang)
1 EL Öl
Salz (12 g pro Liter Wasser)

Gerät:
Kasserolle, sehr gross
Siebkelle oder Gemüsesieb

Zubereitung:
1. Reichlich Wasser – man rechnet 5 Liter auf ein Pfund Teigwaren – in der Kasserolle zum Kochen bringen; Öl und Salz dazugeben.
2. Teigwaren in das sprudelnde Wasser geben; einmal umrühren: die Teigwaren sollen nicht aneinander und nicht am Boden der Kasserolle kleben.
3. Im sprudelnden Wasser al dente kochen, d. h. nicht ganz weich; sie sollten noch «Biss» haben und nicht kleistrig werden. Kochzeiten: siehe unten.
4. Die Teigwaren aus dem Wasser heben bzw. das Wasser durch das Sieb abgiessen; abtropfen lassen.
5. Weiterverarbeiten oder sofort servieren.

Bemerkungen:
Faktoren, von denen das Gelingen eines Teigwarengerichts abhängen kann:

Material
Das *Salz* soll die Teigwaren würzen, was besonders bei frischen Teigwaren wichtig ist: Steht bei der Herstellung des Teiges noch nicht fest, wie lange die Teigwaren bis zur Weiterverwendung warten müssen, so wird gerne auf die Zugabe von Salz verzichtet.
Das *Öl* soll – wie das kräftige Sprudeln des Wassers – verhindern, dass die Teigwaren aneinanderkleben.
Das *Wasser* soll reichlich bemessen werden (1 Liter pro 100 g Teigwaren) und möglichst weiches Wasser sein, also sowenig Kalk wie möglich enthalten.
Die *Teigwaren*. Die Dauer des Kochprozesses hängt von verschiedenen Faktoren ab, die vielleicht nur zum Teil bekannt sind: Werden frische Teigwaren gekocht (unmittelbar zuvor, am Vortag, in der gleichen Woche hergestellte), dann ist mit einer kürzeren Kochdauer (2–5 Minuten) zu rechnen, als wenn in Italien hergestellte Teigwaren aus einer Packung verwendet werden (bis 15 Minuten!); dünne Teigwaren (Capelli d'angeli) benötigen kürzere Kochzeit als dicke (Rigatoni); ähnliche Unterschiede gelten für Teigwaren aus Griess als Grundmaterial (längere Garzeit) im Verhältnis zu solchen aus Mehl.
Als eiserne Regel sei zur Bestimmung der Garzeit deshalb empfohlen, in kurzen Abständen mit einer Gabel eine Nudel etc. aus der Kasserolle zu ziehen und durch Fingerdruck oder zwischen den Zähnen den Stand des Kochprozesses zu überprüfen.

Anrichten
Wenn man die Teigwaren ins Wasser gibt, müssen die Gäste am Tisch sitzen, denn gekocht dürfen Nudeln, Spaghetti, Makkaroni keine Minute herumstehen; innert kürzester Zeit werden sie aneinanderkleben und einen unansehnliches Kloss bilden.

Weiterverwenden
Will man Teigwaren nicht sofort anrichten oder weiterverarbeiten, so kann man sich nach dem Abtropfen in eisgekühltes Wasser (Wasser mit Eiswürfeln) geben und damit den Garprozess abstoppen; blosses Abschrecken unter fliessend kaltem Wasser vermag dies nicht.
Die nachfolgenden Rezepte können grundsätzlich – abgesehen von den ausgesprochenen Suppeneinlagen – mit allen Teigwarenvarianten zubereitet werden.

398

Portionen: 4

Zutaten:
500 g Nudeln
1 EL Öl
100 g frische Butter, in
Flöckchen geschnitten
2 dl Rahm
100 g Parmesan, frisch
gerieben
Weisser Pfeffer aus der
Mühle

Gerät:
Kasserolle, sehr gross
Sieb

Nudeln Mailänder Art
(Fettucine alla milanese)

Zubereitung:
1. Nudeln in stark gesalzenem Wasser (nach Nr. 397) kurz kochen: sie sollen im Kern wirklich noch fest sein; 3 EL des Kochwassers zurückbehalten.
2. Die gekochten, abgetropften Nudeln zurück in die Kasserolle geben; 3 EL Kochwasser und die Butterflöckchen dazugeben; Kasserolle wieder aufs Feuer setzen (kleinste Flamme).
3. Mit zwei Gabeln die Nudeln sorgfältig mit der Butter mischen.
4. Wenn die Butter sich völlig aufgelöst hat, Rahm und Käse dazugeben; weiterhin sorgfältig mischen, bis Butter, Rahm und Käse eine homogene Sauce ergeben haben.
5. Grosszügig pfeffern und sofort auftragen.

399

Portionen: 3

Zutaten:
300 g Makkaroni
2 grosse Zwiebeln, fein
gehackt
80 g Butter
2 EL Olivenöl
500 g reife Tomaten, grob
gewürfelt
1 EL fein geschnittene
Basilikumblätter (in der
Saison)
4–6 fein gehackte
Sardellenfilets (fakultativ)
100 g fein geriebener Käse
(Parmesan oder Sbrinz)
Salz
Pfeffer aus der Mühle

Gerät:
Bratkasserolle
Kasserolle, sehr gross
Gemüsesieb

Makkaroni auf neapolitanische Art
(alla napoletana)

Zubereitung:
1. In der Bratkasserolle 30 g Butter und das Olivenöl heiss werden lassen; die Zwiebeln zugeben und anziehen lassen.
2. Tomaten und Basilikum zugeben; salzen und pfeffern; ungedeckt auf schwacher Flamme 20 Minuten köcheln.
3. Makkaroni (nach Nr. 397) kochen, abtropfen lassen und wieder zurück in die Kasserolle geben.
4. Die püreeartige Sauce und die restlichen 50 g Butter in Flöckli über die Teigwaren geben, ebenfalls (nach Wunsch) die gehackten Sardellen.
5. Mit zwei Gabeln sorgfältig mischen und sofort – den Käse separat – anrichten.

400

Portionen: 2–3

Zutaten:
40–50 g Butter
100 g Weissmehl
3 dl Milch
50 g Käse, fein gerieben
2 Eier
Salz
Weisser Pfeffer aus der
Mühle

Gerät:
Kasserolle, mittelgross
Schüssel, mittelgross
Gratinform, gross
Pinsel
Saucenpfännli

Gnocchi mit Mehl

Zubereitung:
1. 30 g Butter in der Kasserolle heiss werden lassen; Mehl hineingeben; unter Rühren dünsten, ohne dass es Farbe annimmt.
2. Die kalte Milch dazugeben; auf kleinster Flamme glattrühren; 20 g Käse dazugeben; rühren, schlagen, klopfen, bis ein fester Teigkloss entstanden ist.
3. Teig in die Schüssel geben und mit den Eiern verarbeiten; mit Salz und Pfeffer würzen; kalt werden lassen; kalt stellen.
4. Backofen auf 200° vorheizen. Gratinform mit Butter auspinseln.
5. Mit zwei Kaffeelöffelchen aus der Masse nussgrosse Gnocchi formen; nebeneinander in die Form legen.
6. Die restliche Butter im Saucenpfännli schmelzen; die Gnocchi mit Butter bepinseln und mit Käse bestreuen.
7. In der Mitte des Backofens in 25–35 Minuten backen.
8. Sofort in der Form auftragen.

401

Portionen: 4

Zutaten:
80 g erstklassiger,
geräucherter Speck
1 kleine Zwiebel, fein
geschnitten
200 g Schwöbli oder
Toastbrot oder Butterzopf,
in Würfelchen geschnitten
1,5 dl Milch
2 Eier
30 g Weissmehl
Salz
25 g Butter

Gerät:
Bratpfanne
Schüssel, mittelgross
Kasserolle, klein
Kasserolle, gross
Siebkelle

Speckknödel

Zubereitung:
1. Speck in sehr kleine Würfelchen schneiden; in der Bratpfanne auf mittlerer Flamme auslassen; Zwiebel zugeben und anziehen lassen (wenn der Speck nicht sehr fett ist, etwas Butterfett zugeben); Brot dazugeben und hellbraun rösten.
2. In der kleineren Kasserolle die Milch warm machen; die Brotwürfel/Zwiebel/Speck-Mischung in die Schüssel geben und mit der warmen Milch übergiessen; salzen.
3. Nachdem das Brot die Flüssigkeit aufgesogen hat, die Eier mit der Masse vermischen und das Mehl einarbeiten.
4. Mit einem starken Kochlöffel zu einem zusammenhängenden festen Teig verarbeiten; eine Viertelstunde ruhen lassen.
5. In der grösseren Kasserolle reichlich Wasser zum Kochen bringen; salzen; mit einem Löffel einen nussgrossen Probeknödel formen und in das siedende (nicht sprudelnde!) Salzwasser geben: zerfällt er, so muss noch Mehl in den Teig eingearbeitet werden.
6. Die Knödelmasse noch einmal durcharbeiten; nussgrosse Knödel formen; im Salzwasser ungedeckt nebeneinander 10 Minuten ziehen lassen.
7. Mit heisser Butter übergossen als Beilage zu einem saftigen Fleisch- oder Gemüsegericht servieren.

402   Wasserspätzli (Knöpfli)

Portionen: 4–5

Zutaten:
300 g Weissmehl
3 Eier
1½ dl lauwarmes Wasser
Salz
50 g Butter
1–2 EL Paniermehl

Gerät:
Schüssel, mittelgross
2 Kasserollen, gross
Siebkelle
Sieb
Bratpfanne, klein

Zubereitung:
1. Mehl in die Schüssel geben; mit ca. 1 dl lauwarmem Wasser anrühren; die Eier nacheinander dazurühren; dann den Rest des Wassers und etwas Salz.
2. Den Teig tüchtig bearbeiten, bis er Blasen wirft und sich von der Schüssel löst.
3. Den Teig eine Stunde ruhen lassen.
4. In beiden Kasserollen je 2–3 Liter Wasser zum Sieden bringen; salzen.
5. Das Holzbrettchen mit Wasser abspülen; etwas Teig daraufgeben, mit einem nassen Messer an die untere Kante schieben; schmale Streifchen abschneiden und in das siedende Wasser fallen lassen; das Messer immer wieder nass machen.
6. Die aufsteigenden Spätzli mit der Siebkelle herausschöpfen und in der zweiten Kasserolle (im nicht sprudelnden Wasser) warm halten.
7. Spätzli gut abtropfen lassen; mit in Butter geröstetem Paniermehl übergiessen und sofort servieren.

Bemerkungen:
Will man die Spätzli nicht sofort anrichten, so werden sie, nachdem sie aufgestiegen sind (Pt. 6), in kaltes Wasser gelegt. Später abtropfen lassen und in Butter heiss machen bzw. anbraten.

Varianten:
Wenn man mit 4 Eiern oder zusätzlichen 2–3 EL Wasser einen dünneren Teig herstellt, so kann er auch mit einem Teigschaber durch ein groblöcheriges Sieb oder ein Knöpflisieb ins kochende Wasser gestrichen werden.
Beim Anrichten zur Abwechslung fein geriebenen Käse, z.B. Schabzieger, lagenweise zwischen die Spätzli/Knöpfli streuen.
Mit Apfelmus (Nr. 446) auch als einfaches Nachtessen sehr empfehlenswert.
Grüne Wasserspätzli
Der Teig wird wie beschrieben, aber mit etwas weniger Wasser angerührt: er soll eher dickflüssig sein. 2–3 EL fein gehackte Kräuter und/oder fein gehackten Spinat, letzterer nach Wunsch auch in wenig Butter angedämpft, in den Teig einrühren.

NOUVEL® AG

BEDIENUNGSANLEITUNG
MODE D'EMPLOI
ISTRUZIONI PER L'USO
INSTRUCTIONS FOR USE

Hot Stone Set

Art. 401438

Geräteübersicht
Description de l'appareil
Descrizione dell'apparecchio
Appliance description

| Abmessungen: | 20x15x3.5cm | Dimensioni: | 20x15x3.5cm |
| Dimensions: | 20x15x3.5cm | Dimension: | 20x15x3.5cm |

Vorsicht: Heiss!
Attention: brûlant!
Attenzione: brucia!
Caution: hot!

3 Saucenschalen aus Keramik
3 Bol en céramique
3 Salsa ciotole di ceramica
3 Ceramic bowls

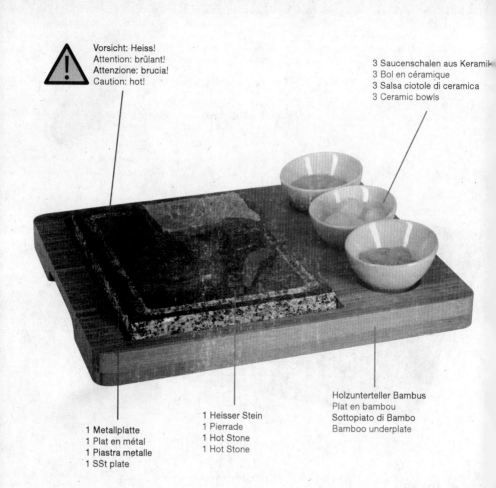

Holzunterteller Bambus
Plat en bambou
Sottopiato di Bambo
Bamboo underplate

1 Heisser Stein
1 Pierrade
1 Hot Stone
1 Hot Stone

1 Metallplatte
1 Plat en métal
1 Piastra metalle
1 SSt plate

Hinweis
Indication
Indicazione
Indication

Anwendungsbereich:	Grillwaren, Tablecooking
Champ d'application:	Griller, Tablecooking
Ambito di applicazione:	Grillare, Tablecooking
Scope of application:	Grill food, Tablecooking

Vor Erstgebrauch
Avant la première utilisation
Prima del primo impiego
Before using the appliance tor the first time

Pflegehinweis für die Steinplatte:
Aufgrund natürlicher Gegebenheiten können Abweichungen in der Farbe sowie der Struktur des Steins auftreten. Dies ist kein Mangel oder eine Beeinträchtigung der Funktion. Dies unterstreicht vielmehr, dass es sich bei dem Stein um ein Naturprodukt handelt und deshalb kein Stein dem anderen gleicht.
Damit Sie viel Freude an Ihrem neuen Gerät haben, beachten Sie bitte den folgenden Pflegehinweis vor dem ersten Gebrauch:
Da es sich bei dem Stein um ein Naturprodukt handelt, kann dieser innere Spannungen aufweisen. Diese können bei zu schnellen Temperaturveränderungen zu Rissen oder ggf. auch zum Bruch führen. Dies kann weitestgehend vermieden werden, wenn Sie die nachfolgende einmalige Prozedur durchführen. Hierdurch erhöhen Sie die Stabilität des Steines und „lösen" die inneren Spannungen. Dennoch können während dieser Prozedur sowie im späteren Betrieb kleinere Risse im Stein entstehen, welche die Funktion jedoch nicht beeinträchtigen. Steine mit kleinen Rissen sind daher von der Garantie und somit vom Umtausch ausgeschlossen. Ihr Stein wird sich während dieses Prozesses als auch im späteren Gebrauch farblich verändern.

1. Reinigen Sie zunächst den kalten Stein unter fliessend warmem Wasser.
2. Mit einem Tuch den Stein gründlich abtrocknen.
3. Nun den Stein auf den Rost in den **kalten** Backofen legen und auf 250° C erhitzen.
4. Nach etwa 40 Minuten den Backofen ausschalten und den Stein bis zur Raumtemperatur langsam abkühlen lassen.
5. **Achtung: nicht mit kaltem Wasser abschrecken, um zu hohe Temperaturschwankungen zu vermeiden!**

Jetzt ist Ihr Stein für den weiteren Gebrauch einsatzbereit.

Stein ist ein Naturprodukt. Kleine Risse entstehen durch Hitze. Das ist normal. Diese schliessen sich wieder. Herstellrückstände werden verbrannt. Rauch- / Geruchsentwicklung möglich – lüften!
Pierre est un produit naturel. Des fissures à cause de la chaleur sont normales. Après la pierre a rafraîchi la température, les fissures se ferme. Les résidus de fabrication sont carbonisés. Odeurs / fumée est possible – ouvrez une fenêtre!
La pietra è un prodotto natura. La formazione di microcrepe può essere un effetto del calore ed è normale; queste crepe spariscono dopodiché la pietra si è raffreddata. Gli scarti si bruciano. Odori / fumo e possible – aprire una finestra!
Stone is natural. Small cracks caused ot the heat are normal. The cracks close after the stone cooled out. Residue from manufacturers is burned. Smell / smoke may develop – open a window!

Metalleinlage dient als Hitzeschutz zwischen Holz und Stein. Holzunterteller: Aufgrund der Hitzeentwicklung könnte sich der Holzunterteller verfärben.
l'intercalaire en métal sert de protection contre la chaleur entre le bois et la pierreinger. Dessous de plat en bois : la chaleur générée peut entraîner une décoloration du dessous de plat en bois.
L'inserto in metallo serve da protezione contro il calore tra il legno e la pietra. Sottopiatto in legno: A causa dello sviluppo di calore, il sottopiatto di legno potrebbe scolorirsi.
The metal inlay serves to protect against heat between the wood and the stone. Wooden trivet: The build-up of heat on the trivet may cause the trivet to discolour.

Conseil d'entretien pour la plaque en pierre:

En raison de son origine naturelle, il peut arriver que la couleur et la structure de la pierre présentent des irrégularités. Il ne s'agit ni d'un défaut, ni d'une atteinte à la fonctionnalité du produit. Cette particularité souligne bien plus l'originalité de la pierre qui est un produit naturel, chaque pierre ayant donc un aspect différent.

Votre nouvel appareil vous rendra service pendant de longues années si vous suivez ce conseil d'entretien avant la première utilisation:

La pierre étant un produit naturel, il est possible que des tensions internes se produisent. En cas de modifications de température trop rapides, elles peuvent provoquer des fissures, voire une cassure. Ce risque peut être largement évité si vous effectuez une seule fois l'opération suivante. Elle permet d'optimiser la solidité de la pierre et de « supprimer » les tensions internes. Il est toutefois possible que pendant l'opération et à l'usage, de petites fissures se forment dans la pierre, mais elles n'ont aucun effet sur la fonctionnalité. Les pierres présentent de petites fissures ne sont donc pas couvertes par la garantie et ne peuvent être échangées. La coloration de votre pierre changera pendant cette opération et à l'usage.

1. Rincer d'abord la pierre sous le robinet d'eau chaude.
2. Essuyer soigneusement la pierre en la frottant avec un chiffon.
3. Placer la pierre sur la grille du four **froid** et chauffer le four à 250° C.
4. Éteindre le four après 40 minutes environ et laisser refroidir la pierre lentement à la température ambiante.
5. **Attention : Ne pas utiliser d'eau froide pour refroidir la pierre, afin d'éviter des écarts de température trop élevés!**

Votre pierre est maintenant prête à l'usage.

Indicazioni per la manutenzione della piastra in pietra:

In virtù delle caratteristiche naturali della pietra, il suo colore e la sua struttura possono variare. Non si tratta di un difetto e la sua funzione non ne risulta compromessa. È invece un ulteriore indice di naturalità del prodotto e del fatto che nessuna pietra è uguale a un'altra.

Per poter utilizzare appieno il proprio nuovo apparecchio, prestare attenzione alle indicazioni in materia di manutenzione riportate di seguito, prima di procedere al primo utilizzo dell'apparecchio stesso:

Poiché si tratta di un prodotto naturale, questa pietra può presentare tensioni interne, le quali possono a loro volta causare l'insorgere di crepe o addirittura di casi di rottura in caso di variazioni troppo rapide della temperatura. Questo fenomeno può essere adeguatamente evitato, qualora si effettui la seguente procedura (da eseguire una sola volta). In questo modo si accresce la stabilità della pietra e si „dissolvono" le tensioni interne. Tuttavia, nel corso di questa procedura nonché durante il successivo utilizzo, possono insorgere delle piccole crepe nella pietra, le quali non influenzano tuttavia il corretto funzionamento dell'apparecchio. Le pietre con piccole crepe sono pertanto escluse dalla garanzia e quindi dal cambio. La pietra subisce inoltre variazioni cromatiche durante questo processo e nel corso dell'utilizzo successivo.

1. Pulire dapprima la pietra con acqua calda corrente.
2. Servendosi di un panno, asciugare accuratamente la pietra strofinandola.
3. Posizionare la pietra sulla griglia nel forno **freddo** e riscaldare fino a 250° C.
4. Dopo circa 40 minuti disattivare il forno e lasciar raffreddare lentamente la pietra fino al raggiungimento della teperatura ambiente.
5. **Attenzione: non raffreddare in acqua fredda, onde escludere variazioni termiche eccessive!**

A questo punto, la pietra è pronta per il successivo utilizzo.

Care instructions for the stone slab:

Due to natural conditions, there may be variations in the color and structure of the stone. This is not a defect nor does it adversely affect function. On the contrary, this emphasizes the fact that the stone is a natural product and that therefore no two stones are the same.

To ensure that your new product brings many years of enjoyment, please follow these care instructions thoroughly:

Because this stone is a natural product, it can have internal stresses. These could lead to cracks if the temperature is changed too quickly or even breakage of the stone. This can be largely avoided by observing the following one-time procedure. This will increase the stability of the stone and "relieve" the internal stresses. Nonetheless, small cracks can appear in the stone during later use, which do not have an adverse effect on the function. Stones with small cracks are therefore excluded from the warranty and from replacement. The color of your stone will change during this process and in later use.

1. First, clean the stone under running warm water.
2. Thoroughly dry the stone with a rag.
3. Now, place the stone on the grate in the **cold** oven and heat it to 250° C.
4. Switch off the oven after approximately 40 minutes and allow the stone to cool slowly to room temperature.
5. **Caution: Never chill the stone with cold water, to avoid temperature shock!**

Your stone is now ready for further use.

Holzunterteller: Reinigung nur mit einem leicht feuchten Reinigungstuch. Keine scheuernden Mittel und nicht in die Spülmaschine.

Dessous de plat en bois : pour le nettoyage, veuillez utiliser exclusivement un chiffon légèrement humide. Ne jamais utiliser de produits abrasifs et ne jamais mettre le dessous de plat en bois au lave-vaisselle.

Sottopiatto in legno: Pulire solo con un panno leggermente umido. Per la pulizia non utilizzare prodotti abrasivi e non lavare in lavastoviglie.

Wooden trivet: Use only a slightly damp cloth to clean the trivet. Do not use abrasive cleaning materials and do not wash in a dish washer.

Bedienunsanleitung
Mode d'emploi
Istruzioni per l'uso
Operating instructions

Legen Sie die Steine in den Backofen.
Stellen Sie die Temperatur auf mind. 250 Grad ein (nicht über 275 Grad).
Lassen Sie die Steine gut aufheizen – mind. 30–40 Minuten (Ofenabhängig). Die Steine können auch in den vorgeheizten Backofen gelegt werden – hier könnte es aber aufgrund der Temperaturschwankung zu kleinen Fissuren kommen (siehe auch Hinweis).
Nehmen Sie die Steine vorsichtig mit einem Topflappen oä. aus dem Backofen und legen Sie die Steine in die dafür vorgesehenen Ausbuchtung in der Platte. Achtung: Heiss!
Falls Sie keine marinierten Fleischstücke verwenden, ölen Sie die Steine ganz leicht mit einem hochwertigen Speiseöl ein.
Nun sind die heissen Steine zum Gebrauch bereit – sie können nun ca. 15–20 Minuten Ihr Grillgut grillieren (Hitze absteigend).

Es empfiehlt sich, bereits Ersatzsteine in den Backofen zu legen für eine 2. Runde!

Guten Appetit!

Tipp:
Um beste Ergebnisse zu erzielen, schneiden Sie Ihre Fleischstücke nicht mehr als 1–2 cm dick.

Placez les pierres dans le four.
Réglez la température sur minimum 250 degrés (pas au-dessus de 275 degrés).
Faites bien chauffer les pierres – il faut compter env. 30–40 minutes (selon le four utilisé). Les pierres peuvent aussi être placées dans le four préchauffé – mais dans ce cas, de petites fissures pourraient apparaître du fait de la différence de température (voir aussi Indication).
Sortez avec précaution les pierres du four à l'aide d'une manique ou autre et placez-les dans l'espace de la plaque prévu à cet effet. Attention : brûlant!
Si vous n'utilisez pas de morceaux de viande marinés, huilez légèrement les pierres avec une huile alimentaire de très bonne qualité.
Les pierres sont désormais prêtes à être utilisées – vous pouvez à présent faire griller les aliments choisis pendant 15 à 20 minutes (la chaleur décroissant).

Il est conseillé de mettre d'ores et déjà des pierres de rechange dans le four pour une deuxième tournée!

Bon appétit!

Conseil:
Pour atteindre de meilleurs résultats, coupez les morceaux de viande de manière à ce qu'ils ne soient pas plus épais que 1 à 2 cm.

Mettere le pietre nel forno.
Impostare la temperatura ad almeno 250 gradi (non superare i 275 gradi).
Far riscaldare le pietre – 30–40 minuti ca. se il forno (a seconda del forno). È possibile anche mettere le pietre in un forno preriscaldato – in questo caso potrebbero crearsi delle piccole crepe a causa della variazione di temperatura (vedi nota).
Estrarre le pietre dal forno con cautela usando una presina o simili e riporre le pietre nella parte del piatto appositamente incavata. Attenzione: pericolo di scottature!
Se non si utilizzano pezzi di carne marinata, oliare leggermente le pietre con olio da cucina di alta qualità.
Le pietre sono pronte per essere utilizzate – ora è possibile grigliare le Vostre pietanze per ca.
15–20 minuti (il calore diminuisce con il tempo).

Si consiglia di mettere subito altre pietre nel forno per un secondo giro!

Buon appetito!

Consiglio:
Per ottenere risultati migliori, i pezzi di carne non devono avere uno spessore superiore a 1–2 cm.

Place the stones in the oven.
Set the temperature to at least 250 degrees (do not exceed 275 degrees).
Let the stones heat up well – this will take about 30–40 minutes (depending on the oven). The stones can also be placed in the pre-heated oven – however there could be small fissures due to the temperature change (see note).
Take the stones carefully out of the oven with an oven glove or similar and place them in the indent in the plate. Attention: Hot!
If you are not using pieces of marinated meat, oil the stones lightly with high-quality cooking oil.
Now the hot stones are ready to use – they can barbecue your food now for about 15–20 minutes (temperature will drop).

Now is a good time to place more stones in the oven ready for a 2nd round!

Enjoy your meal!

Tip:
Cut your pieces of meat not more than 1–2 cm thick to achieve best results.

Rezepte
Recettes
Ricette
Recipes

Lachskotelett, gegrillt

Zutaten Vinaigrette:
1 fein gewürfelte Schalotte mit 2 EL körniger Senf, 2 EL Honig, ½ Bund fein geschnittenen Dill, 2 EL Essig, 3 EL Öl und 2 EL Wasser verrühren.

Zubereitung:
Lachskotelett mit ÖL einpinseln, pfeffern und auf dem heissen Grill von beiden Seiten 3–4 Minuten grillen. Mit der Vinaigrette servieren.

Empfehlungen:

Fleisch:
Verwenden Sie Fleisch, das zum Kurzbraten geeignet ist, wie:
Rumpsteak, Filetsteak und Filetspitzen vom Rind, Filet, Schnitzel, Medaillons vom Schwein, Kalb oder Lamm Kassler, Bratwurst, Frühstücksspeck oder Mini-Bouletten.
Achten Sie darauf, dass die Scheiben nicht zu dick geschnitten sind. Das Fleisch wird zarter, wenn es vorher in Öl eingelegt oder leicht eingepinselt wurde.

Geflügel:
Braten Sie kleinere Stücke im Ganzen, grössere Stücke zerkleinern Sie bitte. Wir empfehlen, das Fleisch vor dem Braten zu marinieren.

Fisch:
Sehr empfehlenswert sind Filets oder Scheiben vom Seeteufel, Lachs, Kabeljau und anderen festfleischigen Sorten; aber auch Sardinen, Garnelen, Scampi und Tintenfische eignen sich hervorragend.

Gemüse:
Portionieren Sie das Gemüse und schneiden Sie es in Scheiben oder Streifen. Härtere Gemüsesorten wie z.B. Fenchel, Broccoli oder Blumenkohl sollten Sie vorher kurz in sprudelnd kochendem Wasser blanchieren, damit sie nicht allzu lange garen müssen.

Eier:
Spiegeleier oder Crêpes gelingen genau so einfach wie in der Pfanne.

Obst:
Äpfel oder Birnen, Ananas und Aprikosen – in Spalten, Ringen oder Hälften, mit Zucker bestreut sind sie eine köstliche Nachspeise.

Rinder-Sate

Zutaten:

350 g	Filetsteak
125 ml	Sojasauce
1 EL	Honig
1 TL	zerstossene rote Paprikaflocken
1/2 TL	gemahlene Kreuzkümmelsaat
1/2 TL	gemahlenes Kurkuma

Anleitung:
1. Das Filet in dünne Streifen schneiden
2. Sojasauce, Honig, rote Paprikaflocken, Kreuzkümmel und Kurkuma in einer Schüssel mischen
3. Das Filet mindestens 15 Minuten in der Sauce marinieren
4. Auf dem heissen Stein auf jeder Seite 90 Sekunden grillen

Würziges Rindfleisch Fajita

Zutaten:

500 g	Beefsteak in Scheiben
80 ml	Olivenöl
60 ml	Tomatensauce
2 EL	Rotweinessig
1 EL	Kreuzkümmel
1/2 TL	Salz
1/2 TL	Cayennepfeffer
3	Knoblauchzehen, zerdrückt

Anleitung:
1. Alle Zutaten (ausser dem Fleisch) in einer Schüssel mischen
2. Das Fleisch mindestens 30 Minuten marinieren
3. Auf dem heissen Stein auf jeder Seite 2 Minuten grillen
4. In saurer Sahne oder Salsa dippen

Lammkoteletts mit Kräutern

Zutaten:

4	Lammkoteletts
1 EL	Petersilie
1 TL	Basilikum
1 TL	Rosmarin
2	Knoblauchzehen, zerdrückt
1 TL	Thymian
1 TL	Oregano
6	Koriandersamen, zerstossen
1/2 EL	Estragon
1	Lorbeerblatt, zerstossen
1/2 TL	Salz
1 EL	Zitronensaft

Anleitung:
1. Alle Zutaten ausser dem Lammfleisch vermischen
2. Beide Seiten des Lammfleischs gut mit Sauce bestreichen
3. Mindestens 2 Stunden im Kühlschrank marinieren
4. Das Fleisch bis zur gewünschten Garstufe auf dem heissen Stein grillen

Curryhähnchen

Zutaten:

250 g	Hähnchenbrust in Scheiben
2 EL	Pflanzenöl
2 EL	Naturjoghurt
2 TL	Currypulver
1 TL	Kreuzkümmel

Anleitung:
1. Joghurt, Currypulver und Kreuzkümmel in einer Schüssel mischen
2. Das Hähnchenfleisch mindestens 30 Minuten in der Sauce marinieren
3. Das Hähnchen entnehmen und leicht mit Öl bepinseln
4. Das Fleisch auf dem heissen Stein grillen, bis es durchgegart ist

Supergarnele

Zutaten:

500 g	rohe, geschälte Riesengarnelen
80 ml	Olivenöl
60 ml	Tomatensauce
2 EL	Rotweinessig
1 1/2 TL	Basilikum
1/2 TL	Salz
1/2 TL	Cayennepfeffer
3	Knoblauchzehen, zerdrückt

Anleitung:
1. Alle Zutaten ausser den Garnelen in einer grossen Schüssel mischen
2. Die Garnelen mindestens 30 Minuten in der Sauce marinieren
3. Auf dem heissen Stein auf jeder Seite 90 Sekunden grillen

Französische Jakobsmuscheln

Zutaten:

500 g	Jakobsmuscheln
250 ml	französisches Salatdressing
1 EL	Worchester Sauce
1 TL	Honig
2 EL	Sahne

Anleitung:
1. Die Jakobsmuscheln unter kaltem Wasser abwaschen und mit einem Tuch gründlich trockentupfen
2. Alle Zutaten ausser den Jakobsmuscheln in einer grossen Schüssel mischen
3. Die Jakobsmuscheln mindestens 15 Minuten in der Sauce marinieren
4. Auf dem heissen Stein auf jeder Seite 90 Sekunden grillen

Vegetarisch

Zutaten für 6 Personen:

1 Dose	Ananasscheiben (446 ml; Abtr. Gew.: 260 g)
6	Tomaten
	Pfeffer
	Fett für den heissen Stein
150 g	Frischkäse mit Kräutern der Provence (60% Fett)
	Salz
	Basilikum zum Garnieren

Zubereitung von Obst und Gemüse auf dem heissen Stein:
Ananas abtropfen lassen. Tomaten waschen, in dicke Scheiben schneiden und mit Pfeffer bestreuen. Den heissen Stein nach Gebrauchsanweisung aufheizen und fetten. Ananasscheiben ca. 4 Minuten grillen. Dabei 1 mal wenden. Tomatenscheiben von 1 Seite ca. 1 Minute grillen, wenden, mit etwas Frischkäse bestreichen, salzen und eine weitere Minute grillen. Mit Basilikum garnieren.

Zubereitungszeit ca. 15 Minuten (ohne Wartezeit). Pro Portion ca. 930 kJ/ 220 kcal.

Sauce Tartar

1 EL	Salatcreme
1 TL	Petersilie, gehackt
1 TL	Schnittlauch, gehackt
1 Prise	Estragon
1	Knoblauchzehe, zerdrückt
1 TL	Zwiebeln, gehackt
1 Spritzer	Zitronensaft
2	Kapern, gehackt
1	Einlegegurke, gehackt
1	Ei, 10 Min. gekocht und gehackt

Kräuterquarksauce

2 EL	Quark
1 EL	Salatcreme
1 TL	Schnittlauch, fein gehackt
1 TL	Petersilie, gehackt
1 TL	Zitronensaft
	Pfeffer, Salz

Knoblauchsauce

2 EL	Quark
2 EL	Salatcreme
1 TL	Olivenöl
2	Knoblauchzehen, zerdrückt
1 Prise	Cayennepfeffer
	Salz

Curry-Bananensauce

1/3	Banane, zerdrückt
2 EL	Salatcreme
1 TL	Curry
1 TL	Paprika
1 Spritzer	Sojasauce
1 Spritzer	Zitronensaft
	Pfeffer, Salz

Redhot-Sauce

1 EL	Ketchup
1 TL	Tomatenmark
1/2	Chilischote, fein gehackt
1 TL	Honig
1 TL	Paprika
1 TL	Orangensaft
1 Spritzer	Zitronensaft
	Pfeffer, Salz

Darne de saumon grillé

Vinaigrette:
Mélanger 1 échalote finement émincée avec 2 cuil. à s. de moutarde à l'ancienne, 2 cuil. à s. de miel, ½ bouquet d'aneth finement ciselé, 2 cuil. à s. de vinaigre, 3 cuil. à s. d'huile et 2 cuil. à s. d'eau.

Préparation :
Badigeonner d'huile les darnes, les poivrer et les faire cuire de chaque côté 3 à 4 minutes sur le gril chaud. Les servir avec la vinaigrette.

Conseils:

Viande :
utiliser de la viande à cuisson rapide, par exemple :
Romsteck, filet et pointe de filet de bœuf Filet, escalope, médaillons de porc, veau ou agneau Kassler, saucisse à frire, bacon ou mini croquettes.
Veiller à ce que les tranches ne soient pas trop épaisses. La viande sera plus tendre si vous la marinez dans de l'huile ou la badigeonnez légèrement avec un peu d'huile.

Volaille :
les petits morceaux se cuisent en entier. Couper SVP les gros morceaux. Nous vous recommandons de mariner la viande avant la cuisson.

Poisson :
les filets et les tranches de lotte, saumon, cabillaud et autres variétés à chair ferme sont particulièrement recommandés, mais vous pouvez aussi bien faire cuire sardines, crevettes, gambas et calamars.

Légumes :
préparer des portions et détailler les légumes en tranches ou en lamelles. Nous vous conseillons de blanchir préalablement les variétés les plus fermes (fenouil, brocoli, chou-fleur...) pour abréger la durée de la cuisson.

Œufs :
les œufs au plat et les crêpes se préparent aussi bien qu'à la poêle.

Fruits :
pommes ou poires, ananas et abricots – coupés en tranches, en rondelles ou en deux, saupoudrés de sucre... un délicieux dessert !

Bœuf Saté

Ingrédients
350 g	de filet de bœuf
125 ml	au soja
1 cuillère à soupe	de miel
1 cuillère à café	de flocons de poivron rouge écrasés
1/2 cuillère à café	de graines de cumin moulues
1/2 cuillère à café	de curcuma moulu

Instructions:
1. Couper le filet en bandes fines
2. Dans un bol, mélanger la sauce au soja, le miel, les flocons de poivron rouge, le cumin et le curcuma
3. Laisser mariner le filet dans la sauce pendant au moins 15 minutes
4. Griller chaque côté sur la pierre chaude pendant 90 secondes

Fajitas au bœuf épicé

Ingrédients:
500 g	de steak de bœuf en tranches
80 ml	d'huile d'olive
60 ml	de sauce tomate
2 cuillères à soupe	de vinaigre de vin rouge
1 cuillère à soupe	de cumin
1/2 cuillère à café	de sel
1/2 cuillère à café	de poivre de Cayenne
3 gousses	d'ail hachées

Instructions:
1. Mélanger tous les ingrédients (sauf le steak) dans un bol
2. Laisser mariner le steak pendant au moins 30 minutes
3. Griller chaque côté sur la pierre chaude pendant 2 minutes
4. Tremper dans de la crème sûre ou de la salsa

Côtelettes d'agneau aux herbes

Ingrédients:

4	côtelettes d'agneau
1 cuillère à soupe	de persil
1 cuillère à café	de basilic
1 cuillère à café	de romarin
2 gousses	d'ail écrasées
1 cuillère à café	de thym
1 cuillère à café	d'origan
6	graines de coriandre écrasées
1/2 cuillère à soupe d'estragon	
1	feuille de laurier écrasée
1/2 cuillère à café	de sel
1 cuillère à soupe	de jus de citron

Instructions:
1. Mélanger tous les ingrédients sauf l'agneau
2. Bien enrober de sauce les deux côtés de l'agneau
3. Laisser mariner au réfrigérateur pendant au moins 2 heures
4. Griller sur la pierre chaude à la cuisson désirée

Poulet au curry

Ingrédients:

250 g	de blanc de poulet en tranches
2 cuillères à soupe	d'huile végétale
2 cuillères à soupe	de yaourt nature
2 cuillères à café de	curry en poudre
1 cuillère à café	de cumin

Instructions:
1. Mélanger dans un bol le yaourt, le curry en poudre et le cumin
2. Laisser mariner le poulet dans la sauce pendant au moins 30 minutes
3. Retirer le poulet et le badigeonner légèrement d'huile
4. Griller sur la pierre chaude jusqu'à cuisson complète

Crevettes géantes

Ingrédients:

500 g	de crevettes géantes décortiquées crues
80 ml	d'huile d'olive
60 ml	de sauce tomate
2 cuillères à soupe	de vinaigre de vin rouge
1 1/2 cuillère à café	de basilic
1/2 cuillère à café	de sel
1/2 cuillère à café	de poivre de Cayenne
3	gousses d'ail hachées

Instructions:
1. Mélanger tous les ingrédients (sauf les crevettes) dans un grand bol
2. Laisser mariner les crevettes dans la sauce pendant au moins 30 minutes
3. Griller chaque côté sur la pierre chaude pendant 90 secondes

Pétoncles à la française

Ingrédients:

500 g	de pétoncles
250 ml	vinaigrette française
1 cuillère à soupe	de sauce worcestershire
1 cuillère à café	de miel
1 cuillère à soupe	de crème

Instructions:
1. Rincer les pétoncles à l'eau froide et bien les sécher avec un essuie-tout
2. Mélanger tous les ingrédients (sauf les pétoncles) dans un grand bol
3. Laisser mariner les pétoncles dans la sauce pendant au moins 15 minutes
4. Griller chaque côté sur la pierre chaude pendant 90 secondes

Végétarien

Ingrédients pour 6 personnes:

1 boîte	tranches d'ananas (446 ml; poids après égouttage : 260 g)
6	tomates
	poivre
	graisse pour la pierre chaude
150 g	fromage frais aux herbes de Provence (60% de matières grasses)
	sel
	basilique pour la garniture

Préparation de fruits et de légumes sur la pierre chaude
Égoutter les ananas. Laver les tomates, les couper en tranches épaisses et les saupoudrer de poivre. Faire chauffer et graisser la pierre selon le mode d'emploi. Faire griller les tranches d'ananas pendant env. 4 minutes. Les retourner une fois. Faire griller les tranches de tomates sur chaque face durant env. 1 minute, les tartiner d'un peu de fromage frais, les saler et refaire griller pendant une minute. Garnir avec du basilique.
Temps de préparation : env. 15 minutes (sans pause). Une portion représente env. 930 kJ/ 220 kcal.

Sauce tartare

1 cuillère à café	de crème pour salade
1 cuillère à café	de persil haché
1 cuillère à café	de ciboulette hachée
1 pincée	d'estragon
1 gousse	d'ail pilée
1 cuillère à café	d'oignons hachés
1 trait	de jus de citron
2	câpres hachées
1	cornichon haché
1	œuf cuit pendant 10 min et haché

Sauce fromage blanc aux herbes

2 cuillères à café	de fromage blanc
1 cuillère à café	de crème pour salade
1 cuillère à café	de ciboulette finement hachée
1 cuillère à café	de persil haché
1 cuillère à café	de jus de citron
	Poivre, sel

Sauce à l'ail

2 cuillères à café	de fromage blanc
2 cuillères à café	de crème pour salade
1 cuillère à café	d'huile d'olive
2 gousses	d'ail pilées
1 pincée	de poivre de Cayenne
	Sel

Sauce banane/curry

1/3	de banane écrasée
2 cuillères à café	de crème pour salade
1 cuillère à café	de curry
1 cuillère à café	de piment
1 trait	de sauce au soja
1 trait	de jus de citron
	Poivre, sel

Sauce piquante

1 cuillère à café	de ketchup
1 cuillère à café	de concentré de tomates
½ piment	chili finement haché
1 cuillère à café	de miel
1 cuillère à café	de piment
1 cuillère à café	de jus d'orange
1 trait	de jus de citron
	Poivre, sel

Cotoletta di salmone alla griglia

Vinaigrette:
mescolare 1 scalogno tagliato a dadini con 2 cucchiai di senape in grani, 2 cucchiai di miele, ½ mazzetto
di aneto finemente tritato, 2 cucchiai di aceto, 3 cucchiai di olio e 2 cucchiai di acqua.

Preparazione:
Spennellare di olio la cotoletta di salmone, peparla e grigliarla sulla griglia calda da entrambi i lati per
3–4 minuti. Servire accompagnata dalla vinaigrette.

Alcuni consigli:

Carne:
utilizzare carne da fare arrostire per brevi intervalli di tempo, come per esempio:
costata di manzo, bistecche di filetto e punte di filetto di manzo, filetto, bistecca, medaglioni di
maiale, vitello o agnello cotoletta di maiale in salamoia, salsicciotti arrostiti, speck da colazione o
mini-boulette.
Accertarsi che le fette non siano troppo spesse. La carne diventa più tenera se la si immerge dapprima
in olio o la si spennella con un leggero strato d'olio.

Volatili:
far arrostire piccole porzioni, tagliare i pezzi più grossi. Si consiglia di marinare la carne prima di farla
arrostire.

Pesce:
si consiglia, in particolare, l'uso di filetto o di fette di rane pescatrici, salmone, merluzzo e altri tipi di
pesce;
inoltre, anche le sardine, i gamberetti, gli scampi e le seppie sono ideali.

Verdure:
tagliare la verdure a fette o strisce. Le verdure più dure, come i finocchi, i broccoli o i cavolfiori, devono
essere fatti sbollentare brevemente in acqua bollente, affinché non debbano essere fatte cuocere
troppo a lungo.

Uova:
la preparazione delle uova al tegamino è semplice come con il normale tegame.

Frutta:
tagliare a fette, ad anelli o a metà le mele o le pere, l'ananas e le albicocche. Cosparse con zucchero
sono un dessert delizioso.

Satay di manzo

Ingredienti:
50 g	filetto
25 ml	salsa di soia
cucchiaio	di miele
cucchiaino	di peperoncino in scaglie
1/2 cucchiaino	di semi di cumino
1/2 cucchiaino	di curcuma

Istruzioni:
1. Tagliare il filetto in strisce sottili
2. In una ciotola unire la salsa di soia, miele, peperoncino, cumino e curcuma
3. Marinare filetto nella salsa per almeno 15 minuti
4. Grigliare su pietra calda per 90 secondi per lato

Fajita con manzo aromatizzato

Ingredienti:
200 g	di bistecca di manzo a fette
30 ml	di olio di oliva
30 ml	di salsa di pomodoro
cucchiai	di aceto di vino rosso
cucchiaio	di cumino
1/2 cucchiaino	di sale
1/2 cucchiaino	di pepe di cayenna
spicchi	d'aglio tritati

Istruzioni:
1. Unire tutti gli ingredienti (tranne la bistecca) in una ciotola
2. Marinare la bistecca per almeno 30 minuti
3. Grigliare su pietra calda per 2 minuti per lato
4. Intingere in panna acida o salsa

Costolette d'agnello con erbe aromatiche

Ingredienti:

4	costolette d'agnello
1 cucchiaio	di prezzemolo
1 cucchiaino	di basilico
1 cucchiaino	di rosmarino
2 spicchi	d'aglio schiacciati
1 cucchiaino	di timo
1 cucchiaino	di origano
6	semi di coriandolo schiacciati
1/2 cucchiaio	di dragoncello
1	foglia di alloro schiacciata
1/2 cucchiaino	di sale
1 cucchiaio	di succo di limone

Istruzioni:
1. Unire tutti gli ingredienti tranne l'agnello
2. Ricoprire entrambi i lati dell'agnello con la salsa
3. Marinare in frigo per almeno 2 ore
4. Grigliare su pietra calda fino al grado di cottura desiderato

Pollo al curry

Ingredienti:

250 g	di fette di petto di pollo
2 cucchiai	di olio vegetale
2 cucchiai	di yogurt bianco
2 cucchiaini	di polvere di curry
1 cucchiaino	di cumino

Istruzioni:
1. Unire lo yogurt, il curry e il cumino in una ciotola
2. Marinare il pollo nella salsa per almeno 30 minuti
3. Rimuovere il pollo e spennellarlo leggermente con l'olio
4. Grigliare su pietra calda fino a cottura ultimata

Super gamberetti

Ingredienti:

500 g	di gamberoni crudi e pelati
80 ml	di olio di oliva
60 ml	di salsa di pomodoro
2 cucchiai	di aceto di vino rosso
1 1/2 cucchiaino	di basilico
1/2 cucchiaino	di sale
1/2 cucchiaino	di pepe di cayenna
3 spicchi	d'aglio tritati

Istruzioni:
1. Unire tutti gli ingredienti, tranne i gamberetti, in una ciotola grande
2. Marinare i gamberetti in salsa per almeno 30 minuti
3. Grigliare su pietra calda per 90 secondi per lato

Capesante alla francese

Ingredienti:

500 g	di capesante
250 ml	di condimento olio e aceto
1 cucchiaio	di salsa Worchester
1 cucchiaino	di miele
2 cucchiai	di crema

Istruzioni:
1. Sciacquare le capesante sotto l'acqua fredda e asciugare accuratamente tamponando con un asciugamano
2. Unire tutti gli ingredienti tranne le capesante
3. Marinare le capesante in salsa per almeno 15 minuti
4. Grigliare su pietra calda per 90 secondi per lato

Vegetariano

Ingredienti per 6 persone:

1 barattolo	fette di ananas (446 ml; peso sgocciolato: 260 g)
6	pomodori
	pepe
	grasso per la pietra
150 g	formaggio fresco con erbe della Provenza (60% grasso)
	sale
	basilico per guarnire

Disporre frutta e verdura sulla pietra calda.
Far sgocciolare l'ananas. Lavare i pomodori, tagliarli in fette spesse e cospargerli con pepe. Scaldare la pietra seguendo le istruzioni e cospargere con il grasso. Grigliare le fette di ananas per circa 4 minuti. Girarle una sola volta. Grigliare le fette di pomodoro su di un lato per ca. 1 minuto, girare, spennellare con formaggio fresco, salare e grigliare per un altro minuto.
Guarnire con basilico.
Tempo di preparazione ca. 15 minuti (escluso il tempo di attesa). Ca. 930 kJ/ 220 kcal per porzione.

Salsa tartara

1 cucchiaino	di panna per insalata
1 cucchiaino	di prezzemolo tritato
1 cucchiaino	di erba cipollina tritata
1 pizzico	di dragoncello
1 spicchi	d'aglio pressati
1 cucchiaino	di cipolle tritate
1 goccio	di succo di limone
2	capperi tritati
1	cetriolino sottaceto tritato
1	uovo bollito 10 min. e tritato

Ricotta alle erbe

2 cucchiaini	di ricotta
1 cucchiaino	di panna per insalata
1 cucchiaino	di erba cipollina tritata fine
1 cucchiaino	di prezzemolo tritato
1 cucchiaino	di succo limone
	Pepe, sale

Salsa di aglio

2 cucchiaini	di ricotta
2 cucchiaini	di panna per insalata
1 cucchiaino	di olio di oliva
2 spicchi	d'aglio pressato
1 pizzico	di pepe di Cayenna
	Sale

Salsa di banana al curry

1/3	di banana schiacciata
2 cucchiaini	di panna per insalata
1 cucchiaino	di curry
1 cucchiaino	di paprica
1 goccio	di salsa di soia
1 goccio	di succo di limone
	Pepe, sale

Salsa piccante

1 cucchiaino	di ketchup
1 cucchiaino	di passata di pomodoro
1/2	peperoncino tritato fine
1 cucchiaino	di miele
1 cucchiaino	di paprica
1 cucchiaino	di succo di arancia
1 goccio	di succo di limone
	Pepe, sale

Salmon cutlet, grilled

Vinaigrette: mix 1 finely chopped shallot with 2 Tbsp coarse mustard, 2 Tbsp honey, ½ bundle of finely chopped dill, 2 Tbsp vinegar, 3 Tbsp oil, and 2 Tbsp water.

Preparation:
Brush salmon cutlet with oil, pepper, and grill on both sides for 3–4 minutes on the hot grill. Serve with the vinaigrette.

Recommendation:

Meat:
Use meat that is suitable for pan frying, such as:
Beef rump steak, filet steak and filet tips, Pork, veal, or lamb filet, schnitzel, medallions
Smoked pork chops, bratwurst, bacon, or mini-burgers.
Take care to not cut the slices too thick. The meat is more tender if it is marinated in or lightly brushed with oil first.

Poultry:
Fry small pieces whole, please cut up large pieces. We recommend marinating the meat before frying it.

Fish:
Filets or slices of angler-fish, salmon, cod, and other species with firm meat are highly recommended; but sardines, prawns, scampi, and squid are also well-suited.

Vegetables:
Divide the vegetables into portions and cut it into slices or strips. Hard types of vegetables such as fennel, broccoli, or cauliflower should be blanched briefly first in boiling water so that they do not have to cook so long.

Eggs:
Fried eggs or crêpes can be made just as easily as in a pan.

Fruit:
Apples or pears, pineapple and apricots – in wedges, rings or halves, strewn with sugar they are a delicious dessert.

Beef Sate

Ingredients:

3/4 lb	steak tenderloin
1/2 cup	soy sauce
1 tbsp	honey
1 tsp	crushed red pepper flakes
1/2 tsp	ground cumin seed
1/2 tsp	ground tumeric

Directions:
1. Slice tenderloin into thin strips
2. In bowl, combine soy sauce, honey, red pepper flakes, cumin and tumeric
3. Marinate tenderloin in sauce for at least 15 minutes
4. Grill on Hot Stone for 90 seconds each side

Spicy Beef Fajita

Ingredients:

1 lb	sliced beef steak
1/3 cup	olive oil
1/4 cup	tomato sauce
2 tsbp	red wine vinegar
1 tbsp	cumin
1/2 tsp	salt
1/2 tsp	cayenne pepper
3	garlic cloves, minced

Directions:
1. Combine all ingredients (but steak) in bowl
2. Marinate steak for at least 30 minutes
3. Grill on Hot Stone for 2 minutes each side
4. Dip in sour cream or salsa

Herbed Lamb Chops

Ingredients:

4	lamb chops
1 tbs	parsley
1 tsp	basil
1 tsp	rosemary
2	cloves garlic, crushed
1 tsp	thyme
1 tsp	oregano
6	coriander seeds, crushed
1/2 tbsp	tarragon
1	bay leaf, crushed
1/2 tsp	salt
1 tbsp	lemon juice

Directions:
1. Combine all ingredients except lamb
2. Thoroughly coat both sides of lamb with sauce
3. Marinate in fridge for at least 2 hours
4. Grill on Hot Stone to desired doneness

Curry Chicken

Ingredients:

1/2 lb	sliced chicken breast
2 tbsp	vegetable oil
2 tbsp	plain yogurt
2 tsp	curry powder
1 tsp	cumin

Directions:
1. Combine yogurt, curry powder and cumin in bowl
2. Marinate chicken in sauce for at least 30 minutes
3. Remove chicken and lightly brush with oil
4. Grill on Hot Stone until cooked through

Super Shrimp

Ingredients:
1 lb	uncooked, peeled jumbo shrimp
1/3 cup	olive oil
1/4 cup	tomato sauce
2 tbsp	red wine vinegar
1 1/2 tsp	basil
1/2 tsp	salt
1/2 tsp	cayenne pepper
3	garlic cloves, minced

Directions:
1. Combine all ingredients except shrimp in large bowl
2. Marinate shrimp in sauce for at least 30 minutes
3. Grill on Hot Stone for 90 seconds each side

French Scallops

Ingredients:
1 lb	sea scallops
1 cup	French salad dressing
1 tbsp	Worchester sauce
1 tsp	honey
2 tbsp	cream

Directions:
1. Rinse scallops under cold water and thoroughly pat dry with a towel
2. Combine all ingredients except scallops in large bowl
3. Marinate scallops in sauce for at least 15 minutes
4. Grill on Hot Stone for 90 seconds each side

Vegetarian

Ingredients for 6 persons:

1 Can	Pineapple slices (446 ml; dry weight: 260 g)
6	Tomatoes
	Pepper
	Oil or fat for the hot stone
150 g	Cream cheese with Herbes de Provence (60% fat)
	Salt
	Garnish with basil

Preparation of fruit and vegetables on the hot stone
Drain the pineapple. Wash tomatoes, cut in thick slices and sprinkle with pepper. Heat and grease the hot stone according to operating instructions. Grill pineapple slices for about 4 minutes. Turn once. Grill tomato slices on 1 side for about 1 minute, turn, sprinkle with some cream cheese and salt and grill for another minute.
Garnish with basil.
Preparation time approx. 15 minutes (without waiting time). 930 Kcal / 220 kJ per portion.

Tatar Sauce

1 TS	Salad cream
1 Tsp	Parsley, chopped
1 Tsp	Chive, chopped
1 pinch	Tarragon
1 clove	Garlic, pressed
1 Tsp	Onions, chopped
1 dash	Lemonjuice
2 pcs	Capers, chopped
1 pcs	Pickle, chopped
1 pcs	Egg, boiled 10 min. and chopped

Herbed curd cheese sauce

2 TS	Curd cheese
1 TS	Salad cream
1 Tsp	Chive, chopped fi ne
1 Tsp	Parsley, chopped
1 Tsp	Lemon juice
	Pepper, salt

Garlic Sauce

2 TS	Curd Cheese
2 TS	Salad cream
1 Tsp	Olive oil
2	garlic cloves pressed
1 pinch	Cayenne pepper
	Salt

Curry Banana Sauce

1/3	Banana mashed
2 TS	Salad cream
1 Tsp	Curry
1 Tsp	Paprika
1 dash	Soysauce
1 dash	Lemonjuice
	Pepper, salt

Redhot Sauce

1 TS	Ketchup
1 Tsp	Tomato purée
½	Chilipepper, chopped fi ne
1 Tsp	Honey
1 Tsp	Paprika
1 Tsp	Orangejuice
1 dash	Lemonjuice
	Pepper, salt

Entsorgung
Elimination
Smaltimento
Disposal

Änderungen in Design, Ausstattung, technische Daten sowie Irrtümer behalten wir uns vor.
Sous réserve d'erreurs ou de modifications dans le design, l'équipement et la fiche technique.
Ci riserviamo il diritto di modifiche nel design, equipaggiamento e dati tecnici nonché di eventuali errori.
We reserve the right to make changes in design, equipment, technical data as well as errors.

In Übereinstimmung mit den Europäischen Richtlinien für Sicherheit und EMV.
Conforme aux Directives européennes en matière de sécurité et de CEM.
In conformità alle Direttive Europee per la Sicurezza e EMC.
In accordance with the European guidelines for safety and EMC.

Kein Hausmüll. Muss gemäss den lokalen Vorschriften entsorgt werden.
Ne pas jeter avec les ordures ménagères. Respecter les directives locales concernant la mise en décharge.
Non smaltire tra i rifiuti domestici. Deve essere smaltito secondo le norme locali.
No household waste. Must be disposed of in accordance with local regulations.

Sicherheitshinweise
Consignes de sécurité
Direttive di sicurezza
Safety instructions

Kinder oder Personen, denen es an Wissen oder Erfahrung im Umgang mit dem Artikel mangelt, oder die in ihren körperlichen, sensorischen oder geistigen Fähigkeiten eingeschränkt sind, dürfen den Artikel nicht ohne Aufsicht oder Anleitung durch eine für ihre Sicherheit verantwortliche Person benutzen.
Cet article n'est pas destine à être utilisé par des personnes (y compris des enfants) ayant des capacités physiques, sensorielles ou mentales réduites, ou un manque d'expérience et de connaissances, à moins qu'elles soient sous surveillance ou qu'elles aient été formées à l'utilisation de l'article par une personne responsable de leur sécurité.
Questo articole non è ideato per essere utilizzato da persone (inclusi i bambini) con capacità fisiche, sensoriali o mentali ridotte o con mancanza di esperienza e conoscenze, a meno che non abbiano ricevuto un'introduzione su come utilizzare il articole da parte di una persona responsabile per la loro incolumità.
This item is not intended for use by persons (including children) with reduced physical, sensory or mental capabilities, or lack of experience and knowledge, unless they have been given supervision or instruction concerning use of the item by a person responsible for their safety.

Kinder müssen beaufsichtigt werden, damit sie nicht mit dem Artikel spielen.
Les enfants doivent être surveillés afin qu'ils ne jouent pas avec l'article ou l'emballage.
I bambini dovrebbero essere tenuti sotto osservazione per assicurare che non giochino con il articole o con l'imballaggio.
Children should be supervised to ensure that they do not play with the item.

Wird der Artikel zweckentfremdet, falsch bedient oder nicht fachgerecht repariert, kann keine Haftung für auftretende Schäden übernommen werden. In diesem Fall entfällt der Garantieanspruch.
Au cas où l'article est désaffecté, manié ou réparé d'une manière incorrecte, nous déclinons la responsabilité de dommages éventuels. Dans ce cas, le droit de garantie s'annule.
Nel caso in cui l'articole venga usato a scopi originalmente non previsti, usato o riparato in modo improprio, non è possibile assumere alcuna responsabilità per eventuali danni. In questo caso decade la rivendicazione di garanzia.
No warranty for any possible damage can be accepted if the item is used for improper purpose, wrongly operated or unprofessionally repaired. In such a case, any warranty claim is void.

Artikel wird im Betrieb sehr heiss – Nicht anfassen, Verbrennungsgefahr.
L'article en fonctionnement est brûlant – Ne pas toucher, risque de brûlure.
Durante il funzionamento l'articole diventa particolarmente caldo – Non toccare: pericolo di ustione.
The item will become very hot during use – Do not touch, otherwise you may burn yourself.

Reparaturen am Artikel nur durch eine Fachkraft. Durch nicht fachgerechte Reparaturen können erhebliche Gefahren für den Benutzer entstehen.
Les réparations d'article électriques doivent uniquement être effectuées par des spécialistes.
Des réparations impropres peuvent causer des dangers considérables pour l'usager.
Le riparazioni degli articole devono unicamente essere effettuate da specialisti. Le riparazioni improprie possono causare dei pericoli gravi per l'utente.
Only trained personnel should repair the item. Unskilled repairs can cause considerable danger to the user.

Artikel nie auf heisse Flächen (Herdplatte) stellen / legen oder in die Nähe von offenem Feuer bringen.
Ne jamais mettre/poser l'article sur des surfaces chaudes (plaque de cuisson), ni à proximité de flammes nues.
Non mettere mai l'articolo sopra superfici calde né vicino a fiamme libere.
Never put the item on hot surfaces or near open flames.

Artikel ist für die Verwendung im Haushalt bestimmt, nicht für gewerbliche Nutzung.
L'article est destiné à un usage ménager et non à une utilisation professionnelle.
L'articole è stato costrutio per l'uso domestico.
The item is designed for household use and not for industrial operation.

Nicht Regen / Feuchtigkeit aussetzen.
Ne pas l'exposer à la pluie / humidités.
Non esporlo nè alla pioggia nè ad altra umidità.
Not expose it to rain or other humidity.

Ein hitzebeständiges Tuch (Baumwolle) unter der Gerätebasis verhindert Flecken auf dem Tisch.
Un tissu thermorésistant (coton) sous le socle de l'appareil prévient la formation de taches sur la table.
Un panno refrattario (cotone) posto sotto alla base dell'apparecchio, impedisce di macchiare il tavolo.
A heat-resistant cloth (cotton) under the appliance base prevents stains on the table.

Artikel stehend auf ebener, stabiler Unterlage betreiben. Artikel vor dem Verstauen abkühlen lassen.
Utiliser l'article en position verticale sur un sol stable et plat. Laisser refroidir l'appareil avant de le ranger.
Azionare l'articole in verticale su un supporto piano e stabile. Fare raffreddare l'articole prima di riporlo.
Use item in an upright position on a stable surface. Allow appliance to cool before storing away.

Garantie-Hinweis
Conseils concernant de garantie
Dichiriazione de garanzia
Guarantee

Für diesen Artikel leisten wir Ihnen 2 Jahre Garantie ab Kaufdatum. Die Garantieleistung besteht im Ersatz oder in der Reparatur eines Artikels mit Material- oder Fabrikationsfehlern. Ein Austausch auf einen neuen Artikel oder die Rücknahme mit Rückerstattung des Kaufbetrages ist nicht möglich. Von den Garantieleistungen ausgeschlossen sind normale Abnützung, gewerblicher Gebrauch, Änderung des Originalzustandes, Reinigungsarbeiten, Folgen unsachgemässer Behandlung oder Beschädigung durch den Käufer oder Drittpersonen, Schäden, die auf äussere Umstände zurückführen oder die durch Batterien verursacht werden. Die Garantieleistung setzt voraus, dass der schadhafte Artikel mit der von der Verkaufsstelle datierten und unterzeichneten Garantiekarte oder mit der Kaufquittung auf Kosten des Käufers eingesandt wird.

Pour cet article, nous accordons une garantie de 2 ans à compter de la date d'achat. La prestation de garantie couvre le remplacement ou la réparation d'un article présentant des défauts de matériel ou de fabrication. Tout échange contre un article neuf ou reprise avec remboursement est impossible. Sont exclus des prestations de garantie l'usure normale, l'utilisation à des fins commerciales, la modification de l'état d'origine, les opérations de nettoyage, les conséquences d'une utilisation impropre ou un endommagement par l'acheteur ou des tiers, les dommages provoqués par des circonstances extérieures ou occasionnés par des piles. La prestation de garantie nécessite que l'article défectueux soit retourné aux frais de l'acheteur, accompagné du bon de garantie daté et signé par le point de vente ou de la preuve d'achat.

Questo articole è provvisto di una garanzia di 2 anni a partire dalla data di acquisto. La garanzia include la sostituzione oppure la riparazione di un articole con difetti di materiale o di fabbricazione. Sono escluse la sostituzione con un nuovo articole oppure la restituzione con rimborso dell'importo d'acquisto. La garanzia è esclusa in caso di normale usura, uso commerciale, modifica dello stato originale, lavori di pulizia, conseguenze derivanti da un utilizzo inappropriato oppure danni provocati dall'acquirente o da terze persone, danni da ricondurre ad eventi esterni o arrecati da batterie. La garanzia presuppone che le spese di spedizione dell'articole danneggiato insieme al certificato di garanzia firmato e datato dal punto vendita oppure insieme alla ricevuta d'acquisto siano a carico dell'acquirente.

With this item you get a 2 year guarantee starting from the date of purchase. Under the guarantee, in the case of material or manufacturing defects, the item will be replaced or repaired. Replacement with a new item or money back return is not possible. Excluded from the guarantee is normal wear and tare, commercial use, alterations to the item as purchased, cleaning activities, consequences of improper use or damage by the purchaser or a third person, damage, that can be attributed to external circumstances or caused by the batteries. The guarantee requires that the faulty item be returned at the purchaser's expense along with the retail outlets dated and signed guarantee card or a sales receipt.

NOUVEL®AG

Industrie Grund
CH-6234 Triengen
Switzerland

Phone +41 41 935 55 55
Fax +41 41 935 55 66

E-Mail: info@nouvel.ch
Internet: www.nouvel.ch

Desserts und süsse Gerichte

Crèmes
Gestürzte Crèmes, Puddings, Gallerten
Glaces und Sorbets
Soufflés und Aufläufe
Kompotte
Fettgebackenes
Diverses

403

Portionen: 6

Zutaten:
750 g Äpfel, saure Sorte
1 dl Weisswein
150 g Griesszucker
4 Eiweiss

Gerät:
Kasserolle, mittelgross
Sieb
Schüssel, mittelgross
Schüssel, gross

Apfelcrème

Zubereitung:
1. Äpfel schälen, Kernhaus herausschneiden; in Schnitze schneiden.
2. Äpfelschnitze und Wein in die Kasserolle geben; Äpfel weich kochen.
3. Masse durch das Sieb passieren; zurück in die Kasserolle geben; mit dem Zucker ungedeckt zu einem dicklichen Püree einkochen; erkalten lassen.
4. Eiweiss zu steifem Schnee schlagen; mit dem völlig erkalteten Apfelpüree vermischen.
5. Einige Minuten rühren, bis die Crème weiss und so fest ist, dass man sie in der Mitte erhöht anrichten kann.

404

Portionen: 6–8

Zutaten:
1,2 kg Brombeeren
200 g Griesszucker
8 Eigelb

Gerät:
Mixer
Sieb, gross
Kasserolle, mittelgross
2 Schüsseln, mittelgross
Gummischaber
Schneebesen

Brombeercrème

Zubereitung:
1. Zucker und Eigelb schaumig rühren.
2. Brombeeren im Mixer pürieren; durch das Sieb passieren.
3. Das Fruchtmark in der Kasserolle zum Kochen bringen; langsam unter Rühren zu der Eigelb/Zucker-Mischung geben; zurück in die Kasserolle geben und unter beständigem Schlagen mit dem Schneebesen vors Kochen bringen.
4. Durch das Sieb in die Schüssel passieren; abkühlen lassen; in Gläser, Schälchen oder Töpfchen anrichten und im Eiskasten kühl stellen.

Bemerkungen:
Es können tiefgekühlte Früchte verwendet werden; Zuckermenge evtl. reduzieren!
Zur Verwendung der im Rezept nicht benötigten Eiweiss siehe z. B. Nr. 37, 45, 482, 518, 534, 543.

Variante:
Himbeercrème
Gleiche Zubereitung wie Brombeercrème.

405

Portionen: 3–4

Zutaten:
80 g Griesszucker
3 EL heisses Wasser
½ l Milch, oder Milch und
Rahm gemischt
4 Eigelb

Gerät:
Stielpfännchen
Kasserolle, mittelgross
Schüssel, mittelgross
Schneebesen
Sieb

Gebrannte Crème

Zubereitung:
1. Eigelb mit 2 EL Milch in der Schüssel verklopfen.
2. Milch in der Kasserolle langsam erhitzen.
3. Zucker im Stielpfännchen langsam haselnussbraun rösten; vorsichtig heisses Wasser zugeben; den Zucker auflösen.
4. Caramel in die heisse Milch geben; aufkochen.
5. Caramelmilch unter kräftigem Schlagen zu den Eigelb giessen.
6. Crème zurück in die Kasserolle giessen; unter beständigem Schlagen bei Mittelhitze kurz vor den Siedepunkt bringen.
7. Durch das Sieb in die Schüssel passieren.
8. Kalt servieren.

Bemerkungen:
Zur Verwendung der im Rezept nicht benötigten Eiweiss siehe z.B. Nr. 37, 518, 534, 543.

406

Portionen: 3–4

Zutaten:
6 Eigelb
100 g Griesszucker
½ l Milch, oder Milch und
Rahm gemischt
1-2 EL lösliches Kaffee-
pulver (Instant)

Gerät:
Kasserolle, mittelgross
Schüssel, mittelgross
Schneebesen
Sieb

Kaffeecrème

Zubereitung:
1. Eigelb mit 2 EL Milch in der Schüssel verklopfen.
2. Milch, Rahm, Zucker in der Kasserolle aufkochen; Kaffee-pulver dazugeben und auflösen.
3. Flüssigkeit unter kräftigem Schlagen zu den Eigelb giessen.
4. Crème zurück in die Kasserolle giessen; unter beständigem Schlagen mit dem Schneebesen bei mittlerer Hitze bis vors Kochen bringen.
5. Durch das Sieb in die Schüssel passieren.
6. Kalt servieren.

Bemerkungen:
Zur Verwendung der im Rezept nicht benötigten Eiweiss siehe z.B. Nr. 45, 543.

407

Portionen: 5–6

Zutaten:
4 Eier
80–100 g Griesszucker
3–4 EL Rum oder Kirsch
5–6 dl Rahm

Gerät:
2 Schüsseln, gross
1 Schüssel, mittelgross
2 Schneebesen
Gummischaber

Russische Crème

Zubereitung:
1. Eigelb und Zucker in einer grossen Schüssel schaumig rühren.
2. Eiweiss in der kleineren Schüssel steif schlagen; sorgfältig unter die Eigelb/Zucker-Mischung ziehen.
3. Rahm steif schlagen; abwechselnd Rum (bzw. Kirsch) und Rahm sorgfältig mit der Eier/Zucker-Masse vermengen.
4. 1–2 Stunden kalt stellen.

408

Portionen: 6–8

Zutaten:
125 g schwarze Schokolade
8 dl Milch, oder Milch und Rahm gemischt
125 g Griesszucker
8 Eigelb

Gerät:
2 Kasserollen, mittelgross
Schüssel, mittelgross
Schneebesen
Sieb

Schokoladencrème 1

Zubereitung:
1. Eigelb mit 2 EL Milch in der Schüssel verklopfen.
2. Zucker, die in Stückchen gebrochene Schokolade und 2 EL Wasser auf schwachem Feuer zu einem glatten Teiglein schmelzen.
3. Milch/Rahm erhitzen, langsam zu der Schokolade geben; rühren, bis sich das Teiglein ganz aufgelöst hat.
4. Flüssigkeit unter kräftigem Schlagen zu den Eigelb giessen.
5. Crème zurück in die Kasserolle giessen; unter beständigem Schlagen mit dem Schneebesen bei mittlerer Hitze bis vors Kochen bringen.
6. Durch das Sieb in die Schüssel passieren.
7. Kalt servieren.

Variante:
Es können auch 100 g schwarze Schokolade, 25 g bittere Schokolade und zusätzlich 25 g Griesszucker genommen werden.

Bemerkungen:
Zur Verwendung der im Rezept nicht benötigten Eiweiss siehe z. B. Nr. 37, 39, 44, 45, 518, 534, 543.

409

Portionen: 5–6

Zutaten:
100 g schwarze Schokolade
4 Eigelb
100 g Griesszucker
3 dl Rahm

Gerät:
Stielpfännchen
2 Schüsseln, mittelgross
Schneebesen
Gummischaber

Schokoladencrème 2

Zubereitung:
1. Schokolade in Stückchen zerbrechen; mit 3 EL Wasser auf kleinem Feuer schmelzen und glattrühren.
2. Eigelb und Zucker schaumig rühren; mit der erkalteten Schokoladenmasse verrühren; kalt stellen.
3. Rahm steif schlagen; mit dem Gummischaber sorgfältig unter die ganz kalte Eier/Schokoladen-Masse ziehen.

Variante:
Um die Crème luftiger zu bekommen, können zuletzt noch zwei steif geschlagene Eiweiss unter die Masse gezogen werden.

Bemerkungen:
Zur Verwendung der im Rezept nicht benötigten Eiweiss siehe z. B. Nr. 37, 39, 518, 534, 543.

410

Portionen: 5–6

Zutaten:
100 g schwarze Schokolade
1 EL Griesszucker
5 dl Rahm

Gerät:
Stielpfännchen
Schüssel, gross
Schneebesen
Gummischaber

Schokoladencrème 3 (Schokoladenrahm)

Zubereitung:
1. Schokolade in Stückchen zerbrechen; mit 3 EL Wasser und dem Zucker auf schwaches Feuer setzen; schmelzen und glattrühren; kalt stellen.
2. Rahm steif schlagen; sorgfältig mit der Schokolade vermischen.

411

Portionen: 3–4

Zutaten:
6 Eigelb

Vanillecrème 1

Zubereitung:
1. Eigelb mit 2 EL Milch in der Schüssel verklopfen.
2. Milch, Rahm, Zucker und den aufgeschnittenen Vanillestengel in der Kasserolle zum Kochen bringen.
3. Unter kräftigem Schlagen die heisse Zuckermilch mit den Eigelb vermischen.

80 g Griesszucker
½ l Milch, oder Milch und
Rahm gemischt
1 Vanillestengel

Gerät:
Kasserolle, mittelgross
Schüssel, mittelgross
Schneebesen
Sieb

4. Crème zurück in die Kasserolle giessen; unter beständigem Schlagen bei Mittelhitze bis vors Kochen bringen.
5. Durch das Sieb in die Schüssel passieren.
6. Kalt servieren.

Bemerkungen:
Zur Verwendung der im Rezept nicht benötigten Eiweiss siehe z.B. Nr. 44, 45.

412

Portionen: 3

Zutaten:
80 g Griesszucker
3 dl Milch
1 KL Maizena
2 Eier
1 Vanillestengel,
aufgeschnitten

Gerät:
Kasserolle, mittelgross
Schüssel, mittelgross
Schneebesen
Sieb

Vanillecrème 2

Zubereitung:
1. Alle Zutaten in der Kasserolle unter beständigem Schlagen mit dem Schneebesen zum Kochen bringen.
2. In die Schüssel sieben.

413

Portionen: 3–4

Zutaten:
4 dl erstklassiger Weisswein
125 g Griesszucker
2 Eier
1 Zitrone, Schale
1 KL Maizena

Gerät:
Bain-marie
Schneebesen
Zitronenraffel

Chaudeau

Zubereitung:
1. Den unteren Teil der Bain-marie mit Wasser aufs Feuer setzen.
2. In den oberen Teil Weisswein, Zucker, Eier, Maizena und fein geraffelte Zitronenschale geben.
3. Wenn das Wasser heiss ist, aber noch nicht kocht, Bain-marie zusammensetzen; unter ununterbrochenem Schlagen mit dem Schneebesen eine dickliche Sauce herstellen. Die Wassertemperatur unter Kontrolle halten: das Wasser soll nicht zum Kochen kommen.
4. Wenn die Sauce heiss und dicklich ist, sofort anrichten.

414

Portionen: 4–5

Zutaten:
4 Eier
120 g Griesszucker
1 Zitrone, Saft
4 dl Weisswein

Gerät:
Kasserolle, mittelgross
Schneebesen
Sieb
Schüssel, mittelgross

Weincrème

Zubereitung:
1. Alle Zutaten in der Kasserolle bei mittelstarker Flamme unter beständigem Schlagen mit dem Schneebesen vors Kochen bringen.
2. Durch das Sieb in die Schüssel passieren; erkalten lassen.

Variante:
Champagnercrème
Anstelle von Wein Champagner nehmen. Zubereitung wie oben.

415

Portionen: 5–6

Zutaten:
3 Eigelb
125 g Griesszucker
¼ l Milch
2 Vanillestengel
4 dl Rahm
14 g (7 Blatt) Gelatine

Gerät:
Kasserolle, klein
2 Schüsseln, mittelgross
Puddingform, 1,3 l Inhalt
Schneebesen
Gummischaber
Sieb

Bayrische Crème (Bavarois)

Zubereitung:
1. Gelatine in eine Schüssel geben und mit kaltem Wasser bedecken.
2. Eigelb und Zucker in der anderen Schüssel schaumig rühren.
3. Vanillestengel der Länge nach aufschlitzen; mit der Milch in die Kasserolle geben; langsam zum Kochen bringen.
4. Die heisse Vanillemilch unter kräftigem Schlagen mit der Eigelb/Zucker-Mischung in der Schüssel vermischen.
5. Vanillestengel herausnehmen; die Eiermilch zurück in die Kasserolle giessen; unter beständigem Schlagen mit dem Schneebesen vors Kochen bringen.
6. Abseits vom Feuer die ausgedrückte Gelatine in der Crème auflösen.
7. Crème in die Schüssel sieben und kalt werden lassen.
8. Wenn die Crème kalt, aber bevor sie fest geworden ist, mit dem Gummischaber den steif geschlagenen Rahm sorgfältig darunterziehen.
9. Puddingform mit kaltem Wasser ausspülen und mit der Crème füllen.
10. Mehrere Stunden zum Festwerden und bis zum Stürzen in den Eiskasten stellen.

Varianten:
a) Bayrische Kaffeecrème
Statt die Vanillestengel auszukochen, nicht zu knapp lösliches Kaffeepulver (Instant-Café) in der heissen Milch auflösen.
b) Bayrische Schokoladencrème
Statt die Vanillestengel auszukochen, 100 g in kleine Stückchen gebrochene schwarze Schokolade in der Milch auflösen.

416

Portionen: 5–6

Zutaten:
400 g Erdbeeren
125 g Puderzucker
½ Zitrone, Saft
4 dl Rahm
8 g Gelatine

Gerät:
Mixer
2 Schüsseln, mittelgross
Schneebesen
Gummischaber
Puddingform, 1 l Inhalt

Bayrische Erdbeercrème

Zubereitung:
1. Gelatine in einem Suppenteller in kaltes Wasser einweichen.
2. Erdbeeren waschen; Stiel entfernen; 250 g mit dem Zucker und dem Zitronensaft in den Mixer geben und pürieren.
3. Gelatine nach Angaben auf der Packung auflösen; die abgekühlte, flüssige Gelatine unter die Erdbeer/Zucker-Mischung rühren.
4. Wenn die Crème fest zu werden beginnt, den Rahm steif schlagen und mit dem Schaber behutsam darunterziehen.
5. Form mit Wasser ausspülen; Erdbeercrème einfüllen.
6. Mehrere Stunden zum Festwerden in den Eiskasten stellen.
7. Form ganz kurz in warmes Wasser stellen, abtrocknen; Crème auf eine flache, runde Platte stürzen.
8. Die restlichen Erdbeeren ganz als Garnitur verwenden oder püriert um den Bavarois herumgiessen.

Blancmanger (Siehe Nr. 28)

417

Portionen: 6

Zutaten:
150 g Löffelbiskuits
(Nr. 524)
Bayrische Crème (Nr. 415,
Pt. 1–7)
Garnitur:
  Nach Belieben Schlagrahmtupfer (S. 22), kandierte Früchte, verzukkerte Veilchen, etc.

Gerät:
Charlottenform, 1,4 l Inhalt

Charlotte russe

Zubereitung:
1. Bayrische Crème (Pt. 1–7) herstellen.
2. Boden und Wand der Charlottenform mit Löffelbiskuits auslegen (runde Seite nach unten bzw. nach aussen): zuerst den Boden lückenlos auslegen, dann weitere Biskuits der Wand entlang daraufstellen; sie sollen bis an den oberen Rand der Form, aber nicht höher stehen; Boden und Wand müssen lückenlos austapeziert sein, deshalb müssen einzelne Biskuits passend zugeschnitten werden.
3. Den geschlagenen Rahm unter die erkaltete Bayrische Crème ziehen.
4. Die Bavaroismasse löffelweise (!) behutsam in die austapezierte Form einfüllen.
5. Zum Festwerden mehrere Stunden in den Eiskasten stellen.
6. Charlotte auf eine runde Platte stürzen und garnieren.

Variante:
Die Bavarois-Masse je zur Hälfte mit Vanille und Schokolade parfümieren und die zweite Sorte erst einfüllen, wenn die erste in der Form etwas fest geworden ist.

418

Portionen: 3–4 (als Dessert)

Zutaten:
3 Eier
60 g Griesszucker
40 g Mandeln
15 g Korinthen
15 g Sultaninen
1 EL Kirsch
½ TL Zimtpulver
1 Prise Nelkenpulver
40 g altbackenes, trockenes
Halbweiss- oder Schwarz-
brot
1–2 EL Rotwein
50 g Butter
Weincrème (Nr. 414)

Gerät:
Souffléform als Wasserbad
Puddingform, 0,8 l Inhalt
Schüssel, gross
Schüssel, mittelgross
Schneebesen
Gummischaber
Pinsel
Mandelmühle oder
Moulinex

Brotpudding

Zubereitung:
1. Puddingform ausbuttern und mit Zucker ausstreuen; Korinthen und Sultaninen in einer Tasse im Kirsch einweichen.
2. Mandeln mahlen. Brot mit der Mandelmühle oder im Moulinex zu grobem Paniermehl verarbeiten; in einer Tasse mit dem Wein befeuchten.
3. Souffléform zu ¾ mit heissem Wasser füllen und in den Backofen stellen; Backofen auf 180° vorheizen.
4. In der grösseren Schüssel Butter und Zucker schaumig rühren.
5. Eigelb – eines nach dem anderen – in die Butter/Zucker-Mischung einrühren, ebenfalls Mandeln, Brot, die abgetropften Weinbeeren, Zimt- und Nelkenpulver.
6. Eiweiss zu steifem Schnee schlagen; mit dem Gummischaber sorgfältig unter die Masse ziehen; in die Puddingform einfüllen: die Form soll höchstens zu ¾ gefüllt sein.
7. Form verschliessen und in das heisse Wasserbad im Backofen stellen; in 50 bis 60 Minuten backen.
8. Puddingform aus dem Wasserbad nehmen; 5 Minuten ruhen lassen; auf eine Platte stürzen.
9. Warm mit der kalten Crème servieren.

419

Portionen: 5–6

Zutaten:
6 dl Milch
80 g Griesszucker
1 Vanillestengel

Griessköpfli

Zubereitung:
1. Milch, Zucker und den aufgeschlitzten Vanillestengel in der Kasserolle aufkochen.
2. Griess, Eigelb, Rahm und Sultaninen in der kleinen Schüssel verrühren; Eiweiss kalt stellen.
3. Wenn die Milch kocht, die Pfanne vom Feuer ziehen und unter kräftigem Schlagen mit dem Schneebesen das Griessbreilein mit der heissen Milch mischen.

120 g sehr feiner
Weizengriess
3 Eier
1,2 dl Rahm
60 g Sultaninen
1 Prise Salz
Fruchtsauce (Nr. 91, 92, 93)

Gerät:
Kasserolle, mittelgross
Schüssel, klein
Schüssel, mittelgross
(für die Eiweiss)
Schneebesen
Puddingform aus Keramik
Gummischaber

4. Auf kleinem Feuer unter beständigem Rühren (Anbrennen!) 10 Minuten köcherln.
5. Vanillestengel herausnehmen.
6. Eiweiss mit dem Salz zu steifem Schnee schlagen; mit dem Gummischaber unter die nicht zu heisse Griessmasse ziehen.
7. In die mit kaltem Wasser ausgespülte Form füllen; abkühlen lassen; mindestens 3 Stunden im Eiskasten fest werden lassen.
8. Zum Servieren stürzen und mit Fruchtsauce anrichten.

Bemerkungen:
Zur Abwechslung kann die fertige Masse auch in Savarinförmchen gefüllt werden, welche man zuvor mit Fruchtgelee ausgepinselt hat; stürzen und in die Mitte frische Himbeeren, ringsum Himbeersauce geben. Die Masse reicht für 10 kleine Savarinförmchen.

420 Haselnusspudding

Portionen: 5–6

Zutaten:
4 Eier
60 g Griesszucker
100 g Haselnüsse, gemahlen
1/2 Zitrone
5 g Maizena
Butter für die Form
Weincrème (Nr. 414) oder
Vanillecrème (Nr. 411/412)

Gerät:
2 Schüsseln, mittelgross
Zitronenraffel
Schneebesen
Souffléform als Wasserbad
Puddingform mit Deckel,
1,5 l Inhalt
Pinsel
Gummischaber

Zubereitung:
1. Puddingform ausbuttern und mit Zucker ausstreuen; Souffléform zu 3/4 mit heissem Wasser füllen und in den Backofen stellen; Backofen auf 180° vorheizen.
2. Eigelb in einer Schüssel mit dem Zucker schaumig rühren; geraffelte Zitronenschale und 1 KL Zitronensaft, Haselnüsse und Maizena darunterrühren.
3. Eiweiss in der zweiten Schüssel zu steifem Schnee schlagen; mit dem Gummischaber sorgfältig unter die Masse ziehen. In die Puddingform einfüllen: die Form soll höchstens zu 3/4 gefüllt sein.
4. Form verschliessen und in das heisse Wasserbad im Backofen stellen; in 50–60 Minuten backen.
5. Puddingform aus dem Wasserbad nehmen; 5 Minuten ruhen lassen; auf eine Platte stürzen.
6. Warm mit der kalten Crème auftragen.

421

Portionen: 4–5

Zutaten:
75 g Löffelbiskuits (Nr. 524)
40 g Korinthen
60 g Griesszucker
3 Eier
2,5 dl Rahm
1 Vanillestengel
50 g kandierte Kirschen,
fein gewürfelt
40 g Mandeln, geschält und
gehackt
2 EL Rum
Butter für die Form
Griesszucker für die Form

Gerät:
Puddingform, glatt mit
Deckel, 7,5 dl Inhalt
Pinsel
Schüssel, mittelgross
Souffléform als Wasserbad
Schneebesen
ferner:
Butterbrotpapier

Kabinettpudding

Zubereitung:
1. Korinthen in eine Tasse geben und mit dem Rum übergiessen.
2. Puddingform mit Butter auspinseln und mit Zucker ausstreuen; Butterbrotpapier auf die Grösse des Puddingformbodens zuschneiden, beidseitig mit Butter bepinseln, in die Form legen.
3. Eier, Zucker und Rahm in der Schüssel mit dem Schneebesen verklopfen; Vanillestengel aufschlitzen und hineinlegen.
4. Löffelbiskuits in Stücke brechen; Backofen auf 180° vorheizen; Souffléform halb mit heissem Wasser füllen und in den Backofen stellen.
5. Puddingform abwechselnd mit abgetropften Korinthen, Mandeln, Kirschen und Biskuitstückchen füllen.
6. Den Eierrahm nochmals durchrühren; Vanillestengel herausnehmen, mit einem spitzen Messer das Mark herauskratzen und in den Eierrahm geben.
7. Diese Flüssigkeit sehr langsam mit Hilfe eines Suppenlöffels in die Form einfüllen: die Biskuits sollen sich vollsaugen können und dürfen nicht darin schwimmen.
8. Puddingform verschliessen; in die mit Wasser gefüllte Souffléform stellen.
9. Backen, bis der Pudding durch und durch fest ist (60–70 Minuten).
10. Puddingform herausnehmen; 5 Minuten ruhen lassen; stürzen; Papier entfernen.
11. Warm servieren.

422

Portionen: 4–6

Zutaten:
40 g Butter
35 g Weissmehl
50 g schwarze Schokolade
30 g Griesszucker
1 Tropfen Vanillearoma
(fakultativ)
1 Prise Salz

Schokoladenpudding

Zubereitung:
1. Butter in einer Kasserolle zergehen lassen; Puddingform mit flüssiger Butter auspinseln.
2. Schokolade in Stückchen brechen; mit der Milch in die zweite Kasserolle geben; auf kleinem Feuer in der Milch auflösen.
3. Mehl, Vanille, Zucker und Salz zu der Butter in die Kasserolle geben; gut mischen; mit der Schokoladenmilch zu einem glatten Teig anrühren.
4. Kasserolle aufs Feuer setzen; auf schwacher Flamme köcherlen, bis sich die Masse vom Pfannenrand löst, etwas abkühlen lassen.

2 dl Milch
3 Eier
1 EL Zucker für die Form
2 dl Rahm

Gerät:
Puddingform mit Deckel,
3/4 l Inhalt
2 Kasserollen, mittelgross
Souffléform als Wasserbad
Pinsel
Schneebesen
Schüssel, mittelgross
Gummischaber

5. Backofen auf 180° vorheizen; Souffléform zu 3/4 mit heissem Wasser füllen und in den Backofen stellen.
6. Ein ganzes Ei und 2 Eigelb in die Puddingmasse einrühren.
7. 2 Eiweiss zu steifem Schnee schlagen; mit dem Gummischaber unter die Masse ziehen.
8. Puddingform mit Zucker ausstreuen; Masse einfüllen; Form mit dem Deckel verschliessen; ins Wasserbad im Backofen stellen.
9. 40 Minuten backen.
10. Form aus dem Ofen nehmen; 5 Minuten ruhen lassen; Deckel abheben; auf eine flache Platte stürzen.
11. Warm mit flüssigem oder halb geschlagenem Rahm servieren.

423

Portionen: 4–6 (als Dessert)

Zutaten:
60 g altbackenes, trockenes
Weissbrot ohne Ranft
50 g Butter
60 g Griesszucker
30 g Mandeln
1/2 Zitrone, Schale
3 Eier
200 g kleine, frische
Traubenbeeren
1 Prise Salz
1 EL Paniermehl
Butter für die Form
Weincrème (Nr. 414)

Gerät:
Stielpfännchen
Souffléform als Wasserbad
Puddingform mit Deckel,
1 l Inhalt
Mandelmühle oder
Moulinex
2 Schüsseln, mittelgross
Pinsel
Zitronenraffel
Schneebesen
Gummischaber

Traubenpudding

Zubereitung:
1. Souffléform zu 3/4 mit heissem Wasser füllen und in den Backofen stellen; Backofen auf 180° vorheizen; Puddingform ausbuttern und mit Paniermehl ausstreuen.
2. Mandeln schälen und mahlen.
3. Brot durch die Mandelmühle treiben oder im Moulinex zerkleinern.
4. Butter im Pfännchen zergehen lassen; Brot dazugeben und auf kleiner Flamme trocknen (nicht rösten!).
5. Brot/Butter-Mischung, Zucker, Mandeln, Salz und geraffelte Zitronenschale in einer Schüssel mischen; Eigelb einzeln einrühren; zuletzt die Trauben dazugeben.
6. Eiweiss in der zweiten Schüssel zu steifem Schnee schlagen; mit dem Gummischaber sorgfältig unter die Masse ziehen.
7. Masse in die Puddingform füllen: sie soll höchstens zu 3/4 gefüllt sein.
8. Form verschliessen und in das heisse Wasserbad im Backofen stellen; in 50–60 Minuten backen.
9. Puddingform aus dem Wasserbad nehmen; 5 Minuten ruhen lassen; auf eine Platte stürzen.
10 Warm mit der kalten Crème auftragen.

424

Portionen: 6 (als Dessert)

Zutaten:
100 g Butter
100 g Weissmehl
2½ dl Milch
60 g Griesszucker
1 Prise Salz
½ Päckli Vanillezucker
50 g Mandeln, geschält
und fein gemahlen
½ Zitrone, Saft
50 g Sultaninen
6 Eier
1 EL Paniermehl
Sauce, z.B. Nr. 84, 91, 94

Gerät:
Puddingform mit Deckel,
2 l Inhalt
Soufflèform als Wasserbad
Pinsel
Kasserolle, mittelgross
Schüssel, gross
Schüssel, mittelgross
Schneebesen
Gummischaber

Victoriapudding

Zubereitung:
1. Puddingform ausbuttern und mit Paniermehl ausstreuen; Soufflèform zu ¾ mit heissem Wasser füllen und in den Backofen stellen; Backofen auf 180° vorheizen.
2. Butter in der Kasserolle auf kleinem Feuer schmelzen; Mehl zugeben, zu einem Breilein rühren; Milch in Etappen dazugeben; glattrühren.
3. Das Teiglein in die grosse Schüssel geben; mit dem Salz, Zucker, Vanillezucker, Zitronensaft, den Mandeln und Sultaninen vermengen.
4. Eier teilen: die Eigelb zur Puddingmasse, die Eiweiss in die zweite Schüssel.
5. Eigelb mit der Masse verrühren.
6. Eiweiss zu steifem Schnee schlagen; mit dem Gummischaber sorgfältig unter die Masse ziehen.
7. Sofort in die Puddingform einfüllen; Form verschliessen und in das heisse Wasserbad im Backofen stellen. Backzeit: 60 Minuten.
8. Puddingform aus dem Wasserbad nehmen; 5 Minuten ruhen lassen; auf eine Platte stürzen.
9. Mit einer beliebigen Sauce warm servieren.

Variante:
Baslerpudding
Anstelle der Sultaninen werden in die Masse genommen: 1–2 KL Zimtpulver, 1 Prise Nelkenpulver, 20–30 g fein gewiegtes Citronat und Orangeat, 1 EL Kirsch. – Kann auch kalt serviert werden.

425

Portionen: 3–4 (als Dessert)

Zutaten:
60 g Butter, zimmerwarm
50 g Griesszucker
1 Zitrone
60 g Weissmehl
3 Eier
200 g Himbeeren
2 EL Puderzucker

Zitronenpudding

Zubereitung:
1. Puddingform ausbuttern; Butterbrotpapier auf die Grösse des Puddingformbodens zuschneiden, beidseitig mit Butter bepinseln und in die Form legen.
2. Soufflèform zu ¾ mit heissem Wasser füllen und in den Backofen stellen; Backofen auf 180° vorheizen.
3. Butter in einer Schüssel schaumig rühren. Griesszucker, fein geraffelte Zitronenschale und 3 KL Zitronensaft dazugeben; gut mischen.
4. Eigelb einzeln einrühren.
5. Eiweiss zu steifem Schnee schlagen; mit dem Gummischaber sorgfältig unter die Masse ziehen.

Gerät:
Puddingform mit Deckel,
0,8 l Inhalt
Soufflèform als Wasserbad
Pinsel
3 Schüsseln, mittelgross
Zitronenraffel
Schneebesen
Gummischaber
Sieb
ferner:
Butterbrotpapier

6. Masse in die Puddingform füllen. Form verschliessen und in das heisse Wasserbad im Backofen stellen; in 45–50 Minuten backen.
7. Sauce: Himbeeren durch das Sieb passieren. Das Püree mit dem Puderzucker süssen; 2 KL Zitronensaft einrühren.
8. Puddingform aus dem Wasserbad nehmen; 5 Minuten ruhen lassen; auf eine Platte stürzen; Papier entfernen.
9. Warm mit der kalten Himbeersauce auftragen.

426

Portionen: 6

Zutaten:
100 g Griesszucker (für den Karamelzucker)
1 TL geschmacksneutrales Speiseöl
½ l Milch
¾ Vanillestengel
90 g Griesszucker
5 Eier

Gerät:
2 Stielpfännchen, klein
Pinsel
Schüssel, mittelgross
Schneebesen
Kasserolle, mittelgross
Schöpfkelle, klein
6 Becherformen, 1,6 dl Inhalt
Gratinform als Wasserbad
ferner:
Alu-Folie

Karamelköpfli (Flan renversé)

Zubereitung:
1. Backofen auf 180° vorheizen; Förmchen innen einölen.
2. 100 g Zucker in ein Pfännchen geben; auf kleiner Flamme ohne zu rühren, erhitzen; wenn der Zucker zu schwitzen beginnt, unter ständigem Rühren schön braun rösten; im zweiten Pfännchen 3 EL Wasser erhitzen; zum Karamelzucker geben. Zucker auflösen.
3. In jedes Förmchen 1 KL Karamel geben.
4. 3 ganze Eier, 2 Eigelb und 90 g Zucker in der Schüssel kurz kräftig durchschlagen.
5. Vanillestengelchen aufschlitzen und in der Milch aufkochen.
6. Die heisse Vanillemilch schöpflöffelweise in die Eier/Zucker-Masse rühren.
7. Mit der Schöpfkelle in die Becherförmli verteilen (Förmli nur bis 1 cm unterhalb des Randes füllen).
8. In die Gratinplatte stellen; so viel heisses Boilerwasser in die Gratinplatte giessen, dass die Förmchen zu ¾ im Wasser stehen.
9. Gratinplatte vorsichtig in den Backofen stellen; mit einem Stück Alu-Folie zudecken; in 20–30 Minuten stocken lassen.
10. Den restlichen Karamel im Pfännchen mit etwas Wasser zu einer Karamellösung aufkochen lassen; erkalten lassen.
11. Zum Anrichten die kalten Flans auf Teller stürzen und mit 1–2 KL Karamellösung umgiessen.

427

Portionen: 3

Zutaten:
500 g Himbeeren
80 g Griesszucker
7 Blatt Gelatine

Gerät:
Schüssel, mittelgross
Kasserolle, mittelgross
Sieb
Massgefäss
Puddingform, ½ l Inhalt

Himbeergallerte

Zubereitung:
1. Himbeeren mit dem Zucker in der Schüssel mischen; einige Stunden zugedeckt ziehen lassen.
2. Gelatine in kaltes Wasser einweichen.
3. Früchte und Saft langsam zum Kochen bringen; einmal aufkochen.
4. Saft durch das Sieb in die Schüssel abfliessen lassen; das Fruchtmark der Beeren durch das Sieb streichen; Gelatine aus dem Wasser nehmen, abtropfen lassen und im heissen Himbeersaft auflösen.
5. Mit kaltem Wasser auf ½ l Volumen verlängern.
6. In die mit kaltem Wasser ausgespülte Form giessen, im Eiskasten in 4–5 Stunden fest werden lassen.

Bemerkungen:
Will man die Gallerte nicht stürzen, sondern z. B. in Glasschalen oder in einer Compotière anrichten, so können 2 Blatt Gelatine weniger genommen werden.

428

Portionen: 3–4

Zutaten:
1 kg saftige Blutorangen (Moro)
ca. 1 dl Weisswein
5 Blatt Gelatine
50 g Griesszucker

Gerät:
Fruchtpresse
Stielpfännchen
Massgefäss
Sieb
Serviceschüssel

Orangengallerte

Zubereitung:
1. Orangen auspressen; Saft in das Massgefäss sieben.
2. Gelatine in kaltem Wasser einweichen.
3. So viel Wein in das Pfännchen geben, dass zum Schluss (mit dem Orangensaft im Massgefäss) ½ l Flüssigkeit vorhanden sein wird.
4. Zucker in den Wein geben; auf kleiner Flamme völlig auflösen; Pfännchen vom Feuer ziehen; die ausgedrückte Gelatine unter Rühren in der heissen Zuckerlösung auflösen; zum Orangensaft sieben.
5. In die Schüssel giessen; einige Stunden kalt stellen.

Bemerkungen:
Soll die Orangengallerte gestürzt angerichtet werden, so müssen 7 Blatt Gelatine dazugenommen werden.

429

Portionen: 6–8

Zutaten:
250 g Tafelbutter,
zimmerwarm
300 g Griesszucker
6 Eigelb
250 g Löffelbisquits
(Nr. 524)
3 KL lösliches Kaffeepulver
(Instant)
100 g Mandelstifte
15 g Butter

Gerät:
Schüssel, mittelgross
Schüssel, klein
Bratpfännchen

Mokka-Igel

Zubereitung:
1. Das Kaffeepulver in einer Tasse in 1 EL heissem Wasser auflösen.
2. Butter schaumig rühren; Zucker zugeben; weiterrühren, dabei die Eigelb kaffeelöffelweise dazugeben; zu einer sehr luftigen Masse rühren.
3. Tropfenweise das völlig erkaltete Kaffeekonzentrat einrühren; Crème teilen: ⅓ in die kleine Schüssel geben; beide Schüsseln kalt stellen.
4. Auf einer flachen Platte eine Lage Löffelbisquits (flache Seite nach unten) in der Grösse eines Igels nebeneinanderlegen; Zwischenräume mit Crème aus der grösseren Schüssel ausfüllen; weitere Bisquits auf der Unterseite mit Crème bestreichen und zu der Form eines Igels zusammensetzen (alle Bisquits und die Crème aus der grösseren Schüssel dürfen aufgebraucht werden).
5. Igel kalt stellen.
6. Mit einem scharfen Messer den Bisquitberg etwas zuschneiden; mit der Crème aus der kleineren Schüssel so bestreichen, dass von den Löffelbisquits nichts mehr zu sehen ist.
7. Mandelstifte in der heissen Butter kurz rösten.
8. Mit den Mandeln den Igel dicht spicken.
9. Kalt stellen; kalt servieren.

Bemerkungen:
Zur Verwendung der im Rezept nicht benötigten Eiweiss siehe z. B. Nr. 37, 45, 518, 534, 543.

Variante:
Schokolade-Igel
Anstelle des Kaffees werden 200 g mit 2 EL Wasser geschmolzene schwarze Schokolade lauwarm in die Crème eingerührt.

430

Portionen: 6

Zutaten:
6 Eigelb
150 g Griesszucker
3/4 l Milch
3 TL lösliches Kaffeepulver
(Instant)

Gerät:
Kasserolle, mittelgross
Schneebesen
Schüssel, mittelgross
Sieb
Glacemaschine

Kaffeeglace

Zubereitung:
1. Eigelb und Zucker in der Schüssel verrühren.
2. Milch zum Kochen bringen; Kaffeepulver darin auflösen.
3. Gleich wie Vanilleglace (Nr. 432) fertigmachen.

Bemerkungen:
Zur Verwendung der im Rezept nicht benötigten Eiweiss siehe z. B. Nr. 37, 45, 518, 534, 543.

431

Portionen: 4–5

Zutaten:
80 g Griesszucker
3 EL heisses Wasser
1/2 l Rahm
4 Eigelb

Gerät:
Stielpfännchen
Kasserolle, mittelgross
Schüssel, mittelgross
Schneebesen
Sieb
Glacemaschine

Karamelglace

Zubereitung:
Nach Nr. 405 eine Gebrannte Crème herstellen; völlig erkalten lassen; in der Glacemaschine gefrieren lassen.

Bemerkungen:
Zur Verwendung der im Rezept nicht benötigten Eiweiss siehe z. B. Nr. 37, 45, 518, 534, 543.

432

Portionen: 6

Zutaten:
6 Eigelb

Vanilleglace

Zubereitung:
1. Eigelb und Zucker in der Schüssel verrühren.
2. Vanillestengel aufschlitzen; mit der Milch in die Kasserolle geben; langsam zum Kochen bringen.
3. Vanillemilch langsam unter beständigem Schlagen in die Eier/Zucker-Mischung einlaufen lassen.

150 g Griesszucker
¾ l Milch
2 Vanillestengel

Gerät:
Kasserolle, mittelgross
Schneebesen
Schüssel, mittelgross
Sieb
Glacemaschine

4. Die Masse zurück in die Pfanne geben und unter beständigem Schlagen vors Kochen bringen: die Crème soll einen Löffel schön überziehen, darf aber nicht kochen.
5. Durch das Sieb zurück in die Schüssel giessen; abkühlen lassen.
6. In die Glacemaschine füllen; gefrieren lassen.

Bemerkungen:
Zur Verwendung der im Rezept nicht benötigten Eiweiss siehe z. B. Nr. 37, 45, 518, 534, 543.

433

Portionen: 6

Zutaten:
6 Eigelb
125 g Griesszucker
¾ l Milch
100 g schwarze Schokolade

Gerät:
Kasserolle, mittelgross
Schüssel, mittelgross
Schneebesen
Sieb
Glacemaschine

Schokoladenglace

Zubereitung:
1. Eigelb und Zucker in der Schüssel verrühren.
2. Milch erhitzen; die in Stückchen gebrochene Schokolade hineingeben und völlig auflösen.
3. Gleich wie Vanilleglace (Nr. 432) fertigmachen.

Bemerkungen:
Zur Verwendung der im Rezept nicht benötigten Eiweiss siehe z. B. Nr. 37, 45, 518, 534, 543.

434

Portionen: 6

Zutaten:
700 g Erdbeeren
1½ Zitronen, Saft
225 g Puderzucker

Gerät:
Mixer
Glacemaschine

Erdbeersorbet

Zubereitung:
1. Erdbeeren waschen; Stiele entfernen.
2. Erdbeeren, Zucker und Zitronensaft in den Mixer geben und pürieren.
3. In die Maschine einfüllen; gefrieren lassen.

435

Portionen: 6

Zutaten:
700 g Himbeeren
1½ Zitronen, Saft
225 g Puderzucker

Gerät:
Mixer
Sieb
Schüssel, klein
Schneebesen
Glacemaschine

Himbeersorbet

Zubereitung:
1. Himbeeren im Mixer pürieren.
2. Püree durch das Sieb in die Schüssel passieren.
3. Mit dem Schneebesen mit Zitronensaft und Puderzucker vermischen.
4. In die Maschine einfüllen; gefrieren lassen.

436

Portionen: 3–4

Zutaten:
80 g gemahlene Mandeln
50 g Griesszucker
½ Zitrone, Schale
1 TL Zimtpulver
1 Prise Nelkenpulver
15 g Zitronat, fein gehackt
15 g Orangeat, fein gehackt
1 EL Cognac oder Rum
4 kleine oder 3 grosse Eier
Butter für die Form

Gerät:
Schüssel, gross
Schüssel, mittelgross (für die Eiweiss)
Schneebesen
Gummischaber
Souffléform, 1 l Inhalt
Zitronenraffel

Schwarzbrotsoufflé

Zubereitung:
1. In der grösseren Schüssel Mandeln, Zucker, Eigelb, etwas abgeriebene Zitronenschale und Gewürze schaumig rühren (15–20 Minuten); Cognac bzw. Rum dazugeben und verrühren.
2. Backofen auf 200° vorheizen; Form ausbuttern.
3. Eiweiss steif schlagen; mit dem Gummischaber sorgfältig unter die Masse ziehen.
4. In die Form füllen (sie darf nur zu ¾ gefüllt werden, da sich das Volumen im heissen Backofen vergrössert!).
5. In 15–20 Minuten backen.
6. Mit oder ohne Puddingsauce (z.B. Nr. 83 oder 84) warm anrichten.

Variante:
Anstelle von Zitronat und Orangeat können auch je 15 g Korinthen und Sultaninen verwendet werden.

437

Portionen: 3–4

Zutaten:
100 g schwarze Schokolade
2 dl Milch
40 g Butter
40 g Weissmehl
60 g Griesszucker
6 Eiweiss
4 Eigelb
1 KL Puderzucker
Butter für die Form
1 KL Zucker für die Form

Gerät:
Souffléform, 1 l Inhalt
2 Kasserollen, klein
2 Schüsseln, mittelgross
Schneebesen
Gummischaber

Schokoladensoufflé

Zubereitung:
1. Backofen auf 200° vorheizen; Souffléform ausbuttern, mit 1 KL Zucker ausstreuen.
2. In der Kasserolle die in Stückchen gebrochene Schokolade mit etwas Milch schmelzen lassen; nach und nach die ganze Milch dazugeben; auflösen und aufkochen.
3. Eigelb und Zucker schaumig rühren.
4. In der zweiten Kasserolle Butter schmelzen; Mehl dazugeben und kurz schwitzen; mit der Schokoladenmilch zu einem glatten Brei anrühren.
5. Eiweiss sehr steif schlagen.
6. Eigelb/Zucker-Mischung mit der Schokoladenmasse vermischen.
7. Eiweiss mit dem Gummischaber sorgfältig darunterziehen.
8. Sofort in die Souffléform füllen; 20–25 Minuten im heissen Ofen aufgehen lassen.
9. Mit Puderzucker bestäuben und sofort servieren.

Bemerkungen:
Den Backofen erst (ganz vorsichtig) öffnen, wenn das Soufflé bereits durch die geschlossene Backofentür duftet; öffnet man zu früh, fällt das Soufflé zusammen! – Das Soufflé sollte zuinnerst noch flüssig (aber heiss) sein.

438

Portionen: 3–4

Zutaten:
2 dl Milch
2 Vanillestengel
4 Eigelb
80 g Griesszucker
40 g Butter
40 g Weissmehl
5 Eiweiss
1 Prise Salz
Butter für die Form
1 KL Zucker für die Form

Gerät:
Souffléform, 1 l Inhalt
2 Kasserollen, klein
2 Schüsseln, mittelgross
Schneebesen
Gummischaber

Vanillesoufflé

Zubereitung:
1. Backofen auf 200° vorheizen; Souffléform ausbuttern, mit 1 KL Zucker ausstreuen.
2. In einer Kasserolle Milch mit den der Länge nach aufgeschnittenen Vanillestengeln langsam erhitzen.
3. Eigelb und Zucker schaumig rühren; Eiweiss kalt stellen.
4. Butter in der zweiten Kasserolle schmelzen; Mehl zugeben und kurz schwitzen.
5. Mehlschwitze mit der Vanillemilch mischen; glattrühren; das Mark mit einem spitzen Messer aus den Vanillestengeln herauskratzen und in den Mehlbrei geben.
6. Abseits vom Feuer Eigelb/Zucker-Mischung dazurühren.
7. Eiweiss mit dem Salz steif schlagen.
8. Das Eiweiss mit dem Gummischaber sorgfältig unter die Masse ziehen.
9. Sofort in die Souffléform einfüllen; 20–25 Minuten im heissen Backofen aufgehen lassen.
10. Sofort servieren.

Bemerkungen:
Siehe Nr. 437.

439

Portionen: 4

Zutaten:
5 dl Milch
80 g Butter
80 g Milchbrot, ohne Ranft
3 Eier
2 Eigelb
3 Eiweiss
120 g Griesszucker
½ Zitrone, Schale
½ TL Zimtpulver
½ TL Kardamon
2 Tropfen Bittermandel-
essenz
Butter für die Form

Gerät:
Souffléform, 1 l Inhalt
Kasserolle, gross
Schüssel, gross
Zitronenraffel
Schüssel, mittelgross
Schneebesen
Gummischaber

Soufflé à la mode

Zubereitung:
1. Brot in kleine Würfelchen schneiden; Form ausbuttern.
2. Brotwürfelchen, Milch und Butter in der Kasserolle aufs Feuer geben und unter Rühren so lange köcherlen, bis sich die Masse von der Pfanne löst; zum Abkühlen in die grössere Schüssel geben.
3. Ganze Eier, Eigelb, Zucker (1 EL zurückbehalten!), Zitronenschale, Zimt, Kardamon, Mandelessenz mit der Milch/Brot-Masse verarbeiten.
4. Backofen auf 180° vorheizen.
5. Eiweiss mit dem zurückbehaltenen EL Zucker steif schlagen; mit dem Gummischaber sorgfältig unter die Masse ziehen.
6. In die Form einfüllen (sie darf nur zu ¾ gefüllt werden, da sich das Volumen im heissen Backofen vergrössert!).
7. 40–45 Minuten backen.
8. Mit oder ohne Puddingsauce (z. B. Nr. 83 oder 84) sofort servieren.

Bemerkungen:
Siehe Nr. 437.

440

Portionen: 4

Zutaten:
4 Eigelb
6 Eiweiss
150 g Puderzucker
40 g Butter

Omelette soufflée

Zubereitung:
1. Eigelb und Puderzucker mit dem Schneebesen in der kleineren Schüssel luftig schlagen.
2. Eiweiss in der zweiten Schüssel sehr steif schlagen.
3. Die Hälfte des Eiweiss mit dem Gummischaber sorgfältig unter die Eigelb/Zucker-Masse ziehen; dann diese Mischung zu den übrigen Eiweiss in die grössere Schüssel geben; sorgfältig mischen.

Gerät:
Schüssel, mittelgross
Schüssel, gross
Schneebesen
Gummischaber
Bratpfanne (Omelettpfanne),
gross

4. In der Bratpfanne die Butter heiss machen; die Eimasse hineingeben; bei Mittel-, dann bei kleiner Hitze backen, ohne die Masse zu berühren; von Zeit zu Zeit an der Pfanne rütteln, damit die Omelette nicht ansitzt.
5. Zusammenfalten und heiss servieren.

Bemerkungen:
Die Omelette soll innen noch flüssig (ungebacken) sein.

Varianten:
a) In den Zutaten
Nach Belieben kann der Soufflémasse zugegeben werden: das Mark eines halben Vanillestengels, abgeriebene Zitronenschale, 1–2 EL Cognac à l'orange, etc.

b) In der Zubereitung
Eine ovale Gratinplatte mit 20 g (statt der im Rezept angegebenen 40 g) Butter ausstreichen; die Masse hineingeben (in der Mitte erhöht); im Backofen 15 Minuten bei 200° backen; sofort servieren.

441

Portionen: 4

Zutaten:
4 Eigelb
5 Eiweiss
1 Zitrone, Schale
4 EL Zitronensaft
80 g Griesszucker
Butter für die Form
1 KL Zucker für die Form
1 EL Puderzucker

Gerät:
Souffléform, 1 l Inhalt
2 Schüsseln, mittelgross
Schneebesen
Gummischaber
Zitronenraffel
Sieb, klein

Zitronensoufflé

Zubereitung:
1. Backofen auf 200° vorheizen; Souffléform ausbuttern und mit 1 KL Zucker ausstreuen.
2. Eigelb und Zucker (1 EL zurückbehalten!) schaumig rühren; geraffelte Zitronenschale und Zitronensaft beigeben; gut verrühren.
3. Eiweiss mit dem zurückbehaltenen EL Zucker sehr steif schlagen; sorgfältig unter die Eier/Zucker-Masse ziehen.
4. In die Souffléform einfüllen und ca. 30 Minuten backen.
5. Mit Puderzucker bestäubt *sofort* servieren.

Bemerkungen:
Siehe Nr. 437.

Variante:
Punschsoufflé
Statt 4 EL Zitronensaft werden 2 EL Zitronensaft und 2 EL Rum in die Masse genommen.

442

Portionen: 4

Zutaten:
7 mittelgrosse Äpfel
50–100 g gemahlene
Mandeln
80 g Griesszucker
4 Eier
1 Eiweiss
1 Zitrone, Schale
Butter für die Formen

Gerät:
Gratinform, gross
Schüssel, gross
Schüssel, mittelgross
Auflaufform, 1 l Inhalt
Zitronenraffel
Schneebesen
Sieb, gross
Gummischaber

Apfelauflauf

Zubereitung:
1. Backofen auf 200° vorheizen; Gratin- und Auflaufform ausbuttern.
2. Eier teilen: Eiweiss in die kleinere, Eigelb in die grössere Schüssel geben; Zucker zu den Eigelb geben, Eiweiss kalt stellen.
3. Äpfel waschen; mit einer Gabel einige Male einstechen; nebeneinander in die Gratinform stellen; 1 EL Wasser dazugeben; im Backofen braten, bis sie weich sind (20–45 Minuten je nach Sorte und Grösse); abkühlen lassen; Backofen *nicht* abschalten.
4. Eigelb und Zucker mit dem Schneebesen schaumig schlagen; etwas geraffelte Zitronenschale und Mandeln zugeben; verrühren.
5. Äpfel ohne die Schale durch das Sieb zu der Eigelb/Mandel-Masse passieren; verrühren.
6. Eiweiss steif schlagen; mit dem Gummischaber sorgfältig unter die Masse ziehen.
7. In die Auflaufform geben; im Backofen 40 Minuten backen.

443

Portionen: 4

Zutaten:
700 g saure Kirschen
55 g Weissmehl
3 dl Rahm
100 g Griesszucker
25 g Butter
1 Zitrone, Schale
1 Prise Salz

Kirschenauflauf

Zubereitung:
1. Mehl und Rahm in der Kasserolle unter beständigem Schlagen mit dem Schneebesen zu einem sehr dicken Brei kochen; zum Abkühlen in die grössere Schüssel geben.
2. Butter, etwas geraffelte Zitronenschale und Zucker in der anderen Schüssel schaumig rühren; mit dem abgekühlten Mehlbrei vermengen; Eigelb dazurühren.
3. Backofen auf 190° vorheizen; Gratinform ausbuttern.
4. Kirschen entstielen und entsteinen; zum Abtropfen in das Gemüsesieb geben.
5. Eiweiss mit dem Salz zu steifem Schnee schlagen; sorgfältig mit dem Gummischaber unter die Masse ziehen.

4 Eier
Butter für die Form
1 EL Puderzucker

Gerät:
Kasserolle, mittelgross
Schüssel, gross
2 Schüsseln, mittelgross
Gratinform
Schneebesen
Zitronenraffel
Gummischaber
Sieb

6. Auflaufmasse mit einem Löffel bergartig in die Form einfüllen, dabei immer wieder Kirschen dazugeben.
7. 45–60 Minuten backen.
8. Warm, lauwarm oder kalt servieren; unmittelbar vor dem
   Auftragen mit Puderzucker bestäuben.

444

Portionen: 4–5

Zutaten:
1 kg gleich grosse Äpfel, fest
kochende Sorte
100 g Griesszucker
1 Zitrone, Saft
1 dl Weisswein
1 Stückchen Zimtstengel
(fakultativ)

Gerät:
Schüssel, gross
Kasserolle, breit
Sieb

Apfelkompott

Zubereitung:
1. Äpfel schälen, halbieren, Kernhaus entfernen, in die
   Schüssel legen und jeweils sofort mit Zitronensaft beträufeln, damit sie nicht rostig werden.
2. Wein mit 1 dl Wasser und dem Zucker aufs Feuer setzen
   und aufkochen; die Äpfel nebeneinander hineinlegen;
   Zimtstengel, den Zitronensaft aus der Schüssel und so viel
   Wasser dazugeben, dass die Äpfel gerade mit Flüssigkeit
   bedeckt sind.
3. Langsam, ohne zu rühren oder zu stochern, weich kochen.
4. Äpfel sorgfältig einzeln herausheben und in einer Compotière anrichten.
5. Die Kochflüssigkeit auf kräftigem Feuer noch etwas einkochen; durch das Sieb über die Äpfel geben.
6. Kalt servieren.

Variante:
Anstatt den Saft über die gekochten Äpfel zu giessen, kann
man auch die völlig erkalteten Früchte mit Gelée von Quitten,
Äpfeln, Johannisbeeren (Nr. 559 oder 560) und/oder leicht
gerösteten Mandelblättchen garniert anrichten.

445

Portionen: 4

Zutaten:
6 Eier
280 g Griesszucker
½ l Milch, oder Milch und
Rahm gemischt
1 Vanillestengel

Gerät:
Kasserolle, mittelgross
2 Schüsseln, mittelgross
Schneebesen
Sieb
Siebkelle

Œufs à la neige

Zubereitung:
1. Aus den Eigelb, 80 g Zucker, der Milch und dem aufge-schnittenen Vanillestengel nach Nr. 411 eine Vanillecrème herstellen; kalt stellen.
2. In der ausgewaschenen Kasserolle 2–3 l Wasser zum Ko-chen bringen.
3. Eiweiss sehr steif schlagen, dabei den restlichen Zucker etappenweise dazugeben.
4. Mit zwei Löffelchen kleine Schneeballen formen und auf das kurz unter dem Siedepunkt gehaltene Wasser setzen; je nach Grösse 2mal 3–4 Minuten köcherlen (einmal wen-den).
5. Mit der Siebkelle herausnehmen; abtropfen lassen; abküh-len lassen; auf die kalte Vanillecrème setzen.

Bemerkungen:
Nicht zu viele Schneeballen auf einmal kochen; sie sollten sich in der Pfanne nicht berühren.

446

Portionen: 4

Zutaten:
1 kg Äpfel
1 Zitrone, Saft
1–1½ dl Weisswein, Most
oder Wasser
80–100 g Griesszucker

Gerät:
Passevite
Kasserolle, mittelgross
Schüssel, mittelgross

Apfelmus

Zubereitung:
1. Äpfel waschen; in Stücke schneiden.
2. Äpfelschnitze mit Zitronensaft und dem Wein (bzw. Most oder Wasser) aufs Feuer setzen; in 10–20 Minuten weich kochen.
3. Durchs Passevite treiben.
4. Das Mus mit dem Zucker verrühren.

Bemerkungen:
Die benötigte Menge Flüssigkeit und Zucker wie auch die Kochzeit hängen von der Apfelsorte ab.

Varianten:
Das fertige Apfelmus kann folgendermassen variiert werden: Würzen mit etwas Zimtpulver; Bereichern mit 20–30 g ein-geweichten Sultaninen oder Korinthen; Garnieren mit einer Lage in Butter geröstetem Paniermehl oder mit hellbraun geröstetem Zucker. Besonders zu empfehlen: Apfelmus dicht mit Griesszucker bestreuen und mit einem glühenden Eisen oder direkt unter der glühenden Heizschlange des elektrischen Backofens zu Caramel brennen, oder (wie Rhabarberwähe, Nr. 474) mit Meringuemasse (Nr. 543) bestreichen und im Backofen hellgelb überbacken.

447

Portionen: 4–5

Zutaten:
1 kg gleich grosse Birnen
½ Zitrone, Schale hauch-
dünn abgeschält
½ Zitrone, Saft
120 g Griesszucker
1 dl Weisswein
1 Stückchen Zimtstengel
(fakultativ)
1 Gewürznelke (fakultativ)

Gerät:
Schüssel, mittelgross
Kasserolle, breit
Sieb

Birnenkompott

Zubereitung:
1. Schüssel zur Hälfte mit kaltem Wasser füllen, den Zitronensaft dazugeben.
2. Zucker, Wein, Zitronenschale und 1 dl Wasser in der Kasserolle langsam zum Kochen bringen.
3. Birnen schälen, halbieren, Kernhaus und Stiel entfernen, in
   das Zitronenwasser legen.
4. Die Birnen nebeneinander (!) in den kochenden Zuckersirup legen; evtl. Wasser nachfüllen: die Früchte sollten
   gerade mit Flüssigkeit bedeckt sein; Gewürze zugeben.
5. Aufkochen, dann langsam weich pochieren.
6. Birnen sorgfältig einzeln herausheben und in einer Compotière anrichten.
7. Sirup auf kräftigem Feuer noch etwas einkochen; durch das
   Sieb zu den Früchten geben.
8. Kalt servieren.

448

Portionen: 3

Zutaten:
4 nicht zu reife Birnen
1 Flasche guter, schwerer
Rotwein
50 g Griesszucker
1 Stückchen Zimtstengel

Gerät:
Kasserolle, gross mit Deckel
Schüssel, mittelgross
Siebkelle

Birnen in Wein

Zubereitung:
1. Birnen schälen, halbieren, Kerngehäuse wegschneiden.
2. Birnen in die Kasserolle legen, Zimt und Zucker darüberstreuen und so viel Rotwein dazugeben, dass die Früchte
   knapp davon bedeckt sind.
3. Zum Kochen bringen; zudecken und bei kleiner Flamme
   nicht zu weich pochieren.
4. Birnen mit der Siebkelle herausnehmen und sorgfältig in
   die Schüssel legen.
5. Wein mit dem Gewürz auf grosser Flamme ungedeckt bis
   zu sirupartiger Konsistenz einkochen lassen; über die
   Früchte giessen.
6. Kalt servieren.

Varianten:
Anstelle des Rotweins halb Wasser/halb Weisswein, anstelle
des Zimtstengels einen der Länge nach halbierten Vanillestengel nehmen. – Dem Weinsirup nach dem Einkochen 1–2 EL
Williamine beigeben.

449

Portionen: 4–5

Zutaten:
1 kg Früchte (Kirschen oder
Zwetschgen oder Aprikosen
oder Reineclauden)
1 dl Most oder Wasser
80–100 g Griesszucker

Gerät:
Kasserolle, mittelgross mit
Deckel

Kompott aus Steinobst

Zubereitung:
1. Früchte waschen, entstielen und entsteinen; nur die Kirschen werden mit den Steinen gekocht.
2. Most/Wasser mit dem Zucker aufkochen; Früchte zugeben und zugedeckt auf kleinem Feuer weich kochen. Kochzeit 5–10 Minuten.
3. Früchte mit der Siebkelle herausnehmen; Sirup ungedeckt noch etwas einkochen lassen und dann über die Früchte giessen.
4. Kalt servieren.

Variante:
Will man eine dicke Sauce, so lässt man den Fruchtsirup nicht einkochen, sondern gibt zum Schluss ½ KL in wenig Kirsch (bzw. Zwetschgenwasser, Aprikosenbrand) oder Wasser aufgelöstes Maizena in das kochende Kompott.

450

Portionen: 5–6

Zutaten:
1 kg schwarze Kirschen
120 g Griesszucker
4 dl Rotwein
1 Stückchen Zimtstengel

Gerät:
Kasserolle, mittelgross
Siebkelle

Kirschenkompott

Zubereitung:
1. Kirschen waschen; Stiele abzupfen.
2. Wein, Zucker und Zimt aufkochen; Kirschen hineingeben; 10 Minuten köcherln.
3. Früchte herausheben und in einer Compotière anrichten; Zimtstengel herausnehmen und wegwerfen.
4. Saft auf starkem Feuer bis zur gewünschten Menge einkochen lassen; über die Kirschen anrichten.
6. Kalt servieren.

451

Portionen: 4

Zutaten:
6 gleich grosse, reife, aber
nicht überreife Pfirsiche
250 g Griesszucker
½ Zitrone, Saft
1 KL Kirsch (fakultativ)

Pfirsichkompott

Zubereitung:
1. Im Pfännchen Wasser zum Kochen bringen; die Pfirsiche – einen nach dem andern – kurz in das kochende Wasser tauchen, unter fliessend kaltem Wasser abschrecken, Haut abziehen.
2. In der Kasserolle den Zucker mit dem Zitronensaft und 5 dl Wasser zum Kochen bringen; Früchte halbieren, Steine – bis auf zwei – wegwerfen, die verbleibenden zwei mit den Pfirsichhälften in den Zuckersirup legen. Nur so viel Früchte als nebeneinander auf dem Kasserollenboden Platz haben auf einmal pochieren.

Gerät:
Kleines Stielpfännchen
Kasserolle, breit

3. Auf schwachem Feuer 8–10 Minuten pochieren.
4. Früchte herausnehmen und in einer Compotière anrichten.
5. Sirup auf kräftigem Feuer noch etwas einkochen lassen; abkühlen lassen; Pfirsichsteine herausnehmen und wegwerfen; Sirup mit dem Kirsch vermischen und über die Pfirsiche giessen.

452   Kompott von Dörrobst

Portionen: 4

Zutaten:
300 g Früchte
ca. 50 g Griesszucker

Gerät:
Schüssel, mittelgross
Kasserolle, mittelgross

Zubereitung:
1. Früchte waschen; in der Schüssel über Nacht in kaltes Wasser einweichen.
2. Die Früchte auf ihre Weichheit prüfen: Aprikosen und Zwetschgen, die gut aufgequollen sind, müssen nicht gekocht werden: Einweichwasser in die Kasserolle geben; mit dem Zucker zu einem Sirup kochen. Sonst:
3. Einweichwasser mit dem Zucker und – nach Belieben – einem Stückchen Zimtstengel oder etwas Zitronenschale aufkochen.
4. Früchte hineingeben und auf kleinem Feuer weich kochen. Kochzeit: ca. 5 Minuten (Kirschen), 10 Minuten (Äpfel), 20–30 Minuten (Birnen).
5. Kalt servieren.

453   Rhabarbermus

Portionen: 4

Zutaten:
750 g Rhabarber
150–200 g Griesszucker
1 Stückchen Zimtstengel
oder ein Stück Zitronen-
schale

Gerät:
Kasserolle, mittelgross

Zubereitung:
1. Rhabarber waschen, Blätter wegschneiden; Stengel in 1–2 cm lange Stücke schneiden.
2. Rhabarberstücke in der Kasserolle ohne Wasser auf ganz schwaches Feuer setzen; wenn sie etwas Saft gezogen haben, Zucker und Gewürz beigeben.
3. Auf schwachem Feuer 10–15 Minuten köcherlen.

Bemerkungen:
Das Kompott nur lauwarm oder kalt servieren, da es dann weniger sauer ist.

Varianten:
Wird das Rhabarbermus dicker gewünscht, so kocht man in den letzten Minuten etwas in Wasser oder Rahm angerührtes Maizena mit. – Zur Abwechslung den Zucker mit einigen EL Wasser hellgelb rösten, mit 1 dl Wasser ablöschen und die rohen Rhabarberstückli beigeben. – Luftig wird das Mus, wenn man nach dem völligen Erkalten einige zu steifem Schnee geschlagene Eiweiss darunterzieht.

454

Portionen: 4

Zutaten:
2–3 Milchbrötchen
20 g Butter
1½ dl Milch
Salz
60 g Weissmehl
4 Eier
Friture
Griesszucker und Zimt-
pulver zum Bestreuen

Gerät:
Kasserolle, klein
Schneebesen
Gummischaber
Schüssel, mittelgross
Friteuse/Friturepfanne
Kuchengitter

Binningerschnitten

Zubereitung:
1. Brötchen in ¾ cm dicke Tranchen schneiden; nebeneinanderlegen; mit ½ dl Milch beträufeln.
2. Butter in der Kasserolle heiss werden lassen; Mehl dazugeben und andämpfen, ohne dass es Farbe annimmt; Milch
   unter Schlagen mit dem Schneebesen zugeben; langsam
   kochen, bis sich die Masse von der Pfanne löst; mit dem
   Schaber in die Schüssel geben.
3. Solange der Teig noch warm ist, schnell ein Ei nach dem
   anderen dazurühren.
4. Friture auf 180° vorheizen.
5. Schnitten in das Teiglein tauchen; zwei bis drei auf einmal
   schwimmend hellbraun backen (ca. 3 Minuten).
6. Auf das Kuchengitter legen und mit Zucker und Zimt
   bestreuen; zu Kaffee, Tee oder Kompott servieren.

455

Portionen: 4

Zutaten:
1 l Milch
30 g Butter
20 g Griesszucker
Salz
½ Zitrone, Schale
3 Eier
180 g feiner Weizengriess
Friture
Griesszucker und Zimt-
pulver zum Bestreuen

Gerät:
Kasserolle, mittelgross
Zitronenraffel
Schüssel, mittelgross
Friteuse/Friturepfanne

Gebackene Griesskugeln

Zubereitung:
1. Milch, 1 Prise Salz, Butter und geraffelte Zitronenschale
   aufkochen; Griess unter Rühren einrieseln lassen; köcherlen, bis die Masse sehr dick ist und sich von der Pfanne löst;
   dabei ohne Unterbruch rühren, damit die Masse nicht
   anbrennt.
2. Griessmasse in die Schüssel geben; den Zucker dazurühren; abkühlen lassen.
3. Die Eier – eines nach dem anderen – in den Griessbrei
   einarbeiten; völlig erkalten lassen.
4. Friture auf 180° vorheizen.
5. Von der Masse mit 2 Kaffeelöffeln Klösse formen und – in
   Etappen – in der heissen Friture ausbacken (2–4 Minuten).
6. Mit Zucker und Zimt bestreuen; zu Kompott, mit Wein-
   oder Fruchtsauce oder zu Kaffee oder Tee servieren.

Variante:
Zucker und Zimt weglassen und als Beilage zu einem Fleisch-
gericht servieren.

456

Portionen: 4 (ca. 20 Stück)

Zutaten:
4 grosse, säuerliche Äpfel
1–2 EL Kirsch
2 dl Milch
25 g Butter
75 g Griesszucker
Salz
100 g Weissmehl
4 Eier
Zimtpulver
Friture
Griesszucker und Zimt-
pulver zum Bestreuen

Gerät:
Schüssel, gross mit Deckel
Apfelausstecher
Kasserolle, klein
Schneebesen
Gummischaber
Schüssel, mittelgross
Friteuse/Friturepfanne

Apfelküchlein

Zubereitung:
1. Äpfel schälen, quer in 1 cm dicke Scheiben schneiden; Kernhaus ausstechen.
2. Apfelscheiben in die grössere Schüssel geben; mit 50 g Zukker und Zimtpulver bestreuen; mit dem Kirschwasser beträufeln; zudecken und eine halbe Stunde ziehen lassen.
3. Friture auf 170° erhitzen.
4. Den Ausbackteig zubereiten: Butter in der Kasserolle heiss werden lassen; Mehl dazugeben und andämpfen, ohne dass es Farbe annimmt; unter Schlagen mit dem Schneebesen 1 Prise Salz, Milch und den restlichen Zucker zugeben; langsam kochen, bis sich die Masse von der Pfanne löst; mit dem Schaber in die zweite (kleinere) Schüssel geben.
5. Solange der Teig noch warm ist, schnell ein Ei nach dem anderen dazurühren.
6. Die Apfelrädli in den Ausbackteig tauchen, Teig etwas ablaufen lassen (es soll sie nur ein dünner Film überziehen); immer 4–5 auf einmal in der Friture in 5–6 Minuten ausbacken.
7. Warm, mit Zimt und Zucker bestreut, servieren.

457

Portionen: 4

Zutaten:
48 schwarze Kirschen an
den Stielen
Ausbackteig mit Wein
(Nr. 95)
Friture
Griesszucker

Gerät:
Friteuse/Friturepfanne
ferner:
Küchenschnur

Gebackene Kirschen

Zubereitung:
1. Friture auf 180° vorheizen.
2. 4 oder 6 Kirschen an den Stielen zusammenbinden.
3. Bündelchen an den Stielen halten, die Früchte in den Ausbackteig tauchen.
4. In Etappen – immer drei bis vier Bündelchen auf einmal – in 2–3 Minuten ausbacken.
5. Sofort, mit Zucker bestreut, servieren.

Varianten:
Auf gleiche Art werden mit kleinen Zweigen frischer Holunderblüten Holunderküchlein, mit Akazienblütenrispen Akazienküchlein zubereitet.

Gebackener Rahm (Siehe Nr. 29)

458

Portionen: 4

Zutaten:
40 g Butter
160 g Weissmehl
1 Prise Salz
40 g Griesszucker
3 dl Wasser
½ Zitrone, Schale
4 grosse Eier
Friture
Als Beilage:
    Schlagrahm,
    Crème,
    Kompott (nach Belieben)

Gerät:
Kasserolle, mittelgross
Schüssel, mittelgross
Zitronenraffel
Friteuse/Friturepfanne
Siebkelle

Gebrühte Kugeln

Zubereitung:
1. Butter in der Kasserolle flüssig werden lassen; Mehl, Salz und Zucker beigeben und gut verrühren.
2. Wasser zugeben; bei nicht zu starker Hitze unter beständigem Rühren zu einem dicken Teig kochen, bis sich die Masse von der Pfanne löst; in die Schüssel geben.
3. Die Eier – eines nach dem andern –, zuletzt die geraffelte Zitronenschale hineinarbeiten; den Teig klopfen.
4. Friture auf 170° vorheizen.
5. Mit zwei Kaffeelöffeln nussgrosse Kugeln formen und in die Friture geben; immer 3–4 auf einmal unter häufigem Begiessen und Wenden backen und dabei aufgehen lassen.
6. Mit der Siebkelle herausnehmen, abtropfen lassen und mit Zucker bestreut warm oder kalt servieren.

459

Portionen: 4–5

Zutaten:
800 g Äpfel
100 g Griesszucker
70 g Korinthen
25 g Butter (1)
1 Zitrone
300 g Einback, 2–3 Tage alt
50 g Butter (2)

Gerät:
Kasserolle, gross mit Deckel
Zitronenraffel
Stielpfännchen

Apfelcharlotte

Zubereitung:
1. Äpfel schälen; Kernhaus entfernen, vierteln; in feine Scheiben schneiden; mit der Butter (1), 50 g Zucker, den Korinthen und (nach Bedarf) einigen EL Wasser, Most oder Wein zugedeckt nicht zu weich dämpfen.
2. Charlottenform ausbuttern; Einback in ½ cm dicke Scheiben schneiden; 3–4 Scheiben so zuschneiden, dass sie den Boden der Form lückenlos bedecken; diese Scheiben auf der einen Seite mit Butter (2) bepinseln und dann mit Zucker bestreuen; auf den Boden der Form legen (bebutterte Seite nach unten).
3. Die restlichen Einbackscheiben gleich vorbereiten und damit die Wand der Form tapezieren (bebutterte Seite nach aussen).
4. Backofen auf 200° vorheizen.
5. Apfelmasse etwas abkühlen lassen; mit geraffelter Zitronenschale würzen; sorgfältig in die ausgelegte Form einfüllen.

Charlottenform, 1 l Inhalt
Pinsel
ferner:
Alu-Folie

6. Auf die Apfelfülle kommen wieder Einbackscheiben (auch Abschnitte), die man mit Butter beträufelt.
7. 40–60 Minuten backen; sollte das Brot oben zu dunkel werden, mit Alu-Folie abdecken.
8. Vor dem Stürzen ausserhalb des Backofens 5 Minuten ruhen lassen; mit einem Messer vom Rand der Form lösen; auf einer runde Platte stürzen.
9. Kalt – mit Puderzucker bestreut oder gehackter Apfel- oder Quittengallerte garniert – oder warm mit Vanillecrème (Nr. 411 oder 412) servieren.

Varianten:

a) Birnencharlotte
Anstelle der Äpfel Birnen verwenden.

b) Zwetschgencharlotte
Zwetschgen vierteln; ohne Steine mit reichlich Griesszucker und einigen EL Kirsch 1 Stunde zugedeckt ziehen lassen; ohne den Saft anstelle der Äpfel einfüllen.

460

Portionen: 4

Zutaten:
350–400 g altbackenes, in dünne Scheibchen geschnittenes Brot
3–4 dl Milch
20 g Griesszucker
40 g Sultaninen
40 g Korinthen
1 EL fein gemahlene Haselnüsse (fakultativ)
1 Messerspitze Zimtpulver
1 grosses oder 2 kleine Eier (bzw. nur Eigelb oder nur Eiweiss)
Butter oder Butterfett
Wein- oder Fruchtsauce
(Nr. 84, 91, 92, 93)

Gerät:
Kasserolle, klein
Schüssel, mittelgross mit Deckel
Kartoffelstössel
Bratpfanne

Kapuzinerknöpfli

Zubereitung:
1. Milch zum Sieden bringen; den Zucker darin auflösen; Brot in der Schüssel mit so viel heisser Milch übergiessen, dass es gut angefeuchtet ist, aber nicht schwimmt; zugedeckt einige Minuten ziehen lassen.
2. Mit dem Kartoffelstössel fein zerstampfen; Sultaninen und Korinthen dazugeben, zuletzt den Zimt und die Eier.
3. Mit einem starken Kochlöffel zu einer zusammenhängenden Masse kneten.
4. In der Bratpfanne 1 EL Butter heiss werden lassen; mit einem Löffel von der Masse gleichmässig nicht zu grosse Klösse abstechen, in der Pfanne etwas flach drücken und auf mässigem Feuer auf beiden Seiten gelb braten.
5. Sauce separat anrichten.

461

Ergibt: 10 Portionen

Zutaten:
200 g Weissmehl
1 Ei
ca. 2 EL Wasser
1 KL Öl
1 kg säuerliche Äpfel
60 g Rosinen
60 g gehackte Wal- oder
Haselnüsse
70 g Griesszucker
1 EL Kirschwasser
(fakultativ)
1 EL Rahm oder Sauerrahm
25 g Butter
Puderzucker

Gerät:
Schüssel, mittelgross
Backblech, gross
Wallholz
Pinsel
ferner:
Alu-Folie
1 Tischtuch

Apfelstrudel

Zubereitung:
1. Mehl auf die Arbeitsfläche geben; in der Mitte eine Vertiefung machen und das Ei hineinschlagen; vermischen, dabei tropfenweise Wasser zugeben, bis der weiche Teig glatt geworden ist und sich von den Händen löst.
2. Eine Teigkugel formen; mit Öl bepinseln; in Alu-Folie eingepackt mindestens 30 Minuten ruhen lassen.
3. Unterdessen die Fülle bereiten: Äpfel schälen; Kernhaus entfernen; vierteln; in dünne Scheibchen schneiden; in der Schüssel mit den Rosinen, den Nüssen und dem Zucker vermengen; mit dem Kirsch besprengen.
4. Backofen auf 200° vorheizen; Backblech schwach einfetten.
5. Den Teig halbieren; die Hälften nacheinander auf dem glatt ausgelegten, bemehlten Tischtuch zuerst möglichst zu einem Rechteck auswallen, dann nach allen Seiten mit den Händen ausziehen, bis der Teig papierdünn ist: Hände bemehlen, mit dem Rücken der einen Hand unter den Teig gehen, mit der anderen Hand – immer von der Teigmitte nach aussen – den Teig über den Handrücken sorgfältig nach aussen ziehen.
6. Den ausgezogenen Teig mit Rahm bepinseln; so mit der Hälfte der Fülle belegen, dass ringsum ein Rand von ca. 5 cm frei bleibt.
7. Durch Aufheben des Tuches auf der einen Seite Teig und Fülle zu einer Wurst einrollen; Backblech danebenstellen; den Strudel vom Tuch auf das Blech rollen; evtl. hufeisenförmig zurechtbiegen. Den zweiten Strudel gleich herstellen.
8. Die Strudel mit flüssiger Butter bestreichen und 30–35 Minuten backen.
9. Mit Puderzucker bestreut warm, lauwarm oder kalt servieren.

Varianten:
Statt Äpfel können auch andere Früchte zur Fülle genommen werden: Kirschen, Aprikosen, Rhabarber etc. Zu sehr feuchter Fülle gibt man einige Löffel zerstossenen Zwieback oder in Butter geröstetes Paniermehl.

462

Portionen: 6

Zutaten:
6 gleich grosse, weich
kochende Äpfel
Zur Fülle:
    50 g Griesszucker
    50 g gemahlene Mandeln
    1/2 Zitrone, fein geraffelte
    Schale
    1 Eigelb
2 dl Weisswein
50 g Griesszucker
1 Zitrone, Saft
20 g Butter

Gerät:
Schüssel, gross
Schüssel, klein
Gratinform, flach
Zitronenraffel

Gefüllte Äpfel

Zubereitung:
1. Backofen auf 180° vorheizen; Gratinform mit der Butter ausstreichen; grosse Schüssel halb mit kaltem Wasser füllen, Zitronensaft dazugeben.
2. In der kleinern Schüssel alle Zutaten zur Fülle mischen.
3. Äpfel schälen; in das Zitronenwasser legen.
4. Jeden Apfel auf der Unterseite so zuschneiden, dass er gerade steht; oben ein 1 cm dickes Deckelchen wegschneiden; sorgfältig das Kernhaus herausschneiden: es soll eine runde Höhlung entstehen.
5. Zucker und Wein in die Gratinplatte geben; die Äpfel füllen und in den Wein stellen.
6. Im Backofen weich braten.

463

Portionen: 3

Zutaten:
2 Einback, in knapp 1 cm
dicke Tranchen geschnitten
50 g Butter
350 g Erdbeeren
1/2 Zitrone, Saft
1–2 EL Griesszucker

Gerät:
Bratpfanne
Schüssel, klein

Erdbeerschnitten

Zubereitung:
1. Butter heiss werden lassen; Einbacktranchen darin beidseitig knusprig braten.
2. Erdbeeren waschen, entstielen; mit einer Gabel halb zerdrücken; in der Schüssel mit Zitronensaft und Zucker vermischen.
3. Erdbeeren auf die warmen Einbackschnitten verteilen und sofort servieren.

Variante:
Erdbeerschnitten mit Rahm
Unter die gezuckerten Erdbeeren 1/2 dl sehr steif geschlagenen Rahm ziehen.

464

Portionen: 10 (als Dessert)

Zutaten:
200 g Weissmehl
3 Eier
2 dl Wasser
4 dl Milch
Salz
Butterfett oder Öl zum
Backen
4 Äpfel
Butter
Griesszucker

Gerät:
Schüssel, mittelgross
Schneebesen
Bratpfanne (Omelettpfanne)

Omeletten mit Früchten

Zubereitung:
1. Nach Nr. 157 einen nicht zu dünnflüssigen Teig anrühren; mindestens ½ Stunde zugedeckt ruhen lassen; nochmals durchschlagen; evtl. noch etwas Milch oder Wasser zugeben (siehe Nr. 157, Bemerkungen).
2. Äpfel schälen; Kernhaus entfernen; vierteln; in dünne Scheiben schneiden; in Butter halbweich dämpfen; mit dem Teig mischen.
3. In der Bratpfanne mit wenig Butterfett oder Öl ziemlich dünne Omeletten backen (siehe Nr. 157).
4. Mit Zucker bestreuen und heiss servieren.

Varianten:
Anstelle der Äpfel können Kirschen, Pflaumen oder Heidelbeeren in den Teig gegeben werden, welche zuvor *nicht* in Butter gedämpft werden.

465

Portionen: 4–5

Zutaten:
1 Pfund Zwetschgen
Würfelzucker
80 g Butter
100 g Paniermehl oder
Zwiebackmehl
1–2 EL Griesszucker
Zimtpulver
Zum Teig:
    400 g nicht zu junge
    Kartoffeln, mehlige Sorte
    120 g Weissmehl
    20 g Butter
    Salz
    1 Eigelb
Mehl zum Auswallen
1 EL Puderzucker zum
Bestäuben

Gerät:
Kasserolle, gross
Schüssel, mittelgross

Zwetschgenknödel Wiener Art

Zubereitung:
1. Kartoffeln waschen, in kaltem Salzwasser aufs Feuer geben, weich kochen; Butter aus dem Eiskasten nehmen.
2. Kartoffeln schälen; heiss zerstossen bzw. durch das Passevite in die Schüssel passieren; erkalten lassen.
3. Eigelb, 20 g Butter und etwas Salz zu den Kartoffeln geben; mischen; das Mehl nach und nach dazusieben; den Teig kneten, bis er glatt ist (evtl. noch etwas Mehl zugeben!).
4. Kasserolle zu ¾ mit Wasser füllen, 1 KL Salz zugeben, aufs Feuer setzen.
5. Zwetschgen waschen und abtrocknen; längs so aufschneiden, dass der Stein herausgenommen werden kann, die beiden Hälften aber nicht völlig getrennt werden; in jede Zwetschge anstelle des Steins einen halben Würfelzucker stecken; Zwetschgen wieder zudrücken.
6. Kartoffelteig auf bemehlter Unterlage 3–4 mm dünn auswallen; in Quadrate schneiden, die so gross sein sollen, dass eine Zwetschge darin völlig eingepackt werden kann.
7. Alle Früchte so in den Teig einhüllen, dass an keiner Stelle die blaue Haut der Frucht sichtbar ist; zwischen den Händen sorgfältig zu Kugeln rollen.
8. Knödel in das kochende Salzwasser legen; wenn das Wasser wieder kocht, Hitze reduzieren: es darf nicht sprudeln.

Wallholz
Kartoffelstössel oder
Passevite
Sieb
Siebkelle
Bratpfanne

9. Butter in der Bratpfanne schmelzen (nicht bräunen); Paniermehl bzw. Zwiebackmehl dazugeben und einige Minuten bei nicht zu starker Hitze rösten; Griesszucker und Zimt zugeben.
10 Nach 10 Minuten die Knödel aus dem Wasser nehmen; sorgfältig abtropfen lassen; auf eine heisse Platte anrichten; die Brösmeli darübergeben.
11. Heiss servieren; nach Wunsch unmittelbar vor dem Auftragen Puderzucker darüberstäuben.

Variante:
Aprikosenknödel
Werden gleich zubereitet.

466

Portionen: 4

Zutaten:
150 g feiner Weizengriess
1¼ l Milch
1 TL Salz
25 g Butter
Vanillezucker

Gerät:
Kasserolle, mittelgross

Griessbrei

Zubereitung:
1. Milch und Salz in der Kasserolle zum Sieden bringen.
2. Unter kräftigem Rühren den Griess in die Flüssigkeit rieseln lassen.
3. Unter häufigem Rühren 20 Minuten köcherlen.
4. Mit Vanillezucker bestreut anrichten.

467

Portionen: 4–5

Zutaten:
200 g Hafergrütze
1 l Wasser (oder Wasser mit Milch gemischt)
1 TL Salz
1 EL Butter
Griesszucker
Zimtpulver

Gerät:
Kasserolle, mittelgross

Haferbrei

Zubereitung:
1. Butter in der Kasserolle heiss werden lassen; Hafergrütze zugeben, bei Mittelhitze einige Minuten nicht zu stark rösten.
2. Wasser bzw. Milchwasser und Salz zugeben.
3. Bei nicht zu starker Hitze unter häufigem Rühren 30–40 Minuten köcherlen.
4. Mit Zucker und Zimt bestreut heiss auftragen.

Variante:
Hafermus
Gleiche Zubereitung, aber statt Hafergrütze Haferflocken nehmen. Statt mit Zimt und Zucker mit gekochtem Obst servieren.

468

Portionen: 4

Zutaten:
150 g Weissmehl
1,5 l Milch
20 g Butter
1 TL Salz
Griesszucker
Zimtpulver

Gerät:
Kasserolle, mittelgross
Schüssel, mittelgross
Sieb
Schneebesen

Mehlbrei

Zubereitung:
1. 1 l Milch in der Kasserolle zum Sieden bringen; 0,5 l Milch in die Schüssel giessen, Mehl unter kräftigem Rühren langsam einrieseln lassen, zu einem glatten Brei verarbeiten.
2. Die siedende Milch salzen; das angerührte Mehl durch das Sieb in die Milch passieren und unter kräftigem Schlagen glattrühren.
3. 20 Minuten unter häufigem Rühren köcherlen.
4. Butter einrühren.
5. Heiss servieren; Zucker und Zimt separat reichen.

469

Portionen: 6

Zutaten:
250 g italienischer Reis
2 dl Wasser
3/4–1 1/4 l Milch
1 TL Salz
40 g Butter (fakultativ)
Zucker
Zimtpulver

Gerät:
Kasserolle, gross

Reisbrei (Milchreis)

Zubereitung:
1. Wasser und Reis in der Kasserolle aufkochen; 3/4 l Milch und Salz dazugeben; zum Sieden bringen.
2. Auf kleinem Feuer unter häufigem Rühren (der Brei brennt leicht an!) 40 bis 50 Minuten kochen; dabei von Zeit zu Zeit (wenn der Brei zu dick wird) Milch dazugeben.
3. Nach Wunsch Butter einrühren; in einer halbtiefen Platte mit Zucker und Zimt bestreut anrichten.

Seidenmus (Siehe Nr. 30)

470

Portionen: 2–4

Zutaten:
45 g Weissmehl
3 dl Rahm oder Milch
oder beides gemischt
3 Eier
Salz
2 EL Griesszucker
2–3 EL Butter

Gerät:
Bratpfanne
Schüssel, mittelgross
Schneebesen

Kratzete

Zubereitung:
1. Mehl in die Schüssel geben, mit der Flüssigkeit und den Eiern – einzeln dazugegeben – zu einem glatten Teig anrühren.
2. In der Bratpfanne etwas Butter heiss machen; so viel Teig in die Pfanne geben, dass der Boden ca. 1 mm hoch davon bedeckt wird.
3. Wenn der Teig gestockt ist, die Omelette mit dem Schäufelchen in Stückchen zerreissen; warm stellen.
4. Die restliche Masse gleich verarbeiten; bei der letzten Portion noch in der Pfanne den Zucker darüberstreuen, welcher leicht karamelisieren soll.
5. Mit einem Kompott servieren.

471

Portionen: 1–2

Zutaten:
60 g Milchbrot
2 Eier
30 g Butter
Salz

Gerät:
Schüssel, mittelgross
Schneebesen
Bratpfanne

Vogelheu

Zubereitung:
1. Brot in dünne und kleine Scheibchen schneiden.
2. Eier und Salz in der Schüssel verklopfen.
3. Butter in der Bratpfanne heiss werden lassen; Brot dazugeben und bei mittlerer Hitze anrösten.
4. Eier darübergiessen; mit dem Bratschäufelchen wenden und stochern, bis die Eier gestockt sind.
5. Sofort anrichten.

Bemerkungen:
Als Beilage Kompott oder Apfelmus servieren.

Variante:
2 EL fein geschnittenen Schnittlauch in die verklopften Eier geben; mit gemischtem Salat servieren.

Bäckerei und Conditorei

Wähen
Kuchen und Torten
Hefegebäck
Fettgebackenes
Kleines Backwerk, Gutzi

Das Kochen des Zuckers
Glasuren
Buttercrème
Meringues

472

Portionen: 4–5

Zutaten:
300 g Geriebener Teig
(Nr. 97)
2 Eier
200 g Griesszucker
100 g fein gemahlene
Haselnüsse
3 dl Rahm
Mehl zum Auswallen
Butter für das Blech

Gerät:
Wähenblech, ∅ 20 cm
Schüssel, mittelgross
Schneebesen
Wallholz
Kuchengitter

Rahmwähe

Zubereitung:
1. Backofen auf 225° vorheizen; Blech ausbuttern und mit dem nicht zu dünn ausgewallten Teig auslegen.
2. Eier aufschlagen und in der Schüssel verklopfen; Zucker, Haselnüsse und Rahm dazugeben; mischen.
3. Den Teigboden mit einer Gabel einige Male einstechen; den Guss daraufgeben; die Wähe sofort in den Ofen stellen; ca. 30 Minuten backen.
4. Aus dem Blech nehmen und auf dem Kuchengitter abkühlen lassen.
5. Lauwarm oder kalt servieren.

473

Portionen: 4–5

Zutaten:
350 g Geriebener Teig
(Nr. 97) oder Mürbeteig
(Nr. 103)
1 kg Zwetschgen
Griesszucker
Zimtpulver (fakultativ)
Mehl zum Auswallen
Butter für das Blech

Gerät:
Wähenblech, ∅ ca. 25 cm
Wallholz

Zwetschgenwähe

Zubereitung:
1. Backofen auf 250° vorheizen; Blech ausbuttern, mit dem auf bemehlter Unterlage ausgewallten Teig auslegen; den Teigboden mit einer Gabel einige Male einstechen; etwas Mehl über den Teigboden stäuben.
2. Zwetschgen halbieren, Steine entfernen; mit der Schnittfläche nach oben, gestaffelt im Kreis in das Blech verteilen.
3. In ca. 30 Minuten backen.
4. Auf eine Platte anrichten; abkühlen lassen; vor dem Servieren mit Zucker bestreuen und nach Wunsch mit Zimt bestäuben.

Varianten:
Die Zwetschgenwähe ist eine saftige Wähe: zur Abwechslung kann der Teigboden mit gemahlenen Mandeln, Hasel- oder Walnüssen bestreut werden. Vor dem Backen können 25 g in Flöckchen geschnittene Butter über die Früchte verteilt werden. Die Wähe kann auch während des Backens mit Zucker und Zimt bestreut werden, was sie aber noch saftiger macht. Sind die Früchte sehr reif, kann – wie bei Rhabarberwähe (Nr. 474) – vor dem Backen ein Guss über die Früchte gegeben werden. – Vor dem Servieren die kalte Wähe mit einigen Tupfern Schlagrahm (S. 22) garnieren.

Gleiche Zubereitung für *Aprikosenwähe*.

474

Portionen: 5–6

Zutaten:
300 g Geriebener Teig
(Nr. 97)
800 g Rhabarber
2 Eier
125 g Griesszucker
1,25 dl Rahm
Butter für das Blech
Mehl zum Auswallen

Gerät:
Wähenblech, ⌀ ca. 25 cm
Schüssel, gross
Sieb
Wallholz
Schüssel, klein
Schneebesen
Kuchengitter

Rhabarberwähe

Zubereitung:
1. Rhabarberstengel waschen; die grossen Fäden abziehen; in 1,5 cm lange Stückchen schneiden; in der grösseren Schüssel, mit 1 EL Zucker bestreut, zugedeckt 1 Stunde ziehen lassen.
2. Backofen auf 225° vorheizen; Teig auf bemehlter Unterlage auswallen; das ausgebutterte Blech damit auslegen.
3. Rhabarber in das Sieb geben; gut abtropfen lassen; auf dem Teigboden verteilen.
4. 20 Minuten backen; unterdessen den Guss vorbereiten: Eier und Zucker schaumig rühren; den Rahm dazugeben, gut mischen.
5. Guss über den Rhabarber giessen; in 10–15 Minuten schön braun backen.
6. Auf dem Kuchengitter auskühlen lassen.

Variante:
Meringuierte Rhabarberwähe
Ohne Guss 30–35 Minuten backen. Backofen auf Oberhitze umstellen; Wähe mit Meringuemasse (Nr. 543) von 3 Eiweiss und 180 g Zucker bestreichen und im oberen Teil des Backofens bei geöffneter Ofentür in ca. 5 Minuten hellgelb überbacken.

475

Portionen: 4–5

Zutaten:
1 kg Äpfel, z.B. Reinetten
300 g Blätterteig oder
Geriebener Teig (Nr. 97)
100 g Griesszucker
30 g Butter
1 TL Zimtpulver
(fakultativ)
Mehl zum Auswallen

Gerät:
Wähenblech, ⌀ ca. 25 cm
Wallholz
Kuchengitter

Apfelwähe

Zubereitung:
1. Backofen auf 220° vorheizen; Blech ausbuttern und mit dem auf Mehl ausgewallten Teig auslegen; den Teigboden mit einer Gabel mehrfach einstechen.
2. Äpfel schälen, Kernhaus entfernen; die Äpfel in 3 mm dicke Schnitze schneiden; die Äpfelschnitze im Kreis, pailletenförmig übereinander auf den Teigboden legen.
3. 20 Minuten backen; mit Zucker und Zimt bestreuen und mit Butterflöckli belegen; in 10–15 Minuten fertigbakken.
4. Aus dem Blech nehmen und auf dem Gitter abkühlen lassen.
5. Lauwarm oder kalt servieren.

Variante:
Nachdem der Kuchen 20 Minuten gebacken ist, und die Äpfel fast weich sind, folgenden Guss darübergeben: 75 g Zucker, 2 dl Rahm, 2 Eier, gut verklopft. Weiterbacken, bis der Guss fest geworden ist.

476

Portionen: 4–5

Zutaten:
350 g Geriebener Teig
(Nr. 97), Blätterteig oder
Mürbeteig (Nr. 102/103)
750 g Stachelbeeren
Griesszucker
Mehl zum Auswallen
Butter für das Blech

Gerät:
Wähenblech, ∅ ca. 25 cm
Wallholz

Stachelbeerwähe

Zubereitung:
Siehe Zwetschgenwähe (Nr. 473)

Variante:
Meringuierte Stachelbeerwähe
Die fertig gebackene Wähe mit Meringuemasse (Nr. 543) von
3 Eiweiss und 180 g Zucker bestreichen und im oberen Teil des
Backofens bei Oberhitze und geöffneter Ofentür in ca. 5 Mi-
nuten hellgelb überbacken.

477

Portionen: 6

Zutaten:
350 g Geriebener Teig
(Nr. 97)
100 g gemahlene Haselnüsse
750 g saure, weichkochende
Äpfel
100–150 g Griesszucker
50 g Butter
40 g Weissmehl
4–5 Eier
5 dl Rahm
2 EL Kirsch
Mehl zum Auswallen

Gerät:
Springform, ∅ ca. 22 cm
Schüssel, gross
Bratpfanne, gross
Wallholz
Kuchengitter

Apfelkuchen

Zubereitung:
1. Äpfel schälen, Kernhaus entfernen; in Schnitze schneiden;
   die Schnitze in der Schüssel mit Zucker und Kirsch eine
   halbe Stunde marinieren; von Zeit zu Zeit untereinandermischen.
2. Springform ausbuttern; mit dem auf Mehl ausgewallten
   Teig auslegen.
3. Backofen auf 220° vorheizen.
4. Äpfelschnitze (ohne Saft) in der Bratpfanne in der heissgemachten Butter 5 Minuten dämpfen.
5. Äpfel, Zuckersirup, Mehl, verklopfte Eier und Rahm in der
   Schüssel zu einer dünnflüssigen Masse vermengen.
6. Die Haselnüsse auf den Boden der ausgelegten Form verteilen; die Masse einfüllen.
7. In 45 Minuten schön braun backen.
8. Auf dem Kuchengitter auskühlen lassen.

478

Portionen: 6

Zutaten:
500 g Geriebener Teig
(Nr. 97) oder Mürbeteig
(Nr. 103)
Mehl zum Auswallen
Butter für die Form
1250 g Äpfel, saure,
weich kochende Sorte
250 g Griesszucker
60 g Korinthen
1 Zitrone, Schale
2 EL Kirsch
1 Eigelb

Gerät:
Springform, ∅ ca. 20 cm
Wallholz
Zitronenraffel
Gurkenhobel
Pinsel
ferner:
Butterbrotpapier

Apfelpastete

Zubereitung:
1. Form ausbuttern; ²/₃ des Teiges auf bemehlter Unterlage so auswallen, dass die Form ganz ausgelegt ist und an der Wand 2 cm Teig vorsteht.
2. Backofen auf 200° vorheizen.
3. Äpfel schälen; Kernhaus herausschneiden und wegwerfen; in dünne Scheiben hobeln.
4. Abwechselnd Äpfel, Zucker, Korinthen, Zitronenschale in die Form füllen; zuletzt den Kirsch über die Fülle träufeln.
5. Den übrigen Teig zu einem dünnen Deckel auswallen; im Zentrum ein rundes Stück in Grösse einer 1 Franken-Münze ausstechen; den Deckel auf die Fülle legen, am Rand mit etwas kaltem Wasser bepinseln; den vorstehenden Teig des Randes über den Teigdeckel schlagen und andrücken.
6. Mit einem Stückchen Butterbrotpapier einen Kamin herstellen und in die Öffnung im Zentrum stecken; aus übrigem Teig eine Rose oder eine andere Verzierung zum späteren Verschliessen der Kaminöffnung formen.
7. Pastetendeckel und Rose mit Eigelb bepinseln.
8. Im Backofen in ca. 45 Minuten schön braun backen; die Rose separat, z. B. in einem Blechförmli.
9. Pastete aus der Form nehmen und abkühlen lassen; Kamin entfernen und Rose einsetzen.

Bemerkungen:
Verfeinert wird diese Pastete, wenn man den Teigboden zuerst mit 2–3 EL gemahlenen Mandeln, Nüssen oder Haselnüssen bestreut. – Sind keine rasch weich kochenden Äpfel vorhanden, so werden die Apfelscheiben zuerst in etwas Butter gedämpft.

Kirschpfannkuchen (Siehe Nr. 31)

Osterfladen (Siehe Nr. 32)

479

Zutaten:
Mailänderteig (Nr. 100)
Erdbeeren
1 Zitrone, Saft
Griesszucker
Mehl zum Auswallen
Butter für das Blech

Gerät:
Backblech, rechteckig
Wallholz
Pinsel
ferner:
Alu-Folie; dürre Erbsen
oder saubere Kieselsteine

Erdbeertorte

Zubereitung:
1. Backofen auf 180° vorheizen; Backblech einbuttern.
2. Teig auf bemehlter Unterlage zu einem Rechteck auswallen; Ränder gerade schneiden, dabei so viel Teig abschneiden, dass davon der Tortenrand gebildet werden kann.
3. Teigboden auf das Blech legen. Von den Teigabschnitten mit den Händen ein fingerdickes, langes Stück rollen; als Rand um den mit Wasser bepinselten Boden legen; andrükken; Enden mit Wasser zusammenkleben; durch Eindrükken mit einer Gabel verzieren.
4. Teigboden mit einer Gabel mehrfach einstechen, mit Alu-Folie auslegen und mit Erbsen oder Kieselsteinen belegen.
5. 10 Minuten backen; Folie und Gewichte entfernen; in 5 bis 10 Minuten fertigbacken.
6. Tortenboden ganz auskühlen lassen.
7. Dicht mit Erdbeeren belegen; vor dem Servieren mit Zukker bestreuen und mit Zitronensaft beträufeln.

Varianten:
Die fertige Torte kann auch mit Schlagrahm garniert oder mit kurz erwärmter Johannisbeergallerte (Nr. 560) überzogen werden. Besonders reich wird sie wie Rhabarberwähe (Nr. 474) mit Meringuemasse (Nr. 543) überbacken.

480

Portionen: 4–6

Zutaten:
1 Portion Mandelteig
(Nr. 101)
1 Eigelb
1–2 EL Griesszucker
zum Auswallen des Teigs
Butter für die Form
Beliebiges Kompott
Früchtegallerte (Nr. 559
oder 560)
Schlagrahm (S. 22)

Gerät:
Springform, ∅ 20–25 cm
Wallholz
Pinsel

Kompottorte

Zubereitung:
1. Backofen auf 200° vorheizen; Springform ausbuttern.
2. ²/₃ des Teigs in Grösse des Springformbodens auswallen; in die Form legen.
3. Den restlichen Teil unter den Händen zu einer langen Rolle formen; Boden am Rand ringsum mit Wasser bepinseln; die Rolle als Rand an die Springformwand legen; andrücken; mit Eigelb bepinseln.
4. Kompott dicht auf den Teigboden legen; 35–34 Minuten backen.
5. Erkalten lassen; aus der Form nehmen; mit passender Früchtegallerte, in ganz dünne Scheibchen geschnitten, oder mit Schlagrahm garnieren.

481

Portionen: 6

Zutaten:
250 g Mandeln
250 g Griesszucker
250 g Weissmehl
125 g Butter
1 Zitrone, Schale und Saft
1 KL Zimtpulver
250 g Quittenkonfitüre
(Nr. 60)
2 EL Paniermehl
2 EL Hagelzucker
Butter für die Form

Gerät:
Mandelmühle
Stielpfännchen
Schüssel, gross
Zitronenraffel
Springform, ∅ 20–22 cm

Krüschtorte

Zubereitung:
1. Mandeln mit dem Griesszucker zweimal durch die Mandelmühle treiben.
2. Butter im Pfännchen zerlaufen lassen.
3. In der Schüssel die Mandel/Zucker-Mischung, Mehl, Zitronensaft, geraffelte Zitronenschale und Zimtpulver gut vermischen.
4. Backofen auf 200° vorheizen; Springform einfetten und mit dem Paniermehl ausstreuen.
5. Butter mit dem Löffel leicht in die Teigmasse einfügen: es soll dabei kein fester, homogener Teig hergestellt werden, die Masse vielmehr bröckelig bleiben.
6. Etwas weniger als die Hälfte der Masse in die Springform füllen; darauf die Quittenkonfitüre streichen; mit dem Rest der Tortenmasse bedecken: die Fülle muss überall gut bedeckt sein.
7. In 30 bis 40 Minuten schwach backen: frisch ist die Torte trocken, nach 2–3 tägiger Lagerung an kühlem Ort ist sie feucht und wohlschmeckend.
8. Mit Hagelzucker bestreut anrichten.

482

Portionen: 8–10

Zutaten:
200 g Butter
300 g Griesszucker
1 Zitrone
280 g Weissmehl
9–10 Eiweiss
Butter für die Form

Gerät:
Schüssel, gross
Schüssel, mittelgross
Schneebesen
Zitronenraffel
Gummischaber
Sieb
Zitronenpresse
Springform, ∅ 22–25 cm

Finanztorte (Eiweisskuchen)

Zubereitung:
1. Butter, Zucker und geraffelte Schale der halben Zitrone in 20 Minuten schaumig rühren.
2. Saft der ganzen Zitrone tropfenweise einrühren.
3. Springform ausbuttern; Wand und Boden mit Mehl bestäuben. Backofen auf 180° vorheizen.
4. Eiweiss zu steifem Schnee schlagen.
5. Abwechslungsweise einen EL Eiweiss unter die Masse ziehen und einen EL Mehl dazusieben, bis beides aufgebraucht ist.
6. In die Springform füllen und in ¾ bis 1 Stunde hellbraun backen.

Bemerkungen:
Geeignetes Rezept zur Verwendung von übriggebliebenem Eiweiss. Ist längere Zeit haltbar; sollte mindestens 24 Stunden im voraus gebacken werden.

483

Linzertorte

🍞 🌙

Portionen: 4–6

Zutaten:
1 Portion Linzerteig (Nr. 99)
Mehl zum Auswallen
Butter für die Backform
200 g Himbeerkonfitüre
1 Eigelb

Gerät:
Springform, ∅ 20–25 cm
Wallholz
Pinsel

Zubereitung:
1. Backofen auf 200° vorheizen; Springform ausbuttern.
2. Teig halbieren; die eine Hälfte auf bemehlter Unterlage gut 1 cm dick auswallen; daraus den Boden in Grösse der Springform ausschneiden; in die Form legen.
3. Den übrigen Teig noch einmal halbieren; eine Hälfte zu einer Rolle formen und als Rand auf den Kuchenboden kleben.
4. Teigboden mit der Konfitüre bestreichen.
5. Vom übrigen Teig ½ cm breite, dünne Streifen auswallen und als Gitter über die Konfitüre legen.
6. Teigrand und -gitter mit Eigelb bepinseln.
7. Im 200° heissen Backofen ca. 45 Minuten backen.
8. Kalt servieren.

Bemerkungen:
Die Linzertorte gewinnt geschmacklich, wenn sie zwei bis drei Tage alt ist; sie sollte deshalb nie frisch serviert werden.

484

Zitronentorte

🍞

Portionen: 6

Zutaten:
6 grosse oder 7 kleinere Eier
300 g Griesszucker
½ Zitrone, Schale
1 Zitrone, Saft
150 g Weissmehl
Butter für die Form
Buttercrème (Nr. 542) mit Zitronensaft und -schale

Gerät:
Springform, ∅ 21 cm
Schüssel, gross
Zitronenraffel
Schneebesen
Schüssel, mittelgross
Gummischaber
Sieb
Palette
ferner:
Alu-Folie

Zubereitung:
1. Eigelb, Zucker, geraffelte Zitronenschale und Zitronensaft in der grösseren Schüssel mit dem Schneebesen schaumig schlagen.
2. Backofen auf 180° vorheizen; Springform ausbuttern und mit Mehl ausstäuben.
3. Eiweiss steif schlagen. Abwechslungsweise mit dem Gummischaber Eierschnee unter die Eigelb/Zucker-Mischung ziehen bzw. durch das Sieb Mehl dazugeben.
4. In die Springform füllen und in ca. 60 Minuten gut durchbacken, evtl. nach der Hälfte der Backzeit mit einem Stück Alu-Folie abdecken.
5. Torte erkalten lassen.
6. Aus der Form nehmen; mit einem langen scharfen Messer die Torte zweimal horizontal durchschneiden; Buttercrème auf Boden und Mittelstück verteilen und mit der Palette glattstreichen.
7. Torte wieder zusammensetzen; mindestens eine Stunde kalt stellen.

485

Portionen: 5–6

Zutaten:
125 g Griesszucker
100 g Butter
60 g Korinthen oder
Sultaninen
1 EL Kirsch oder Cognac
125 g Weissmehl
½ TL Backpulver
3 Eier
30 g Mandeln, geschält
und gemahlen
¼ Zitrone, Schale
1 Prise Salz
Butter für die Form

Gerät:
Cakeform, klein
Schüssel, gross
Schüssel, mittelgross
Schneebesen
Zitronenraffel
Gummischaber

Englischer Cake

Zubereitung:
1. Backofen auf 180° vorheizen; Cakeform ausbuttern und mit Mehl ausstäuben.
2. Butter in der grösseren Schüssel weiss rühren; Zucker dazugeben und schaumig rühren.
3. Eier teilen: Eiweiss in die kleinere Schüssel, kalt stellen; Eigelb in die Butter/Zucker-Mischung.
4. Eigelb in die Masse rühren, dann Weinbeeren, Alkohol, Mandeln und geraffelte Zitronenschale, zuletzt Mehl und Backpulver.
5. Eiweiss mit einer Prise Salz steif schlagen; mit dem Gummischaber sorgfältig unter den Teig ziehen.
6. In 45–50 Minuten backen; der Cake muss ganz durchgebacken sein: durch Einstechen mit einer Strick- oder Spicknadel prüfen, ob kein Teig daran haften bleibt.
7. In der Form erkalten lassen; frühestens am nächsten Tag anschneiden.

486

Portionen: 6

Zutaten:
100 g Butter
100 g Griesszucker
1 EL Zitronensaft
1½ dl Milch, oder Milch
und Rahm gemischt
3 Eier
250 g Weissmehl

Gesundheitskuchen

Zubereitung:
1. Backofen auf 190° vorheizen; Backform einfetten und mit Mehl ausstäuben.
2. Zucker, Salz, Zitronensaft und die ganzen Eier mit dem Schneebesen schaumig klopfen.
3. Backpulver dazurühren; Butter im Pfännchen zergehen lassen.
4. Abwechslungsweise je 1 EL Milch einrühren und 1 EL Mehl dazusieben.
5. Butter tropfenweise einrühren.
6. In die Form füllen; in 50 bis 60 Minuten gut durchbakken.

10 g Backpulver
1 Prise Salz
Butter für die Form
Mehl zum Ausstäuben der
Form

Gerät:

Cake-, Gugelhopf- oder
Springform, mittelgross
Stielpfännchen
Schüssel, gross
Schneebesen
Sieb
Gummischaber

Variante:

Marmorkuchen
Die fertig gerührte Masse in zwei gleich grosse Portionen teilen. In die eine Hälfte 50 g Schokoladepulver einrühren. Beide Massen abwechselnd löffelweise in die Form füllen.

487

Portionen: 6

Zutaten:
300 g Griesszucker
100 g Korinthen
50 g Orangeat, fein
geschnitten
50 g Zitronat, fein
geschnitten
1 EL Kakaopulver
½ TL Nelkenpulver
2 TL Zimtpulver
400 g Weissmehl
1 Päckli Backpulver
1 Messerspitze Natron
1,5 dl Milch
1–1,25 dl kaltes Wasser
Butter

Gerät:
Schüssel, mittelgross
Gummischaber
Cakeform, 30 cm lang

Gewürzkuchen

Zubereitung:
1. Backofen auf 200° vorheizen. Cakeform mit Butter ausstreichen; mit Mehl ausstäuben.
2. Alle festen Zutaten mit den Gewürzen in der Schüssel vermengen; Milch dazugeben; so viel Wasser dazugeben, dass ein ziemlich dicker Teig zustande kommt.
3. In die Form füllen und in 45–50 Minuten backen.
4. Völlig erkalten lassen. Aus der Form nehmen, in Tranchen schneiden; die Tranchen grosszügig mit Butter bestreichen.

488

Portionen: 8

Zutaten:
200 g Griesszucker
1 Zitrone, Schale
½ Zitrone, Saft
7 Eier
120 g Mandeln, geschält
und gemahlen
100 g feinster Weizengriess
Einige Tropfen Bitter-
mandelessenz (fakultativ)
Butter für die Form
Mehl zum Ausstäuben der
Form
Glasur (Nr. 538, 539, 540)

Gerät:
Schüssel, gross
Springform, ∅ 21–25 cm
Schüssel, mittelgross
Schneebesen
Zitronenraffel
Gummischaber

Griesstorte

Zubereitung:
1. Eier teilen; Eiweiss kalt stellen; Eigelb, Zucker und geraffelte Zitronenschale mit dem Schneebesen schaumig schlagen.
2. Backofen auf 180° vorheizen; Springform ausbuttern und
mit Mehl ausstäuben.
3. Eiweiss steif schlagen.
4. Mandeln, Zitronensaft, Bittermandelessenz und Griess in
die Eigelb/Zucker-Mischung einrühren; die Eiweiss mit
dem Gummischaber sorgfältig darunterziehen.
5. In die Springform einfüllen; 50–60 Minuten backen.
6. Erkalten lassen; aus der Form nehmen und mit der Glasur
bestreichen.

489

Portionen: 6

Zutaten:
250 g Mandeln
175 g Griesszucker
175 g Korinthen oder
Sultaninen
5 Eier
½ Zitrone, Schale und Saft
2 KL Kartoffelmehl
Butter für die Form

Kaisertorte

Zubereitung:
1. Mandeln schälen; mit dem Zucker zweimal durch die
Mandelmühle treiben.
2. Mandel/Zucker-Mischung, 1 KL Zitronensaft, fein geraffelte Zitronenschale, 4 Eigelb und 1 ganzes Ei in die grössere Schüssel geben; ½ Stunde rühren.
3. Backofen auf 180° vorheizen; Springform ausbuttern und
mit Mehl ausstäuben; Backpapier in Grösse des Springformbodens ausschneiden und in die Form legen.
4. Korinthen/Sultaninen und Kartoffelmehl in die Tortenmasse einrühren.
5. Eiweiss steif schlagen; mit dem Gummischaber sorgfältig
unter die Masse ziehen.

Mehl zum Ausstäuben der
Form
1 EL Apfel- oder
Quittengelée (Nr. 559)
Beliebige Glasur (Nr. 538,
539, 540, 541)

Gerät:
Schüssel, gross
Mandelmühle
Zitronenraffel
Schüssel, mittelgross
Schneebesen
Gummischaber
Springform, ∅ 20–25 cm
Pinsel
ferner:
Backpapier (Blechrein)

6. In die Form füllen; in 50–60 Minuten gut durchbakken.
7. Torte aus der Form nehmen; zuerst den Rand mit einem Messer sorgfältig von der Form lösen; erst dann den Verschluss der Springform öffnen.
8. Torte ganz kalt werden lassen.
9. Mit einer dünnen Schicht Gelée überziehen; trocknen lassen.
10. Glasieren.

490 Haselnusstorte

Portionen: 8

Zutaten:
250 g Haselnüsse
250 g Mandeln
300 g Griesszucker
14 Eier
2 EL Kirsch
50 g Weissmehl
Butter zum Ausstreichen
der Form

Gerät:
2 Schüsseln, mittelgross
Schneebesen
Mandelmühle
Gummischaber
Springform, ∅ 26 cm
Sieb

Zubereitung:
1. Haselnüsse und Mandeln mit dem Zucker durch die Mühle treiben.
2. Von den Eiern 12 teilen: 6 Eiweiss in die zweite Schüssel geben und kalt stellen; Eigelb, die zwei ganzen Eier und den Kirsch mit der Mandel/Haselnuss/Zucker-Mischung ½ Stunde lang zu einer schaumigen Masse rühren.
3. Mehl dazusieben und gründlich mischen.
4. Backofen auf 170° vorheizen; Springform ausbuttern, Wand und Boden leicht mit Mehl bestäuben.
5. 6 Eiweiss zu steifem Schnee schlagen; mit dem Gummischaber sorgfältig unter die Masse ziehen.
6. In die Springform füllen und in ca. 50–60 Minuten bakken.
7. Erkalten lassen und nach Belieben glasieren (Nr. 538, 539, 540) oder mit Buttercrème (Nr. 542) garnieren.

Variante:
Gefüllte Haselnusstorte
Buttercrème (Nr. 542) und Glasur (Nr. 538d). Die völlig erkaltete Torte mit einem langen, schmalen Tranchiermesser quer durchschneiden. Die untere Hälfte mit der Buttercrème bestreichen, die obere mit Glasur überziehen. Zusammensetzen und anrichten.

Bemerkungen:
Zur Verwendung der im Rezept nicht benötigten Eiweiss siehe z. B. Nr. 45, 543.

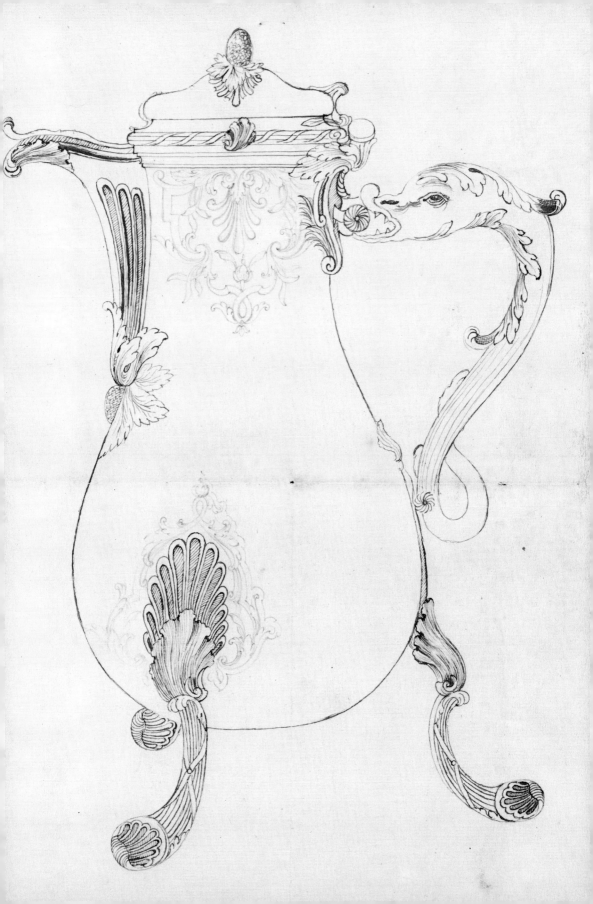

491

Portionen: 6–8

Zutaten:
350 g Griesszucker
10 Eier
250 g Mandeln
½ Zitrone, Schale
5 g Zimtpulver
Muskatnuss
3 EL Rum
180 g Weissmehl
Butter für die Form
Mehl zum Ausstäuben der
Form

Gerät:
Schüssel, mittelgross
Schüssel, gross
Mandelmühle
Springform, ∅ ca. 25 cm
Zitronenraffel
Sieb
Schneebesen
Gummischaber

Karmeliterkuchen

Zubereitung:
1. Eier teilen: Eigelb in die kleinere, Eiweiss in die grössere Schüssel; Eiweiss kalt stellen.
2. Mandeln zweimal durch die Mandelmühle treiben. Springform ausbuttern; Wand und Boden mit Mehl ausstäuben. Backofen auf 180° vorheizen.
3. Eigelb und Zucker schaumig rühren.
4. Zitronenschale und ¼ Muskatnuss zur Eigelb/Zucker-Mischung raffeln; Zimt, Mandeln, Rum dazurühren; Mehl dazusieben; alle Zutaten gut mischen.
5. Eiweiss zu steifem Schnee schlagen; mit dem Gummischaber sorgfältig unter die Masse ziehen: zuerst ⅓ des Schnees zur Masse, dann die ganze Masse zum restlichen Eiweiss geben, was das Darunterziehen erleichtert.
6. Sofort in die Springform einfüllen und backen (50–60 Minuten).

492

Portionen: 8

Zutaten:
700 g Kastanien, geschwellt
(Nr. 348)
250 g Griesszucker
½ TL Vanillezucker
8–10 Eier
2 EL Kirsch

Kastanientorte

Zubereitung:
1. Die sehr weich gekochten Kastanien pürieren.
2. Eigelb, Zucker und Vanillezucker mit dem Schneebesen schaumig rühren; Kirsch einrühren; mit dem kalten Püree vermischen.
3. Backofen auf 180° vorheizen. Springform ausbuttern; Wand und Boden mit Mehl bestäuben.
4. Eiweiss zu steifem Schnee schlagen.
5. Maizena in die Eigelb/Kastanien-Masse einrühren.
6. Eiweiss mit dem Gummischaber sorgfältig unter die Masse ziehen.

1 gehäufter EL Maizena
Butter für die Form
Mehl zum Ausstäuben der
Form
Vanilleglasur (Nr. 538f)

Gerät:
Stielkasserolle, mittelgross
mit Deckel
2 Schüsseln, mittelgross
Schüssel, gross
Passevite oder Moulinex
Schneebesen
Sieb, gross
Gummischaber
Springform, ∅ 22 cm

7. In die Springform füllen und in einer Stunde backen.
8. Erkalten lassen und mit Vanilleglasur überziehen.

Bemerkungen:
Anstelle der frischen Kastanien kann auch Püreekonserve verwendet werden (in Büchsen oder tiefgekühlt). Wenn das verwendete Produkt gezuckert ist, empfiehlt es sich, weniger Zucker zu nehmen.

493

Portionen: 6–8

Zutaten:
250 g Mandeln
175 g Griesszucker
1 Zitrone, Schale
6 Eigelb
1 EL Kirsch oder Cognac
5 Eiweiss, kalt
1 EL Maizena
Butter für die Form
Mehl zum Ausstäuben der
Form

Gerät:
Mandelmühle
Schüssel, gross
Zitronenraffel
Schüssel, mittelgross
Schneebesen
Gummischaber
Springform, ∅ ca. 22 cm
ferner:
Alu-Folie

Mandeltorte

Zubereitung:
1. Mandeln schälen; mit dem Zucker zweimal durch die Mandelmühle treiben.
2. In der grossen Schüssel die Mandel/Zucker-Mischung, Eigelb und fein geraffelte Zitronenschale so lange rühren, bis sich das Volumen verdoppelt hat (30 Minuten).
3. Backofen auf 200° vorheizen; Springform einfetten, mit Mehl ausstäuben.
4. Maizena und Kirsch bzw. Cognac in die Tortenmasse einrühren.
5. Eiweiss sehr steif schlagen; mit dem Gummischaber sorgfältig unter die Masse ziehen.
6. In die Form einfüllen; in ca. 50 Minuten gut durchbacken, dabei nach Bedarf in der zweiten Hälfte der Backzeit mit Alu-Folie abdecken.

Bemerkungen:
Die trockene Torte mit Rahm servieren, den man mit Vanillezucker halb steif geschlagen hat.

494

Mandelspeckkuchen

Portionen: 6–8

Zutaten:
Zum Teig:
    180 g Butter, zimmer-
    warm
    220 g Weissmehl
    30 g Griesszucker
    1 Eiweiss
    1 Prise Salz
Zur Fülle:
    200 g Griesszucker
    250 g Mandeln, fein ge-
    mahlen
    ½ Zitrone, Schale
    1 EL Kirsch oder Cognac
40 g Hagelzucker
1 Eigelb
Butter für die Form
Mehl zum Auswallen

Gerät:
Schüssel, gross
Kasserolle, klein
Zitronenraffel
Wallholz
Pinsel
Springform, ∅ 22 cm
ferner:
Alu-Folie

Zubereitung:
1. Butter und Zucker in der Schüssel verrühren; Mehl, Eiweiss und Salz dazugeben; schnell zu einem homogenen
   Teig zusammenwirken; zugedeckt 2–3 Stunden kalt stellen.
2. In der Kasserolle den Zucker auf schwachem Feuer in 1 dl
   Wasser auflösen.
3. Kirsch bzw. Cognac, fein geraffelte Zitronenschale und
   Mandeln dazugeben; verrühren; abkühlen lassen.
4. Backofen auf 220° vorheizen; Springform einfetten.
5. Teig auf bemehlter Unterlage auf die Grösse der Form
   auswallen: ein grösseres Rund für Boden und Wand, ein
   kleineres als Deckel.
6. Form mit dem Teigboden auslegen; nicht ganz bis zum
   Rand mit der Fülle bestreichen.
7. Den unbelegten Rand mit kaltem Wasser bepinseln; den
   Deckel über die Fülle legen, am Rand an den Boden drük-
   ken; Teigwand über den Deckel rollen.
8. Oberfläche des Kuchens mit Eigelb bepinseln; mit der
   Schere kleine Einschnitte machen; mit dem Hagelzucker
   bestreuen.
9. In 40 bis 50 Minuten backen, dabei nach Bedarf in der
   zweiten Hälfte der Backzeit mit Alu-Folie abdecken.

Bemerkungen:
Der sehr gute und leicht zu bereitende Kuchen bleibt längere Zeit frisch.

Mandelherz (Siehe Nr. 33)

495

Portionen: 6

Zutaten:
120 g Griesszucker
5–6 Eier
½ Zitrone
65 g Kartoffelmehl
Butter für die Form
Mehl zum Ausstäuben der
Form

Gerät:
2 Schüsseln, mittelgross
Schneebesen
Zitronenraffel
Gummischaber
Springform, ∅ ca. 20 cm

Mousselinetorte

Zubereitung:
1. Zucker, Eigelb, geraffelte Zitronenschale und 2 KL Zitronensaft in einer Schüssel schaumig schlagen.
2. Backofen auf 180° vorheizen; Springform einfetten und mit Mehl ausstäuben.
3. In der zweiten Schüssel die Eiweiss zu steifem Schnee schlagen.
4. In kleinen Portionen abwechslungsweise Kartoffelmehl und Eiweiss mit dem Gummischaber unter die Zucker/Eigelb-Masse ziehen.
5. In die Form einfüllen und in 50–60 Minuten gut durchbacken.

Varianten:
a) Punschtorte
Die fertig gebackene, völlig erkaltete Mousselinetorte horizontal durchschneiden; beide Schnittflächen mit Punschsauce (Nr.83) befeuchten; den Boden (unteren Teil) mit Aprikosenkonfitüre bestreichen; die Torte zusammensetzen; mit Punschglasur (Nr.538e) überziehen.

b) Orangentorte
Die fertig gebackene, völlig erkaltete Mousselinetorte horizontal durchschneiden; den Boden (unteren Teil) mit pürierter Orangenkonfitüre, die man mit Orangensaft verdünnt hat, bestreichen; die Torte zusammensetzen, mit Orangenglasur (Nr.538b) überziehen.

496

Portionen: 6

Zutaten:
200 g Butter
250 g Griesszucker
4 Eier
1 Zitrone, Schale
1 EL Kirsch
½ Päckli Backpulver
125 g Weissmehl
125 g Kartoffelmehl
Butter für die Form

Gerät:
Schüssel, gross
Zitronenraffel
Springform, ∅ ca. 25 cm

Sandtorte

Zubereitung:
1. Butter schaumig rühren.
2. Backofen auf 190° vorheizen; Springform einfetten.
3. Abwechslungsweise Zucker und Eier mit der Butter verrühren; unter Rühren geraffelte Zitronenschale, Kirsch, Backpulver, Kartoffelmehl und Weissmehl dazugeben.
4. In die Form füllen und in 50 bis 60 Minuten backen.

497

Portionen: 6

Zutaten:
200 g Rüebli, geschabt und
durch die Mandelmühle
getrieben
200 g Mandeln, gemahlen
200 g Griesszucker
1 EL Kirsch
2 EL Weissmehl
1 Zitrone, Schale
5 Eier
Butter zum Ausstreichen
der Form
Puderzucker zum Bestäuben

Gerät:
Mandelmühle
Zitronenraffel
2 Schüsseln, mittelgross
Schneebesen
Gummischaber
Springform, ∅ 20 cm
Sieb

Rüeblitorte

Zubereitung:
1. Backofen auf 180° vorheizen; Eier teilen: Eiweiss kalt stellen; Eigelb und Zucker schaumig rühren.
2. Rüebli, Mandeln, geraffelte Zitronenschale und Kirsch mit der Eigelb/Zucker-Masse verrühren.
3. Mehl dazusieben, nochmals rühren.
4. Springform ausbuttern; Boden und Wand leicht mit Mehl bestäuben.
5. Eiweiss zu steifem Schnee schlagen; sorgfältig unter die Masse ziehen.
6. Im Backofen ca. 50 Minuten backen.
7. Erkalten lassen; nach Wunsch glasieren (z. B. mit Zitronenglasur, Nr.538a) oder nur mit Puderzucker bestäuben.

Bemerkungen:
Die Torte schmeckt am besten nach 2–3 Tagen.

498

Portionen: 5–6

Zutaten:
100 g Mandeln, gemahlen
150 g Griesszucker
100 g trockenes Schwarz-
brot oder Zwieback
6–7 Eier

Schwarzbrottorte

Zubereitung:
1. Brot – wenn es nicht ganz dürr ist – im Backofen trocknen. Eier teilen: Eiweiss in der kleineren Schüssel kalt stellen.
2. In der grösseren Schüssel Eigelb, Zucker, Zitronenschale und Mandeln ½ Stunde kräftig rühren.
3. Brot bzw. Zwieback entweder durch die Mandelmühle treiben, im Mörser fein zerstossen oder unter dem Wallholz zu gleichmässig feinem Brotmehl verarbeiten.
4. Backofen auf 180° vorheizen; Springform einfetten und mit Schwarzbrot- oder Zwiebackmehl ausstreuen.

1 KL Zimtpulver
1 Messerspitze Nelken-
pulver
2 EL Kirsch oder Rum
½ Zitrone, Schale
Butter für die Form

Gerät:
Schüssel, gross
Schüssel, mittelgross
Schneebesen
Mandelmühle oder Mörser
oder Wallholz
Zitronenraffel
Gummischaber
Springform, ∅ 25 cm

5. Gewürze, Brot oder Zwieback und Kirsch/Rum in die
   Eigelb/Zucker-Mischung einrühren.
6. Eiweiss in der anderen Schüssel zu steifem Schnee schlagen; mit dem Gummischaber sorgfältig unter die Masse
   ziehen.
7. In die Springform füllen und in 60–70 Minuten backen.
8. In der Form erkalten lassen.

499

Portionen: 8

Zutaten:
150 g Butter
170 g Griesszucker
100 g Mandeln, gemahlen
70 g Zwieback
7 Eier
200 g schwarze Schokolade
50 g Weissmehl
Butter für die Form

Gerät:
Schüssel, gross
Schüssel, mittelgross
Schneebesen
Wallholz
Stielpfännchen
Springform, ∅ 20–25 cm
Gummischaber

Schokoladenkuchen

Zubereitung:
1. Butter in der grösseren Schüssel schaumig rühren.
2. Backofen auf 180° vorheizen; Springform einfetten.
3. Zwieback mit dem Wallholz fein zerdrücken; Schokolade
   im Pfännchen mit 2 EL Wasser bei kleiner Flamme schmelzen.
4. Zwieback, Schokolade, Mandeln, Zucker, Mehl mit der
   Butter verrühren.
5. Eier teilen: Eiweiss in die zweite Schüssel, Eigelb mit der
   Kuchenmasse verrühren.
6. Eiweiss steif schlagen; mit dem Gummischaber sorgfältig
   unter die Masse ziehen.
7. In 50 bis 60 Minuten backen.

500

Zimttorte

Portionen: 8–12

Zutaten:
375 g Mandeln
375 g Griesszucker
1½ KL Zimtpulver
9 Eiweiss, kalt
Butter für die Form
Mehl zum Ausstäuben der
Form
Zitronenglasur (Nr. 538a)
oder Kirschglasur (Nr. 538d)
Gespritzte Garnitur aus
Buttercrème (Nr. 542),
fakultativ

Gerät:
Mandelmühle
Schüssel, gross
Schüssel, mittelgross
Schneebesen
Gummischaber
Springform, ∅ 25 cm

Zubereitung:
1. Mandeln mit dem Zucker zweimal durch die Mandelmühle treiben.
2. Mandel/Zucker-Mischung in die grosse Schüssel geben; mit dem Zimt vermischen.
3. Backofen auf 200° vorheizen; Springform einfetten und mit Mehl ausstäuben.
4. Eiweiss zu steifem Schnee schlagen; mit dem Gummischaber sorgfältig unter die Tortenmasse ziehen.
5. In die Springform füllen; in 50 Minuten durchbacken.
6. Erkalten lassen.
7. Glasieren; Glasur trocknen lassen.
8. Nach Belieben mit Buttercrème (z. B. Mokkabuttercrème) aus dem Spritzsack garnieren.

Bemerkungen:
Zur Verwendung der im Rezept nicht benötigten Eigelb siehe z. B. Nr. 36, 404, 405, 408, 409.

Dampfnudeln (Siehe Nr. 52)

Hefegugelhopf (Siehe Nr. 55)

501

Portionen: 4–5

Zutaten:
300 g Weissmehl
1 TL Salz
18 g Hefe
30 g Griesszucker
140 g Butter
1 dl Milch, lauwarm
1 Ei
1 Eigelb
Butter für die Form
1 KL Paniermehl

Gerät:
Timbale- oder Briocheform
Schüssel, gross
Schüssel, mittelgross
ferner:
Alu-Folie

Apostelkuchen (Brioche)

Zubereitung:
1. Mehl und Salz in die kleinere Schüssel geben; in die Mitte eine Vertiefung machen; die mit etwas Milch angerührte Hefe hineingeben; mit den Fingern mit Mehl mischen; 60 g flüssig gemachte Butter, das verklopfte Ei und die restliche Milch und den Zucker zugeben; 15 Minuten lang klopfen und kneten.
2. Die Schüssel mit dem Teig in die grössere Schüssel stellen; in diese heisses Wasser giessen; mit einem Tuch zugedeckt aufgehen lassen (1½ Stunden).
3. Teig kräftig durchkneten; 1 Stunde in den Eiskasten stellen.
4. 80 g nicht zu harte Butter in kleine Stückchen schneiden; einzeln in den Teig einkneten; kalt stellen.
5. Form ausbuttern und mit Paniermehl ausstreuen.
6. ⁴/₅ des Teiges zu einer Kugel formen; in die Form geben; oben in der Mitte durch Einstechen mit dem Finger ein Loch machen; den restlichen Teig birnenförmig formen und mit dem spitzen Ende in das Loch stecken; aufgehen lassen.
7. ½ Stunde in den Eiskasten stellen; Backofen auf 200° vorheizen.
8. Brioche sorgfältig mit Eigelb bepinseln.
9. 35–40 Minuten backen; wenn nötig nach 30 Minuten mit Folie zudecken, damit der obere Teil nicht zu dunkel wird.

502

Portionen: 6

Zutaten:
1 Pfund Weissmehl
100 g Butter
3 dl Milch
1 TL Salz
25 g Hefe

Gerät:
Spring- oder Cakeform,
gross
Schüssel, gross

Milchbrot

Zubereitung:
1. Form ausbuttern und mit Mehl ausstäuben.
2. Nach dem Grundrezept (Nr. 98) den Hefeteig zubereiten; zum Aufgehen in die Form füllen; aufgehen lassen.
3. Im vorgeheizten Backofen bei 200° 35–45 Minuten backken.

503

Portionen: 6

Zutaten:
200 g Weissmehl
10 g Hefe
5 Eier
0,5 dl Milch
20 g Zucker
5 g Salz
125 g Butter
Punschsauce (Nr. 83)

Gerät:
Schüssel, klein
Schüssel, gross
Savarinform, ∅ 25 cm
Stielpfännchen
Kuchengitter

Savarin

Zubereitung:
1. Milch lauwarm erwärmen; 2 EL davon in die kleinere Schüssel geben und mit der zerbröckelten Hefe verrühren; 50 g Mehl und die restliche Milch dazugeben und zu einem glatten Vorteiglein verarbeiten; zugedeckt an gelinder Wärme aufgehen lassen.
2. Savarinform mit Butter auspinseln und mit Mehl ausstäuben.
3. Butter, Zucker und Salz in der zweiten Schüssel schaumig rühren; dann abwechselnd Eier und Mehl dazugeben; zuletzt das Vorteiglein darunterarbeiten.
4. Den glatten Teig (knapp bis auf halbe Höhe) in die Form füllen; an gelinder Wärme aufgehen lassen, bis der Teig die Form fast bis zum Rand füllt.
5. Backofen auf 180° vorheizen; Savarin in 25 bis 35 Minuten hellbraun backen.
6. Auf das Kuchengitter stürzen; die Form auswaschen und abtrocknen, die Punschsauce zubereiten.
7. Einige EL der warmen Sauce in die Savarinform geben; den Ring sorgfältig wieder in die Form stürzen; mit der restlichen Sauce beträufeln.
8. Auf das Kuchengitter stürzen, damit die überflüssige Sauce ablaufen kann.
9. Nach Wunsch mit leicht gezuckertem Schlagrahm (S. 22), evtl. gemischt mit gross gewürfelten, in Zucker und Kirsch marinierten Erdbeeren, anrichten.

Bemerkungen:
Das Tränken des gebackenen Hefeteigrings ist nicht ganz einfach: zum einen ist darauf zu achten, dass er zu Beginn nicht so weich wird, dass er beim Stürzen zerfällt, zum andern muss er so lange beträufelt werden, bis er durch und durch getränkt ist, was weniger leicht gelingt, wenn man den Kuchen im voraus bäckt und erst nach dem Erkalten tränkt; in diesem Fall verwendet man die Sauce heiss.

Variante:
Der fertig getränkte Savarin kann mit Aprikosenkonfitüre, die man durch ein Sieb gestrichen und mit etwas Kirsch verdünnt hat, bepinselt werden.

504

Portionen: 4–5

Zutaten:
Zum Teig:
300 g Weissmehl
20 g Hefe

Schneckenkuchen

Zubereitung:
1. Die Fülle machen: Mandeln, Zucker, Zitronenschale und Ei in der kleineren Schüssel verrühren; mit den 25 g Mehl vermischen.
2. Hefeteig nach dem Grundrezept (Nr. 98) zubereiten, aber nicht aufgehen lassen, sondern mit den Händen auf bemehlter Unterlage zu einer sehr langen, gleichmässig dikken Wurst rollen.

1 dl Milch
5 g Salz
40 g Griesszucker
60 g Butter
1 Ei
Zur Fülle:
150 g Mandeln, geschält
und fein gemahlen
1 Ei
Zitronenschale, fein geraffelt
125 g Griesszucker
25 g Weissmehl
1 Eigelb zum Anstreichen
25 g Butter
Mehl zum Auswallen

Gerät:
Springform, ∅ 24 cm
Schüssel, gross
Schüssel, klein
Pinsel

3. In die Wurst in Längsrichtung einen nicht zu tiefen Einschnitt machen; diesen Einschnitt durch Auseinanderlegen öffnen; mit Butter ausstreichen und mit Fülle belegen; den Teig über der Fülle zusammendrücken.
4. Zu einer satten Spirale (Schnecke) geformt in die ausgebutterte Form legen; bei gelinder Wärme aufgehen lassen.
5. Mit Eigelb bestreichen; im auf 200° vorgeheizten Backofen 30–40 Minuten backen.

505

Portionen: 6

Zutaten:
250 g Weissmehl
15 g Hefe
2 dl Milch, lauwarm
5 g Salz
60 g Griesszucker
60 g Butter
2 Eier
Zum Streusel:
60 g Butter
60 g Griesszucker
30 g gemahlene Mandeln
80 g Weissmehl
1 Prise Zimtpulver
Butter für die Form
1 Eigelb

Gerät:
Springform, ∅ 24 cm
Schüssel, gross
Schüssel, klein
Pinsel

Streuselkuchen

Zubereitung:
1. Streusel: Zucker in der heiss gemachten Butter verrühren; die übrigen Zutaten beifügen und gut untereinandermengen; kalt stellen.
2. Mehl, Hefe, Milch, Salz, Zucker, Butter und Eier nach Nr. 98 zu einem Teig verarbeiten; in die ausgebutterte Springform füllen und aufgehen lassen.
3. Backofen auf 200° vorheizen.
4. Oberfläche des aufgegangenen Hefekuchens mit Eigelb bepinseln; den Streusel mit den Fingern gleichmässig darüber zerreiben.
5. Im Backofen (wenn möglich mit mehr Unter- als Oberhitze) in 20 bis 30 Minuten schön braun backen.

506

Portionen: 4–5

Zutaten:
350 g Weissmehl
20 g Hefe
120 g Butter
1,5 dl Milch
1½ Eier oder 3 Eigelb
1 TL Salz
60 g Griesszucker
Mehl zum Auswallen
125 g Korinthen
30 g Hagelzucker
50 g Mandeln, grob gehackt
Eigelb zum Anstreichen

Gerät:
Schüssel, gross
Stielpfännchen
Wallholz
Pinsel
Springform, ⌀ 24 cm

Wespennester (Wespenkuchen)

Zubereitung:
1. Die Hälfte der Milch lauwarm machen; in einer Tasse die zerbröckelte Hefe darin auflösen; mit 3 EL Mehl zu einem glatten Teiglein verarbeiten; zugedeckt an gelinder Wärme aufgehen lassen.
2. Das restliche Mehl, Salz, 40 g Griesszucker, die restliche Milch, die Eier, 80 g flüssig gemachte Butter in der Schüssel mischen; so lange bearbeiten und klopfen, bis der Teig ganz glatt ist und sich von der Schüssel löst.
3. Vorteiglein schnell in den Teig einarbeiten.
4. Den Teig bei gelinder Wärme auf das doppelte Volumen aufgehen lassen.
5. Den Teig auf bemehlter Unterlage mit dem Wallholz schwach 1 cm dick auswallen; in 5 cm breite und 24 cm lange Riemchen schneiden.
6. Die Teigriemchen mit flüssiger Butter bepinseln, mit Griesszucker bestreuen, mit Korinthen belegen; jedes Riemchen schneckenartig zusammenrollen, auf der Aussenseite mit Butter bepinseln; nebeneinander in die eingefettete Springform stellen.
7. Wenn die Form ausgefüllt ist, den Kuchen bei gelinder Wärme zugedeckt leicht aufgehen lassen.
8. Backofen auf 200° vorheizen.
9. Oberfläche mit Ei bepinseln; dicht mit Hagelzucker und Mandeln bestreuen.
10. 45–55 Minuten backen.

507

Ergibt: 12 Stück

Zutaten:
zimmerwarm:
    250 g Weissmehl
    1 dl Milch
    30–60 g Butter
    10 g Hefe
    2 Eier
    1 TL Salz
1 Zitrone, Schale
40 g Griesszucker
Mehl zum Auswallen
Dicke Konfitüre: Zwetschgen, Aprikosen, Himbeeren
Friture

Berliner Pfannkuchen

Zubereitung:
1. In einer Tasse die zerbröckelte Hefe mit der lauwarmen Milch verrühren.
2. Mehl in die Schüssel geben, mit dem Salz vermischen; die aufgelöste Hefe, Zucker, die flüssig gemachte Butter, Zitronenschale und die Eier dazugeben und schnell zu einem glatten, luftigen Teig kneten, der sich von der Schüssel löst.
3. An einem warmen Ort (30°) zugedeckt auf knapp das doppelte Volumen aufgehen lassen.
4. Den Teig auf bemehlter Unterlage 1 cm dick auswallen; runde Plätzchen ausstechen; Kuchenblech dick mit Mehl bestreuen.
5. In die Mitte jedes Plätzchens ½ KL Konfitüre geben; den Rand mit Wasser bestreichen, hochziehen, zusammendrücken und zu Kugeln formen; nicht zu dicht nebeneinander auf das Blech legen.
7. Mit einem Tuch zugedeckt an einem warmen Ort (30°) aufgehen lassen (ca. ½ Stunde).

Zucker und Zimt zum
Bestreuen

Gerät:
Schüssel, mittelgross
Stielpfännchen
Zitronenraffel
Wallholz
Rundes Ausstechförmli,
∅ 7 cm
Backblech, rechteckig
Friteuse/Friturepfanne
ferner:
Küchenpapier

8. Friture auf 180° vorheizen.
9. Berliner in der heissen Friture – immer 3–4 Stück auf
   einmal – 4 Minuten backen: sie sollen luftig durchgebak-
   ken sein.
10. Gut abtropfen lassen; auf Küchenpapier legen.
11. Wenn sie etwas abgekühlt sind, in Zucker und Zimt wäl-
    zen.
12. Lauwarm oder kalt servieren.

508

Ergibt: 12 Stück

Zutaten:
0,5 dl Rahm
2 Eier
2 KL Griesszucker
1 Prise Salz
200 g Weissmehl
Friture zum Ausbacken
2 EL Puderzucker
Mehl zum Auswallen

Gerät:
Schüssel, mittelgross
Sieb
Schneebesen
Wallholz
Bratpfanne, gross oder
Friteuse/Friturepfanne
Kuchengitter
ferner:
Serviette

Fasnachtsküchlein

Zubereitung:
1. Rahm, Eier, Griesszucker und Salz mit dem Schneebesen
   in der Schüssel schlagen, bis die Masse Blasen wirft.
2. Weiterrühren und dabei das gesiebte Mehl löffelweise dazurühren; wenn man nicht mehr rühren kann, mit beiden
   Händen weiterarbeiten und zu einem glatten Teig kneten.
3. Mit einem feuchten Tuch zugedeckt ½–1 Stunde bei Zim-
   merwärme ruhen lassen.
4. Den Teig auf bemehlter Unterlage zu einer Rolle formen;
   die Rolle in 12 gleich grosse Scheiben schneiden; einzeln
   zuerst mit dem Wallholz auf bemehlter Unterlage möglichst dünn und rund auswallen, dann auf der über das Knie
   gelegten Serviette allseitig noch dünner auseinanderziehen.
5. Friture auf 180° vorheizen.
6. Küchlein einzeln in der Friture bzw. halbschwimmend in
   der Bratpfanne auf jeder Seite ca. 1 Minute backen.
7. Auf dem Kuchengitter abtropfen lassen; noch warm mit
   Puderzucker bestäuben. – An einem trockenen Ort – in ein
   Tuch eingeschlagen – mehrere Tage haltbar.

Schenkeli (Siehe Nr. 48)

Strüblein (Siehe Nr. 49)

509

Ergibt: 12 Stück

Zutaten:
180 g Weissmehl
1 Prise Salz
1 dl Rahm
20 g Griesszucker
(fakultativ)
4 Eier
½ Zitrone, Schale
(fakultativ)
½–1 dl Milch
Friture
Puderzucker

Gerät:
Schüssel, mittelgross
Schneebesen
Zitronenraffel
Stielpfännli
Sieb
Friteuse/Friturepfanne
Rosenküchlein-Eisen
Kuchengitter

Rosenküchlein

Zubereitung:
1. Eier, Zucker, Salz, Zitronenschale in der Schüssel mit dem Schneebesen schaumig schlagen.
2. Rahm im Pfännli lauwarm werden lassen, unter Schlagen zu der Eiermasse geben.
3. Mehl unter Schlagen dazusieben; Milch ebenfalls handwarm machen und so viel dazugeben (schlagen, schlagen!), bis der Teig die Konsistenz eines cremigen dünnen Omelettenteigs hat.
4. 1–2 Stunden zugedeckt ruhen lassen.
5. Friture auf 190° erhitzen; Teig noch einmal durchschlagen.
6. Rosenküchlein-Eisen in der Friture erhitzen, etwas abtropfen lassen; in den Teig tauchen (nicht zu tief: er darf über dem Eisen nicht zusammenfliessen!); sofort wieder ins heisse Öl halten.
7. 1–2 Minuten backen; die Küchlein sollen schöne gelbbraune Farbe annehmen.
8. Herausnehmen; Küchlein sorgfältig vom Eisen auf das Kuchengitter klopfen; mit Puderzucker bestäuben.

510

Zutaten:
250 g Blätterteig
Griesszucker

Gerät:
Wallholz
Backblech, gross
Pinsel
Palette

Algériennes

Zubereitung:
1. Backofen auf 220° vorheizen; Backblech mit kaltem Wasser besprengen.
2. Teig kurz durchkneten; zu einer ziemlich dicken, langen Rolle formen; davon 20 g schwere Stücke abschneiden und zu Kugeln formen.
3. Jede Kugel auf Zucker sehr dünn oval auswallen; dabei das Teigstück mehrmals wenden und mit Zucker bestreuen.
4. Schnell schön braun backen; mit der Palette vom Blech lösen und sogleich der Länge nach über das Wallholz legen, damit die Algériennes eine gewölbte Form erhalten.

Bemerkungen:
Das Rezept eignet sich gut zur Verarbeitung von (zusammengewirkten) Blätterteigabschnitten.

Hufeisen (Siehe Nr. 50)

511

Zutaten:
250 g Blätterteig, kalt
Griesszucker

Gerät:
Backblech, gross
Wallholz
Pinsel

Prussiens

Zubereitung:
1. Blätterteig auf Zucker 2 mm dick zu einem länglichen Rechteck auswallen.
2. Backofen auf 220° vorheizen.
3. Teigrechteck mit Zucker bestreuen; von beiden Längsseiten her zweimal gegen die Mittelachse einlegen; den 2 cm breiten, dicken Streifen in $\frac{1}{2}$–1 cm breite Tranchen schneiden.
4. Prussiens auf beiden Seiten mit Wasser bepinseln, im Zucker wenden; auf das Blech legen.
5. In der Mitte des Backofens mit mehr Ober- als Unterhitze in 10–12 Minuten backen.

512

Zutaten:
250 g Blätterteig, kalt
1 Eigelb, mit etwas kaltem Wasser vermischt
Mehl zum Auswallen

Gerät:
Wallholz
2 Backbleche, gross
Pinsel
Ausstechformen (fakultativ)

Spanischbrötchen (Fleurons)

Zubereitung:
1. Blätterteig auf leicht mehliger Unterlage 4–5 mm dick auswallen; mit einem scharfen Messer in Dreiecke, Quadrate oder Rechtecke schneiden bzw. mit den Modeln ausstechen.
2. Auf ein kalt abgespültes Blech legen; sorgfältig mit der Eigelb/Wasser-Mischung bepinseln; $\frac{1}{2}$ Stunde kalt stellen.
3. Backofen auf 220° vorheizen.
4. In der Mitte des Ofens backen; wenn die Brötchen aufgegangen sind (nach 8–10 Minuten), Hitze auf 180° reduzieren; in weiteren 5–10 Minuten fertigbacken.

Bemerkungen:
Spanischbrötchen eignen sich ausgezeichnet als Beilage zu einem Fisch- oder Ragout-Entrée, wenn man auf Reis oder Kartoffeln verzichten will. Zu einer Fischvorspeise (z. B. Nr. 200) passt ein einzelnes, etwas grösseres Spanischbrötchen, das mit einem Ausstecher in Fischform ausgestochen wird, etc. – Spanischbrötchen, mundgross geschnitten oder ausgestochen, eignen sich nicht weniger gut als Apéritifgebäck oder als Beilage zu Weisswein. Sie können vor dem Backen mit etwas Mohnsamen, feinem Kümmelsamen oder feingeriebenem Käse bestreut werden. – Bei der Verarbeitung von Blätterteig an folgendes denken: Ganz scharfe (Messer!), saubere Schnittkanten (Eigelb!), sonst gehen die Brötchen einseitig auf; Teigresten (Nachteil unregelmässiger Ausstechformen) nicht einfach zusammenkneten und wieder auswallen, sondern auf- und nebeneinanderlegen (damit die «Blätter» wieder entstehen können) und mit dem Wallholz zusammenklopfen.

513

Zutaten:
200 g Blätterteig, kalt
150 g Puderzucker
5 g Vanillezucker
(fakultativ)
1 Eiweiss
Mehl zum Auswallen

Gerät:
Schüssel, klein
Wallholz
Backblech, gross, rechteckig
Palette

Bâtons glacés

Zubereitung:
1. Mit einem Kochlöffel Zucker, Vanillezucker und Eiweiss in der Schüssel mischen; schnell zu einer homogenen schaumigen Masse verarbeiten.
2. Blätterteig auf leicht bemehlter Unterlage 3 mm dick auswallen.
3. Die *Rückseite* des Backbleches mit kaltem Wasser abspülen; das ausgewallte Teigstück darauflegen; mit Hilfe der Palette die Glasur möglichst gleichmässig 1 mm dick auftragen.
4. Den glasierten Teigboden mit einem scharfen Messer in Rechtecke (z. B. 1¹/₂ × 10 cm) schneiden; das Messer immer wieder nass machen.
5. Backofen auf 220° vorheizen; Blech in der Zwischenzeit kalt stellen.
6. Backen: Die Ofentür während des ca. 10 Minuten dauernden Prozesses mit Hilfe eines Kochlöffelstiels ein Spältchen geöffnet halten; Blech unten in den Ofen einschieben; aufpassen, dass die Glasur nicht zu stark bräunt.

Bemerkungen:
Wir benützen die Blech*rückseite* aus zwei Gründen: zum einen gehen die am Rand plazierten Bâtons regelmässiger auf, wenn der Metallrand des Blechs keine Hitze abgeben kann; zum anderen wäre der Blechrand beim Auftragen der Glasur hinderlich.
Sollte wider Erwarten die Glasur während des Backens zwischen den einzelnen Bâtons zusammenkleben, muss sie unverzüglich (im geöffneten Ofen!) und rasch mit dem Messer durchgeschnitten werden.

514

Zutaten:
10 g Hefe
1,5–2 dl Milch oder Rahm,
zimmerwarm
Salz
250 g Weissmehl
Kümmelsamen
Friture

Gerät:
Schüssel, mittelgross
Saucenpfännli
Friteuse/Friturepfanne

Bierhefeküchlein

Zubereitung:
1. Milch bzw. Rahm im Pfännli erwärmen; die Hälfte davon in einer Tasse mit der zerbröckelten Hefe zu einem glatten Breilein verrühren.
2. Mehl in die Schüssel geben, mit ¹/₂ TL Salz vermischen; mit dem Hefebreilein, der übrigen Flüssigkeit schnell zu einem luftigen Teig kneten.
3. Wenn sich der Teig von der Schüssel löst, einen Kloss formen; mit einer Serviette zugedeckt, an einem warmen Ort (ca. 30°) etwas aufgehen lassen (30 Minuten).
4. Friture auf 180° vorheizen; mit einem Löffel 30–40 g schwere Küchlein abstechen; mit bemehlten Händen etwas auseinanderziehen, damit sie in der Mitte eine Vertiefung erhalten.
5. Im heissen Fett unter ständigem Begiessen – immer 3 bis 4 auf einmal – braun backen.
6. Gut abtropfen lassen; mit Salz bestreuen; in die Vertiefung Kümmel streuen.
7. Lauwarm oder kalt zu Bier servieren.

Fastenwähen (Siehe Nr. 53)

Gipfeli (Siehe Nr. 54)

Hefeküchlein mit Kümmel (Siehe Nr. 47)

515

Ergibt: 10 Stück

Zutaten:
15 g Hefe
200 g Weissmehl
1 Ei
1 dl Milch
Zucker zum Bestreuen
Friture

Gerät:
Schüssel, mittelgross
Saucenpfännli
Friteuse/Friturepfanne

Kaffeeküchlein

Zubereitung:
1. Nach Nr. 98 einen Hefeteig zubereiten und etwas aufgehen lassen.
2. Friture auf 180° erhitzen; mit einem Esslöffel (den man immer wieder ins heisse Fett taucht) kleine Küchlein abstechen und direkt ins Fett geben.
3. Unter Begiessen hübsch braun werden lassen.
4. Noch warm, mit Zucker bestreut, servieren.

Ofenküchlein (Siehe Nr. 51)

516 Abendsterne

Zutaten:
180 g Butter
180 g Mandeln
180 g Griesszucker
2 Eier
½ KL Zimtpulver
½ Zitrone, Schale
2 EL Kirsch
375 g Weissmehl
2–3 EL Aprikosen- oder
Himbeerkonfitüre
Butter für das Blech
Mehl zum Auswallen
Zitronen- (Nr. 538a) oder
Himbeerglasur (Nr. 538c)

Gerät:
Mandelmühle
Schüssel, gross
Zitronenraffel
Wallholz
Stern-Ausstechförmli
Backblech

Zubereitung:
1. Butter schaumig rühren.
2. Mandeln mit dem Zucker zweimal durch die Mandelmühle treiben.
3. Eier und Gewürze mit der Butter mischen; Mandel/Zukker-Mischung und Kirsch dazugeben; mit dem Mehl zu einem glatten Teig kneten.
4. Backofen auf 180° vorheizen; Backblech einfetten.
5. Teig auf bemehlter Unterlage messerrückendick auswallen.
6. Mit dem Förmli Sterne ausstechen.
7. Die Hälfte der Sterne dünn mit Konfitüre bestreichen; die andere Hälfte auf der unteren Seite leicht mit Wasser befeuchten, auf die bestrichenen Sterne pressen.
8. 15–20 Minuten backen.
9. Die erkalteten Abendsterne glasieren.

Änisbrötli (Siehe Nr. 34)

Änisschnitten (Siehe Nr. 35)

Anken-S (Siehe Nr. 36)

Gfillti Aepfel.

Hesch Du Rah e schwinige Brote!
Wird dir das Rezept verrote,
Wie am andre Tag die Reschte
Du üffbrüche Rasch zum Beschte
Statt de Reschte Rasch verwende
E Limmeli (wenn de's wit Ra wende),
Bim Christes Rasch's jo Raufe grad
Gspickt und brote ganz parat.
Nimm dernoh Aepfel, vo de nette,
Rinsliger oder au Reinette.
Ribsch di ab im düesch di pütze.
Stiel ewäg und au der Bütze.
Drück hehlsch jeden Apfel üo
B'haltsch jedoch was de nimmsch drüs,
Tüesch's verschnide megligsch fin,
Ebeso au s' Fleisch vom Schwin.
Hacksch au Zibele do dri
Doch darfs nummen e Spürli si !
Meertribel au und Sultanine
Mischlesch in die Filli ine ;
Vergiss au Salz und Pfeffer nit,
Dass Dürscht bekumme dini Lit !
Giessisch Jus no in die Masse,
Bis dass si isch genügend nass.
Mit Dir Filli werde d'Aepfel garniert
Und üff ere Fürfeschte Platte rangiert,
Brosme obe driber gstreit,
uff jeden e Stückli Anke glait,
Und schliesslig guet im Ofe bache. —
Das git e Spis, dass d'Götter lache !
Doch götliger isch zi no mehr,
Wenn d'mitserviersch e Sauce madère.

Nass 1928.

517 **Albertli**

Zutaten:
150 g Butter
5 Eier
250 g Griesszucker
1 Messerspitze
Vanillezucker
1 KL Backpulver
1 Pfund Weissmehl
250 g Kartoffelmehl
Butter für das Backblech
Mehl zum Auswallen

Gerät:
Schüssel, gross
Backblech, gross
Wallholz
Leckerli- oder runder
Ausstecher
ferner:
Alu-Folie

Zubereitung:
1. Butter in der Schüssel weiss rühren; Eier und Zucker zugeben; die Masse schaumig rühren.
2. Vanillezucker, Backpulver, Mehl und Kartoffelmehl in Etappen daruntermischen; rasch zu einem homogenen Teig kneten.
3. In Alufolie einpacken und mindestens ½ Stunde kühl stellen.
4. Backofen auf 180° vorheizen; Backblech einfetten.
5. Den Teig auf bemehlter Unterlage 3–4 mm dick auswallen; mit einer Gabel (oder durch Eindrücken eines Reibeisens) dicht einstechen; ausstechen.
6. Auf dem Blech im Ofen in 12–15 Minuten lichtgelb backen.

518 **Berner Haselnusslebkuchen**

Zutaten:
350 g Haselnüsse, gemahlen
350 g Mandeln, gemahlen
500 g Griesszucker
50 g Orangeat, fein gehackt
50 g Zitronat, fein gehackt
1 KL Zimtpulver
2 EL Honig
4 Eiweiss
Butter für das Blech
Zucker zum Auswallen
Kirschglasur Nr. 538d

Gerät:
Schüssel, gross
Wallholz
Pressmodel (Berner Bär)
Backbleche, gross
Pinsel

Zubereitung:
1. Alle Zutaten zu einem Teig zusammenkneten; mit einem Tuch zugedeckt, über Nacht stehen lassen.
2. Auf Zucker 1 cm dick auswallen; das bemehlte Model aufdrücken; Leckerli mit scharfem Messer ausschneiden.
3. Backbleche mit Butter bepinseln; Leckerli dicht aneinander darauflegen; einige Stunden bei Zimmertemperatur trocknen lassen.
4. Backofen auf 120° vorheizen; Leckerli in 20–30 Minuten backen.
5. Sofort vom Blech nehmen, kalt werden lassen; glasieren.

Bemerkungen:
Haselnüsse und Mandeln müssen wirklich sehr fein gemahlen sein; evtl. zusammen mit dem Zucker zwei- bis dreimal durch die Mühle treiben oder Moulinex verwenden. – Zur Verwendung der im Rezept nicht benötigten Eigelb siehe z. B. Nr. 36, 347, 405, 409.

519

Ergibt: ca. 70 Stück

Zutaten:
125 g Butter, zimmerwarm
125 g Griesszucker
2 kleine Eier
1 Prise Salz
1 Zitrone (Schale) oder
1 Messerspitze Zimtpulver
oder 1–2 Tropfen Vanille-
essenz
250 g Weissmehl
Mehl zum Formen des
Teigs
Speckschwarte

Gerät:
Schüssel, gross
Briceleteisen

Bricelets

Zubereitung:
1. Butter in der Schüssel weiss rühren; in Etappen und abwechslungsweise Zucker und Eier dazurühren.
2. Gewürze und Mehl dazugeben, zu einem homogenen Teig kneten.
3. Zugedeckt eine Stunde kalt stellen.
4. Mit bemehlten Händen nussgrosse Kugeln formen.
5. Briceleteisen erwärmen; mit Speckschwarte leicht einfetten; ins Zentrum der Felder eine Teigkugel legen; Eisen zusammendrücken; beidseitig knusprig braun backen.

Variante:
Mandelbricelets
Bevor das Mehl zugegeben wird, 50 g geschälte, sehr fein gemahlene Mandeln in den Teig rühren.

520

Ergibt: 75 Stück

Zutaten:
5 Eier
500 g Puderzucker
5 g Zimtpulver
1 Prise Nelkenpulver
5 g Natron
150 g Bienenhonig,
erste Qualität
750 g Weissmehl
Mehl zum Auswallen
und für das Blech
Butter für das Blech

Gerät:
Schüssel, gross
Sieb
Backbleche, gross
Ausstecher,
rund, ⌀ ca. 5 cm

Lebküchlein

Zubereitung:
1. Zucker, 4 ganze Eier, 1 Eigelb und Honig in der Schüssel schaumig rühren.
2. Gewürze und Natron dazurühren; Mehl dazusieben; alles zu einem homogenen Teig zusammenkneten.
3. Auf bemehlter Unterlage ³/₄ cm dick auswallen; ausstechen; auf das eingefettete und gut bemehlte Blech legen; mit verklopftem Eiweiss bepinseln.
4. Über Nacht ruhen lassen
5. Im auf 180° vorgeheizten Backofen in ca. 15 Minuten backen.

521

Katzenzungen

Zutaten:
2 Eiweiss, kalt
100 g Puderzucker
100 g Weissmehl
1 dl Rahm

Gerät:
Schüssel, gross
Schüssel, klein
Schneebesen
Sieb
Gummischaber
Spritzsack
Backblech, gross
Kuchengitter
Palette
ferner:
Backpapier (Blechrein)

Zubereitung:
1. Backofen auf 190° vorheizen; Backblech mit Backpapier belegen.
2. Eiweiss in der grösseren Schüssel zu steifem Schnee schlagen.
3. Rahm in der zweiten Schüssel steif schlagen.
4. Abwechslungsweise Mehl und Zucker zu den Eiweiss sieben bzw. den Rahm locker darunterziehen.
5. Masse in den Spritzsack füllen; auf das Backpapier in nicht zu knappem Abstand kleinfingerlange, dünne Stäbchen spritzen.
6. Im Backofen in 12–15 Minuten backen: sie sollen innen hellgelb sein und aussen einen hellbraunen Rand haben.
7. Noch warm mit der Palette vom Blech nehmen und auf dem Gitter auskühlen lassen.

Varianten:
a) Palets de dames
Anstatt längliche Streifen zu dressieren, werden kleine Häufchen, die sich dann zu flachen Scheiben ausbreiten, auf das Backpapier gesetzt.
b) Mandelbögen
Der Katzenzungenteig wird gleichmässig dick auf das mit Backpapier belegte, rechteckige Blech gestrichen, mit Mandelscheibchen belegt, nur hellgelb gebacken, sofort in 3 cm breite und 5 cm lange Streifen geschnitten, welche über ein Wallholz gebogen werden, was sehr rasch geschehen muss, da die erkaltenden Gutzi schnell spröde werden.

Brunsli (Siehe Nr. 37)

Christbrötchen (Siehe Nr. 39)

Croquandeau (Siehe Nr. 40)

Croquants (Siehe Nr. 41)

522

Zutaten:
1 Pfund Mandeln
1 Pfund Puderzucker
3 EL Orangenblütenwasser
Vanilleglasur (Nr. 538f)
Puderzucker zum Auswallen des Teigs
Butter für die Backbleche

Gerät:
Moulinex
Kasserolle, mittelgross
Wallholz
Schüssel, gross
Leckerli-, Anisbrotmodel
oder Leckerliausstecher
Backbleche
Palette
Pinsel

Marzipanleckerli (Zürcher Leckerli)

Zubereitung:
1. Mandeln brühen, schälen, mit einem Tuch trockenreiben.
2. Mandeln im Moulinex sehr fein zerkleinern.
3. Mandeln, Zucker und Orangenblütenwasser mischen; auf sehr kleiner Flamme rühren, bis sich die Masse vom Boden löst und nicht mehr klebt.
4. Backofen auf 150° vorheizen; Bleche einfetten.
5. Den Teig auf mit Puderzucker bestäubter Unterlage ¾ cm dick auswallen; Model abdrücken, Leckerli schneiden bzw. ausstechen.
6. Leckerli auf das Blech setzen und 5–8 Minuten backen: sie sollen oben weiss und unten hellgelb sein.
7. Die heissen Leckerli mit der Glasur dünn bestreichen.

Bemerkungen:
Statt mit Orangenblütenwasser kann die Marzipanmasse auch mit Kirsch und einigen Tropfen Bittermandelessenz befeuchtet und parfümiert werden.

Varianten:
a) Rote Marzipanleckerli
Der fertigen Masse 1 EL Sandelholzpulver, 1 Messerspitze Zimtpulver und (nach Belieben) 50 g sehr fein gehacktes Zitronat und Orangeat beimischen.
b) Gefüllte Marzipanleckerli
Der Leckerliteig wird 3 mm dick ausgewallt. Ein Teil wird als Boden mit Buttenmost oder Himbeerkonfitüre bestrichen, der andere Teil daraufgelegt und dann die Leckerli ausgestochen.
c) Marzipankartöffelchen
Aus der fertigen Masse werden kleine Kartöffelchen geformt, mit einer Stricknadel Augen ausgestochen und die Kartöffelchen in Kakaopulver gewälzt; an der Wärme trocknen, nicht backen.

Basler Leckerli (Siehe Nr. 38)

Haselnussleckerli (Siehe Nr. 44)

523

Ergibt: ca. 30 Stück

Zutaten:
250 g Puderzucker
250 g sehr fein gemahlene
Mandeln
1 Zitrone, Schale
15 g Zimtpulver
50 g fein geriebene schwarze
Schokolade
Vanilleglasur (Nr. 538f)
Mehl zum Auswallen
Butter für das Blech

Gerät:
Kasserolle, mittelgross
Wallholz
Schüssel, gross
Zitronenraffel
Pressmodel
Pinsel

Schokoladenleckerli

Zubereitung:
1. Zucker, Mandeln und 3 EL kaltes Wasser in die Kasserolle geben und unter Rühren langsam erwärmen.
2. Wenn sich die Masse zusammenballt, in die Schüssel geben; Schokolade, Zimt und geraffelte Zitronenschale dazugeben und schnell zu einem homogenen Teig zusammenkneten.
3. Auf dünn bemehlter Unterlage 1 cm dick auswallen.
4. Model aufdrücken; mit einem scharfen Messer in Leckerli schneiden.
5. Backofen auf 120° vorheizen; Backbleche einfetten.
6. Leckerli dicht aneinander auf die Bleche legen.
7. Ca. 20 Minuten im Ofen trocknen.
8. Leckerli vom Blech nehmen, erkalten lassen und mit der Glasur bepinseln.

524

Zutaten:
125 g Griesszucker
4 Eigelb
3 Eiweiss, kalt
1 Zitrone, Schale
125 g Weissmehl
2 EL Puderzucker zum
Bestreuen

Gerät:
Backbleche, gross
Schüssel, gross
Schüssel, mittelgross
Schneebesen
Zitronenraffel
Sieb
Gummischaber
Spritzsack
Kuchengitter
ferner:
Backpapier (Blechrein)

Löffelbisquits

Zubereitung:
1. Eigelb, Griesszucker und Zitronenschale in der grösseren Schüssel schaumig schlagen.
2. Backofen auf 150° vorheizen; Backbleche mit Papier auslegen.
3. Eiweiss zu steifem Schnee schlagen; abwechslungsweise mit gesiebtem Mehl zur Eigelb/Zucker-Mischung geben; vorsichtig, schnell und nicht zu gewissenhaft mischen.
4. Masse in den Spritzsack füllen; auf die Bleche in gehörigem Abstand (!) 8–10 cm lange Streifen spritzen; mit Puderzucker bestäuben; sofort in den warmen Backofen stellen.
5. In ca. 20 Minuten gut durchbacken.
6. Sofort vom Blech nehmen; auf dem Gitter auskühlen lassen.

525

Ergibt: 12 Stück

Zutaten:
60 g Griesszucker
60 g Weissmehl
60 g Butter
2 Eier
2–3 Tropfen Vanilleessenz
Butter für die Form
Mehl zum Ausstäuben der
Form

Gerät:
Schüssel, mittelgross
Schneebesen
Sieb
Stielpfännchen
Madeleineform
(für 12 Stück)

Madeleines

Zubereitung:
1. Backofen auf 220° vorheizen; Form einfetten und mit Mehl ausstäuben.
2. Eier und Zucker in der Schüssel mit dem Schneebesen schaumig schlagen.
3. Butter im Pfännchen zergehen lassen.
4. Mehl in die Eier/Zucker-Mischung sieben und zu einem glatten Teig rühren.
5. Die nur noch lauwarme Butter und die Vanilleessenz einrühren.
6. Masse einfüllen und in 10–15 Minuten schön braun bakken.

526

Ergibt: 75–100 Stück

Zutaten:
Mailänderteig (Nr. 100)
Mehl zum Auswallen
Butter für die Bleche
2 Eigelb
1 EL Honig oder Puderzucker

Gerät:
Wallholz
Ausstechförmli
Pinsel
Backbleche, gross

Mailänderli

Zubereitung:
1. Eigelb, Honig (bzw. Zucker) und 1 KL Wasser verrühren; Bleche einfetten.
2. Teig auf bemehlter Unterlage ½ cm dick auswallen; ausstechen; nicht zu nahe nebeneinander auf das Blech legen; nochmals kalt stellen.
3. Backofen auf 200° vorheizen.
4. Mailänderli mit dem angerührten Eigelb bepinseln.
5. 10–15 Minuten backen.

Variante:
Mandelmailänderli
Der Masse werden nach den Eiern 100 g geschälte, fein gemahlene Mandeln zugegeben.

Makrönchen (Siehe Nr. 45)

527

Ergibt: ca. 60 Stück

Zutaten:
250 g Griesszucker
250 g Mandeln
250 g Weissmehl
150 g Butter, zimmerwarm
10 g Vanillezucker
3 Eiweiss
Mehl zum Formen des
Teigs
Butter für das Blech
2 KL Puderzucker für die
Glasur

Gerät:
Schüssel, gross
Mandelmühle
Sieb
Wallholz
Backbleche, gross
Pinsel

Mandelbrötchen

Zubereitung:
1. Mandeln schälen; mit dem Zucker zweimal durch die Mandelmühle treiben.
2. Butter in der Schüssel weiss rühren.
3. In einem Suppenteller 2 Eiweiss mit einer Gabel kurz durchschlagen.
4. Abwechslungsweise Zucker/Mandel-Masse und Eiweiss in die Butter geben und damit verrühren; Vanillezucker dazumischen.
5. Mehl dazusieben; schnell zu einem Teig zusammenwirken.
6. Den Teig mindestens ½ Stunde zugedeckt kalt stellen.
7. Backofen auf 200° vorheizen; Backbleche einfetten.
8. Teig auf bemehlter Unterlage zu einer gleichmässig dikken Rolle formen (∅ ca. 5 cm).
9. Rolle mit einem Messer in bleistiftdicke Scheiben schneiden.
10. In einem Suppenteller das dritte Eiweiss mit dem Puderzucker kurz durchschlagen; Brötchen auf der Oberseite damit bepinseln.
11. In 15–20 Minuten backen: sie sollen oben fast weiss, unten lichtgelb sein.

Bemerkungen:
Zur Verwendung der im Rezept nicht benötigten Eigelb siehe z.B. Nr. 55, 347.

528

Zutaten:
125 g Butter, zimmerwarm
1–2 Eier
175 g Griesszucker
1 EL Kirsch
150 g Mandeln, gemahlen
250 g Weissmehl
1 Eiweiss
Butter für das Blech

Gerät:
Backblech, gross
Schüssel, gross
Pinsel

Mandelgipfeli

Zubereitung:
1. Butter schaumig rühren.
2. Eier, Zucker, Kirsch und Mandeln dazugeben; mischen.
3. Mehl dazugeben; zu einem homogenen Teig kneten.
4. Die Hälfte des Teiges zu einer gleichmässig bleistiftdicken Wurst rollen; in ca. 6 cm lange Stücke schneiden; zu Gipfeli formen.
5. Backofen auf 180° vorheizen.
6. Den restlichen Teig gleich verarbeiten.
7. Gipfeli mit verklopftem Eiweiss bepinseln; auf dem eingebutterten Blech in 20 Minuten hellbraun backen.

Mandelzwiebäckchen (Siehe Nr. 42)

529

Zutaten:
250 g Mandeln
250 g Griesszucker
1 Zitrone, Schale
3 Eiweiss, kalt
1–2 Tropfen Bittermandel-
essenz
Vanilleglasur (Nr. 538f)
Butter für das Blech
Mehl für das Blech

Gerät:
Mandelmühle
Schüssel, klein
Schneebesen
Schüssel, gross
Zitronenraffel
Gummischaber
Backblech, gross
Pinsel

Pariser Makronen

Zubereitung:
1. Mandeln schälen; mit dem Zucker zweimal durch die Mandelmühle treiben.
2. Backofen auf 120° vorheizen; Backblech einfetten und mit Mehl bestäuben.
3. In der grossen Schüssel Mandel/Zucker-Masse mit der Bittermandelessenz und der fein geraffelten Zitronenschale vermischen.
4. In der kleinen Schüssel Eiweiss zu steifem Schnee schlagen.
5. Die Hälfte des Eiweisses mit der Masse mischen; die andere Hälfte dazugeben und mit dem Gummischaber sorgfältig darunterziehen.
6. Mit einem Löffel längliche Häufchen auf das Backblech setzen.
7. Im Ofen in ca. 20 Minuten lichtgelb backen.
8. Heiss mit dünner Vanilleglasur bepinseln.

Bemerkungen:
Zur Verwendung der im Rezept nicht benötigten Eigelb siehe z.B. Nr. 55, 347.

Varianten:
a) Gespritzte Pariser Makronen
Schnee von einem Eiweiss unter die obige Masse ziehen; mit dem Spritzsack Ringlein oder andere Figuren auf das Backblech spritzen. Nach dem Glasieren mit fein gehackten kandierten Früchten garnieren.
b) Schokoladenmakronen
Bevor die Eiweiss dem Teig zugefügt werden, 50 g schwarze, fein geriebene Schokolade in die Mandelmasse einkneten. Vor dem Backen jedes Makrönli mit einer geschälten und halbierten Mandel belegen. Mit Vanille- oder Schokoladeglasur (Nr. 538f oder 541) bepinseln.

530

Zutaten:
2 Eiweiss, kalt
125 g Puderzucker
40 g Schokoladepulver
Butter für das Blech
Mehl zum Bestäuben des
Blechs

Gerät:
Schüssel, mittelgross
Schneebesen
Gummischaber
Spritzsack
Backblech, gross

Schokoladenschäumli

Zubereitung:
1. Eiweiss sehr steif schlagen; die Hälfte des Zuckers dazugeben; weiterschlagen, bis die Masse glänzt.
2. Den restlichen Zucker und das Schokoladepulver mit dem Gummischaber locker darunterziehen.
3. Backofen auf 100° vorheizen; Blech einfetten und mit Mehl bestäuben.
4. Eiweissmasse in den Spritzsack füllen; nicht zu dicht Häufchen, Stäbchen oder S auf das Blech spritzen.
5. Ca. 1 Stunde im Ofen trocknen.

Bemerkungen:
Statt mit dem Spritzsack können die Schäumchen auch mit 2 Kaffeelöffeln geformt werden. – Alle Schäumli auf einem einzigen Blech backen, da die Schaummasse nicht auf die Verarbeitung warten darf!.

531

Ergibt: ca. 40 Stück

Zutaten:
200 g Butter
80 g Griesszucker
1 Päckli Vanillezucker
300 g Weissmehl
2 Eiweiss
1 Prise Salz
Butter für die Bleche
Vanilleglasur (Nr. 538f)

Gerät:
Schüssel, gross
Schüssel, klein
Backbleche, gross
Pinsel

Vanillebretzeli

Zubereitung:
1. Mehl, Salz und Butter in die grössere Schüssel geben; die Butter mit Mehl zwischen den Fingern verreiben.
2. Zucker, Vanillezucker und die verklopften Eiweiss dazugeben und alles zusammenwirken.
3. Einen Klumpen formen; mindestens 2 Stunden kühl stellen.
4. Backofen auf 180° vorheizen; Backbleche einfetten.
5. Aus dem Teig 10 cm lange, bleistiftdicke Würstchen drehen; zu Bretzeln formen.
6. In 10 bis 15 Minuten hellgelb backen.
7. Noch heiss mit Vanilleglasur bestreichen.

Bemerkungen:
Der Teig kann auch 3 mm dick ausgewallt und die Bretzeli mit einem Bretzeli-Ausstecher ausgestochen werden.

Variante:
Schokoladenbretzeli
Die fertig gebackenen Vanillebretzeli mit Schokoladeglasur (Nr. 541) bepinseln.

532

Zutaten:
100 g Butter
1 Prise Salz
4 Eier
250 g Weissmehl
3 dl Rahm
Öl für das Waffeleisen
Puderzucker
Zimtpulver

Gerät:
Schüssel, gross
Waffeleisen
Pinsel

Waffeln

Zubereitung:
1. Butter schaumig rühren; Salz dazugeben.
2. Eier und Rahm abwechslungsweise mit dem Mehl einarbeiten; den Teig gut schlagen.
3. Waffeleisen erhitzen; mit Öl bepinseln; mit einer Suppenkelle etwas Teig in die tiefere Seite des Eisens einfüllen; Eisen vorsichtig zuklappen; auf beiden Seiten hellbraun backen (ca. 4 Minuten).
4. Waffel vom Eisen lösen; mit Puderzucker und Zimt bestreuen.
5. Warm mit Sauce oder Schlagrahm oder zu Kompott servieren.

533

Ergibt: ca. 50 Stück

Zutaten:
250 g Griesszucker
2 Eier
100 g Zitronat
1 Zitrone, Schale und Saft
250 g Weissmehl
Mehl zum Auswallen
Butter für die Bleche
Zitronenglasur (Nr. 538a)

Gerät:
Schüssel, gross
Wiegemesser
Zitronenraffel
Schneebesen
Sieb
Wallholz
Backbleche, gross
Ausstechförmli, rund
Pinsel

Zitronenbrötchen

Zubereitung:
1. Backbleche einfetten; Zitronenschale raffeln; Zitronensaft auspressen; Zitronat mit dem Wiegemesser sehr fein hakken.
2. Eier, Zucker, Zitronat und Zitronenschale mit dem Schneebesen eine Viertelstunde schaumig klopfen.
3. 1 EL Zitronensaft zugeben; Mehl unter Rühren dazusieben; zusammenkneten; 1 Stunde im Eiskasten kalt stellen.
4. Teig auf bemehlter Unterlage auswallen; ausstechen und auf das Blech setzen.
5. Über Nacht bei Zimmertemperatur trocknen lassen.
6. Backofen auf 180° vorheizen; in 15 Minuten hellgelb backken.

534

Zutaten:
1 Pfund Mandeln
1 Pfund Griesszucker
4 Eiweiss, kalt
30 g Zimtpulver
½ Zitrone, Schale und Saft
Eiweissglasur (Nr. 540)
Zucker zum Auswallen
Butter für das Blech

Gerät:
Mandelmühle
Schüssel, gross
Schneebesen
Zitronenraffel
Wallholz
Pinsel
Backbleche, gross
Stern-Ausstechförmli

Zimtsterne

Zubereitung:
1. Backofen auf 120° vorheizen; Backblech einfetten.
2. Mandeln mit dem Zucker zweimal durch die Mandelmühle treiben.
3. Eiweiss zu steifem Schnee schlagen; Zimt, Zitronensaft, geraffelte Zitronenschale und Mandel/Zucker-Mischung vermischen und mit dem Eiweiss zu einem Teig verarbeiten.
4. Auf mit Zucker bestreuter Unterlage knapp 1 cm dick auswallen; Sterne ausstechen.
5. Die Sterne mit Eiweissglasur bepinseln; auf das Blech legen und in ca. 15 Minuten nicht zu trocken backen.

Bemerkungen:
Zur Verwendung der im Rezept nicht benötigten Eigelb siehe z. B. Nr.406, 432, 490, 549.

535

Zutaten:
3 Eiweiss
250 g Griesszucker
375 g Mandeln
15 g Zimtpulver
2 EL Kirsch
Zucker zum Auswallen
Butter für das Blech
Eiweissglasur (Nr. 540)

Gerät:
Schüssel, gross
Schneebesen
Mandelmühle
Backblech, gross
Wallholz
Pinsel

Zimtstengelchen

Zubereitung:
1. Backofen auf 120° vorheizen; Backblech einfetten.
2. Mandeln mit dem Zucker zweimal durch die Mandelmühle treiben.
3. Eiweiss kurz mit dem Schneebesen durchschlagen; mit den übrigen Zutaten zu einem Teig zusammenwirken.
4. Auf Zucker ½ cm dick auswallen; in kleinfingerlange Stäbchen schneiden, mit Glasur bestreichen.
5. 15–20 Minuten backen.

Bemerkungen:
Zur Verwendung der im Rezept nicht benötigten Eigelb siehe z. B. Nr. 36, 405, 409.

Harte Zuckerbrötchen (Siehe Nr. 43)

Quittenpaste (Siehe Nr. 46)

536

Zutaten:
5 Eiweiss
300 g Griesszucker
½ Zitrone
180 g Weissmehl
Butter für das Blech

Gerät:
Schüssel, gross
Schneebesen
Sieb
Gummischaber
Zitronenraffel
Backblech, gross

Geduldstäfeli

Zubereitung:
1. Eiweiss mit einigen Tropfen Zitronensaft zu sehr steifem Schnee schlagen.
2. Geraffelte Zitronenschale und Zucker dazugeben; Mehl dazusieben; mit dem Gummischaber sorgfältig mischen.
3. Mit einem Kaffeelöffel kleine Täfeli auf das eingefettete Blech setzen.
4. Einige Stunden oder über Nacht bei Zimmertemperatur trocknen lassen.
5. Im 80° heissen Backofen eher trocknen als backen; sie sollen hellgelbe Farbe annehmen.

537 Das Kochen des Zuckers

Zutaten:
500 g Griesszucker

Gerät:
Kasserolle, mittelgross
Zuckerthermometer/
Zuckerwaage
Pinsel
Holzzängchen

Zubereitung:
Zucker und kaltes Wasser (Menge siehe unten) in die Kasserolle geben; bei schwacher Hitze durch Rühren den Zucker auflösen; mit einem in heissem Wasser benetzten Pinsel die Zuckerkristalle, die sich am Kasserollenrand bilden, auflösen. Zuckerthermometer unter fliessend heissem Wasser erwärmen. Wenn der Zucker aufgelöst ist, Kochlöffel herausnehmen (nicht mehr rühren!), Thermometer in die Kasserolle stellen. Zuckerlösung kochen, bis die erforderliche Temperatur erreicht ist, Kasserolle in kaltes Wasser stellen, Konzentration prüfen.

a) Sirup
5 dl Wasser; kochen, bis 102° erreicht sind.

b) Schwacher Faden
2,5 dl Wasser; kochen, bis 104° erreicht sind. Probe: Zwischen den beiden Greifern eines Holzzängchens, die zusammengeklemmt in die Lösung getaucht werden, bildet sich beim Öffnen und Schliessen ein kurzer Faden.

c) Starker Faden
2,5 dl Wasser; kochen, bis 108° erreicht sind. Probe: Zwischen den beiden Greifern eines Holzzängchens, die zusammengeklemmt in die Lösung getaucht werden, bildet sich beim Öffnen und Schliessen ein starker, zäher Faden.

d) Flug
2,5 dl Wasser; kochen, bis 112° erreicht sind. Probe: Beim Blasen durch eine Gabel, die kurz in die Lösung getaucht wurde, bilden sich wegfliegende Blasen (System Seifenblase).

e) Balle
2,5 dl Wasser; kochen, bis 116–118° erreicht sind. Probe: 2 Finger in Eiswasser tauchen, etwas Lösung vom Kochlöffel zwischen diese Finger nehmen, sofort ins Eiswasser tauchen: der Zucker lässt sich zu einer Kugel formen.

f) Bruch
1/8 l Wasser; kochen, bis 140–155° erreicht sind. Probe: Ein Tröpfchen Lösung, in Eiswasser gegeben, wird sofort fest.

g) Caramel
8 dl Wasser; kochen, bis 160–180° erreicht sind.

538

Ergibt: Glasur für 1 grosse
oder 2 kleine Torten

Zutaten:
250 g Puderzucker
3 EL kaltes Wasser

Gerät:
Schüssel, klein

Zuckerglasur

Zubereitung:
Puderzucker mit der Flüssigkeit in 5–10 Minuten glatt und
dick rühren; sofort verwenden.

Bemerkungen:
Soll die Glasur dünnflüssig sein, tropfenweise kaltes Wasser dazugeben.

Varianten:
a) Zitronenglasur
Flüssigkeit: 3 EL Zitronensaft, gesiebt.

b) Orangenglasur
Flüssigkeit: 2 EL Zitronensaft, gesiebt, 2 EL Orangensaft, gesiebt

c) Rote Fruchtglasur
Flüssigkeit: 4 EL Fruchtsaft von eingekochten oder rohen Erdbeeren, Himbeeren oder Johannisbeeren, einige Tropfen Zitronensaft.

d) Kirschglasur
Flüssigkeit: 2 EL Kirsch, 2 EL kaltes Wasser.

e) Punschglasur
Flüssigkeit: 2 EL Rum oder Cognac, 2 EL kaltes Wasser.

f) Vanilleglasur
Flüssigkeit: 3 EL kaltes Wasser, einige Tropfen Vanilleex-
trakt.

539

Zutaten:
300 g Puderzucker
3 dl kaltes Wasser

Gerät:
Kasserolle, klein

Gekochte Zuckerglasur

Zubereitung:
Zucker und Wasser in die Kasserolle geben. Unter Rühren
vorsichtig erhitzen; so lange rühren, bis eine klare, dickliche
Masse entsteht. Sofort verwenden.

540

Ergibt: Glasur für 1 grosse
oder 2 kleine Torten

Zutaten:
250 g Puderzucker
2 Eiweiss
1 KL Zitronensaft, gesiebt

Gerät:
Schüssel, klein

Eiweissglasur (Glace royale)

Zubereitung:
Eiweiss und Puderzucker so lange rühren, bis eine homogene,
geschmeidige und weisse Masse entstanden ist. Zuletzt den
Zitronensaft dazurühren. Sofort weiterverwenden.

Bemerkungen:
Kann als Spritzglasur verwendet werden (Farbe durch Beigabe von Lebens-
mittelfarbe nach Belieben variieren): in kleine Papiercornets füllen, eine
kleine Spitze abschneiden, beliebige Verzierungen auf Torten oder Konfekt
spritzen.

541

Ergibt: Glasur für 1 grosse
oder 2 kleine Torten

Zutaten:
125 g Schokoladenpulver
125 g Puderzucker
5–6 EL kaltes Wasser
Gerät:
Bain-marie
Sieb

Schokoladenglasur

Zubereitung:
Schokolade im Wasserbad unter Rühren schmelzen. Puderzucker sieben und mit dem Wasser dazugeben. Rühren, bis die
Masse glatt ist und den Rücken eines Kochlöffels schön über-
zieht. Warm weiterverwenden.

542

Zutaten:
125 g Butter, zimmerwarm
100 g Puderzucker
3 Eigelb

Gerät:
Schüssel, mittelgross
Schneebesen
Sieb

Buttercrème

Zubereitung:
1. Butter schaumig rühren.
2. Puderzucker, löffelweise gesiebt, dazurühren.
3. Eigelb in einer Tasse verrühren.
4. Eigelb kaffeelöffelweise unter die Butter/Zucker-Mischung
   rühren; mindestens 5 Minuten weiterrühren.
5. Bis zur weiteren Verwendung kühl stellen.

Varianten:
Unter die oben beschriebene Buttercrème kann nach Belieben
nach dem Eigelb zusätzlich in kleinsten Portionen 80 g geschmolzene (aber wieder erkaltete) schwarze Schokolade,
Kirsch, sehr starker Kaffee (Instant), Zitronensaft oder Vanil-
lepulver und auch fein geriebene geröstete Mandeln oder
Haselnüsse gerührt werden.

543

Zutaten:
1 Eiweiss
60 g Griesszucker

Gerät:
Schüssel
Schneebesen
Sieb

Meringue- oder Baisermasse

Zubereitung:
Eiweiss zu steifem Schnee schlagen (S. 18); Zucker löffelweise dazusieben; weiterschlagen, bis aller Zucker aufgebraucht ist und sich die Eiweissmasse schneiden lässt. Sofort weiterverarbeiten!

Verwendung:
Meringuierte Rhabarberwähe (Nr. 474), Meringuierte Stachelbeerwähe (Nr. 476), Meringuiertes Apfelmus (Nr. 446), Meringues (Nr. 544).

544

Ergibt: ca. 25 Stück

Zutaten:
Meringuemasse (Nr. 543) von 4 Eiweiss und 200 g Griesszucker
2 EL Puderzucker
Butter für das Backblech
Mehl zum Bestäuben des Blechs

Gerät:
Backblech, gross
Sieb, klein
Kuchengitter

Meringues

Zubereitung:
1. Backofen auf 150° vorheizen; Blech einfetten und mit Mehl bestäuben.
2. Mit zwei Esslöffeln von der Masse Häufchen nicht zu nahe aufeinander auf das Blech setzen; mit Puderzucker bestäuben.
3. 50–70 Minuten backen: die Schalen sollten weiss bleiben oder höchstens leicht Farbe annehmen, evtl. Hitze etwas reduzieren.
4. Sofort vom Blech nehmen und auf dem Gitter auskühlen lassen.

Bemerkungen:
Mit steif geschlagenem Rahm (S. 22), paarweise an der Unterseite zusammengesetzt, anrichten.

Getränke

545

Portionen: 8–10

Zutaten:
500 g Erdbeeren
250 g Griesszucker
2 Flaschen guter Weisswein,
eisgekühlt

Gerät:
Bowlenschüssel

Erdbeerbowle

Zubereitung:
1. Erdbeeren waschen, entstielen, evtl. halbieren.
2. Beeren und Zucker in die Schüssel geben; 1 Flasche Wein dazugeben; sorgfältig mischen.
3. Zwei Stunden zugedeckt in den Eiskasten stellen.
4. Vor dem Anrichten die zweite Flasche Wein dazugiessen.

Varianten:
Unmittelbar vor dem Servieren eine Flasche Champagner dazugiessen.
Himbeerbowle
Gleiche Zubereitung wie Erdbeerbowle. Die Beeren nicht waschen, sondern nur verlesen.

546

Portionen: 6–8

Zutaten:
2 Flaschen guter Weisswein,
eisgekühlt
250 g Griesszucker
1 grosser Strauss Wald-
meister vor der Blüte

Gerät:
Bowlenschüssel

Waldmeisterbowle (Maibowle)

Zubereitung:
1. *Am Vortag:* Waldmeister pflücken, auf ein Tuch ausbreiten und über Nacht welken lassen. –
2. Zucker in der Schüssel mit einer Flasche Wein verrühren; Waldmeister bündeln, zusammenbinden.
3. Einen Kochlöffel über die Schüssel legen; den Waldmeisterstrauss daran so festbinden, dass die jungen Triebe in den Wein hängen.
4. 30 Minuten zugedeckt in den Eiskasten stellen.
5. Waldmeister entfernen, die zweite Flasche Wein dazugeben; sehr kalt servieren.

Bemerkungen:
Die jungen Blätter unter der Blüte tragen die meisten Aromastoffe; diese entwickeln sich beim Welken besonders intensiv.

Variante:
Unmittelbar vor dem Servieren ½ Flasche Champagner in die Bowle geben.

547

Portionen: 8–10

Zutaten:
1 kg weisse Pfirsiche
1 dl Gin
300 g Griesszucker
1 Flasche guter Weisswein,
eisgekühlt
1 Flasche Champagner,
eisgekühlt

Gerät:
Stielpfännchen
Bowlenschüssel

Pfirsichbowle

Zubereitung:
1. Pfirsiche einzeln kurz in kochendes Wasser tauchen; unter fliessend kaltem Wasser abschrecken, Haut abziehen.
2. Pfirsiche entsteinen, achteln; in die Schüssel geben; mit dem Zucker bestreuen; Gin darübergiessen.
3. 1 Stunde zugedeckt in den Eiskasten stellen.
4. Sorgfältig rühren; Wein und Champagner dazugeben.

548

Portionen: 4–6

Zutaten:
1 Flasche schwerer Rotwein
150 g Griesszucker
1 Zimtstengel
1 Gewürznelke
60 g Rosinen
1/2 Zitrone, Schale

Gerät:
Kasserolle, mittelgross mit
Deckel
Sieb

Glühwein (Vin chaud)

Zubereitung:
1. Wein, Zucker, Zimt, Nelke, Rosinen und die dünn abgeschälte Zitronenschale unter Rühren bis vors Kochen bringen.
2. Vom Feuer ziehen und zugedeckt zwei Minuten stehen lassen.
3. Sieben, heiss servieren.

Hypokras (Siehe Nr. 56)

549 Reformierter Tee

Portionen: 6–10

Zutaten:
8 dl Milch
1 KL Schwarzteeblätter
1 Stückchen Vanillestengel,
aufgeschlitzt
100 g Griesszucker
6 Eigelb

Gerät:
Kasserolle, mittelgross
Schüssel, mittelgross
Sieb

Zubereitung:
1. 4 EL Milch und Eigelb in der Schüssel verklopfen.
2. Restliche Milch, Zucker und Vanille in der Kasserolle aufkochen; Teeblätter dazugeben und nochmals aufkochen.
3. Unter Schlagen die kochende Milch zu den Eigelb geben.
4. Masse zurück in die Kasserolle geben; unter beständigem Schlagen mit dem Schneebesen bis vors Kochen bringen.
5. Sieben; heiss in Tassen anrichten.

Bemerkungen:
Zur Verwendung der im Rezept nicht benötigten Eiweiss siehe z. B. Nr. 44, 45, 518, 534, 543.

550 Zitronensirup

Zutaten:
2 kg Würfelzucker
6 Zitronen
25 g Zitronensäure

Gerät:
Schüssel, gross

Zubereitung:
1. Zuckerwürfel an den Zitronen abreiben.
2. Zucker, Zitronensäure und 1,5 l kaltes Wasser in die Schüssel geben; mit einem Tuch zudecken.
3. 6 Tage zugedeckt stehen lassen; dabei gelegentlich umrühren.

Variante:
Orangensirup
Gleiche Zubereitung wie Zitronensirup, nur werden die Zukkerwürfel an Orangen abgerieben.

Nusswasser (Siehe Nr. 57)

551

Portionen: 1

Zutaten:
1 Scheibe Zitrone
2–3 EL Rum
3–4 Stück Zucker
kochendes Wasser

Gerät:
1 hohes Stielglas
1 langstieliger silberner Löffel

Grog

Zubereitung:
Glas vorwärmen; Löffel hineinstellen; Zitronenscheibe, Zucker und Rum hineingeben; mit kochendem Wasser auffüllen.

552

Portionen: 10–15

Zutaten:
15 g Schwarztee
1 Pfund Zucker
1–3 Zitronen und Orangen, Schale
1 Flasche Rum

Gerät:
Teekanne, gross
Kasserolle, mittelgross
Sieb

Punsch

Zubereitung:
1. 1 Liter Wasser zum Kochen bringen; den Tee anbrühen; 4–5 Minuten ziehen lassen.
2. Rum, Zucker, ganz dünn abgeschälte Zitronen- und Orangenschalen in der Kasserolle unter Rühren langsam erhitzen.
3. Den gesiebten Tee und den gesiebten Rum zusammengiessen.
4. Heiss oder kalt servieren.

Eingemachtes

Konfitüren und Gelées
Saure und sauersüsse Früchte und Gemüse
Früchte in Alkohol

553 Aprikosenkonfitüre

Zutaten:
1 kg Aprikosen, entsteint
und geviertelt
700 g Griesszucker

Gerät:
Kasserolle, gross
Gläser mit Schraub-
verschluss

Zubereitung:
wie Zwetschgenkonfitüre (Nr. 558).

Buttenmost (Siehe Nr. 59).

554 Erdbeerkonfitüre

Zutaten:
1 kg Erdbeeren
800 g Griesszucker
½ Zitrone, Saft

Gerät:
Kasserolle, gross
Gläser mit Schraub-
verschluss

Zubereitung:
1. Erdbeeren waschen, entstielen; je nach Grösse halbieren
   oder vierteln.
2. Zucker, Früchte und Zitronensaft in der Kasserolle aufs
   Feuer geben; unter beständigem Rühren 7–10 Minuten
   kochen: der Saft soll in breiten Tropfen von der Kelle fallen; dabei gelegentlich abschäumen.
3. Heiss in vorgewärmte Gläser füllen; Gläser sofort verschliessen.

555 Himbeerkonfitüre

Zutaten:
1 kg Himbeeren
800 g Griesszucker

Gerät:
Kasserolle, gross
Gläser mit Schraub-
verschluss

Zubereitung:
Wie Kirschenkonfitüre (Nr. 556); Kochzeit: 8–10 Minuten.

556

Zutaten:
1 kg Kirschen, entstielt
und entsteint
800 g Griesszucker

Gerät:
Kasserolle, gross
Gläser mit Schraub-
verschluss

Kirschenkonfitüre

Zubereitung:
1. Früchte und Zucker in der Kasserolle aufs Feuer geben.
2. Unter beständigem Rühren zum Kochen bringen;
   10–12 Minuten kochen, bis der Saft in breiten Tropfen von
   der Kelle fällt.
3. Heiss in vorgewärmte Gläser füllen; Gläser sofort verschliessen.

Bemerkungen:
Gleich zubereitet wird Weichselkirschenkonfitüre. Sehr empfehlenswert ist
eine Mischung beider Kirschensorten. Wer diese Konfitüre stark geliert
wünscht, verwende Gelierzucker oder ersetze einen Teil der Früchte durch
stark gelierende Stachelbeeren.

557

Zutaten:
1 kg nicht ausgereifte
Stachelbeeren
800 g Griesszucker

Gerät:
Kasserolle, gross
Gläser mit Schraub-
verschluss

Stachelbeerkonfitüre

Zubereitung:
1. Die gewaschenen, von Stiel und Blüte befreiten Beeren, den
   Zucker und 1,5 dl Wasser in die Kasserolle geben und langsam zum Kochen bringen.
2. Langsam 10–12 Minuten köcherlen; abschäumen. Die
   Konfitüre ist fertig, wenn der Saft in breiten Tropfen von
   der Kelle fällt.
3. Heiss in die vorgewärmten Gläser füllen; Gläser sofort verschliessen.

Bemerkungen:
Die Stachelbeeren sollten noch hellgelb und durchsichtig sein. Ausgereifte
Früchte haben eine zähe Haut und werden deshalb vor dem Kochen durch den
Fleischwolf gedreht.

Quittenkonfitüre (Siehe Nr. 60).

558

Zutaten:
1 kg Zwetschgen, entsteint
und geviertelt
800 g Griesszucker

Gerät:
Kasserolle, gross
Gläser mit Schraub-
verschluss

Zwetschgenkonfitüre

Zubereitung:
1. Zwetschgen und Zucker in der Kasserolle zum Kochen bringen.
2. Auf mittlerer Flamme unter Rühren kochen, bis der Saft in breiten, zähen Tropfen von der Kelle fällt (20–30 Minuten).
3. Abschäumen; heiss in vorgewärmte Gläser einfüllen; Gläser sofort verschliessen.

559

Zutaten:
1 kg unreife Äpfel oder reife
Quitten
Griesszucker
Traubenzucker (Glukose)

Gerät:
Kasserolle, gross
Locker gewebtes Leinentuch
Schüssel, gross
Gläser mit Schraub-
verschluss
ferner:
Küchenschnur

Apfel- oder Quittengelée

Zubereitung:
1. Früchte vorbereiten: mit einem Tuch abreiben; ungeschält und mit dem Kerngehäuse achteln.
2. Einen Stuhl umgekehrt (Beine nach oben) auf den Küchentisch stellen; zwischen die Beine das zuvor nass gemachte Passiertuch hineinhängen und an allen 4 Stuhlbeinen festbinden; Schüssel unter das Tuch stellen.
3. Früchte in die Kasserolle geben; knapp mit kaltem Wasser bedecken; zum Kochen bringen und in 30–40 Minuten ganz weich kochen.
4. Früchte und Saft in das vorbereitete Tuch giessen; über Nacht den Saft ablaufen lassen; nicht pressen, nicht in den Früchten stochern, damit der Fruchtsaft klar bleibt.
5. Fruchtsaft abmessen; auf ½ l Saft wird 1 Pfund Zucker abgewogen: 400 g Griesszucker und 100 g Glukosezucker.
6. Fruchtsaft und Zucker in die Kasserolle geben und langsam zur Geléedicke einkochen: das Gelée soll breit und schwer vom Kochlöffel ablaufen, was nach 8–10 Minuten der Fall sein wird.
7. Abschäumen; Geléeprobe machen (S. 19).
8. Heiss in vorgewärmte Gläser füllen; Gläser sofort verschliessen.

Bemerkungen:
Durch das langsame und nicht stark sprudelnde Einkochen erhält Quittengelee seine rötliche Farbe. – Die 10% Glukosezucker verhindern das Kristallisieren des Zuckers während der Lagerung.

560

Zutaten:
1 kg Johannis-, Brombeeren
oder blaue Trauben
Griesszucker
Traubenzucker (Glukose)

Gerät:
Kasserolle, gross
Locker gewebtes Leinentuch
Schüssel, gross
Gläser mit Schraub-
verschluss
ferner:
Küchenschnur

Gelée von Beeren

Zubereitung:
1. Früchte vorbereiten: waschen; Johannisbeeren mit einer
   Gabel von den Stielen streifen, Traubenbeeren abzupfen.
2. Einen Stuhl umgekehrt auf den Küchentisch stellen (Beine
   nach oben); zwischen die Beine das zuvor nass gemachte
   Passiertuch hineinhängen und an allen 4 Stuhlbeinen festbinden; Schüssel unter das Tuch stellen.
3. Die Früchte mit 4 EL Wasser in die Kasserolle geben; zum
   Kochen bringen; Hitze reduzieren und unter beständigem
   Rühren 5–10 Minuten köcherlen: die Früchte sollen auf-
   springen und Saft abgeben.
4. Früchte und Saft in das vorbereitete Tuch giessen. Über
   Nacht den Saft ablaufen lassen, aber weder pressen noch in
   den Beeren stochern, damit der Fruchtsaft klar bleibt.
5. Fruchtsaft abmessen; auf $^1/_2$ l Saft wird 1 Pfund Zucker
   abgewogen: 400 g Griesszucker und 100 g Glukosezuk-
   ker.
6. Zucker und Fruchtsaft in die Kasserolle geben; durch Rühren den Zucker auflösen.
7. Aufs Feuer setzen; ohne Rühren 3–5 Minuten sprudelnd
   kochen; abschäumen; Gelierprobe machen: Der Saft soll
   in breiten Tropfen von der Kelle fallen; ein auf ein Tellerchen gegebenes Löffelchen Gallerte gewinnt nach kurzer
   Zeit an Konsistenz; für Perfektionisten: das Zuckerthermometer zeigt 105°.
8. Heiss in vorgewärmte Gläser füllen; Gläser sofort verschliessen.

Bemerkungen:
Die 10% Glukosezucker verhindern das Kristallisieren des Zuckers während
der Lagerung.

Quittenschnitze (Siehe Nr. 58)

561

Zutaten:
3 Pfund Preiselbeeren
500 g Griesszucker
4 dl Rotwein
2 dl Essig
In ein Tüllsäcklein
gebunden:
   2 Gewürznelken
   1 Lorbeerblatt
   1 Stückchen Zimtstengel
   10 Pfefferkörner

Gerät:
Sieb
Emaillekasserolle
Siebkelle
Schüssel, gross mit Deckel
Gläser mit Schraub-
verschluss

Preiselbeeren, sauersüss

Zubereitung:
1. Preiselbeeren etappenweise im Sieb mit kaltem Wasser abspülen.
2. Zucker, Wein, Essig und das Tüllsäcklein mit den Gewürzen in die Kasserolle geben; zum Kochen bringen.
3. Preiselbeeren etappenweise in die leise kochende Flüssigkeit geben, köcherlen, bis die Beeren zu platzen beginnen; mit der Siebkelle herausnehmen, abtropfen lassen, in die Schüssel geben; die nächste Portion gleich verarbeiten.
4. Den heissen Saft über die gekochten Beeren giessen; Schüssel zudecken; 24 Stunden ziehen lassen.
5. Saft (ohne Beeren) aufkochen; 10 Minuten kochen, abkühlen lassen; über die Beeren giessen; 24 Stunden ziehen lassen.
6. Saft (ohne die Beeren) aufkochen; 10 Minuten köcherlen; heiss über die Beeren giessen.
7. Heiss in vorgewärmte Gläser füllen; Gläser sofort verschliessen.

Bemerkungen:
Als Beilage zu Wild, Suppenfleisch oder kalten Fleischplatten servieren.

562

Zutaten:
3 Pfund nicht zu reife
Zwetschgen erster Qualität
6 dl Weinessig erster
Qualität
750 g Zucker
1 Riemchen hauchdünn
abgeschälte Zitronenschale
3 Gewürznelken
1 Stückchen Zimtstengel

Gerät:
Emaillekasserolle
Schüssel, gross mit Deckel
Steinguttopf
Sieb

Zwetschgen, sauersüss

Zubereitung:
1. Essig, Zucker und Gewürze aufkochen; abschäumen; erkalten lassen.
2. Zwetschgen mit einem Tuch abreiben; mit einem Zahnstocher mehrmals einstechen; in die Schüssel geben.
3. Die erkaltete Flüssigkeit über die Zwetschgen giessen; Schüssel zudecken; 24 Stunden ziehen lassen.
4. Den Saft (ohne die Zwetschgen) aufkochen; etwas abgekühlt wieder über die Früchte giessen; 24 Stunden ziehen lassen.
5. Den Saft aufkochen; Zwetschgen dazugeben (evtl. in Etappen) und auf schwachem Feuer kurz kochen: sie müssen kleine Risse bekommen.
6. Zwetschgen in das Steingutgeschirr einfüllen; Saft dazusieben: die Früchte müssen von Saft bedeckt sein.
7. Gut verschlossen im Keller kühl lagern; frühestens nach 6–8 Wochen kalt als Beilage zu Suppenfleisch, kalten Fleischplatten oder kalter Pastete servieren.

563

Zutaten:
1 kg kleine Cornichons
1 l guter Weissweinessig
(mindestens 6% Säure)

Gerät:
Schüssel, gross mit Deckel
Emaillekasserolle
Sieb
Gläser mit Schraub-
verschluss

Cornichons

Zubereitung:
1. Cornichons waschen; in die Schüssel legen; so viel Essig dazugiessen, dass die Gürkchen 2 cm hoch davon zugedeckt sind; den Essig in die Kasserolle abgiessen und aufkochen.
2. Kochend heiss über die Cornichons giessen; zugedeckt 24 Stunden ziehen lassen.
3. Essig zurück in die Kasserolle geben und aufkochen; heiss über die Gürkchen giessen; 1,2 dl frischen Essig dazugeben.
4. Nach 24 Stunden den unter Punkt 3 beschriebenen Arbeitsgang wiederholen.
5. Heiss in die vorgewärmten Gläser füllen; Gläser sofort verschliessen.

Bemerkungen:
Die Cornichons müssen in den Gläsern nicht zu knapp von Flüssigkeit bedeckt sein; evtl. mit Essig verlängern!

564

Ergibt: ca. 1 kg

Zutaten:
1 Kürbis à 1 kg
2 dl Weissweinessig
2 dl Wasser
300 g Griesszucker
1 Stückchen dünn ab-
geschälte Zitronenschale
2 Gewürznelken
1 Stückchen Zimtstengel
2 Muskatblüten (fakultativ)
1 Stückchen geschälter frischer Ingwer (fakultativ)
5 Pfefferkörner

Gerät:
Emaillekasserolle, mittel-
gross
Schüssel, mittelgross mit
Deckel
Sieb
2–3 Gläser mit Schraub-
verschluss

Kürbis, sauersüss

Zubereitung:
1. Essig, Wasser, Zucker und Gewürze in die Kasserolle geben, aufkochen; eine Viertelstunde köcherlen.
2. Kürbis schälen; die inneren weichen Teile mit den Kernen wegschneiden; das Kürbisfleisch (ca. 600 g) in gleich grosse Würfel schneiden.
3. Kürbiswürfel in die Essig/Zucker-Lösung geben; ungedeckt ganz leise köcherlen, bis die Würfel weich und glasig sind (ca. 20 Minuten).
4. Kürbis mit der Kochflüssigkeit in die Schüssel geben.
5. Zudecken und 12 Stunden ziehen lassen.
6. Kürbiswürfel in die Gläser einfüllen.
7. Saft in der Kasserolle auf lebhaftem Feuer zu einem dikken Sirup einkochen.
8. Den heissen Sirup in die Gäser sieben (die Würfel sollten davon ganz bedeckt sein).
9. Die Gläser sofort fest verschliessen.
10. Nach einigen Wochen Ruhezeit kalt als Beilage zu Suppenfleisch, kalten Fleischplatten oder kalter Pastete servieren.

Variante:
Gurken, sauersüss
Werden mit Schlangengurken anstelle von Kürbis auf die gleiche Art zubereitet.

565

Zutaten:
1–2 nicht zu reife Melonen
(ca. 3 Pfund)
6 dl Weissweinessig
500 g Griesszucker
6 Gewürznelken
1 kleiner Zimtstengel
1 TL Salz
6 Pfefferkörner

Gerät:
Schüssel, mittelgross mit
Deckel
Emaillekasserolle
Sieb
Gläser mit Schraub-
verschluss
Schaumkelle

Melone, sauersüss

Zubereitung:
1. Melonen schälen und entkernen; Fruchtfleisch (netto ca. 700 g) in grosse Würfel schneiden; in die Schüssel geben.
2. Essig, Zucker und Gewürze aufkochen; den Zucker durch Rühren ganz auflösen.
3. Flüssigkeit gut warm, aber nicht kochend heiss über die Melonenwürfel giessen; zugedeckt 48 Stunden ziehen lassen.
4. Flüssigkeit zurück in die Kasserolle sieben; aufkochen; Melonenwürfel hineingeben und ganz leise köcherlen, bis sie glasig sind (ca. 8 Minuten); abschäumen.
5. Heiss in die vorgewärmten Gläser füllen; Gläser sofort verschliessen.
6. Frühestens nach einem Monat servieren.

Bemerkungen:
Kleine Einmachgläser sind zur Lagerung grossen vorzuziehen, da einmal geöffnete Gläser in 3–4 Wochen verbraucht werden sollten. – Kühl und dunkel lagern.

566

Zutaten:
1 kg Gemüse: Cornichons,
Perlzwiebeln, Rüebli, Blumenkohl
2 Zweiglein frischer Estragon
½ Lorbeerblatt
4 Gewürznelken
5 Pfefferkörner
1 EL Senfkörner
ca. 1 l Kräuteressig
10 g Salz

Gerät:
Emaillekasserolle, gross
Sieb
Gläser mit Schraubver-
schluss

Mixed Pickles

Zubereitung:
1. Gemüse rüsten: Zwiebeln schälen, Rüebli schälen und in kleine Stengel schneiden, Blumenkohl in Röschen zerpflücken, Cornichons abbürsten.
2. In kochendem Salzwasser das Gemüse nacheinander knakkig kochen: Rüebli ca. 6–8 Minuten, Blumenkohl 7–8 Minuten, Zwiebeln und Cornichons 2–3 Minuten.
3. Gemüse abtropfen lassen; lagenweise mit Gewürzen in die Gläser füllen.
4. Gläser mit dem Essig auffüllen und verschliessen.

567

Früchte in Alkohol

Zutaten:
1 Pfund Früchte, nicht zu
reif, erstklassige Qualität
Griesszucker:
   zu Erdbeeren 500 g
   zu Weichselkirschen
   350 g
   zu Trauben 350 g
4–5 dl Eau de vie

Gerät:
Gläser mit Schraub-
verschluss

Zubereitung:
1. Früchte vorbereiten: Erdbeeren ganz lassen, aber entstielen; Kirschenstiele auf 2 cm verkürzen; Trauben so zerpflücken, dass Zweiglein mit 3–4 Beeren entstehen.
2. Abwechselnd Früchte und Zucker in die Gläser einfüllen.
3. So viel Eau de vie einfüllen, dass es daumenbreit über den
   Früchten steht.
4. Gläser verschliessen; 3 Wochen an die Sonne stellen; Gläser von Zeit zu Zeit umdrehen, damit sich der Zucker auf-
   löst.

Anhang

Glossar

Ablöschen: z. B. dem Fleisch nach dem Anbraten oder Mehl nach dem Anschwitzen unter Rühren langsam Flüssigkeit zufügen

Abschmecken: ein Gericht unmitelbar vor dem Anrichten durch Zugabe von Salz und/oder Würzstoff (Zitronensaft, Alkohol, Gewürze, frische Kräuter, Butter, etc.) geschmacklich abrunden

Al dente: den Kochprozess so kurz halten, dass etwa Gemüse leicht knackige, Teigwaren noch nicht butterweiche Konsistenz aufweisen

Anken: Butter

Anrichten: zum Auftragen die fertig zubereiteten Speisen auf heisse Platten oder heisse Teller arrangieren

Anziehen lassen: unter Wenden leicht anbraten

Ausstäuben: das eingefettete Innere einer Backform mit einem Hauch von Mehl versehen

Bähen: ohne Zugabe von Fettstoff bräunen, toasten

Bain-marie: Wasserbad; siehe S. 23

Begiessen: z. B. Fisch oder Fleisch während des Bratens mit dem Saft, der sich am Boden des Kochgeschirrs gesammelt hat, beträufeln

Beizen: in kräftige Flüssigkeit mit Gewürzen einlegen, marinieren

Bestäuben: locker mit einer dünnen Schicht Mehl oder Puderzucker versehen

Binden: dicker machen; siehe S. 17

Blanchieren: mehr oder weniger lang in kochendes Salzwasser geben: z. B. Speckwürfelchen, um ihnen einen Teil des Salzes; Kohl, um ihm etwas von seinem scharfen Geschmack zu entziehen; Tomaten, um ihnen die Haut abziehen zu können; aber auch Gemuse gar kochen

Blind backen: siehe S. 17

Bratengarnitur: Zwiebel, Lorbeerblatt, Gewürznelke, Pfefferkörner, Rüebli, evtl. Brotranft, etc. als Beigabe beim Braten von Fleisch und Fisch

Brösmeli: Brosamen, Paniermehl

Buttenmost: mit Zucker zu Konfitüre gekochtes Hagebuttenmark

Eiskasten: Kühlschrank

Entfetten: siehe S. 18

Erbsli: Gartenerbsen

Fakultativ: kann als Zutat weggelassen werden

Farce: Fülle, meist zur Hauptsache aus gehacktem Fleisch; für Pasteten, Gemüse, etc.

Farcieren: füllen

Flambieren: mit hochprozentigem Alkohol übergiessen und anzünden

Fleischvögel: Fleischrouladen

Fritieren: in heissem Öl oder Fett schwimmend oder halbschwimmend backen

Gallerte: Aspic, Sulze, Gelée
Gipfeli: Hörnchen
Glasieren: mit einem glänzenden Überzug versehen
Gratinieren: überbacken; die Oberfläche fertig zubereiteter
    Gerichte bei starker Oberhitze bräunen
Gschwellti: Pellkartoffeln
Gutzi: kleines Gebäck, Plätzchen

Hirni: (Kalbs-) Hirn

Instant: lösliches Konzentrat in Pasten- (Bouillon), Granulat-
    (Kaffee) oder Pulverform (Sülze)

Julienne: Gemüse oder Schale von Citrusfrüchten, in dünne
    Streifchen geschnitten
Jus: Braten- oder Fleischsaft; siehe auch Nr. 65

Köcherlen: ganz leicht kochen lassen

Legieren: dicker machen; siehe S. 17
Lummel/Lümmeli: Filet

Marinade: mit Gewürzen angereicherte kräftige Flüssigkeit
    zum Einlegen von Fleisch
Marinieren: in kräftige Flüssigkeit mit Gewürzen einlegen
Milke: Kalbsmilch, Bries
Model: Pressform aus Holz, Ton oder Kunststoff

Nappieren: mit einer Sauce überziehen
Nüsslisalat: Feldsalat

Paniermehl: Semmelbrösel
Parieren: überflüssiges Fett, Haut, Sehnen, etc. wegschnei-
    den
Passieren: sieben, seihen, durch ein Sieb oder Passevite trei-
    ben
Peterli: Petersilie
Pfaffenröhrli: junger Löwenzahn, Pissenlits
Pfannenfertig: siehe S. 19
Plätzli: dünne Scheibe/n Fleisch
Pochieren: in Flüssigkeit, die nicht oder kaum siedet, gar wer-
    den lassen

Raffeln: auf einer Raffel (Reibe) reiben
Ranft: das dunkel gebackene Äussere von Brot, Wähen und
    Kuchen
Reduzieren: durch Einkochen auf die gewünschte Konzentra-
    tion bringen
Rippli: Schweinscarré, eingesalzen und kalt geräuchert
Rüebli: Karotte/n, Möhre/n

Saranpapier: Klarsichtfolie
Sautieren: Nahrungsmittel, besonders Fleisch auf dem Herd
    bei starker Hitze braten
Schaumig rühren: siehe S. 19

Schwenken: weich gekochtes Gemüse, z.B. Kartoffeln, in einer Kasserolle mit heisser Butter überziehen

Schwöbli: Brötchen mit charakteristischer Form, 50 g schwer

Stürzen: z.B. einen Pudding aus der Form nehmen; siehe S. 22

Täfeli: Bonbon/s

Tranche: Scheibe

Tranchieren: in Stücke zerlegen, in Scheiben schneiden

Unterziehen/Darunterziehen: z.B. Eierschnee oder Schlagrahm mit Hilfe eines Gummischabers locker unter eine festere Masse mischen; muss mittels vertikaler Kreisbewegungen geschehen, damit möglichst viel Luft in die Masse kommt

Verkleppern/Verklopfen: Eiweiss oder ganze Eier in einem tiefen Teller mit Hilfe einer Gabel kurz durchschlagen

Vögel: Rouladen

Wähe: Flacher, fladenartiger Kuchen mit dünnem Boden und Rand aus Teig, belegt mit Früchten oder Eiermasse mit Käse oder Gemüse

Wallholz: Teigroller

Warm stellen: siehe S. 22

Wasserbad: siehe S. 23

Weggli: Brötchen

Weinbeeren: Oberbegriff für Korinthen, Rosinen, Sultaninen

Ziehen lassen: in Flüssigkeit knapp unter dem Siedepunkt gar werden lassen

Abkürzungen

∅	Durchmesser
ca.	circa
cm	Zentimeter
EL	Esslöffel
g	Gramm
kg	Kilogramm
KL	Kaffeelöffel
l	Liter
mm	Millimeter
TL	Teelöffel
z.B.	zum Beispiel

Zu den Abbildungen

Im Gegensatz zu früheren Auflagen der «Basler Kochschule» finden sich in der vorliegenden Ausgabe keine Photos von Gerichten als Illustration zum Text, den Rezepten. Als Vorlagen für die Abbildungen haben wir Motive ausgewählt, die auf irgendeine Weise mit der Ernährung in Basel, mit baslerischer Küche und Esskultur in Beziehung stehen. Photograph und Bearbeiter danken an dieser Stelle den Verwaltern und Besitzern der kostbaren Bildquellen für Entgegenkommen vielfacher Art und Erlaubnis zur Veröffentlichung.

A. M./A. v. St.

Vorsatz vorne

Abdrücke eines Waffeleisens (Massstab 1:1). Basel, datiert 1577. Historisches Museum Basel, Inv. 1930.36.
Links: Wappen, Initialen des Auftraggebers (BW) und Jahr (1577); Umschrift: Bernhart Witnauer und Burger zů Basell.
Rechts: Wappen Döbelin (Fisch zwischen zwei Webstuhlstotzen); Umschrift: Barbara Debelerinn sin eliche Husfrau.

Seite 20

Kochbuch des Meister Hans, «des von Wirtenberg koch». Handgeschrieben, mit roten Rubrizierungen. Basel, um 1460. Universitätsbibliothek Basel, A N V 12.
Vorrede (pag. 17r): Wer ein gůt můs wil haben / das mach von sibennler sach(e)n / du můst haben, milich, saltz, / und schmaltz, zugker, ayer, / und mel saffran, dar zue So / wirt es gell..

Seite 21

Anna Wecker, Ein köstlich new Kochbuch von allerhand Speisen, an Gemüsen, Obs, Fleisch, Geflügel, Wildpret, Fischen und Gebachens.. Amberg: Michael Forster, 1597. Titelblatt der 3. Ausgabe von 1600. Exemplar der Universitätsbibliothek Basel, Frey-Gryn. P II 18.
Erstes gedrucktes deutschsprachiges Kochbuch von Frauenhand. Die Autorin, Anna Wecker, geborene Keller, von Basel, war verheiratet mit Johann Jacob Wecker, Professor der Dialektik in Basel, seit 1566 Stadtphysicus zu Colmar. Das Kochbuch wurde posthum durch den Schwiegersohn, Nicolaus Taurellus, veröffentlicht. 8 Ausgaben, 1597–1697; Reprint der Erstausgabe, München: Heimeran, 1977. – Der Holzschnitt auf dem Titelblatt in Anlehnung an die Titelillustration eines anderen berühmten Kochbuches, des «new Kochbuch» von Markus Rumpolt (Frankfurt am Main 1581), vielleicht vom Basler Holzschneider Jost Amman.

Seite 34/35

«Foire de Basle», Lithographie nach Nicolaus Weiss. Staatsarchiv Basel, Bildersammlung Wack D 161.
Die Ansicht des Basler Marktplatzes im 19. Jahrhundert zeigt einen, gemessen an den heutigen Verhältnissen, ungleich vielfältigeren Marktbetrieb. An den Trachten der Marktleute wird deutlich, dass Waren aus der ganzen Region feilgeboten wurden.

Seite 43   Rechnung vom 5.11.1864 für ein Zunftessen mit 80 Gedecken
                                 in der Schmiedenzunft Basel von Gottlieb Schneider, Trai-
                                 teur. Staatsarchiv Basel, Zunftarchive, Schmiedenzunft
                                 D2.
                                 Gottlieb Schneider (1836–1871), seit 1863 verheiratet mit
                                 Amalia Schlöth (1839–1888), war auch Gründer einer Koch-
                                 schule, die nach seinem Tode von seiner Frau weiter betrieben
                                 wurde. Aus den Erfahrungen mit ihren Kochschülern basiert
                                 die vorliegende «Basler Kochschule», wie die Autorin im
                                 Vorwort zur ersten Auflage (1877) selbst ausführt.

Seite 53   Menukarte zum Festessen anlässlich der Eröffnung des neu-
                                 erbauten Stadttheaters in Basel, 20. September 1909. Staatsar-
                                 chiv Basel, Bildersammlung 2, 500.
                                 Die Bezeichnungen der Speisen nehmen Bezug auf Ort und
                                 Anlass, sagen jedoch wenig über die Zubereitungsart der Ge-
                                 richte aus: Sauce Rubens, à la bâloise (im Zusammenhang mit
                                 Kalbfleisch!) und à la Tannhäuser sind wohlklingende Phan-
                                 tasiebezeichnungen. Bezeichnend, dass der Lachs offenbar aus
                                 dem Rhein stammte und selbstverständlich ein deutscher
                                 Wein zum Programm gehört.

Seite 64/65   Rudolf Huber (1770–1844), Gruppenbild der Basler Künstler-
                                 gesellschaft, 1790. Staatsarchiv Basel, Bildersammlung 17,
                                 176.
                                 Der Kupferstich zeigt einen «Künstlerschmaus im Legrandi-
                                 schen Haus, Blumenrain 5» in Basel. Die Teilnehmer sind am
                                 unteren Bildrand mit Namen bezeichnet.

Seite 90/91   Hans Hug Kluber (1535/36–1578), Bildnis der Familie des
                                 Basler Goldschmieds Hans Rudolf Faesch (1510–1564). Gefir-
                                 nisste Tempera auf Leinwand. 1559. 127, 5×207,5 cm, Aus-
                                 schnitt. Kunstmuseum Basel, Inv. 1936.
                                 Messer als einzige Bestecke dienen beim Zerlegen der Speisen
                                 auf den ovalen Holzbrettli, teilvergoldete Tischbecher in Sil-
                                 ber zum Trinken, dem Sohn Hans Rudolf ein vergoldeter
                                 Pokal. Die Speisen – Geflügel und Äpfel – sind in Zinnschüs-
                                 seln angerichtet, eine Kanne und eine Flasche aus Zinn zum
                                 Kühlen in ein Bassin abgestellt. Auf dem mit weissem Linnen
                                 gedeckten Tisch ausserdem Brote, Salzstreuer und ein Silber-
                                 kännchen.

Seite 105   Bühler's Biergarten in Basel, Photographie, Dessin und Licht-
                                 druck der Gebrüder Bossert, Basel, um 1890. Staatsarchiv
                                 Basel, Bildersammlung 2, 1457.
                                 Das als Werbeprospekt gestaltete Blatt zeigt in fünf Ansichten
                                 das renommierte Etablissement an der Sternengasse 18. Bild
                                 und Wort erinnern an Gastbetriebe von Münchner Zuschnitt,
                                 die in Basel längst nicht mehr zu finden sind: mit original
                                 Franziskanerbräu im Offenausschank, Konzert im Musikpa-
                                 villon (dienstags und freitags) und an kühle Sommerabende bei
                                 Illumination durch 600 Gasflammen.

Seite 120/121   Puppenküche des späten 19. Jahrhunderts aus der Sammlung
                                 Hans-Peter His, Basel. Einzelstücke aus Deutschland, Italien,

Spanien und der Schweiz. Schweizerisches Museum für Volkskunde Basel, Inv. H334, 982. Im Spielzeug- und Dorfmuseum Riehen.

Seite 128/129   Menukarten von Aschermittwochsmahlzeiten E.E. Zunft zum Schlüssel in Basel, links: von 1898 (Staatsarchiv Basel, Zunftarchive, Schlüsselzunft 28e); rechts: von 1983, unter Verwendung einer Menukarte von 1907.
Wie alle Speisenfolgen an grossen Festtagen ist auch die der gemeinsamen Mahlzeit aller Zunftbrüder am Aschermittwoch der Tradition besonders verbunden. Die Gegenüberstellung zeigt aber auch, dass im Verlauf der Jahrzehnte aus verschiedenen Gründen Abstriche notwendig waren: geblieben sind als Pièce de résistance die Zunftplatte mit Suppenfleisch und Rippli und das Erbsmues mit Würstchen; zum Opfer gefallen sind der Lachs der Chemie und etwa die Spasau dem Zunftsekkel. – Bei der Gestaltung der Karte von 1898 ist bemerkenswert der Bezug auf die nahen Fasnachtstage!

Seite 142/143   Glasscheibe E.E. Zunft zu Gartnern, datiert 1615. Ausschnitt mit Festmahl auf der Zunftstube. Depositum der Zunft im Historischen Museum Basel, Inv. 1901.42.
Die Zahl der Tafelnden lässt vermuten, es handle sich um zwei Mal Meister und Sechs, nämlich amtierende und stillstehende Vorgesetzte der Zunft. Festtagsstaat und Kopfbedeckung weisen ausserdem auf einen bedeutenden Anlass hin. – Auf einer grossen ovalen Platte im Zentrum des Tisches das Hauptgericht, Geflügel und Schweinsklavier; dazu gab's Brot in der Form von Doppel- und Trippelweggli. Gegessen wird von Hand («mit der 5-zinkigen Gabel»), zerlegt mit dem (persönlichen) Messer auf dem ovalen Holzbrettli, getrunken aus Fussbechern und Pokalen aus teilvergoldetem Silber. Auf dem Tisch stehen weiter zwei Salzfässer. – Zu Gartnern waren neben den Gärtnern u.a. die Pastetenbäcker, Wirte, Obst- und Kleinhändler zünftig.

Seite 152   Inneres der Brauerei Cardinal an der Freiestrasse 36 in Basel, 1894. Staatsarchiv Basel, Bildersammlung 2, 1168. Als Grundlage diente dem Maler A. Völlmy eine photographische Innenansicht des leeren Saales. Gäste, Personal und Musikkapelle sind sein künstlerischer Beitrag.

Seite 160   Menukarte aus dem Seidenhof, Blumenrain 34, Basel. Lithographie, 1876. Staatsarchiv Basel, ohne Signatur.
Dass die Menukarte – Rahmen und Text – lithographiert wurde, weist darauf hin, dass die Familien an Festtagen zahlreich in den Basler Häusern zusammenkamen. Der vielfältig instrumentierte, im Original violett gedruckte Rahmen nimmt Bezug auf den Anlass zum Festessen: das alte Jahr als greise Frau begrüsst das herbeieilende neue in Person eines geflügelten Puttos. An den Längsseiten verheissen reiche Gaben Überfluss und Wohlergehen im neuen Jahr. Im Menu selbst fällt auf, dass vor dem «Fischgang», einer Hummermayonnaise, je ein Gericht mit Fleisch, wildem und zahmem Geflügel serviert wurde. Spezifisch Baslerisches gab's vielleicht beim «Dessert».

Seite 161	Menukarte aus dem Haus zur Zosse in Basel. Lithographie, 1895. Gewerbemuseum Basel, Bibliothek, Inv. GS 56.9. Beispiel eines Hochzeitmahls der Jahrhundertwende in einem Basler Haus, serviert anlässlich der Vermählung von Ludwig August Burckhardt mit Fräulein Maria Hedwig Burckhardt am 19. März 1895 an der St. Alban-Vorstadt 98. Neben Austern, getrüffelten Schnepfen, Gänseleber, Kapaunen und Langusten fallen als spezifisch baslerisch auf: Lachs, Punsch (an der Stelle des Sorbets) und der B'haltis.
Seite 168/169	Mario Grasso (*1941), Tischset aus Papier für die Restaurants des Bahnhofbuffets Basel SBB. Federzeichnung, 1981. Im Auftrag des Eat-art-Sammlers und Wirts Emil Wartmann entstanden. Die Sets von Oktober 1981 bis Januar 1982 in Gebrauch. Das Original befindet sich in der Sammlung E. Wartmann, Basel. Versuch des in Basel lebenden «Bilderbuchkünstlers» (Grasso), durch spielerische Verfremdung Elemente der kalt und mitunter brutal wirkenden Eisenbahntechnik mit solchen aus dem Bereich der Gastronomie zu verbinden und ins Cartoonhafte zu steigern.
Seite 178/179	Champagnercoupes aus Silber, teilweise vergoldet. Arbeit des Basler Goldschmieds Ulrich Sauter (1854–1933), 1927–1930. Privatbesitz Basel. Die Figuren, die die Schalen tragen, stellen dar (von links oben): «Vogel Gryff» mit 2 Ueli, Vogel Gryff, Wildem Mann, Leu, 2 Pfeifern, 2 Trommlern; die Stadtoriginale Bobbi Keller und Niggi Münch nach Hieronymus Hess (Aquarell von 1831, Privatbesitz Basel); Morgenstreich nach Hieronymus Hess (Aquarell von 1843, Kupferstichkabinett Basel) mit Fackelträger, Tambourmajor und 5 Trommlern.
Seite 192–194	Sogenannte Irtenmeisterbestecke E. E. Zunft zu Weinleuten. Depositum der Zunft im Historischen Museum Basel 1983, anlässlich der Ausstellung zum 750jährigen Bestehen der Zunft. Arbeit des Basler Goldschmieds Johann Ulrich Fechter III (1709–1765, Meister 1741), 3. Viertel 18. Jahrhundert.
Seite 204/205	Prospekt von dem Gasthof zu den drey Königen in Basel. Kupferstich nach Emanuel Büchel (1705–1775), 1753. Staatsarchiv Basel, Bildersammlung Falk A 67. Im unteren Teil ist die Mitte des 18. Jahrhunderts errichtete gedeckte Terrasse des Gasthofs dargestellt, im oberen der Ausblick, der sich den Gästen von dort aus bot. Mit dem schönen Blatt propagierte der Wirt, Johann Christoph Im-Hof, in Wort und Bild die Vorzüge seines Hauses.
Seite 220/221	Le Repas amusant au Kämerlin zu Rebleuten, 19. Jan. 1787. Radierung von Peter Vischer-Sarasin (1751–1823). Staatsarchiv Basel, Bildersammlung 13, 23. Dargestellt ist das Stiftungsfest aus Anlass des 15jährigen Bestehens des Kollegiums im Saal der Rebleutenzunft.
Seite 229	Leonhard Friedrich (1852–1918), Entwurf für die Fassade der Metzgerei Weitnauer an der Freiestrasse 30 in Basel mit Sgraf-

fiti des Basler Malers Hans Sandreuter (1850–1901), 1888. Far-
bendruck der Lichtanstalt A. Gatternicht für das Tafelwerk
«Moderne Architektur», herausgegeben von André Lambert
und Eduard Stahl. Stuttgart: Konrad Wittwer, 1891 (Tafel
42).

Seite 235

Speisekarte der Alten Bairischen Bierhalle in Basel, 1890er
Jahre. Gestaltet und gedruckt bei Emil Birkhäuser. Nach
Gustav Adolf Wanner, Hundert Jahre Birkhäuser, 1879–1979.
Basel: Birkhäuser Verlag, 1979, Abb. S. 33.
Nebend dem Biergarten an der Sternengasse 18 (vgl. Abb.
S. 105) führte Franz Bühler-Thon seit 1880 die Alte Bairische
Bierhalle an der Steinenvorstadt 1 in Basel. An der Speisekarte
ist bemerkenswert, dass das Datum von Hand eingesetzt wur-
de, die Preise aber so stabil waren, dass sie gedruckt werden
konnten! Das Angebot konzentriert sich auf währschafte Ge-
richte, enthält jedoch auch Kaviarbrötchen – zum gleichen
Preis wie Sardellenbrötchen.

Seite 250/251

Innenansichten der Centralhallen an der Streitgasse 20 in
Basel. Lithographien nach photographischen Aufnahmen,
1906. Staatsarchiv Basel, Bildersammlung 2, 556–558 und
563.
«Ein Geschäftshaus modernsten Styls, wie es einzig in der
Schweiz dasteht» wurde im Basler Anzeiger vom 7. August
1906 das wenige Tage zuvor eröffnete erste Shopping Center
gepriesen. Erbaut im Auftrag der Firma Samuel Bell Söhne
durch die Basler Baugesellschaft, wohl nach Plänen des Basler
Architekten Adolf Visscher van Gaasbeek (1859–1911), waren
in diesem Gebäude auf vier Stockwerken «7 der ersten Firmen
der Stadt» unter einem Dach vereint: die Grossschlächterei
Bell, die Gemüsehandlung Ernst Dreyfus, das Colonialwaren-
geschäft Preiswerk Söhne, das Butter-, Eier- und Käsegeschäft
Ocsterlin & Cie., die Feincharcuterie Bell, die Brot- und Fein-
bäckerei Singer, die Blumen- und Pflanzenhandlung Schneider und die Getränkefirma F. und A. Senglet. Viel zu reden gab
der für die Zeit revolutionäre Erfrischungsraum, denn «welcher Dame würde es einfallen, in einem Lokal zu sitzen, in
welchem neben Fleisch, Käse und Gemüse Kaffee serviert
wurde». Dem nach modernsten Ideen konzipierten Geschäftshaus war ein überwältigender Erfolg beschieden. 1961 durch
Neubau ersetzt.

Seite 263

Karl Eduard Süffert (1818–1876), Erinnerung an Basels Strassengesang: eine Neudörflerin. Aquarellierte Federzeichnung
nach Hieronymus Hess (1799–1850). Staatsarchiv Basel, Bildersammlung 17, 139.
Die Neudörflerinnen gehörten seit jeher zu den wichtigsten
Gemüselieferanten für Basels Küchen. Die Sprache der im
Sprechgesang vorgetragenen Anpreisungen zeigt, wie ver-
wandt sich Neudörfler und Basler Dialekt sind. Fast ganz ver-
lorengegangen sind Bezeichnungen wie kromet (= kauft) oder
Storzenäri (= Schwarzwurzeln). Vgl. auch den Text zu den
Abbildungen S. 278/279.

Seite 278/279   Emanuel Büchel (1705–1775), Basler Ausruf-Bilder. Zürich: David Herrliberger, 1749. Kupferstiche, koloriert. Staatsarchiv Basel, Bildersammlung 17, 125–128.
Ein «baslerisches Kinderbilderbuch» (Daniel Burckhardt-Werthemann) mit Darstellungen von 52 fliegenden Händlern. Diese, ihre Ware einstmals lautstark anpreisenden Kaufleute sind heute bis auf ganz wenige Ausnahmen aus Basels Strassen verschwunden: in Aussenquartieren trifft man gelegentlich auf eine Gemüsefrau aus dem Elsass oder einen Messerschleifer aus dem Markgräflerland, im Herbst etwas häufiger auf die sehnlichst erwartete Buttenmostfrau aus Hochwald.

Seite 297   Hieronymus Hess (1799–1850), Portrait Claude Joseph Barrey. Aquarellierte Zeichnung, 1832. Privatbesitz Basel.
Barrey stammte aus Besançon und wirkte damals als Koch im Hotel Storchen. Am 25. Februar verheiratete er sich mit Anna Katharina Mäglin, verwitwete Franz und übernahm als Pächter den Gasthof zum Wilden Mann an der Freiestrasse (Nr. 1444). Gestorben in Basel am 26. Februar 1837.

Seite 311   Hotel Central Basel, Menu du 5 août 1893. Schweizerisches Museum für Volkskunde Basel, Inv. VI 40300.
G. Wehrle, Besitzer des bekannten «Hotel Central zum Wildenmann» an der Freiestrasse 35, weist auf seiner Menukarte mit Stolz auf die zentrale Lage seines Hauses hin: unter der Kulisse der linksrheinischen Stadt vom Münster bis zur alten Mittleren Brücke eine Ansicht seines «Hotel du Sauvage», das mit Geschick vis-à-vis des markanten Gebäudes der Hauptpost situiert ist.

Seite 326/327   Konfektschalen mit durchbrochenem Rand zum Kaffeeservice S. 348/349. Manufaktur Nymphenburg, um 1915.
Jedes Körbchen enthält fünf ovale Medaillons: in der Mitte der Längsachsen je eines auf der Innen- und Aussenwand, ein grösseres auf dem Boden der Gefässe. Alle enthalten Ansichten von Basel; auf der Abbildung sind erkennbar (von links oben): Schifflände und Rheintor, Münster, «Birsigeinfluss an der Steinen», Mittlere Brücke mit Rheintor, Rathaus, Grossbasler Rheinufer von der Wettsteinbrücke.

Seite 348/349   Kaffeeservice aus Porzellan mit Basler Ansichten in Medaillons. Manufaktur Nymphenburg, um 1915. Privatbesitz Basel.
Es handelt sich um eine Spezialanfertigung im Auftrag einer Basler Familie. Die Medaillons – drei ovale auf den Tassen aussen, ein rundes auf Untertassen und Tellern – enthalten Basler Veduten nach Photos und Stichen unterschiedlichen Alters, welche die Auftraggeber zur Verfügung gestellt hatten. Bezeichnungen auf der Unterseite der Stücke: Rathaus mit Marktplatz (Teller links), Der (!) Münster zu Basel (Teller rechts), Die drei Rheinbrücken mit Münster (Untertasse links), Basler Tor (Untertasse rechts); die Tassen nicht bezeichnet. Vgl. auch Abbildung S. 326/327.

Seite 364	Niklaus Stoecklin (1896–1982), Stilleben mit Grättimann. Öl auf Karton. 1918. 45×36,5 cm, in der Reproduktion leicht beschnitten. Kunstmuseum Basel, Inv. G 1966.18.
Seite 378	Teekanne. Riss zum Meisterstück eines unbekannten Basler Goldschmieds. Rötelzeichnung auf Papier, 1730er Jahre. Staatsarchiv Basel, Zunftarchive, Hausgenossenzunft D 4 f.
Seite 379	Kaffeekanne. Riss zum Meisterstück eines unbekannten Basler Goldschmieds. Schwarzbraune Federzeichnung mit Bleistiftergänzungen auf Papier, um 1735. Staatsarchiv Basel, Zunftarchive, Hausgenossenzunft D 4 c.
Seite 390/391	Änisbrotmodel und Änisbrot. Basilisk mit Baselschild, umgeben von Blumen- und Fruchtkranz, 26×33,5 cm. Model: aus Basler Besitz. Holz, 17. Jahrhundert. Historisches Museum Basel, Inv. 1894.371. Abdruck: Änisbrotteig, gebakken. Stefan Bröckelmann, Historisches Museum Basel.
Seite 399	Kochbuch einer Basler Hausfrau mit handgeschriebenen Rezepten verschiedener Provenienz und Hand, 1927 in Gebrauch genommen. «Gfillti Aepfel» sind ein Beitrag des Basler Ensembliers Paul-Alexandre Bourcart (1896–1973). Signiert P. A. B., datiert Mäss 1928. Privatbesitz Basel.
Seite 415	Fastenwähen aus Basler Backstuben, 1981. Wie keine andere Basler Speise ist die Fastenwähe in der zweiten Hälfte des 20. Jahrhunderts zu wirklicher Popularität gelangt. Kaum eine Bäckerei, in der sie nicht in der Vorfasnachtszeit in grosser Zahl gebacken und verkauft würde. Bemerkenswert und erfreulich, dass die Verbreitung dieser Spezialität im Gegensatz zu anderen wie etwa Leckerli oder Mehlsuppe vollständig auf die Agglomeration Basel beschränkt geblieben ist. Provenienz der abgebildeten Muster (von links oben): Dornacherstrasse, St. Johanns-Vorstadt, St. Johanns-Vorstadt, Schneidergasse, Wattstrasse, Clarastrasse, Holbeinstrasse, Therwilerstrasse. Anmerkung des Photographen: die teuersten wie die schönsten waren nicht etwa die besten!
Seite 458	Der Tod und der Koch. Vollplastische Figurengruppe aus einem 37teiligen Totentanz nach der Kupferstichausgabe des Prediger Totentanzes in Basel von Matthäus Merian dem Älteren (1593–1650). Unbekannter Künstler, 1850. Papiermaché, koloriert. Privatbesitz Basel.
Vorsatz hinten	Abdrücke eines Waffeleisens mit rechteckigen Platten (17,5×76 cm). Basel, datiert 1616. Historisches Museum Basel, Inv. 1932.51.

Links: Im Rund Wappen Lucius mit Umschrift «M. Ludovicus Lucius Basiliensis anno 1616», ringsum im Geviert: «Wer sich in Speis und Tranck recht halt mag woll in Gesundheit werden alt.»

Rechts: Im Rund Wappen Irmy mit Umschrift «Barbara Irmennin sein ehliche Hausfrauw».

Bildnachweis   Zeichnungen
                                    Ada Veillon: S.11–16

                                    Photographien
                                    Alexander von Steiger, Basel: Umschlag; S.178/179, 192/193,
                                    194, 229, 263, 297, 326/327, 348/349, 390/391, 399, 415;
                                    Schlussvignette
                                    Hans Hinz, Allschwil: S.90/91
                                    Dietrich Widmer, Basel: S.120/121
                                    Historisches Museum Basel (M.Babey): S.142/143
                                    Kustmuseum Basel (Hausaufnahme): S.364
                                    Universitätsbibliothek Basel (Reprophotographie): S.20, 21

Register

Wenn nicht anders bezeichnet, verweisen
die Zahlen auf die Rezeptnummern